kosmos Naturführer

Der Kosmos-
Vogelführer

Die Vögel Deutschlands und Europas

*von Bertel Bruun, Håkan Delin und
Lars Svensson, übersetzt und bearbeitet
von Peter H. Barthel, illustriert von
Arthur Singer und Dan Zetterström*

W0085801

Franckh-Kosmos

Aus dem Englischen übersetzt und bearbeitet von Peter H. Barthel
Titel der Originalausgabe "The Hamlyn Guide to Birds of Britain and Europe", erschienen
bei The Hamlyn Publishing Group Ltd., a Division of the Octopus Publishing Group, London
1989, unter ISBN 0-600-55702-2

Mit 2175 farbigen Einzeldarstellungen von Arthur Singer und Dan Zetterström, 163 Schwarz-
weißzeichnungen von Lars Svensson und 465 farbigen Verbreitungskarten
Die Bestimmungstexte und die Verbreitungskarten erscheinen auch in „Der Kosmos-Vogelatlas" von Håkan Delin und Lars Svensson, Franckh'sche Verlagshandlung W. Keller & Co.,
Stuttgart 1989, ISBN 3-440-05998-7

Umschlag von Kaselow Design, München, unter Verwendung einer Farbzeichnung von
Steffen Walentowitz
Das Bild zeigt ein Pirol-Paar (*Oriolus oriolus*)

CIP-Titelaufnahme der Deutschen Bibliothek

Der **Kosmos-Vogelführer** : die Vögel Deutschlands und Europas
/ von Bertel Bruun ... Übers. und bearb. von Peter H. Barthel.
Ill. von Arthur Singer und Dan Zetterström. – 9. Aufl. –
Stuttgart : Franckh-Kosmos, 1991
    (Kosmos Naturführer)
    Einheitssacht.: The Hamlyn guide to birds of Britain and Europe
    <dt.>
    ISBN 3-440-06042-X
NE: Bruun, Bertel; Singer, Arthur; Barthel, Peter H. [Bearb.]; EST

9. Auflage
Franckh-Kosmos Verlags-GmbH & Co., Stuttgart/1991
Für die deutschsprachige Ausgabe:
© 1970, 1986, 1990, Franckh-Kosmos Verlags-GmbH & Co., Stuttgart
Alle Rechte vorbehalten.
Printed in Hong Kong/Imprimé en Hong Kong
LH 14 SO/ISBN 3-440-06042-X
Satz: Daten- und Lichtsatz-Service, Würzburg (Bestimmungstexte)
und G. Müller, Heilbronn (Legenden)
Herstellung: Mandarin Offset, Hong Kong

Vorwort

Ein Bestimmungsbuch über die Vögel Europas zu schaffen, war für zwei Amerikaner kein leichtes Unterfangen. Ohne die Hilfe zahlreicher Feldornithologen und Vogelbeobachter wäre es nie zustande gekommen. Seitdem dieses Buch 1978 letztmals überarbeitet wurde, ist das Wissen über Vögel und besonders über ihre Bestimmung so enorm gewachsen, daß eine Neubearbeitung nötig wurde. Es ist uns eine große Freude, daß wir mit Håkan Delin und Lars Svensson zwei bedeutende Vertreter der jüngeren Generation europäischer Ornithologen dafür gewinnen konnten, den Text völlig neu zu schreiben. Genauso glücklich sind wir über die neuen Farbtafeln des talentierten Künstlers Dan Zetterström. Das nun vorliegende Ergebnis beweist ihre überragenden Fähigkeiten.   *Bertel Bruun, Arthur Singer*

Diese achte Auflage des „Kosmos-Vogelführers" ist das vorerst letzte Glied in einer langen Kette von Verbesserungen, die das Buch mittlerweile erfahren hat. Als es vor genau 20 Jahren erstmals erschien, setzte es einen neuen Maßstab für Vogelbestimmungsbücher. Bertel Bruun und Arthur Singer gaben den europäische Vogelbeobachtern nach dem Muster des von ihnen verfaßten sehr erfolgreichen amerikanischen Gegenstücks ein modernes und einfach zu benutzendes Werkzeug in die Hand. Andere Bücher folgten diesem Beispiel, aber noch immer wirken das von Bruun entwickelte klare Konzept und die attraktiven Farbtafeln von Singer sehr überzeugend. Es war uns daher eine große Ehre, die Neufassung des Textes und die Überwachung der Änderungen an den Farbtafeln übernehmen zu dürfen. Das gestiegene Interesse an der Mauser der Vögel und der Bestimmung schwieriger Gruppen hat besonders bei Watvögeln, Raubmöwen, Möwen und Seeschwalben einen Wissenszuwachs gebracht, der die Aufnahme neuer Farbtafeln erforderlich machte. Dan Zetterström besitzt nicht nur große künstlerische Fähigkeiten, sondern hat die Arten auf vielen Reisen studiert – eine unabdingbare Voraussetzung, wenn man ihren Charakter und die oft geringen Unterschiede überzeugend einfangen möchte. Das Ergebnis spricht für sich. Während der Arbeit wurde uns wertvoller Rat durch Per Alström und Urban Olsson zuteil, William S. Clark lieferte ergänzende Angaben zu den Greifvögeln. Ihnen allen gilt unser herzlichster Dank.   *Håkan Delin, Lars Svensson*

Die großen Fortschritte in der Vogelbestimmung lassen sich wohl kaum besser demonstrieren, als durch einen Vergleich der ersten Auflage dieses Buches mit der auf den aktuellen Kenntnisstand gebrachten Neufassung. Lars Svensson gab mir für die deutsche Bearbeitung auf gemeinsamen Exkursionen wertvolle Anregungen. Dem Verlag ist für die oft aufwendige Umsetzung von Änderungswünschen zu danken. So wird dieses moderne Buch der wachsenden Zahl von Vogelbeobachtern hoffentlich viele neue Bestimmungshinweise geben.   *Peter H. Barthel*

Inhalt

Wie man dieses Buch benutzt

Dieses Bestimmungsbuch behandelt alle Vogelarten Europas, also des in der nebenstehenden Karte der natürlichen Vegetationszonen farbig markierten Bereichs. Neben den Brutvögeln und Durchzüglern werden die regelmäßigen Gäste und Ausnahmeerscheinungen vorgestellt. Die Vogelarten werden in einer systematischen Reihenfolge behandelt, die ungefähr ihrer natürlichen Evolution und ihrem Verwandtschaftsgrad entspricht. Nah verwandte Arten werden zu Gattungen zusammengefaßt, nah verwandte Gattungen zu Familien und Familien zu Ordnungen. Innerhalb einer Art lassen sich manchmal nach geographischer Herkunft verschiedene *Unterarten* unterscheiden. Daneben gibt es bei einigen Arten *Farbmorphen*, z.B. helle und dunkle Individuen. Text, Verbreitungskarten und Abbildungen sind für jede Vogelart nebeneinander plaziert. Im Text ist neben dem deutschen und dem wissenschaftlichen Namen (der sich aus dem Gattungs- und Artnamen zusammensetzt) die Gesamtlänge (Abk.: L) angegeben, in einigen Fällen auch die Flügelspannweite (Abk.: S; alle Angaben in cm). Es folgen Informationen über Verbreitung, Häufigkeit, Lebensraum, charakteristische Kennzeichen des Gefieders, der Gestalt und des Verhaltens sowie zum Schluß Beschreibungen der Rufe und Gesänge (besonders betonte oder laute Töne und Silben sind hier in Großbuchstaben gedruckt). Für die Bestimmung besonders *wichtige Kennzeichen* erscheinen *kursiv*. Abschließend wird durch Kennbuchstaben der *Status* angegeben, den die Art in der Bundesrepublik Deutschland zur Zeit (Juni 1989) besitzt. Dabei bedeuten:

B: In den letzten Jahren regelmäßiger Brutvogel. Damit wird keine Aussage über Häufigkeit oder Verbreitung getroffen.

J: Jahresvogel, der das ganze Jahr über anzutreffen ist.

Z: „Zugvogel" und Durchzügler. Dieses Symbol bekommen Brutvögel, die uns im Winterhalbjahr verlassen (dann in Verbindung mit einem B) und Arten, die als regelmäßige Durchzügler erscheinen.

W: Wintergast, der aus weiter nördlich oder östlich gelegenen Brutgebieten regelmäßig im Winterhalbjahr auftritt.

G: Gastvogel, der gelegentlich, aber nicht regelmäßig in geringer Zahl auftaucht.

A: Ausnahmeerscheinung, die nur extrem selten aus oft weit entfernten Brutgebieten (Asien, Afrika, Nordamerika) erscheint.

(): Sofern die Statusangabe in Klammern gesetzt ist, war die Art bei uns ursprünglich nicht heimisch, sondern wurde ausgesetzt oder ist (besonders bei Ausnahmeerscheinungen) mit hoher Wahrscheinlichkeit einer Tierhaltung entwichen.

-: Seit 1949 in der Bundesrepublik nicht nachgewiesen. Die Verbreitungskarten geben einen Eindruck von der Jahresverbreitung der Vogelarten. Kleinere Vorkommen in der Bundesrepublik sind jedoch nicht immer dargestellt, aber teilweise im Text erwähnt. Die Verbreitung in benachbarten Gebieten Nordafrikas und Vorderasiens ist mit dargestellt, um das Gesamtbild abzurunden.

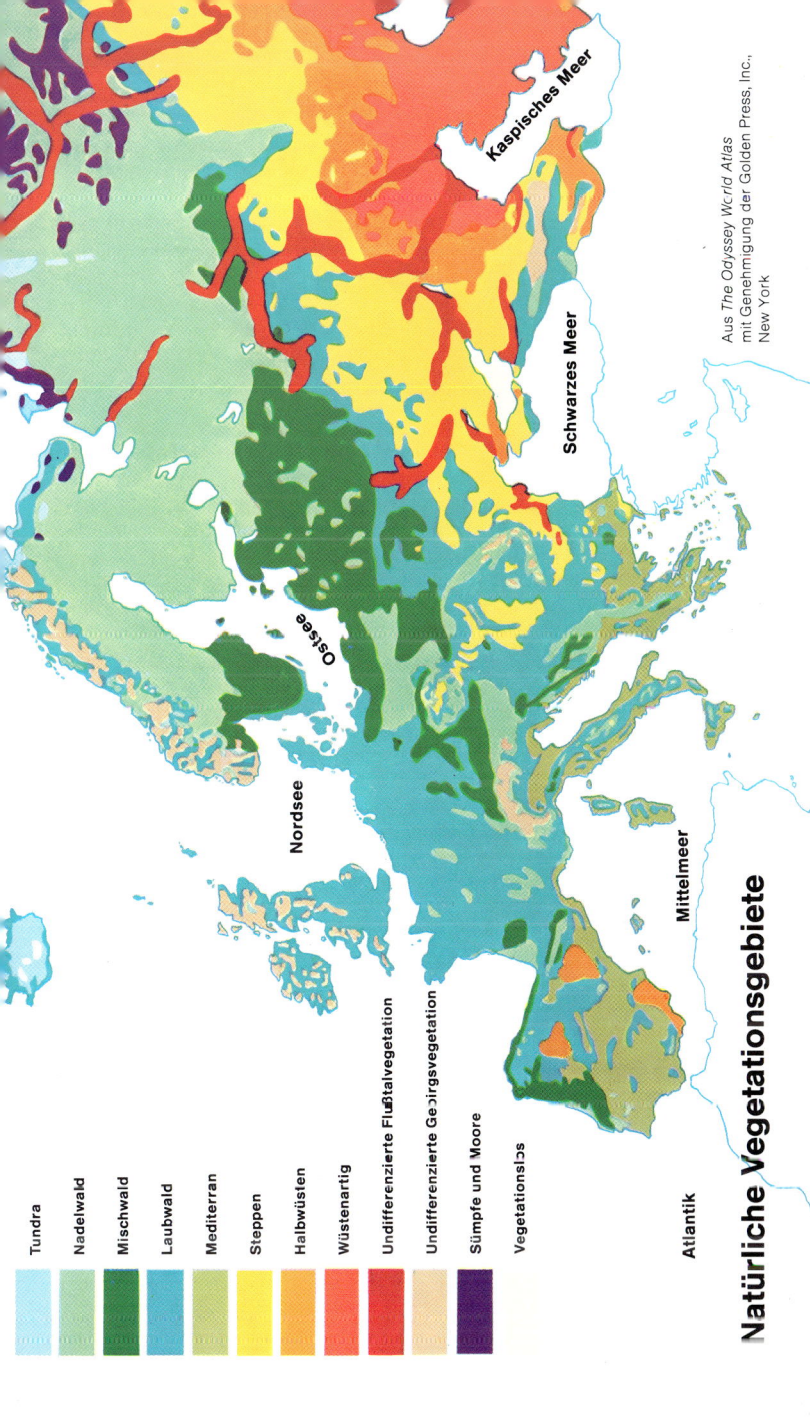

Aus *The Odyssey World Atlas*
mit Genehmigung der Golden Press, Inc.,
New York

Kaspisches Meer

Schwarzes Meer

Ostsee

Nordsee

Mittelmeer

Atlantik

Natürliche Vegetationsgebiete

- Tundra
- Nadelwald
- Mischwald
- Laubwald
- Mediterran
- Steppen
- Halbwüsten
- Wüstenartig
- Undifferenzierte Flußtalvegetation
- Undifferenzierte Gebirgsvegetation
- Sümpfe und Moore
- Vegetationslos

Ein und dieselbe Vogelart kann je nach Alter, Geschlecht (♂ = Männchen, ♀ = Weibchen) und Jahreszeit verschieden gefärbt sein. Das Gefieder wird durch Mauser regelmäßig erneuert, kann aber auch als Folge von Abnutzung und Witterungseinflüssen seinen Farbton erheblich ändern. Die in diesem Buch benutzten Kleider- und Altersbezeichnungen folgen einem einfachen Schema. Die ersten Federn eines Vogels sind die Dunenfedern. Solange er sich im *Dunenkleid* befindet, nennt man ihn *Küken*. Das erste Gefieder, in dem ein Vogel fliegen kann, wird als *Jugendkleid* bezeichnet, der Vogel selbst als *juvenil* (Abk.: juv.) oder *Jungvogel*. Obwohl vor allem Singvögel dieses Kleid schon nach recht kurzer Zeit ablegen, wird es vor allem von den Watvögeln während ihrer ersten Reise meist noch getragen. Bei vielen Arten ist das folgende Kleid schon nicht mehr von dem der *Altvögel* zu unterscheiden. Voll ausgefärbte Vögel bezeichnet man auch als *adult* (Abk.: ad.). Sofern das Gefieder der Altvögel sich im Sommer und Winter nicht unterscheidet, während des ganzen Jahres also mehr oder weniger gleich aussieht, handelt es sich um ein *Jahreskleid*. Viele Arten tragen jedoch während der Balz- oder Brutzeit ein besonders auffälliges Gefieder, das *Prachtkleid*. Dem gegenüber steht das meist eher unscheinbare *Schlichtkleid*, das in der Regel nach der Brutzeit angelegt wird. Vögel, die nicht mehr das Jugendkleid, aber auch noch nicht das endgültige Alterskleid tragen, werden allgemein als *unausgefärbt* oder *immatur* (Abk.: imm.) bezeichnet. Bei manchen Arten, z.B. Möwen, dauert es mehrere Jahre, bis sie ausgefärbt sind. Dann läßt sich anhand typischer Färbungsmuster das Alter meist noch genauer festlegen. Das dem Jugendkleid im Spätsommer oder Herbst des ersten Kalenderjahres folgende Gefieder ist das *erste Winterkleid* (Abk.: 1er Winter), dem im Sommerhalbjahr des zweiten Kalenderjahres das *erste Sommerkleid* (Abk.: 1er Sommer) folgt. Die sich bei Arten mit sehr langer Entwicklungszeit anschließenden Kleider heißen entsprechend *zweites Winterkleid, zweites Sommerkleid* (ab Frühjahr des dritten Kalenderjahres) usw.

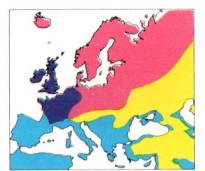

In den Verbreitungskarten sind Brutgebiete rot, Überwinterungsgebiete blau, Durchzugsgebiete gelb und Regionen, in denen die Art das ganze Jahr über vorkommt, violett markiert. Durchbrochene oder durchgezogene Linien in den entsprechenden Farben umgrenzen die nur unregelmäßig erreichten Gebiete.

Vogeltopographie

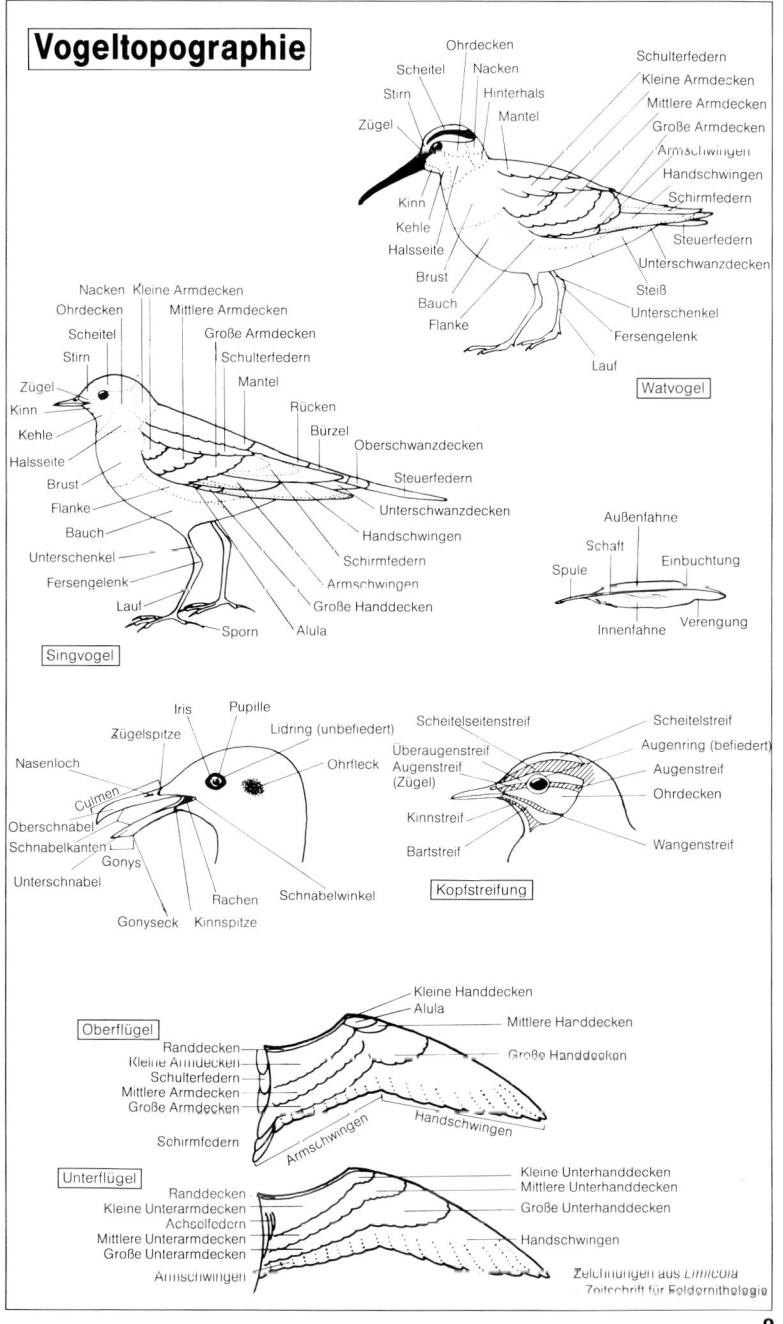

Watvogel

Ohrdecken · Scheitel · Nacken · Stirn · Hinterhals · Zügel · Mantel · Kinn · Kehle · Halsseite · Brust · Bauch · Flanke · Schulterfedern · Kleine Armdecken · Mittlere Armdecken · Große Armdecken · Armschwingen · Handschwingen · Schirmfedern · Steuerfedern · Unterschwanzdecken · Steiß · Unterschenkel · Fersengelenk · Lauf

Singvogel

Nacken · Kleine Armdecken · Ohrdecken · Mittlere Armdecken · Scheitel · Große Armdecken · Stirn · Schulterfedern · Zügel · Mantel · Kinn · Kehle · Rücken · Halsseite · Bürzel · Brust · Oberschwanzdecken · Flanke · Steuerfedern · Bauch · Unterschwanzdecken · Unterschenkel · Handschwingen · Fersengelenk · Schirmfedern · Lauf · Armschwingen · Sporn · Große Handdecken · Alula

Außenfahne · Schaft · Einbuchtung · Spule · Innenfahne · Verengung

Kopfstreifung

Iris · Pupille · Zügelspitze · Lidring (unbefiedert) · Nasenloch · Ohrfleck · Culmen · Oberschnabel · Schnabelkanten · Gonys · Unterschnabel · Rachen · Gonyseck · Kinnspitze · Schnabelwinkel · Scheitelseitenstreif · Scheitelstreif · Überaugenstreif · Augenring (befiedert) · Augenstreif (Zügel) · Augenstreif · Kinnstreif · Ohrdecken · Bartstreif · Wangenstreif

Oberflügel

Kleine Handdecken · Alula · Mittlere Harddecken · Randdecken · Große Handdecken · Kleine Armdecken · Schulterfedern · Mittlere Armdecken · Große Armdecken · Schirmfedern · Armschwingen · Handschwingen

Unterflügel

Kleine Unterhanddecken · Mittlere Unterhanddecken · Randdecken · Große Unterhanddecken · Kleine Unterarmdecken · Achselfedern · Mittlere Unterarmdecken · Handschwingen · Große Unterarmdecken · Armschwingen

Zeichnungen aus *Limicola*
Zeitschrift für Feldornithologie

9

Vogelbestimmung

Wenn man einen Vogel bestimmen möchte, ist es wichtig, auf einige Punkte besonders zu achten. Sofern die Bestimmung nicht sofort möglich ist, sollte man sofort ausführliche Notizen machen, um sie später mit Büchern vergleichen zu können.

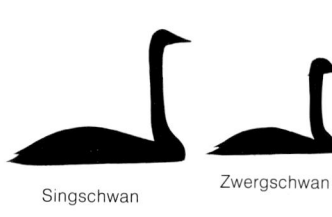

Singschwan

Zwergschwan

Die *Größe* eines Vogels kann ein wichtiges Kennzeichen sein. Oft sind die Färbungsunterschiede zwischen zwei Arten so gering, daß man sie aus der Entfernung nicht erkennen kann. Bei der Unterscheidung von Sing- und Zwergschwan hilft dann, sofern sie nebeneinander schwimmen, der Größenunterschied. Meist ist die tatsächliche Größe eines Vogels aber schwer zu schätzen, wenn man keine Vogelart bekannter Größe zum Vergleich direkt daneben hat. Zu beachten ist, daß Vögel bei Nebel größer wirken als bei klarer Sicht.

Stockente

Löffelente

Die *Gestalt* ist, besonders im Gegenlicht oder auf große Entfernung, ein wichtigeres Merkmal. Die einander sehr ähnlichen Weibchen von Stock- und Löffelente lassen sich daran sofort erkennen. Bei Arten, die man meist im Flug sieht, z. B. Greifvögeln, ist die Silhouette besonders wichtig. So können Turmfalke und Sperber selbst unter den ungünstigsten Bedingungen sofort an der Flügelform unterschieden werden. Grundsätzlich sollten Länge, Form und Proportionen von Schnabel, Kopf, Hals, Flügeln und Beinen immer genau beachtet werden.

Sperber

Turmfalke

Die *Färbung* von Gefieder, Schnabel und Beinen liefert die wichtigsten Hinweise, ist aber nicht immer klar erkennbar. Bei Enten ist der kennzeichnende

Flügelspiegel oft unsichtbar, im Flachwasser watende Vögel lassen die Beinfarbe nicht erkennen, im Gebüsch hüpfende Grasmücken sind oft fast völlig verdeckt. Dann muß man so viele andere Kennzeichen wie möglich zusammentragen. Um einen Vogel genau beschreiben zu können, sollte man die *Topographie* und *Terminologie* der Seiten 8 und 9 im Kopf haben. Unterschiede zwischen zwei sonst sehr ähnlichen Arten können in den verschiedensten Gefiederpartien liegen. So unterscheidet sich der Schilfrohrsänger durch seinen deutlichen Überaugenstreif sofort vom Teichrohrsänger oder die Kalanderlerche durch den breiten weißen Flügelhinterrand von der Feldlerche, bei der dieser nur sehr schmal ist. Besonders ist auf das Grundmuster (gestreift, gefleckt, einfarbig), die Kopfstreifung, die Färbung von Schwanz, Oberschwanzdecken und Bürzel und die Flügelzeichnung (Streifen, Binden, Flecken) zu achten. Oft bestätigen dann Augen-, Schnabel- und Beinfarbe die Bestimmung.

Viele Vogelarten werden sofort an der charakteristischen *Bewegungsweise* erkannt. Ein Star trippelt aufrecht durch das Gras, während eine Amsel gebückt hüpft. Der Buchfink hüpft von Ast zu Ast, während die Blaumeise geschickt durch das Gezweig turnt, dabei einmal aufrecht sitzt, um gleich wieder mit dem Rücken nach unten an einem Zweig zu hängen. Teichhühner schwimmen mit ständig nickendem Kopf und nervös zuckendem, gestelztem Schwanz, Bläßhühner arbeiten sich dagegen sanfter durch das Wasser. Spechte zeigen einen ausgeprägten Wellenflug,

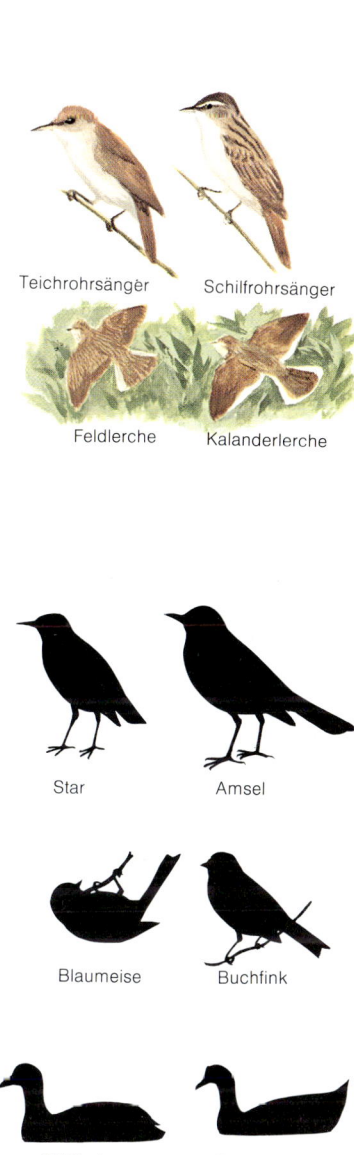

Teichrohrsänger   Schilfrohrsänger

Feldlerche   Kalanderlerche

Star   Amsel

Blaumeise   Buchfink

Bläßhuhn   Teichhuhn

Stare fliegen direkter und auf einer Höhe bleibend. Rauchschwalben gleiten spielerisch durch die Luft, unterbrochen von einigen entspannten Flügelschlägen, Mauersegler schießen auf steifen Schwingen mit schnellerem Flügelschlag dahin.

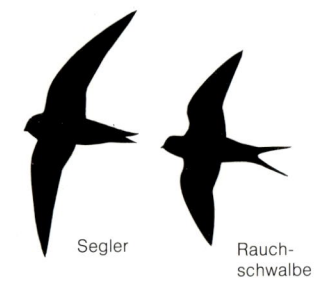

Segler

Rauch-
schwalbe

Vogelstimmen

Die *Rufe* und *Gesänge* der Vögel sind eine große Bestimmungshilfe. Bei einigen einander sehr ähnlichen oder versteckt lebenden Arten sind sie meist das einzige Merkmal. Erfahrene Vogelbeobachter arbeiten oft mehr mit dem Ohr als mit dem Fernglas. Die kennzeichnenden Gesänge sind meist nur im Frühjahr und Sommer zu hören, oft auf charakteristische Weise vorgetragen: Bei der Nachtigall aus dichtem Unterholz, beim Gelbspötter von exponierter Warte aus. Während sich die Gartengrasmücke beim Singen durch das Gebüsch bewegt, zeigt die Dorngrasmücke einen typischen Singflug. Neben dem Gesang gibt es auch andere Lautäußerungen, z. B. Flug-, Alarm- und Kontaktrufe. Ziehende Vögel lassen sich allein schon an ihren Rufen bestimmen.

Die Beschreibung von Vogelstimmen ist ein altes Problem, das noch nicht befriedigend gelöst wurde. Eine neue Methode ist die Aufzeichnung durch Sonagramme, von denen zwei Beispiele gezeigt werden. Mit Übung lassen sie sich wie Noten lesen. Am besten lernt man die Stimmen jedoch, indem man sie sich von einem erfahrenen Vogelbeobachter im Freiland erklären läßt. Auch Schallplatten und Kasset-

Gartengrasmücke

Dorngrasmücke

Gelbspötter

ten können helfen. Einige davon sind auf Seite 306 zusammengestellt.

Das Sonagramm ist eine Aufzeichnung von Tonhöhe in Kilohertz (KC) und Zeit in Sekunden (sec). Oben Ruf des Fasans, unten Gesang der Feldlerche.

Wichtige Bestimmungshinweise

Daneben spielen bei der Bestimmung oft noch andere Faktoren eine Rolle, obwohl sie nie ausschlaggebend sind. Dazu gehört der *Ort,* an dem wir einen Vogel sehen. Die asiatische Spießbekassine und die europäische Bekassine sind kaum unterscheidbar, aber bei uns gibt es eben nur Bekassinen, so daß uns die Bestimmung nicht schwerfällt.

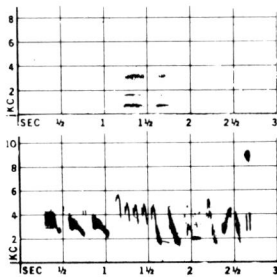

Neben der geographischen Region hilft uns auch der *Lebensraum* oft unbewußt bei der Bestimmung. Ein Pieper an der Meeresküste läßt uns zuerst an einen Strandpieper denken, begegnen wir ihm dagegen auf einer Waldlichtung, werden unsere Gedanken auf einen Baumpieper gelenkt. Schlüpft ein brauner Singvogel durch das Schilf, ist es wahrscheinlich ein Rohrsänger, sehen wir ihn dagegen im Gebüsch, kommt uns die Gartengrasmücke in den Sinn und wir würden nie an einen Rohrsänger denken, bis vielleicht etwas Ungewöhnliches im Verhalten des Vogels unsere Aufmerksamkeit erregt. Obwohl uns dieses Ausschlußprinzip manchmal hilft, schnell zu einer richtigen Bestimmung zu kommen, dürfen wir nicht vergessen, daß gerade zur Zugzeit jede Vogelart an nahezu jedem Ort, und sei er noch so ungewöhnlich, auftreten kann.

Auch die *Jahreszeit* kann manchmal helfen. Im Winter sieht man bei uns gewöhnlich keine Laubsänger und im Sommer keine Bergfinken. Eine Weihe im Winter ist eher eine Korn- als eine Wiesenweihe. Mit Erfahrung und unter Benutzung der Verbreitungskarten kann man also oft bestimmte Arten aus saisonalen oder geographischen Gründen ausschließen. Auch die *Häufigkeit* muß berücksichtigt werden. Im Zweifel hat man eher einen Grünschenkel als einen Teichwasserläufer vor sich.

Natürlich sollte man sich bemühen, alle beobachteten Vögel exakt zu bestimmen. In der Praxis ist das freilich nicht immer möglich. Sollte man jedoch wirklich einmal das Glück haben, einer *Seltenheit* zu begegnen, sind ausführliche Beschreibungen, möglichst Belegfotos und vor allem die sofortige Bestätigung durch Hinzuziehung anderer erfahrener Vogelbeobachter unerläßlich. Später ist dann eine Anerkennung durch den *Seltenheitenausschuß* erforderlich. In besonders schwierigen Fällen geht die Technik der Vogelbestimmung heute ganz *neue Wege,* die in diesem Buch bei einigen Arten angedeutet sind. Dann geht es zum Beispiel um das Randmuster der Schirmfedern, die Höhe des Schnabels im Verhältnis zum Durchmesser der Augen, den Über stand der Handschwingenspitzen über die Spitze des Schwanzes oder um das Längenverhältnis der freiliegenden Handschwingen zu den Schirmfedern. Solche feinen Merkmale waren vor einigen Jahren noch undenkbar, sind aber heute, durch verbesserte optische Geräte und starke Fernrohre, für die erfahrenen Vogelbeobachter zu den sichersten Kennzeichen gerade bei schwer zu unterscheidenden Arten oder extrem seltenen Gästen geworden. Um seltene Vögel bestimmen zu können, ist die Grundvoraussetzung meist, daß man mit den häufigeren Arten in allen Einzelheiten vertraut ist.

Vogelzug

Das Phänomen des Vogelzuges spielt in der Ornithologie eine so große Rolle, daß einige Bemerkungen dazu auch in einem Bestimmungsbuch nötig sind. Einige Arten sind *Jahresvögel,* ziehen also nicht über weite Entfernungen, sondern bleiben das ganze Jahr über innerhalb der Verbreitungsgrenzen ihres Brutgebietes. Andere sind *Teilzieher,* bei denen einige im Winterhalbjahr wegziehen, andere jedoch im Brutgebiet bleiben. In Europa sind es meist die nordöstlichen Populationen, die durch die strengeren Winter zum Ausweichen gezwungen werden. *Sommervögel,* früher auch Zugvögel genannt, räumen dagegen das gesamte zur Brutzeit besiedelte Gebiet und fliegen über große Entfernungen ins Winterquartier. Viele Vogelarten ziehen bereits nach Süden, bevor sie durch Nahrungsmangel oder das Wetter dazu gezwungen werden (z.B. Watvögel, Grasmücken), einige harren aus, bis sie durch Schnee und Eis vertrieben werden (z.B. viele Entenvögel). Gebirgsvögel, z.B. Alpenbraunellen, begeben sich oft lediglich in etwas tiefere Lagen. Die physiologischen Ursachen des Vogelzuges werden noch immer erforscht. Man weiß inzwischen, daß die Tageslichtlänge als Auslöser wirkt und die Hormonausschüttung durch die Hypophyse steuert. Vor dem Abzug werden Fettreserven angelegt, um teilweise Tausende von Kilometern (z.B. die Sahara) ohne Nahrungsaufnahme überbrücken zu können. Körnerfresser ziehen meist tagsüber, Insektenfresser überwiegend nachts.

Vögel können während des Zuges ihren Kurs sehr genau halten und orientieren sich dabei z.B. am Sternenhimmel, an den Magnetfeldern der Erde, einige auch an auffälligen Landmarken oder sogar mit Hilfe ihres Geruchssinnes. Das größtenteils angeborene und noch keineswegs in allen Einzelheiten geklärte Orientierungsvermögen der Vögel ist so erstaunlich, daß sie über Jahre hinweg an denselben Brutplatz, z.B. einen Vorgarten in Frankfurt, zurückfinden können. Der *Wegzug* der meisten europäischen Vogelarten verläuft in südwestlicher Richtung über den Kontinent. Von dieser Regel gibt es einige Ausnahmen, z.B. Kappen- und Weidenammer, aber auch Sperber- und Klappergrasmücke, die nach Osten oder Südosten ziehen. Da der *Heimzug* in umgekehrter Richtung verläuft, treffen Vögel in West- und Mitteleuropa eher ein als in Skandinavien. Die zuletzt ankommenden Arten ziehen am schnellsten durch, wie auch grundsätzlich der Heimzug zügiger

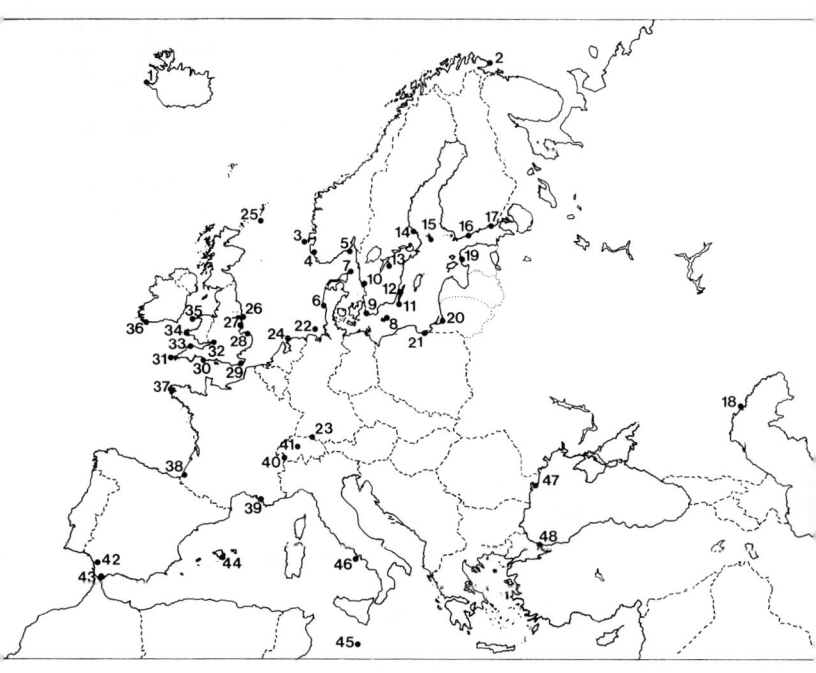

Einige der wichtigsten Orte zur Beobachtung des Vogelzuges

1 Reykjanes	**17** Virolahti	**33** Lundy
2 Varanger	**18** Wolgadelta	**34** Skokholm
3 Utsira	**19** Puhtu	**35** Bardsey
4 Revtangen	**20** Rybatchy	**36** Cape Clear
5 Mølen	**21** Mierzeja Wiślana	**37** Île d'Ouessant
6 Blåvandshuk	**22** Helgoland	**38** Biarritz
7 Skagen	**23** Radolfzell/Bodensee	**39** Camargue
8 Christiansø	**24** Wattenmeer/Texel	**40** Col de Bretolet
9 Falsterbo	**25** Fair Isle	**41** Sempach
10 Getterön	**26** Spurn Head	**42** Guadalquivir-Delta
11 Ottenby	**27** Gibraltar Point	**43** Gibraltar/Tarifa
12 Kalmarsund	**28** Cley	**44** Mallorca
13 Tåkern	**29** Dungeness	**45** Malta
14 Skatudden	**30** Portland Bill	**46** Capri/Ischia
15 Lågskar	**31** Isles of Scilly	**47** Donau Delta
16 Pörkkala udde	**32** Slimbridge	**48** Bosporus

verläuft als der Wegzug. Während unsere Brutvögel im Süden überwintern, gibt es auch Arten der südlichen Halbkugel, die den Südwinter im nordatlantischen Sommerquartier verbringen, z.B. Großer Sturmtaucher und Buntfuß-Sturmschwalbe.

Daneben gibt es noch sogenannte *Invasionsvögel.* So treten Fichtenkreuzschnäbel oder sibirische Tannenhäher aus der Taiga nach Jahren mit guter Samenproduktion und hohem Bruterfolg gelegentlich in großer Anzahl in Westeuropa auf. Ferner zeigen z.B. Reiher nach der Brutzeit, aber vor dem eigentlichen Wegzug, einen Zwischenzug *(Dispersion)* der Jungvögel in alle Himmelsrichtungen.

Im Gegensatz zu den meisten europäischen Vögeln zieht die Kappenammer, die die Balkanländer bewohnt, im Herbst ostwärts.

In jedem Herbst tauchen vereinzelt asiatische Singvögel in Westeuropa auf, z.B. Gelbbrauen- und Goldhähnchen-Laubsänger, Zitronenstelzen und Waldpieper. Man nimmt an, daß diesem Phänomen ein möglicherweise einigen Jungvögeln angeborener Navigationsfehler zugrunde liegt, der sie in die entgegengesetzter Richtung fliegen läßt, und bezeichnet es als *Umkehrzug.* Dagegen geht man bei vielen nordamerikanischen Arten, von denen neben Singvögeln besonders einige Watvögel in jedem Herbst in Europa erscheinen, davon aus, daß sie durch starke Stürme über den Atlantik getragen werden und bezeichnet sie auch als *Sturmgäste.* Dasselbe gilt für einige Hochseevögel (sogenannte *Pelagen*), die nur durch stürmischen Westwind vor unsere Küsten gedrückt werden.

Die meisten Vogelarten ziehen in breiter Front über Europa, einige folgen bevorzugt Küstenlinien oder Flußläufen. An bestimmten Stellen, z.B. in Gebirgstälern, auf Halbinseln oder an Engpässen vor der Überquerung von Meeren, kommt es jedoch zu gewaltigen Konzentrationen. Ferner üben große Wasserflächen im Binnenland eine magische Anziehungskraft aus. Schlechtes Wetter führt oft zu einem sogenannten *Zugstau*, bei dem sich große Mengen von Vögeln an bestimmten Punkten sammeln.

Die Karte auf Seite 15 zeigt die Standorte einiger bedeutender Vogelwarten und die Orte in Europa, an denen sich der Vogelzug am besten beobachten läßt.

Die Kohlmeise besetzt häufig Nistkästen und besucht im Winter Futterplätze.

Vogelforschung

Vogelbestimmung ist kein Selbstzweck, sondern Grundlage für jede weitere Beschäftigung mit der Vogelkunde oder Ornithologie. Natürlich bereitet es Freude, möglichst viele Arten schnell und sicher bestimmen zu können oder öfter einmal auch eine Seltenheit zu sehen. Darüber hinaus kann es aber auch sehr befriedigend sein, einzelnen Fragestellungen gezielt nachzugehen und so einen Beitrag zur wissenschaftlichen Erforschung der Vogelwelt oder zu ihrem Schutz zu leisten. Vögel können zu jeder Zeit und an jedem Ort studiert werden. Die einfachsten Hilfsmittel genügen. Fernglas, Bestimmungsbuch, Bleistift und Notizblock.

Das Frühjahr ist für den Feldornithologen die erregendste Zeit, denn die Sommervögel kehren zurück und die Wintergäste verlassen uns. Wir können die Ankunfts- und Abzugsdaten notieren und bei vielen Arten auf Besonderheiten achten: Kommen sie am Tage oder nachts an, einzeln, vorpaart oder in Trupps, beeinflußt das Wetter den Ankunftstermin, beginnen sie gleich zu singen oder erst nach einigen

Tagen? Die einsetzende Brutzeit gibt uns neue Fragen auf: Wie ist das Revier einer Vogelart beschaffen, wie groß muß es sein, wird es nur gegen Artgenossen oder auch gegen andere Eindringlinge verteidigt? Wir können jetzt nicht nur die Gesänge der verschiedenen Arten erlernen, sondern auch darauf achten, ob es innerhalb einer Art individuelle Unterschiede oder gar lokale Dialekte gibt. Wann fängt ein Vogel morgens an zu singen, wann hört er auf (Vogeluhr)?

Spezielle Studien können sich mit dem Brutverhalten beschäftigen: Baut das Männchen oder das Weibchen das Nest, wo und woraus, wer brütet, wer füttert die Jungen, wie lange werden diese betreut, gibt es eine zweite Brut? Um die Vögel in dieser sensiblen Periode nicht zu beunruhigen, sollten solche Untersuchungen nur sehr vorsichtig und von Experten durchgeführt werden. Doch kann man auch bei den oft

Die Brutbiologie des Trauerschnäppers konnte durch das Aufhängen von Nistkästen genau studiert werden.

weniger scheuen Vögeln im eigenen Garten, teilweise durch Nistkästen oder Vogelschutzhecken angelockt, interessante Einblicke gewinnen.

Nach der Brutzeit setzt bei vielen Arten bald der Wegzug ein, verbunden mit neuen Fragen: Wann ziehen sie ab, ist der Zug direkt zu beobachten, in welche Richtung führt er und wie hoch verläuft er, wie wird er durch das Wetter beeinflußt, gibt es besondere Rastplätze?

Die Ankunftszeiten der ersten Wintergäste können gleichfalls festgehalten werden. Aber auch die bei uns überwinternden Jahresvögel ändern teilweise ihr Verhalten grundlegend: Was fressen sie nun, schließen sie sich zu Trupps zusammen, wo schlafen sie, gibt es gemeinsame große Schlafplätze und wann werden diese aufgesucht? Interessante Studien lassen sich auch am Futterplatz direkt vor dem Fenster betreiben: Legen einige Arten Nahrungsdepots an, ist der Kernbeißer dem Gimpel überlegen, werden bestimmte Sämereien bevorzugt? Und gibt es Arten, die unter bestimmten Bedingungen auch im Winter singen?

Mit der Schneeschmelze beginnt der Zyklus erneut und läßt uns dieselben Probleme erneut bearbeiten und ein langjähriges Datenmaterial zusammentragen. Kommt der Mauersegler auf den Tag genau zurück, beginnen die Buchfinken drei Wochen früher zu singen, verspätet sich die Amsel wegen des langen Winters mit dem Nestbau, haben die Dorngrasmücken zu- oder abgenommen?

Besonders lohnend und lehrreich ist es, wenn man ein vogelreiches Gebiet in der näheren Umgebung regelmäßig aufsucht. So bekommt man einen guten Einblick in die wechselnde Zusammensetzung der Vogelwelt im Jahresverlauf und kann Daten sammeln, die nicht nur für die Wissenschaft, sondern auch als Grundlage für die Naturschutzarbeit von Bedeutung sein können.

Es empfiehlt sich, möglichst bald mit anderen Vogelkundlern zusammenzuarbeiten. Überall in Deutschland findet man Vereine von Gleichgesinnten, mit denen man Erfahrungen austauschen oder gemeinsam größere Projekte bearbeiten kann. Einige hilfreiche Anschriften finden sich auf Seite 306.

Wer sein Wissen über Vögel vertiefen möchte, braucht neben diesem Buch noch weitere Literatur über Spezialgebiete, die ihn besonders faszinieren. Neben Büchern sind auch vogelkundliche Zeitschriften sehr hilfreich, da sie über die neuesten Erkenntnisse informieren und Probleme der Vogelbestimmung oft ausführlicher beschreiben und illustrieren können, als dies auf den begrenzten Seiten eines Buches möglich ist. Auch hierzu finden sich einige Hinweise auf Seite 305.

Seetaucher

(Ordnung Gaviiformes, Familie Gaviidae) sind durch kräftige, am Körperende ansetzende Beine mit Schwimmhäuten sehr an das Leben im Wasser angepaßt. Flug über lange Strecken oft hoch (20–70 m), mit schnellen Flügelschlägen und ohne Gleitstrecken, Kopf dabei oft unterhalb der Körperebene gehalten. Tauchen sanft mit geschmeidiger Verbeugung ins Wasser ein. Nest mit gewöhnlich 2 Eiern direkt am Ufer.

Prachttaucher, juv.

Prachttaucher

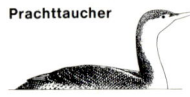

Prachttaucher *Gavia arctica* L 65. Nördlicher Brutvogel an klaren, fischreichen Seen, überwintert an Küsten. Im Prachtkleid *Kinn und Kehle schwarz*, Scheitel und Nacken hellgrau. Rücken im Schlichtkleid dunkelgrau, fast schwarz, dunkle Kopfkappe zieht sich bis zum Augenunterrand, im Schwimmen meist *heller Fleck im hinteren Flankenbereich* auffallend. Jugendkleid zusätzlich mit deutlicher Querwellung auf Rücken. *Schnabel pfriemförmig, gerade*, schlanker als bei Eistaucher, *meist waagerecht gehalten*. Stimme am Brutplatz ein lautes, klagendes 'kloouuii-kou-kloouui-kou-kloouii-kou-kloui', meist nachts. Ferner hallendes, möwenähnliches 'aA-ou' und hartes 'karr-korr'. Im Flug meist stumm.   ZW

Sterntaucher, juv.

Sterntaucher

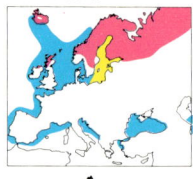

Sterntaucher *Gavia stellata* L 57. Brutvogel Nordeuropas an Seen sowie Tümpeln in der Tundra, von wo er oft weit zu fischreichen Gewässern fliegt. Im Winter überwiegend an Küsten. Kopf und *schlanker, aufgeworfen wirkender Schnabel* im Schwimmen oft *aufwärts gehalten*. Prachtkleid mit kennzeichnender *ziegelroter Kehle*. Schlichtkleid heller als Prachttaucher, grauer *Nackenstreif schmaler, Auge* meist *von weißem Feld umgeben*, Rücken mit weißen Sternen besetzt, *Flanken dunkel* ohne weißes Feld. Im Jugendkleid nur schwache Rückenfleckung und Hals vorne verwaschen graubraun statt weiß. Flug im Gegensatz zum Prachttaucher mit schnelleren Flügelschlägen, höherem Aufschlag der stärker nach hinten gewinkelten Flügel, *weniger hervorstehenden Füßen* und stärker durchhängendem Hals (daher *buckliger*). Männchen balzt mit ständig wiederholtem, lautem 'oo rrOO-U, orrOO-U ...', begleitet vom lauteren und schrilleren 'AArrou-AArrou-Aarrou ...' des Weibchens. Im Flug oft ein gänseähnliches 'gak-gak, gak-gak ...'.   ZW

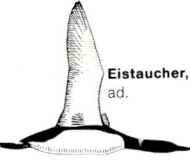

Eistaucher, ad.

Eistaucher *Gavia immer* L 75. Hauptverbreitung Nordamerika, in Europa nur auf Island Brutvogel, überwintert selten entlang der westeuropäischen Küste. Meist deutlich größer als Prachttaucher, aber Überschneidungen möglich. *Hals kräftig, großer Dolchschnabel* schwarz, im Schlicht- und Jugendkleid aber hell gräulich bis bläulich, *First und Spitze* jedoch *immer dunkel*. Schlichtkleid ähnlich Prachttaucher, aber *heller Augenring*, Scheitel und Nacken dunkler als Rücken (Prachttaucher umgekehrt) und breiter, dunkler Halbring am Halsansatz. Flug elastisch, die Füße überragen das Körperende sehr weit. Am Brutplatz laute jodelnde Rufe („manisches Gelächter").   W

Eistaucher

Gelbschnabeltaucher *Gavia adamsii* L 80. Brütet in der nördlichen Sowjetunion und in Alaska, überwintert vor der norwegischen Küste. Größter Seetaucher, dem Eistaucher in allen Kleidern sehr ähnlich. Der *sehr kräftige Schnabel* wird im Schwimmen wie beim Sterntaucher *aufwärts gehalten*, ist unterseits stark gewinkelt und wirkt daher *aufgeworfen*. First bei Altvögeln gerade, bei Jungvögeln (wie beim Eistaucher) oft abwärts gebogen. *Schnabel gelb*, nicht graublau wie beim Eistaucher, *First und Spitze immer hell*. Im Prachtkleid weniger und größere weiße Flecken auf Halsseiten und Rücken als Eistaucher. Im Schlichtkleid Hals- und *Kopfseiten heller als* beim *Eistaucher*, oft mit dunklem Wangenfleck, Auge breiter hell umrandet, insgesamt *bräunlicher*. Jugendkleid noch fahler, Rücken deutlich quergebändert. Beide Arten zeigen im Winter oft Reste des Prachtkleides. Im Flug wie Eistaucher.   A

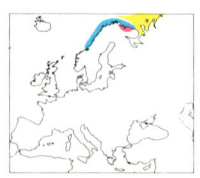

Gelbschnabeltaucher

Kormoran   Tauchente   Säger   Seetaucher   Lappentaucher

Prachttaucher

Schlichtkleid

Prachtkleid

Schlichtkleid

Sterntaucher

Prachtkleid

juv.

Schlichtkleid

Eistaucher

Prachtkleid

juv.

Gelbschnabeltaucher

Schlichtkleid

Prachtkleid

21

Lappentaucher

(Ordnung Podicipediformes, Familie Podicipedidae) sind vollendete Tauchvögel, aber kleiner als Seetaucher und mit Schwimmlappen an den Zehen. Die kurzen Beine setzen am Körperende an, der Schwanz ist nicht sichtbar. Flug schnell, meist niedrig, mit abwärts gehaltenem Hals. Fressen Fische und Wasserinsekten, bauen schwimmendes Nest aus abgestorbenen Pflanzen und legen 2–7 Eier.

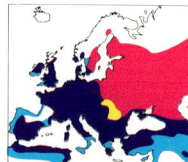

Haubentaucher

Haubentaucher *Podiceps cristatus* L 50. Stellenweise häufiger Brutvogel auf Binnengewässern und großen Flüssen mit Schilf, im Winter auch in Trupps auf dem Meer. Im Schlicht- und Jugendkleid ohne Ohrbüschel und Haube, vom dann ähnlichen Rothalstaucher durch *weißen Streif vom Schnabelansatz über das Auge, längeren, helleren Hals* und *längeren rosa Schnabel* mit dunklem First unterschieden. Sieht in der Luft wie ein fliegender Bleistift mit Flügeln aus. Armschwingen, Flügelvorderrand und Schulterfedern weiß. Bemerkenswerte Balz, bei der sich die Partner aus dem Wasser aufrichten, den Kopf schütteln, Nistmaterial übergeben und einen „Pinguintanz" vollführen. Stimme ein weit tragendes, rauhes 'koorrr', oft nachts, und ein gackerndes 'wreck-wreck-wreck'. Junge betteln mit lautem 'ping-ping-ping'. BZW

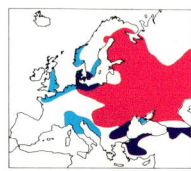

Rothalstaucher

Rothalstaucher *Podiceps grisegena* L 45. Brütet vorwiegend im Flachland Osteuropas, überwintert meist auf dem Meer. Im Prachtkleid unverwechselbar, im Schlicht- und Jugendkleid ähnlich Haubentaucher, aber kleiner, kompakter, *Hals kürzer und grauer, Schnabel kürzer mit dunkler Spitze und gelber Basis.* Jungvögel im Herbst mit dunklen Längsstreifen am Kopf, bis in den Winter mit rötlichem Vorderhals. Im Flug reicht das Weiß auf den Oberarmfedern nicht so weit nach hinten wie beim Haubentaucher, aber Armschwingen gleichfalls weiß. Balzgesang ähnlich dem Quieken der Wasserralle, oft an wieherndes Pferd erinnernd. BZW

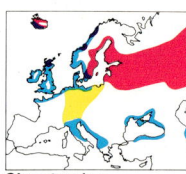

Ohrentaucher

Ohrentaucher *Podiceps auritus* L 35. Brutvogel bewachsener Binnengewässer in Nord- und Osteuropa, im Winter vorwiegend an Küsten. Der rotbraune Vorderhals des Prachtkleides kann aus der Entfernung schwarz wirken, aber *hochstehende Ohrbüschel* immer gut sichtbar. Im Schlicht- und Jugendkleid vom Schwarzhalstaucher durch *flachen Scheitel, rechteckigen Hinterkopf* und *geraden Schnabel* unterschieden. Kontrast zwischen dunkler Kappe und bis auf den Hinterkopf ausgedehnten leuchtend weißen Kopfseiten deutlicher, Vorderhals weißer. Armschwingen weiß, nur kleiner weißer Keil am Flügelvorderrand. Trillernder, auf- und abschwellender Balzruf am Ende nasal ausklingend. Ganzjährig ein in kurzer Serie wiederholtes 'hjArr'. ZW

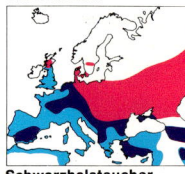

Schwarzhalstaucher

Schwarzhalstaucher *Podiceps nigricollis* L 31. Brütet lokal an flachen Binnengewässern, oft in Gruppen in Lachmöwenkolonien. Im Winter auf südeuropäischen Binnengewässern und dem Meer. Im Prachtkleid *schwarzer Hals, hohe Stirn* und *herabhängende Ohrbüschel.* Im Winter vom Ohrentaucher durch dunkleren Hals, *verwaschener graue Kopfseiten, schlankeren aufgeworfenen Schnabel* und *steile Stirn mit spitzem Scheitel* unterschieden. Kein Weiß am Flügelvorderrand. Stimme ein klagendes 'ü-llt'. BZW

Zwergtaucher

Zwergtaucher *Tachybaptus ruficollis* L 25. Auf dicht bewachsenen Gewässern weit verbreitet und zur Brutzeit sehr versteckt. *Sehr klein,* im Prachtkleid Kopfseiten, Kinn und Vorderhals kastanienbraun, Schnabelwinkel gelblichgrün. Schlicht- und Jugendkleid einfarbiger graubraun, Flanken und Heck hell. *Flügel ohne Weiß,* aber mit hellerem Hinterrand. Stimme am Brutplatz ein bibbernder Triller, oft im Duett. Kontaktruf 'bii-iib'. BZW

Bindentaucher *Podilymbus podiceps* L 35. Ein seltener nordamerikanischer Gast mit *dickem, hellem Schnabel,* im Prachtkleid mit dunkler Querbinde, sonst ähnlich einem großen Zwergtaucher im Schlichtkleid. Flügel ganz dunkel. Balzt laut, schnell und hohl bellend. –

Haubentaucher

Schlichtkleid

Prachtkleid

Balz

Rothalstaucher

Schlichtkleid

Prachtkleid

Schlichtkleid

Ohrentaucher

Schlichtkleid

Prachtkleid

Schlichtkleid

Schwarzhalstaucher

Schlichtkleid

Prachtkleid

Schlichtkleid

Zwergtaucher

Schlichtkleid

Prachtkleid

Bindentaucher

juv. teilweise
untergetaucht

Röhrennasen

(Ordnung Procellariiformes) tragen auf dem Schnabel röhrenförmige Nasenlöcher, die der Salzausscheidung dienen. Als Vögel des offenen Meeres (sogenannte pelagische Arten) kommen sie nur zum Brüten in oft große Kolonien an die Küste oder auf entlegene Inseln. Alle haben einen Haken an der Schnabelspitze und ernähren sich von Fisch, Plankton etc. Geschlechter gleich, Stimme nur am Brutplatz zu hören. Die in Europa auftretenden Röhrennasen gehören den folgenden Familien an:

ALBATROSSE (Familie Diomedeidae) sind sehr große Vögel mit langen, schlanken Flügeln und kräftigen Schnäbeln.
STURMVÖGEL und STURMTAUCHER (Familie Procellariidae) erinnern an Möwen, haben aber lange Röhren auf dem Schnabel.
STURMSCHWALBEN (Familie Hydrobatidae) sind kaum größer als Schwalben und haben kurze Schnäbel und ziemlich lange Beine.

Albatrosse

bewohnen die südliche Halbkugel und besuchen europäische Meere nur ausnahmsweise. Auf weit ausgestreckten, sehr langen Schwingen segeln sie praktisch ohne Flügelschlag durch die Wellentäler. Sie brüten nicht jedes Jahr und legen nur ein Ei.

Schwarzbrauenalbatros Diomedea melanophris L 80–95, S 213–246. Sehr seltener Gast in den Sommermonaten, aber von allen Albatrossen die am regelmäßigsten auftretende Art. Seit Jahren ein Vogel in einer schottischen Baßtölpelkolonie. Sehr groß, von ähnlichen und noch selteneren Arten durch *ganz gelben Schnabel, schwarzen Überaugenstreif* und vor allem an der Vorderkante *breit dunkel umrandete Unterflügel* unterschieden. Unausgefärbt mit grauem Scheitel und Nacken und dunklem Schnabel.   A

Wanderalbatros Diomedea exulans L 110–135, S 275–345. Extrem seltener Gast vor der südwesteuropäischen Küste. Gekennzeichnet durch *gewaltige Größe* und *mächtigen, ganz blassen Schnabel*. Unausgefärbte Vögel dunkelbraun mit weißem Kopf, Hals, Bauch und Unterflügel. Alterskleid mit ganz weißen Oberflügeldecken erst nach vielen Jahren. Wiegt mit 8–10 kg fast so viel wie ein Höckerschwan, ist jedoch ein perfekter Flieger, der mehrere Tage und Nächte einem Schiff über stürmische See folgen kann.   –

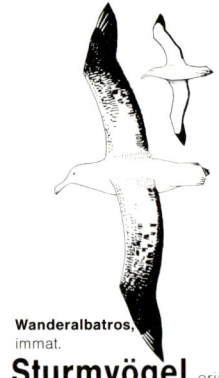

Wanderalbatros,
immat.

Sturmvögel

erinnern an große Möwen, bevorzugen aber das offene Meer. Sie nisten an Steilklippen und legen nur ein Ei.

Eissturmvogel Fulmarus glacialis L 45, S 105. Brütet an nordatlantischen Vogelfelsen, in Deutschland auf Helgoland, und hat in den letzten Jahrzehnten stark zugenommen. Spuckt Eindringlingen am Brutplatz ein stinkendes Öl entgegen. Unterscheidet sich von Möwen durch die an einen Albatros erinnernde Flugweise, ein *Gleiten auf ausgestreckten, steifen Flügeln* durch Wellentäler vor dem Brutfelsen, Flügelschläge steif. Liegt schwimmend hoch auf dem Wasser und fliegt mühsam hüpfend auf. *Kräftiger Kopf auf „Stiernacken"*, kurzer Schwanz und *kurzer, dicker Schnabel* charakteristisch. Oberseite einschließlich Schwanz grau, Flügel im Gegensatz zu Möwen ohne weißen Hinterrand und ohne deutliche schwarze Spitzen, Unterseite hell. Südliche Populationen sehr hell, nordatlantische auch unterseits dunkler grau. Meist stumm, aber gackernde Laute am Brutplatz oder von großen Trupps, die oft Schiffen folgen.   BZW

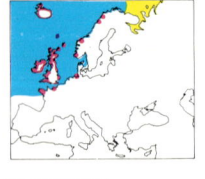

Eissturmvogel

Seeschwalbe Raubmöwe Möwe Sturmschwalbe Sturmtaucher Albatros

Kopf des
Schwarzbrauen-
albatros

Kopf eines
Sturmtauchers

Kopf einer Sturmschwalbe

Sturmschwalben

Albatros

Sturmtaucher

imm.

**Schwarzbrauen-
albatros**

ad.

Eissturmvogel
auf dem Nest

Silhouette von vorn

Eissturmvogel

dunkle Morphe

helle Morphe

25

Sturmtaucher

(Familie Procellariidae) unterscheiden sich von Eissturmvögeln, die zur selben Familie gehören, durch längere, schlankere Flügel, schmalere Schwänze und längere, dünnere Schnäbel. Sie fliegen meist niedrig über dem Wasser, wobei sich schnelle Flügelschläge und lange Gleitstrecken abwechseln. Die steifen Flügel sind im Gleitflug leicht nach unten und hinten gebogen. Bei stärkerem Wind setzen die Flügelschläge ganz aus. Nahrung kleine Fische und Krebstiere. Besuchen die Brutplätze nachts und legen nur ein Ei.

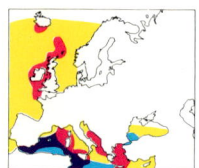

Schwarzschnabel-Sturmtaucher

Schwarzschnabel-Sturmtaucher *Puffinus puffinus* L 35, S 80. Häufigster und verbreitetster europäischer Sturmtaucher, vor allem an Mittelmeer und britischer Westküste, wo er in Kolonien in Erdhöhlen nistet; seltener Gast an der deutschen Küste. Wirkt aus der Entfernung durch *dunkle Ober- und helle Unterseite* schwarz und weiß. Unterart *mauretanicus* im westlichen Mittelmeer oberseits brauner und unterseits dunkler, daher nicht so kontrastreich, Unterart *yelkouan* im östlichen Mittelmeer oben schwarzbraun und unten schmutzig weiß. Füße fleischfarben. Wirft sich im schnellen Flug von einer Seite auf die andere. Oft in großen Trupps, aber kein Schiffsfolger. Beim nächtlichen Besuch der Kolonien seltsam jaulende Rufe.　A

Kleiner Sturmtaucher *Puffinus assimilis* L 28, S 63. Ausnahmeerscheinung in nordeuropäischen Gewässern, meist im Frühjahr. Zwei Unterarten: *baroli* auf den Kanarischen Inseln und Madeira mit auch das Auge umgebenden helleren Kopfseiten, unterseits helleren Handschwingen und weißen mittleren Unterschwanzdecken, *boydi* auf den Kapverdischen Inseln mit dunkleren Kopfseiten, Handschwingenbasen und Unterschwanzdecken. Vom *größeren* Schwarzschnabel-Sturmtaucher durch *zierlichen Schnabel*, hellere Kopfseiten (bei *baroli*) und *hellblaue Füße* unterschieden, *Flug schneller mit langen Serien flatternder Flügelschläge*, die nur von *kurzem Gleiten* unterbrochen werden.　A

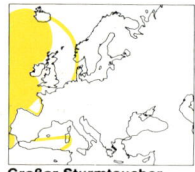

Großer Sturmtaucher

Großer Sturmtaucher *Puffinus gravis* L 48, S 115. Brütet von November bis April auf den Tristan da Cunha Inseln im Südatlantik, zieht im Sommer nach Norden. *Schwarze Kappe*, mit *hellem Nackenband* und *weißen Wangen* kontrastierend, und *weiße* Zeichnung an *Schwanzbasis* kennzeichnend. Dunkle Spitzen der Unterarmdecken bilden Diagonalband auf Flügelunterseite, *dunkler Bauchfleck* typisch, aber schwer zu sehen.　A

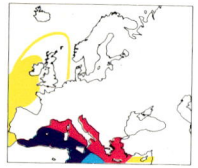

Gelbschnabel-Sturmtaucher

Gelbschnabel-Sturmtaucher *Calonectris diomedea* L 50, S 118. Größter Sturmtaucher, brütet auf Mittelmeer-Inseln. *Oberseite fahl braun*, Unterseite weiß ohne dunkle Flecken auf Unterflügeldecken. Manchmal mit hellem Band an Schwanzbasis (ähnlich Großem Sturmtaucher), aber nie mit deutlich abgesetzter Kappe. Schnabel gelb. Flug langsam und mehr segelnd als andere Sturmtaucher: *Auf 3–4 langsame Flügelschläge folgen 6–7 Sekunden Gleitflug*, wobei Flügelspitzen deutlich unter der Horizontalen und auffallend zurückgebogen gehalten werden. Steigt als einziger europäischer Sturmtaucher auch hoch auf und kreist sogar. Folgt gelegentlich Schiffen und gern Schulen kleiner Wale.　A

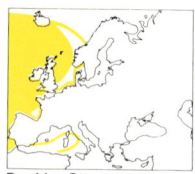

Dunkler Sturmtaucher

Dunkler Sturmtaucher *Puffinus griseus* L 45, S 105. Brütet auf der Südhalbkugel (u.a. Neuseeland), erscheint zwischen Februar und November im Nordatlantik, in der Nordsee alljährlich meist im September/Oktober, dabei mehr in Küstennähe als andere Sturmtaucher. Am *einfarbig düster braunen Gefieder* leicht zu bestimmen, nur auf der *Flügelunterseite* ein verwaschenes und aus größerer Entfernung kaum auffallendes *helles Band*. Flügelschläge schneller als bei Großem Sturmtaucher, Flügel stärker zurückgebogen als andere *Puffinus*-Arten, länger und spitzer als beim Schwarzschnabel-Sturmtaucher. Taucht auch nach Nahrung und folgt Schiffen nur ausnahmsweise.　G

mauretanicus

puffinus

Schwarzschnabel-Sturmtaucher

Schwarzschnabel-Sturmtaucher, schwimmend

baroli

boydi

Kleiner Sturmtaucher

Großer Sturmtaucher

Gelbschnabel-Sturmtaucher

Dunkler Sturmtaucher

Sturmschwalben

(Familie Hydrobatidae) sind kleine Hochseevögel, die sich von Kleinfischen, Krebsen und Plankton ernähren. Flug flatternd, oft mit den Füßen über das Wasser laufend. Legen 1 Ei.

Buntfuß-Sturmschwalbe

Buntfuß-Sturmschwalbe *Oceanites oceanicus* L 18, S 40. Selten, meist von August bis Dezember auf dem Atlantik zu sehen, wenn sie zu den Brutplätzen im Südatlantik zurückkehren. Dunkelbraunes Gefieder mit weißen Oberschwanzdecken, das auf die Seiten der Unterschwanzdecken ausgedehnt ist, und undeutlichem hellem Feld auf dem Armflügel. Lange Beine überragen den Schwanz, *Schwimmhäute* aus der Nähe *gelb.* Während der Nahrungssuche berühren die Füße beim *tanzenden Flug mit hochgehaltenen Flügeln* das Wasser. Flügel stark gerundet und gerade gehalten, am Flügelbug *nicht* gewinkelt. Flügelunterseite mit leichter Aufhellung, aber ohne die deutliche weiße Binde der Sturmschwalbe. Folgt Schiffen. A

Wellenläufer *Oceanodroma leucorhoa* L 22, S 48. Dunkel mit auffallenden *weißen Oberschwanzdecken,* die in der Mitte eine *graue Längsteilung* zeigen. Graues Feld auf dem Armflügel, Schwanz gegabelt, Füße schwarz. Flug schnell und ruckartig mit plötzlichen Sprüngen und Gleitstrecken (auf leicht abwärts gehaltenen Flügeln), Flügelschläge tief. *Flügel* ziemlich *lang* und spitz, *oft gewinkelt.* Deutlich größer und mit kräftigerem Schnabel als Sturmschwalbe. Läuft nur selten über das Wasser, kein Schiffsfolger. Ruft am Brutplatz wie Ziegenmelker mit kräftigem Schluckauf G

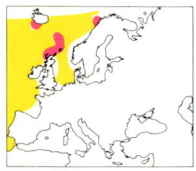

Wellenläufer

Sturmschwalbe *Hydrobates pelagicus* L 15, S 37. Häufigste und verbreitetste Sturmschwalbe Europas. *Kleinste Art,* Flügel stumpfspitzig und meist gerade gehalten. *Dunkler* als Wellenläufer, helles Flügelfeld kaum auffallend, aber *deutliches helles Band auf Unterflügel.* Oberschwanzdecken rein weiß, Schwanz gerade abgeschnitten. *Flug ähnlich Mehlschwalbe* oder Fledermaus, Flügelschläge schnell und *flatternd ohne Gleitstrecken.* Folgt Schiffen. An den Bruthöhlen nachts von Grunzen unterbrochenes Schnurren. A

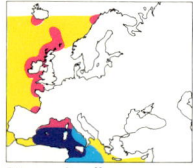

Sturmschwalbe

Madeirawellenläufer *Oceanodroma castro* L 20, S 45. Sehr seltener Gast von den atlantischen Inseln, schwer zu bestimmen. Hat *dunkle Füße* (vergl. Buntfuß-Sturmschwalbe), *rein weiße Oberschwanzdecken* (vergl. Wellenläufer) und ist größer als Sturmschwalbe. Flug ähnlich Sturmtauchern. Kein Schiffsfolger. –

Weißgesichts-Sturmschwalbe *Pelagodroma marina* L 20, S 42. Extrem seltener Gast aus dem Südatlantik, hat 1987 erstmals auf den Kanarischen Inseln gebrütet. Kurzflügelig, langbeinig, mit hellen Füßen. Einzige Art mit *weißer Unterseite, hellem Kopf und schwarzem Scheitel.* Erinnert an Wassertreter im Schlichtkleid, tritt aber nie in Trupps auf. Kein Schiffsfolger. –

Sturmvögel

(Familie Procellariidae). Die folgenden Arten sind dem Eissturmvogel nur entfernt ähnlich, zeigen aber den typischen Gleitflug. Sie jagen oft nachts und fliegen sehr weit auf die offene See hinaus.

Bulwersturmvogel *Bulweria bulwerii* L 28, S 70. Brütet auf Madeira und den Kanarischen Inseln, sehr seltener Gast im Norden. Unverkennbar durch *einfarbig dunkles Gefieder* mit nur angedeuteter hellerer Flügelbinde, langen und *keilförmigen Schwanz* und kurze rosa Beine. –

Weichfeder-Sturmvogel *Pterodroma mollis* L 35, S 88. Brütet auf Madeira, sonst sehr seltener Gast. Größe wie Schwarzschnabel-Sturmtaucher, von diesem aber sofort durch *dunkle Unterflügel, angedeutetes Brustband* und *helle Stirn* unterschieden. –

Buntfuß-Sturmschwalbe

Wellenläufer schwimmend

Sturmschwalbe im Flug

Wellenläufer

Madeirawellenläufer

Sturmschwalbe

Bulwersturmvogel

Weichfeder-Sturmvogel

Weißgesichts-Sturmschwalbe

29

Ruderfüßler

(Ordnung Pelecaniformes) sind große, wasserbewohnende Fischfresser, bei denen alle vier Zehen durch Schwimmhäute verbunden sind. Die meisten Arten brüten in großen Kolonien und sind außerhalb der Brutzeit wenig stimmfreudig.

TÖLPEL (Familie Sulidae) werden in Europa durch den Baßtölpel vertreten, der wie eine große Seeschwalbe nach Fischen taucht. PELIKANE (Familie Pelecanidae) schwimmen oft in langen Ketten, um Fische zusammenzutreiben und dann mit ihren breiten Schnäbeln aus dem Wasser zu schaufeln. KORMORANE (Familie Phalacrocoracidae) tauchen aus dem Schwimmen heraus und sitzen oft mit ausgebreiteten Schwingen auf erhöhten Punkten, um ihr Gefieder zu trocknen.

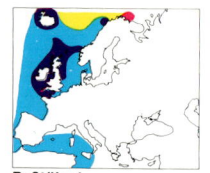

Baßtölpel

Baßtölpel *Sula bassana* L 92, S 175. Brütet in gewaltigen Kolonien auf fast unzugänglichen Felseninseln an der Atlantikküste und hat in den letzten Jahren zugenommen. Sieht wie eine Zigarre mit Flügeln aus. Gänsegroß und überwiegend *weiß, Flügel lang und spitz mit schwarzem Handflügel*, Kopf gelbbraun mit dolchförmigem blaugrauem Schnabel, Schwanz lang und keilförmig. Jungvögel ganz braun mit weißen Flecken, legen Alterskleid innerhalb von 4–5 Jahren an. Im zweiten Herbst werden Kopf, Bauch und Flügelvorderrand hell, im dritten Herbst erscheinen die ersten weißen Armschwingen zwischen den verbleibenden braunen Federn, Scheitel und Nacken werden gelb. Im vierten Herbst sind noch einige dunkle Federn zwischen den sonst weißen Armschwingen und Steuerfedern sichtbar. Stürzt sich aus etwa 40 m Höhe ins Wasser. Ziehende Vögel fliegen oft in langen Ketten niedrig über das Meer. Kraftvolle, gemessene Flügelschläge wechseln mit kurzen Gleitphasen ab. Segelt bei stärkerem Wind auch wie Sturmtaucher durch die Wellentäler, was gerade bei den braunen Jungvögeln zu Verwechslungen führen kann. Am Brutplatz gurgelnde Rufe.   ZW

Rosapelikan

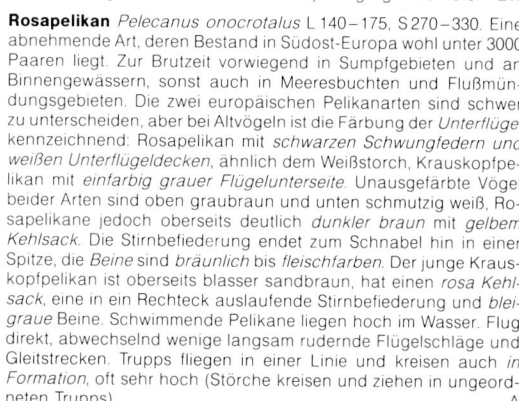

Krauskopf-pelikan

Rosa-pelikan

Rosapelikan *Pelecanus onocrotalus* L 140–175, S 270–330. Eine abnehmende Art, deren Bestand in Südost-Europa wohl unter 3000 Paaren liegt. Zur Brutzeit vorwiegend in Sumpfgebieten und an Binnengewässern, sonst auch in Meeresbuchten und Flußmündungsgebieten. Die zwei europäischen Pelikanarten sind schwer zu unterscheiden, aber bei Altvögeln ist die Färbung der *Unterflügel* kennzeichnend: Rosapelikan mit *schwarzen Schwungfedern und weißen Unterflügeldecken*, ähnlich dem Weißstorch, Krauskopfpelikan mit *einfarbig grauer Flügelunterseite*. Unausgefärbte Vögel beider Arten sind oben graubraun und unten schmutzig weiß, Rosapelikane jedoch oberseits deutlich *dunkler braun* mit *gelbem Kehlsack*. Die Stirnbefiederung endet zum Schnabel hin in einer Spitze, die *Beine sind bräunlich bis fleischfarben*. Der junge Krauskopfpelikan ist oberseits blasser sandbraun, hat einen *rosa Kehlsack*, eine in ein Rechteck auslaufende Stirnbefiederung und *bleigraue* Beine. Schwimmende Pelikane liegen hoch im Wasser. Flug direkt, abwechselnd wenige langsam rudernde Flügelschläge und Gleitstrecken. Trupps fliegen in einer Linie und kreisen auch *in Formation*, oft sehr hoch (Störche kreisen und ziehen in ungeordneten Trupps).   A

Krauskopfpelikan *Pelecanus crispus* L 160–180, S 310–345. Seltener Brutvogel in Sumpfgebieten Südost-Europas, wohl weniger als 250 Paare. Im Winter an ruhigen Meeresküsten. Vom Rosapelikan durch *einfarbig helle Unterflügel* (nur Flügelspitzen dunkler) unterschieden. Auch aus der Entfernung wirkt das *Körpergefieder* eher *gräulichweiß* (ohne rosa oder gelben Anflug). Augen gelblichweiß (nicht rot), *Nackenfedern gekräuselt. Unausgefärbte* Vögel *deutlich heller* als Rosapelikane (Unterscheidung s. dort). Beide Arten sind sehr gesellig.   A

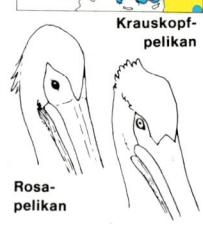

Krauskopfpelikan

Sootaucher

Schwan

Kormoran

Baßtölpel

Pelikan

Baßtölpel

Brutplatz

ad.

imm.

juv.

Rosapelikan
ad.

Krauskopfpelikan
ad.

Rosapelikan

Krauskopfpelikan

Rosapelikan
juv.

Krauskopf-
pelikan
juv.

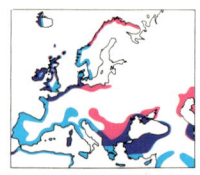

Kormoran

Kormoran, imm.

Krähenscharbe

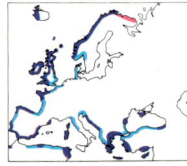

Krähenscharbe, imm.

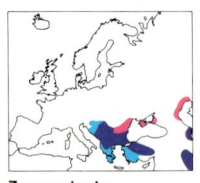

Zwergscharbe

Zwergscharbe

Kormoran *Phalacrocorax carbo* L 90, S 145. Eine auf fünf Kontinenten verbreitete Art, die oft in großen Kolonien nistet. Seit Einstellung der intensiven Verfolgung eine erfreuliche Zunahme auch in Mitteleuropa. Die Unterart *carbo* brütet auf felsigen Inseln und Klippen entlang der skandinavischen Atlantikküste und in Großbritannien, die Unterart *sinensis* im übrigen Europa auf Bäumen an Süßwasser, oft gemeinsam mit Reihern. Die Nistbäume sterben durch den scharfen Kot bald ab. *Groß, dunkel* und fast reptilienähnlich. Im *Prachtkleid* Kinn und Wangen weiß, auffallender *weißer Schenkelfleck.* Zu Beginn der Brutzeit ein wechselnder Anteil haarähnlicher weißer Federn am Hinterkopf. Bei der Unterart *sinensis* sind im zeitigen Frühjahr sogar fast der ganze *Kopf* und der Hals *weiß.* Im Schlichtkleid ganz dunkel, nur Kinn aufgehellt. Junge und Unausgefärbte sind schwarzbraun mit meist *weißlichem Bauch.* Ganz dunkle Vögel oft schwer von Krähenscharbe zu unterscheiden, aber *Schnabel kräftiger, Kopf größer* mit *flacher Stirn* und *eckigem Hinterkopf.* Liegt niedrig im Wasser, Hals oft hochgereckt und Schnabel aufwärts gerichtet. Taucht hervorragend, oft mit kleinem Sprung oder im eleganten Bogen verschwindend, läßt sich aber auch langsam absinken. Rastet in aufrechter Haltung auf Sandbänken, Felsen, Molen (dann oft wie Flaschen nebeneinander aufgereiht). Türmen und breitet dabei die Flügel zum Trocknen aus. Fliegt mit gänseähnlichen Flügelschlägen, gelegentlich gleitend, meist mehrere Meter über dem Wasser (vergl. Krähenscharbe), große Gruppen oft in sich windenden Linien. Überfliegt Festland in Keil- oder Linienformation in großer Höhe, kreist dann auch. Zur Brutzeit tiefe, gutturale Rufe. BZW

Krähenscharbe *Phalacrocorax aristotelis* L 70, S 100. Brütet in Kolonien an Felsküsten, taucht auch in rauher See und vermeidet Süßwasser. Altvögel ganz schwarz mit grünlichem Schimmer, *Schnabelwinkel leuchtend gelb.* Zu Beginn der Brutzeit eine aufwärtsgebogene Federholle auf der Stirn. Im Schlichtkleid sehr schwer vom schlichten Kormoran zu unterscheiden, aber *Schnabel gleichmäßig dünn* (kommt gelegentlich auch bei jungen Kormoranen vor). Hals schlanker und *Kopf mehr gerundet* mit steilerer Stirn. *Unausgefärbt unterseits bräunlich* (junger Kormoran meist weißlich) mit abgegrenztem hellem Kinn. Die am Mittelmeer und Schwarzen Meer brütende Unterart *desmarestii* im Jugendkleid jedoch auch einen hellen Bauch. *Flügeldecken* unausgefärbter Vögel *mit hellem Feld* (Kormoran ganz dunkel). Im Flug sonst ähnlich Kormoran, geringere Größe (Größe des Kormorans variiert stark!) nicht auffallend, aber *Flügelschläge schneller,* dünner *Hals ganz ausgestreckt* (beim Kormoran leicht zurückgezogen), kleiner Kopf leicht aufwärts gehalten, *Bauch hervortretend,* daher insgesamt etwas schwanzlastig wirkend. Fliegt meist niedrig über das Wasser und taucht oft mit ausgeprägtem Sprung. Im Binnenland seltene Ausnahmeerscheinung. W

Zwergscharbe *Phalacrocorax pygmeus* L 50, S 85. Brütet lokal in Reiherkolonien Südost-Europas in Büschen an Binnengewässern mit ausgedehnten Schilfflächen. Fischt auch in kleinen Teichen und Flüssen. Sofort von Kormoran und Krähenscharbe durch *geringe Größe* (wie Schnatterente) und andere Proportionen zu unterscheiden: *kleiner Kopf mit kurzem Schnabel* („baby-face"), *langer Schwanz.* Im Prachtkleid Kopf und Hals mahagonibraun, Körper glänzend schwarzgrün, überall mit kleinen weißen Federn übersät. Diese verschwinden sehr schnell und die Kehle wird weißlich. Jungvögel dunkelbraun mit heller Unterseite. Liegt schwimmend niedrig im Wasser und setzt sich zum Trocknen des Gefieders auch auf Schilf und dünne Zweige. Hat dieselbe Flügelschlagfrequenz wie Eiderente, legt kurze Gleitstrecken ein. Kann im Flug bei schlechtem Licht und großer Entfernung mit dem Sichler, der oft im selben Lebensraum vorkommt, verwechselt werden. A

juv.

Kormoran

sinensis, Pracht-kleid

Flug-Formation

carbo, Pracht-kleid

carbo, Schlicht-kleid

Krähen-scharbe

juv.

Schlichtkleid

Prachtkleid

juv.

Schlichtkleid

juv.

Zwergscharbe

Prachtkleid

Schreitvögel

(Ordnung Ciconiiformes) sind in Sümpfen, Wiesen oder am Wasser nach Kleintieren und Fischen jagende Stelzvögel mit langen Beinen, Schnäbeln und Hälsen. Im Prachtkleid tragen sie oft verlängerte Schmuckfedern an Kopf, Hals oder Schultern. Die Gelege bestehen aus 2–6 Eiern. In Europa drei Familien:

REIHER (Familie Ardeidae) mit langen, dolchförmigen Schnäbeln brüten meist in Kolonien und sind auch nachts aktiv. Langsamer Ruderflug auf breiten, runden Flügeln mit eingezogenem Hals.
STÖRCHE (Familie Ciconiidae) sind schwarzweiß gefärbt, fliegen mit ausgestrecktem Hals und kreisen oft.
IBISSE (Familie Threskiornithidae) fliegen mit schnellen Flügelschlägen und ausgestrecktem Hals, die Schnäbel sind besonders an den Nahrungserwerb angepaßt.

Rohrdommel *Botaurus stellaris* L 75, S 130. Brütet nur noch verstreut in ausgedehnten Schilfflächen. Polygam, ein Männchen hat mehrere Weibchen. Ist auch tagsüber aktiv, lebt aber sehr versteckt und klettert durch das Schilf, indem sie mehrere Halme gleichzeitig mit den langen Zehen umklammert. Verharrt bei Gefahr mit aufwärts gerichtetem Schnabel in einer tarnenden „Pfahlstellung". In der Dämmerung sieht man sie manchmal niedrig *mit eingezogenem Hals* und relativ schnellen Flügelschlägen eulenähnlich über das Schilf fliegen. Plumpe Gestalt und *braunes, gesprenkeltes Gefieder* machen sie unverwechselbar. Nur der junge Nachtreiher ist sehr ähnlich, hat aber große helle Flecken auf den Flügeldecken. Früher Brutbeginn, im Norden sogar bei noch eisbedeckten Gewässern. Die *dumpfe Stimme* des Männchens ist vorwiegend *nachts* bis in den Sommer hinein zu hören: ein tiefes 'u u uh-PUUH, uh-PUUMP, uh-PUUMB ...', wobei die ersten Töne nicht so laut sind, das Pumpen aber über 5 km zu hören ist und sich anhört, als würde man in eine leere Flasche blasen. Vor allem im Herbst hört man von nächtlich fliegenden Vögeln ein weit tragendes, heiseres 'kaau', das aus der Nähe an eine Großmöwe, aus der Ferne an einen bellenden Fuchs erinnert. Einzelne Vögel überwintern bei uns. BZ

Amerikanische Rohrdommel *Botaurus lentiginosus* L 68, S 115. Extrem seltener nordamerikanischer Gast im Spätherbst. Kleiner als Rohrdommel, *Scheitel rotbraun* (nicht schwarz), breiter, *schwarzer Bart* vom Schnabelwinkel zu den Halsseiten (fehlt aber den Jungvögeln). Im Flug *dunkle Schwungfedern* (nicht braun gebändert). Bewohnt Schilfgebiete und fliegt, auch tagsüber, öfter als die Rohrdommel, dabei rauh 'kock-kock-kock' und nasal 'häänk' rufend. –

Zwergdommel *Ixobrychus minutus* L 35, S 55. Scheu und schwer zu beobachten. In Südeuropa noch verbreitet, sonst stark abnehmend. Bewohnt in einzelnen Paaren dichte Vegetation in Sumpfgebieten, meist Schilfflächen. Kleinster Reiher, an Färbung und Größe leicht zu bestimmen. Im Flug hebt sich das *helle Feld auf dem Armflügel* deutlich von der *sonst dunklen Oberseite* ab. Männchen zeigt mit schwarz schillerndem Rücken und cremefarbenem Flügelfeld mehr Kontrast als Weibchen, bei dem das Flügelfeld schmutziger, der Rücken braun gestreift und die Brust deutlicher gestrichelt ist. Jungvogel wie Rohrdommel gefleckt, aber schon mit hellem Flügelfeld. Bleibt bei Gefahr bewegungslos in eingefrorener Pose stehen und ist dann kaum sichtbar, flieht eher laufend als fliegend. *Schnelle, eichelhäherartige Flügelschläge mit kurzen Gleitstrecken,* fliegt auch tagsüber oft kurze Strecken niedrig über das Schilf. Balzruf ein rhythmisch tropfendes, alle 2–3 Sekunden wiederholtes dumpfes 'kruuk', oft über lange Zeit. Bei Erregung ein lautes, nasales 'käkäkäkä', im Flug kurz 'quorr'. BZ

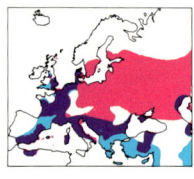

Rohrdommel

Rohrdommel
„Pfahlstellung"

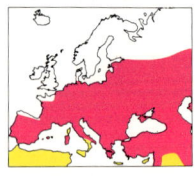

Zwergdommel

Kranich　　　Flamingo　　　Storch　　　Ibis　　　Reiher

Rohrdommel

Beim Fischfang

juv. Nachtreiher
zum Vergleich

ad.
fliegend

**Amerikanische
Rohrdommel**

Zwergdommel

♂ ad.

juv.

juv. fliegend

♂ ad.

35

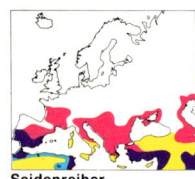

Seidenreiher

Seidenreiher *Egretta garzetta* L 60, S 92. Bildet in Südeuropa Kolonien auf Bäumen und Büschen in Sumpfgebieten. Einzelne Vögel erscheinen im Mai/Juni regelmäßig weiter im Norden. Sehr gesellig, außerhalb der Brutzeit an flachen Gewässern, gerne auch in Brack- und Salzwasser. Zuverlässigstes Merkmal sind die *gelben Zehen* an den sonst schwarzen Beinen. *Schnabel ganz schwarz* (die sonst ähnliche weiße Morphe des **Küstenreihers** *Egretta gularis,* der an Afrikas Küsten lebt und selten in Südeuropa erscheint, aber auch bei uns aus Gefangenschaft entwich, hat einen kräftigeren Schnabel, der außerhalb der Brutzeit bräunlich oder gelblich ist, und kürzere Schmuckfedern). Flügelschläge krähenähnlich schnell. Gestalt und Bewegungsweise graziler als Kuh- und Rallenreiher. Jagt lauernd oder langsam durch das Wasser schreitend. Nur während der Brutzeit verlängerte Schmuckfedern an Nacken, Hals und Schultern. Beim viel größeren Silberreiher sind Schnabel und Beine gefärbt, im Flug mit ruhigeren Flügelschlägen überragen die Beine den Schwanz weiter. Der Kuhreiher ist kompakter und kurzflügeliger. Stimme am Nest ein bauchrednerisches, blubberndes 'gullagullagulla', auch ein rauhes 'kark'. G

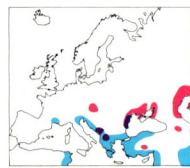

Silberreiher

Silberreiher *Egretta alba* L 90, S 150. Brütet in verstreuten Kolonien in ausgedehnten Schilfgebieten Südost-Europas, Einzelvögel erscheinen regelmäßig weiter nördlich. Auch außerhalb der Brutzeit meist an größeren Binnengewässern, gelegentlich mit Graureihern auf Wiesen. Etwa so groß wie dieser und somit viel *größer als andere weiße Reiher.* Unbefiederte Zügel blaugrün und bis weit hinter das Auge reichend, *Schnabel* während der Brutzeit *mit gelber Basis,* außerhalb *ganz gelb.* Die Beine sind einschließlich der *Zehen ganz dunkel* und sehen aus der Entfernung schwarz aus, zur Brutzeit sind jedoch die Unterschenkel rötlich- oder gelblichbraun. Zur Brutzeit stark verlängerte Schulterfedern. Vom viel kleineren Seidenreiher im Flug ferner durch den Schwanz weiter überragende Beine und langsamere Flügelschläge unterschieden. Stimme ein hart rollendes 'krr-rrrr-rra '. G

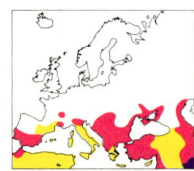

Rallenreiher

Rallenreiher *Ardeola ralloides* L 45, S 87. Stellenweise häufig in Sumpfgebieten und an Flußmündungen in Südeuropa, wo er im Schilf oder auf Bäumen in Kolonien anderer kleiner Reiher brütet. *Körper und Hals ockerfarben, Flügel und Schwanz* davon abstechend *leuchtend weiß.* Sieht daher im Sitzen braun, im Flug dagegen weiß aus. Vom Kuhreiher ferner durch die Schnabelfarbe unterschieden: grünlich, im Prachtkleid aber gelblichgrün und blau mit schwarzer Spitze. Verbringt den Tag oft in Bäumen oder anderer Deckung und geht in der Dämmerung auf Nahrungssuche. Im Gegensatz zum Kuhreiher ein heimlicher, versteckt lebender Einzelgänger. Flug wirkt unsicher. Stimme ein der Stockente ähnliches rauhes 'krak'. A

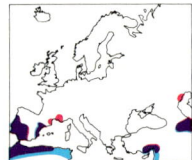

Kuhreiher

Kuhreiher *Bubulcus ibis* L 50, S 95. Eine sehr anpassungsfähige und sich ausbreitende Art, die in Südwest-Europa brütet. Sehr gesellig, nistet meist mit anderen kleinen Reihern zusammen in Kolonien auf Baum- oder Buschgruppen. Nahrungssuche meist in Trupps auf Feldern und Wiesenflächen, gerne in der Nähe von Weidevieh, normalerweise in trockenerem Gelände als andere Reiher. Gefieder erscheint aus der Entfernung *ganz weiß,* im Prachtkleid sind Scheitel, Brust und Rücken jedoch gelbbraun getönt. Beine zur Brutzeit gelb oder rötlich, sonst graubraun oder schwärzlich. Schnabel gelblich, zur Paarungszeit rötlich, im Vergleich zu anderen weißen Reihern kurz und kräftig. Die *Befiederung* reicht sehr *weit auf den Unterschnabel* und wirkt wie ein Kropf. Zieht in geringer Höhe in langen, unordentlichen Trupps. Im Flug *kürzere Beine* und *kürzerer Schnabel* als Seidenreiher, wirkt kompakter und „stupsnasig". Rallenreiher ist kleiner und hat unsteten Flug. Stimme ein gedämpftes, nasales, meist einsilbiges Krächzen. Freifliegende Vögel in mehreren europäischen Zoos! (BA)

Kuhreiher

Außerhalb Europas gibt es eine Vielzahl *weiterer weißer Reiher,* die bei uns auch teilweise aus Tierhaltungen entkommen. Jede Bestimmung muß mit *großer Sorgfalt* vorgenommen werden.

Seidenreiher

Brutkolonie

Schlichtkleid

Prachtkleid

Silberreiher
Prachtkleid

Rallenreiher

Kuhreiher

Rallenreiher
ad. (Beine im
Prachtkleid
rötlich)

juv.

Kuhreiher

juv.

Prachtkleid

Kuhreiher

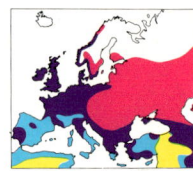

Graureiher

Graureiher, juv.

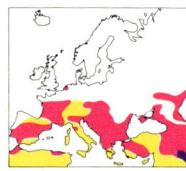

Purpurreiher

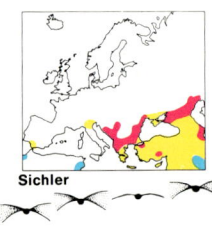

Nachtreiher

Graureiher *Ardea cinerea* L 110, S 185. Der häufigste und am weitesten verbreitete Reiher Europas. Bei Nahrungssuche an Gewässern aller Art, selbst am Meer, steht aber auch oft auf Wiesen und Feldern und lauert auf Mäuse. Große Nester in lauten Kolonien hoch auf Bäumen. Wartet meist bewegungslos auf Beute, die durch blitzschnelles Zustoßen mit dem Schnabel ergriffen wird. Diese Strategie ist für fast alle Reiher typisch. Der Graureiher ist sofort an seiner *bedeutenden Größe* und dem *grauen Gefieder* mit schwarzen und weißen Markierungen zu erkennen. Fliegt mit *gebogenen Schwingen* in schwerem, *langsamem Ruderflug*, den *Hals* dabei *eingezogen* und daher kopflastig erscheinend. Kann aus der Entfernung wie ein großer Greifvogel wirken. Stimme ein heiser krächzendes 'krääck'. BZW

Purpurreiher *Ardea purpurea* L 85, S 135. Vor allem in Südeuropa regional häufiger Brutvogel in Feuchtgebieten, Kolonien meist in Schilfflächen. Brütet auch in den Niederlanden; einzelne Vögel stoßen außerhalb der Brutzeit weit nach Norden vor. Jagt oft in dichterer Vegetation als Graureiher, häufig im Schilf. Die kastanienbraunen Gefiederpartien sind aus der Entfernung schwer zu erkennen, der Vogel wirkt *dunkler als Graureiher.* Insgesamt kleiner und zierlicher als dieser, Kopf und Hals schlanker und schlangenähnlich, Schnabel gleichmäßig dünn und nicht dolchförmig. Im Flug steht der herabhängende Teil des eingezogenen Halses weiter und eckiger hervor („Rammbock"), die Zehen sind deutlich länger (vor allem die Hinterzehe weit hervorstehend). Unterflügel lehmbraun, Jungvögel blasser ohne dunkle Halsstreifen. BZ

Nachtreiher *Nycticorax nycticorax* L 60, S 112. Häufiger Brutvogel in Sumpfgebieten Südeuropas, stellenweise weiter nördlich (z.B. Niederlande, Süddeutschland), in Kolonien mit anderen kleinen Reihern. Altvögel durch untersetzte Gestalt, *schwarz, grau und weiß gezeichnetes Gefieder* unverkennbar. Im Flug insgesamt blaß wirkend. Jungvögel durch *große helle Flecken* an den Spitzen der *Flügeldecken* von der ähnlich gezeichneten größeren Rohrdommel zu unterscheiden, fliegend durch schnellere Flügelschläge und insgesamt dunkleres Gefieder. Im Flug wird der Körper etwas aufwärts, der Schnabel leicht abwärts gehalten, die *Zehen* bilden kein rechteckiges Ende wie bei anderen Reihern, sondern *laufen in eine Spitze aus.* Tagsüber meist in dichter Vegetation rastend, nachts auf Nahrungssuche; dabei im Flug oft froschähnlich 'kooark' rufend. BG

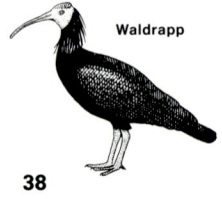

Sichler

Sichler,
Flugweise

Waldrapp

Sichler *Plegadis falcinellus* L 60, S 90. Selten in Kolonien in Süd- und vor allem Südost-Europa auf Bäumen oder im Schilf brütend. Jungvögel streifen im Herbst mitunter weit nach Norden. *Abwärts gebogener Schnabel* und aus der Entfernung *dunkles Gefieder* beste Kennzeichen. Kopf und Körper rotbraun, Flügel metallisch schwarzgrün, Schnabelgrund weiß. Im Schlichtkleid Kopf und Hals schwarzbraun, weiß gesprenkelt. Jugendkleid ähnlich, aber weiße Punkte unauffälliger, Rücken und Flügeldecken brauner und blasser. Trupps fliegen mit schnellen, brachvogelähnlichen Flügelschlägen und kurzen Gleitstrecken (ähnlich Zwergscharben). Der *Hals* ist, wie bei allen Ibissen, dabei *ausgestreckt.* Rufe laut krächzend und knurrend. A

Heiliger Ibis *Threskiornis aethiopicus* L 66. Verfliegt sich von seinen südlichen Brutplätzen sehr selten bis zum Kaspischen und Schwarzen Meer, bei uns gelegentlich als Gefangenschaftsflüchtling. Unverkennbar durch *weißes Gefieder, Kopf, Hals und überhängende Schirmfedern schwarz.* (A)

Waldrapp *Geronticus eremita* L 75. Im 16. Jahrhundert noch Brutvogel in Süddeutschland, heute sehr seltener Gast in Südwest-Europa aus Marokko, ferner kleine Kolonie in der Türkei. Fast ausgerottet. *Gefieder dunkel,* metallisch schillernd, *unbefiederter Kopf und abwärts gebogener Schnabel rötlich,* struppige Halskrause. –

Graureiher
fliegender Trupp

Brutkolonie

imm.

Purpurreiher
ad.
Prachtkleid

Nachtreiher
juv.

Nachtreiher
ad.

Nachtreiher

Nacht-
reiher
juv.

Nachtreiher

ad.

Sichler

ad.

juv.

juv.

Heiliger Ibis

fliegender
Trupp

39

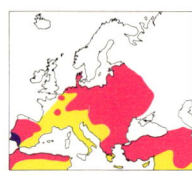

Weißstorch

Weißstorch *Ciconia ciconia* L 110, S 165. Weit verbreitet und sehr bekannt, nimmt im nördlichen Teil des Verbreitungsgebietes aber bedrohlich ab. Bevorzugt Feuchtgebiete und ausgedehnte Wiesenflächen, wo er sich überwiegend von Fröschen, Fischen, Mäusen und großen Insekten ernährt. Hat sich dem Menschen angeschlossen und brütet oft auf Hausdächern, aber auch auf einzeln stehenden Bäumen, gelegentlich in kleinen Kolonien. Stolziert majestätisch durch die Wiesen und ist dabei wenig scheu. Vom Schwarzstorch leicht durch *weiße Färbung von Kopf, Hals und Oberseite* zu unterscheiden. Segelt gerne in Aufwinden, *zieht in ungeordneten Trupps* (die aus großer Entfernung ähnlich aussehenden Pelikane dagegen in Formation, wie es auch die von den Proportionen her ähnlichen und wie Störche mit ausgestrecktem Hals fliegenden Kraniche tun). Die afrikanischen Überwinterungsgebiete werden über Gibraltar und den Bosporus unter Umgehung des Mittelmeeres erreicht. Über Istanbul sind Ende August riesige Trupps zu sehen. Auf dem Nest typisches Schnabelklappern, sonst stumm. BZ

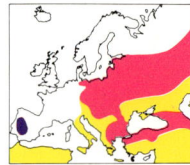

Schwarzstorch

Schwarzstorch *Ciconia nigra* L 100, S 155. Scheu und selten, brütet in Waldland auf Bäumen in der Nähe von fischreichen Teichen und Fließgewässern. Vom Weißstorch durch *schwarzen, metallisch schimmernden Kopf, Hals und Rücken* unterschieden, im Flug von unten auch *Schwanz und Unterflügeldecken dunkel*. Schnabel und Beine bei Altvögeln rot, bei Jungen grünlich. Zieht später als der Weißstorch, über Istanbul Ende September große Trupps. Die sich langsam nach Westen ausbreitende osteuropäische Population ist weniger scheu. Ruft im Gegensatz zum Weißstorch auch, meist 'hi-lie, hi-LIH', klappert seltener. BZ

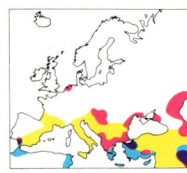

Löffler

Löffler *Platalea leucorodia* L 88, S 130. Ein Ibis mit sehr zerstreuter Verbreitung: Südeuropa, Niederlande, Österreich (Neusiedlersee). Lebt an flachen, offenen Gewässern und bildet Brutkolonien in ausgedehnten Schilfflächen, manchmal auch auf Büschen und Bäumen. Von den weißen Reiherarten durch den sehr langen und an der Spitze *löffelartig verbreiterten Schnabel* unterschieden. *Hals im Flug ausgestreckt*. Ganz weiß, im Prachtkleid mit gelbem Brustband und verlängerten gelblichen Nackenfedern. Unausgefärbte Vögel mit schwarzen Spitzen der Handschwingen. Trupps fliegen meist in Linienformation mit schnellen, flachen Flügelschlägen. Gleitet und segelt auch. Bei der Nahrungssuche wird der *Schnabel* im Flachwasser *hin- und hergeschwenkt*. Meist stumm, gelegentlich Schnabelklappern und wie Rauspern klingende Rufe. G

Flamingos (Ordnung Phoenicopteriformes) haben extrem lange Hälse und Beine und stark abwärts geknickte Schnäbel. Sie brüten in großen Kolonien und errichten aus Schlamm kegelförmige Nester in salzigem Flachwasser.

Rosaflamingo

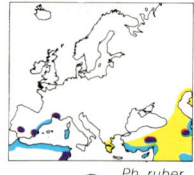

Ph. ruber roseus

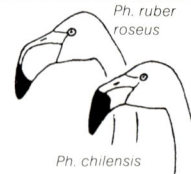

Ph. chilensis

Rosaflamingo *Phoenicopterus ruber* L 135, S 155. Europäische Kolonien in Südfrankreich und Spanien, ferner Türkei. Einzelne Vögel tauchen in ganz Europa auf, sind aber meist Zooflüchtlinge. Aus großer Entfernung sehen Trupps im Wasser wie weiße Bänder aus, am Himmel wie rosa Wolken. *Hals und Beine sehr lang* und im Flug leicht durchhängend. Flügel oberseits rosa mit schwarzen Handschwingen (sieht fliegend wie ein brennender Bleistift aus). Zieht in langen Ketten. *Schnabel kurz, dick und abwärts geknickt*. Jungvögel graubraun, ohne rosa. Schnabel und Beine dunkel. Durchseiht bei der Nahrungssuche das Flachwasser nach kleinen Krebstieren, wobei die Schnabeloberseite nach unten weist. Rufe trompetend und gänseähnlich. Neben der europäischen Unterart *roseus* des Rosaflamingos werden oft Zooflüchtlinge beobachtet, z. B. amerikanische Unterart *ruber* mit *intensiv rosa* gefärbtem Gefieder (*roseus* ist viel blasser), der kleinere **Chileflamingo** *Phoenicopterus chilensis* mit grauen bis grünlichen Beinen und davon abstechendem *rotem Fersengelenk* („Knie") und mehr Schwarz auf dem Oberschnabel (s. SW-Abb.) und der sehr *kleine* **Zwergflamingo** *Phoenicopterus minor* mit fast ganz *schwarzem Schnabel*. A

Nest auf
Schornstein

Weißstorch

Schwarzstorch

ad.

ad.

juv.

juv.

Löffler

Rosaflamingo

41

Entenvögel

(Ordnung Anseriformes, Familie Anatidae) können nach Erscheinungsbild, Größe und Lebensweise in verschiedene Gruppen eingeteilt werden. Alle sind ans Wasser gebunden, haben lange Hälse, lange, schmale Flügel und kurze Beine, deren drei vorwärtsgerichtete Zehen durch Schwimmhäute verbunden sind. Die Schnäbel sind meist flach und am Rand mit als Filter dienenden Lamellen besetzt. Der meist langgestreckte und flache Körper ist durch ein dichtes Daunengefieder isoliert, mit dem auch das meist einfache Nest ausgepolstert wird. Die nestflüchtenden Jungen schlüpfen in einem Dunenkleid und können bereits nach wenigen Stunden laufen, schwimmen und nach Nahrung suchen.

SCHWÄNE sind die größten Entenvögel mit ganz weißem Gefieder und extrem langem Hals. Die Jungen sind graubraun. Zum Auffliegen müssen sie eine längere Strecke über das Wasser laufen. Sie ernähren sich von Pflanzen und legen 3–10 Eier. S. 44

GÄNSE stehen in Größe und Erscheinungsbild zwischen Schwänen und Enten. Die Geschlechter sind gleich gefärbt. Sie sind schwerer und langhalsiger als Enten. Die Beine setzen, als Anpassung an das häufige Grasen am Land, mehr in der Körpermitte an. Flug meist in eindrucksvollen Formationen. Die geselligen und sozialen Vögel versammeln sich in großen Trupps an traditionellen Mauser- und Überwinterungsplätzen. 3–8 Eier. S. 46

GRÜNDELENTEN, auch Schwimmenten genannt, leben an Gewässern aller Art. Sie ernähren sich von Pflanzen, die sie durch Gründeln („Köpfchen in das Wasser, Schwänzchen in die Höh'...") vom Gewässergrund heraufholen oder von der Oberfläche aufsammeln, grasen aber auch an Land. Sie können ohne Anlauf direkt auffliegen und haben oft ein arttypisches Muster des Armflügels, das „Spiegel" genannt wird. Männchen sehr bunt, Weibchen schlicht braun gefärbt. Während der Mauser der Schwungfedern im Sommer tragen die Männchen ein Schlichtkleid, das sie den Weibchen ähnlich macht. Das Gelege aus 5–12 Eiern wird nur vom Weibchen bebrütet. Die Brandgans und ihre Verwandten, oft als Halbgänse bezeichnet, weichen etwas ab, da sie größer sind, in Höhlen brüten und keine so deutlichen Unterschiede zwischen den Geschlechtern zeigen: S. 52

TAUCHENTEN verschwinden bei der Nahrungssuche ganz unter der Wasseroberfläche, haben weiter hinten am Körper ansetzende Beine und einen zusätzlichen Schwimmlappen an der Hinterzehe. Zum

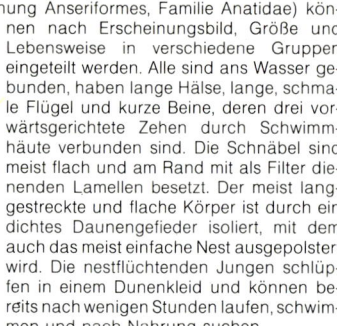

Singschwan

Graugans

Stockente, ♂

Auffliegen müssen sie meist ein Stück über das Wasser laufen. Die kleineren Arten brüten überwiegend an Binnengewässern und überwintern auch dort sowie auf dem Meer in Küstennähe. Sie ernähren sich von Wasserpflanzen und kleineren wasserbewohnenden Tieren (Muscheln, Schnecken). Die Gelege umfassen 4–14 Eier. Die größeren Arten, oft zusammenfassend als MEERESENTEN bezeichnet, brüten überwiegend in Nordeuropa an Binnengewässern und an der Meeresküste und legen 4–8 Eier. Sie überwintern fast ausschließlich auf dem Meer und ernähren sich überwiegend von Mollusken. S. 58

SÄGER besitzen schlanke Schnäbel mit einem Haken an der Spitze und Sägezähnchen an den Schnabelkanten. So können sie glitschige Fische, die ihre Hauptbeute darstellen, besser festhalten. Zum Auffliegen benötigen sie wie die Meeresenten viel Anlauf. Sie bebrüten 6–18 Eier in Baumhöhlen (der Mittelsäger jedoch am Boden). Überwinterung auf dem Meer und größeren Binnengewässern. S. 66

STEIFSCHWANZENTEN sind kleine, plumpe Enten des Süßwassers, die gleichfalls tauchen können. Die langen, steifen Steuerfedern sind typisch. Sie legen 5–11 Eier. S. 66

EXOTISCHE ENTENVÖGEL entweichen oft aus Zoos und anderen Gefangenschaftshaltungen und können mitunter zu Verwechslungen mit den europäischen Arten führen. Ferner treten gelegentlich HYBRIDEN zwischen verschiedenen Arten auf, besonders bei Tauchenten, aber auch bei Gründelenten und Gänsen. Ihr Färbungsmuster erinnert häufig an andere Arten. So sehen Hybriden zwischen Tafel- und Reiherenten der Bergente sehr ähnlich. Da hier oft Bestimmungsprobleme entstehen, sollte bei der Beobachtung sehr seltener Arten Spezialliteratur zu Rate gezogen werden.

Tafelente, ♂

Eiderente, ♂

Mittelsäger, ♂

Weißkopf-Ruderente

Schwäne

(Unterfamilie Cygninae) sind große, schwere, weiße Vögel mit langem Hals, bei denen die Geschlechter gleich gefärbt sind. Gründeln im Wasser und grasen an Land. Im Schwimmen majestätisch, Gang aber watschelnd. Große Nester aus Pflanzenmaterial am Wasser. Jungvögel erst nach 3 Jahren ausgefärbt. Bei allen Arten sind Kopf und Hals manchmal vom Wasser rostgelb gefärbt.

Höckerschwan

Höckerschwan *Cygnus olor* L 150, S 210. Der häufigste und am weitesten verbreitete Schwan. Nistet an Gewässern aller Art, oft in direkter Nähe des Menschen, manchmal in regelrechten Kolonien. Nichtbrüter schließen sich zu Trupps zusammen, im Winter oft an der Küste. Während der Brutzeit Artgenossen und Menschen gegenüber aggressiv. Einer der schwersten flugfähigen Vögel, wiegt im Durchschnitt 8–12 kg. Im Schwimmen Flügel oft mehr oder weniger stark wie Segel aufgestellt, *Hals mit graziler, S- förmiger Biegung* und abwärts gerichtetem Schnabel. Schwanz lang und zugespitzt. *Schnabel* der Altvögel *orangerot mit schwarzem Höcker* (bei Männchen größer), der Immaturen gräulichfleischfarben mit *dunkler Basis*. Die graubraunen unausgefärbten Vögel sind stärker gefleckt und weniger einheitlich gefärbt als junge Sing- und Zwergschwäne. Daneben gibt es eine sogenannte *immutabilis*-Mutante mit fleischfarbenen (statt dunkelbraunen) Beinen, bei der schon die Jungen ganz weiß sind. Vergleichsweise stumm: Altvögel geben zur Brutzeit schnarchende und fauchende Laute von sich, im Winter auch ein rauhes 'hiorr', Junge betteln leise 'bibibibibi'. *Im Flug* erzeugen die *Schwingen* bei jedem Schlag ein weit zu hörendes, *singendes Wummern*. BJZW

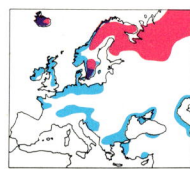

Singschwan

Singschwan *Cygnus cygnus* L 155, S 215. Brutvogel der Sümpfe und Tundraseen Nordeuropas, im Winter in Trupps an der Küste und in ausgedehnten Feuchtgebieten des Binnenlandes. Meist viel scheuer und aufmerksamer als der Höckerschwan. Nahrungssuche im Flachwasser, aber auch an Land grasend. Der *Hals* wird im Schwimmen bei Sing- und Zwergschwan *senkrecht* gehalten, die *Flügel* werden *niemals aufgestellt*, daher auch aus größerer Entfernung andere Silhouette als Höckerschwan. Beim Gründeln ist der kürzere, stumpfere Schwanz auffallend. Aus der Nähe im Gegensatz zum Zwergschwan mit *ausgedehntem gelbem Keil am Schnabel*. Jungvögel unterscheiden sich vom Höckerschwan durch gleichmäßiger und grauer gefärbtes Gefieder, *blasseren* und nur an der Spitze (nicht an der Basis) schwarzen *Schnabel* und andere Silhouette, vom Zwergschwan (s. dort) durch die Größe. Mit zunehmendem Alter wird die Schnabelbasis erst weißlich, später gelblich. Stimme wohlklingend, weit tragend und fanfarenartig, im Flug *meist dreisilbig* 'hup-hup-hup', am Boden oft länger und singend. Trupps bilden oft einen *melancholischen Chor. Fluggeräusch* im Gegensatz zum Höckerschwan *sehr leise*. W

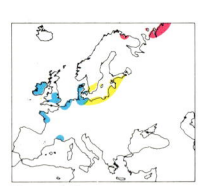

Zwergschwan

Zwergschwan *Cygnus columbianus* L 122, S 185. Kleinster und seltenster der drei Schwäne, brütet in der arktischen Tundra. Im Winter in ausgedehnten Feuchtgebieten der küstennahen Binnenlandes, seltener am Meer selbst oder im tiefen Binnenland. Hat in den letzten Jahren zugenommen. Wie eine kleine Ausgabe des Singschwans, aber mit *weniger Gelb an der Schnabelbasis*, das zur Spitze hin nicht keilförmig ausgezogen ist, *kürzerem und dickerem Hals*, runderem Kopf und schnelleren Flügelschlägen. Insgesamt mehr gänseähnlich wirkend. Jungvögel im Gegensatz zum Singschwan oberseits noch heller und grauer, Kopf dagegen meist dunkler, Schnabel rosa, zur Spitze hin dunkler werdend. Im Winter meist in Familienverbänden oder größeren Trupps, was die Bestimmung der Jungen erleichtert. Stimme höher und klarer als Singschwan, im Flug (ohne Flügelgeräusch) gedehnt 'kläu', meist *ein- oder zweisilbig*, nicht dreisilbig, gelegentlich bellend und an Gänse erinnernd. Von schwimmenden Vögeln ist ein Chor zu hören, der manchmal blubbernd klingt, manchmal an Kraniche erinnert. Bei der Nahrungssuche auch ein gedämpftes, singschwanähnliches 'kokokoko'. W

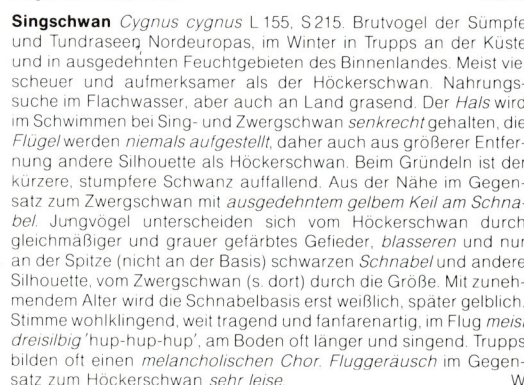

Pelikan   Stockente   Eiderente   Gans   Schwan

imponierend

imm.

Höckerschwan

fliegend

imm.

Singschwan

gründelnd

imm.

Zwergschwan

Höckerschwan auf dem Nest

Gänse

Gänse (Unterfamilie Anserinae) sind große, langhalsige Wasservögel, die sich von Gras, Sämereien, Algen und anderen Wasserpflanzen ernähren. Unermüdliche Flieger mit ruhigen Flügelschlägen, meist in Formation, werfen sich beim Landen im Flug von einer Seite auf die andere. Geschlechter gleich, oft in Dauerehe lebend.

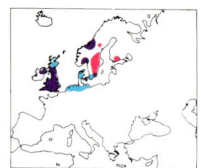

Kanadagans

Kanadagans *Branta canadensis* L 90–100, S 165–180. Größte Gans, eigentlich in Nordamerika beheimatet, aber an vielen Stellen Europas ausgesetzt. Kleinere Unterarten können mit Weißwangengans verwechselt werden. Brütet an Gewässern aller Art. Die britische Population ist seßhaft, schwedische Vögel wandern über die Ostsee durch Norddeutschland bis in die Niederlande. Nahrungssuche wie Schwäne im Flachwasser, aber auch auf Feldern. Unverkennbar, *Kopf und Hals schwarz mit weißem Halbmond* vom Kinn bis hinter das Auge. *Brust hell.* Stimme ein lautes, dissonantes 'rhot' und fanfarenartiges 'orh-lÜT' oder 'gah-HONK', Paare oft im sägenden Duett. (B)W

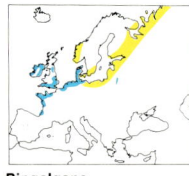

Ringelgans

Ringelgans *Branta bernicla* L 62, S 125. Die dunkelbäuchige Unterart *bernicla* brütet in der küstennahen Tundra Sibiriens und überwintert entlang der Nordseeküste bis Südengland, die hellbäuchige Unterart *hrota* von den Inseln des arktischen Kanada, Nordost-Grönland und Spitzbergen ist im Winter in Irland, Nordost-England und Dänemark. Ernährt sich im Wattenmeer hauptsächlich vom Seegras *Zostera*, nur ausnahmsweise auf Wiesen. Gründelt im Flachwasser wie eine Ente, wobei Steiß und Unterschwanzdecken weiß leuchten. Selten mit anderen Arten vergesellschaftet. Eine *kleine, schwarz-weiße Gans mit auffallendem weißem Heck*. Unterart *bernicla* mit hellen Flanken, *hrota* mit braunem Ton auf der Oberseite. Jungvögel bekommen den weißen Halbring am Hals im Herbst, behalten die weißen Ränder der Flügeldecken aber bis ins Frühjahr. Die ostsibirische und nordwestamerikanische Unterart *nigricans*, selten in Europa, hat einen breiteren und fast geschlossenen weißen Halsring, ist dunkler und hat deutlicher abstechende helle Flanken. *Flügelschlag schneller* als andere Gänse, ähnlich Eiderente, aber durch lange Flügel sofort als Gans erkennbar. Trupps sehr groß, über kurze Strecken ungeordnet fliegend, sonst in sich überlagernden Halbbögen, bei Rückenwind hoch, bei Gegenwind flach über dem Wasser. Stimme ein gutturales 'r-rott'. W

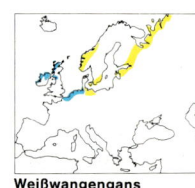

Weißwangengans

Weißwangengans *Branta leucopsis* L 64, S 140. Brütet in drei voneinander getrennten Populationen auf vor Füchsen sicheren Klippen und Inseln in Ostgrönland, Spitzbergen und Novaja Semlja und überwintert in Irland, Schottland und den Niederlanden, zieht aber im norddeutschen Küstenbereich durch. Neuerdings eine wachsende Ostsee-Population auf kleinen Inseln vor Gotland (Schweden). Grast in großen Trupps auf küstennahen Weiden. Jungvögel sind an dem schwarzen Band zwischen Auge und Scheitel und den fehlenden halbmondförmigen Flankenbändern von Alten zu unterscheiden. Große Trupps ziehen wie Ringelgänse in Bögen als in V-förmigen Keilen, aber mit *langsameren Flügelschlägen*, etwa wie Bläßgänse. Die helle Kopfzeichnung ist im Flug oft schwer zu sehen, so daß der *Kontrast zwischen dunkler Brust und hellem Bauch* ein besseres Merkmal ist. Ruft einsilbig bellend 'kak', 'kä', das bei großen Trupps zu einem lauten Röhren verschmilzt. ZW

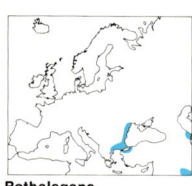

Rothalsgans

Rothalsgans *Branta ruficollis* L 60, S 120. Brütet in kleinen Kolonien an steilen Flußufern in Sibirien, oft im Schutz von Wanderfalken- oder Rauhfußbussard-Nestern. Überwintert hauptsächlich im südwestlichen Asien, Einzelvögel schließen sich jedoch alljährlich anderen Gänsearten an und gelangen nach Westeuropa. Klein mit ziemlich dickem Hals. Mähne am Hinterkopf und sehr *kurzem Schnabel*. Der sich vom dunklen Körper deutlich abhebende breite *weiße Flankenstreif* ist auf größere Entfernung und im Flug ein besseres Kennzeichen als die kastanienbraune Zeichnung an Kopf, Hals und Brust. Jungvögel mit kleinerem braunem Wangenfleck und vier schmalen (Altvögel zwei) weißen Binden auf den Flügeldecken. Stimme ein wiederholtes, schrilles 'ki-ka'. A

Kormoran Stockente Eiderente Schwan Gans

Kanadagans

schwimmend

juv.

Ringelgans

hrota

bernicla

Weißwangengans

Rothalsgans

47

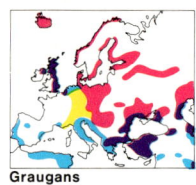

Graugans

Fliegend von hinten:

Graugans

Saatgans

Bläßgans

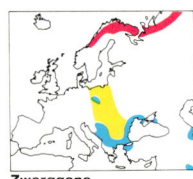

Bläßgans, juv.

Zwerggans

Die Unterscheidung der grauen Gänse, vor allem der Jungvögel, erfordert Sorgfalt. Grundsätzlich gilt, daß dunkle Bauchflecken und helle Federn am Schnabelgrund bei *allen* Arten *ansatzweise* vorhanden sein können und die Unterscheidung zwischen rosa- oder orangefarbenen Tönen an Schnabel und Beinen oft schwer ist. Körperproportionen, Verteilung heller und dunkler Gefiederpartien und Stimme geben dem Erfahrenen bessere Hinweise.

Graugans *Anser anser* L 75–85, S 147–170. Die Gans mit der weitesten Verbreitung in Europa, nistet in Sümpfen und an verschilften Binnengewässern, auch an der Küste, oft in kleinen Kolonien und umgeben von nichtbrütenden immaturen Vögeln. *Größte* und schwerste *Anser*-Art, Flügel vergleichsweise breit und stumpf. *Schnabel sehr groß* und keilförmig, bei der westlichen Unterart *anser* orange, bei der osteuropäischen *rubrirostris* fleischfarben. *Beine* immer blaß *rosa*. Im Flug sehr *helles, silbrigweißes Feld auf dem Vorderflügel* (deutlicher als bei Kurzschnabel- und Bläßgans), das stark zu dunklem Rücken und Armschwingen kontrastiert. Im Gegensatz zu allen anderen Gänsen *Unterflügel* nicht einfarbig dunkel, sondern *zweifarbig*: Kleine und Mittlere Unterflügeldecken hellgrau, Große Decken und Schwungfedern dunkelgrau. Im Sitzen Rücken nie hell wie bei der Kurzschnabelgans, dafür *Kopf und Hals hell*. Auffliegende Vögel von hinten durch grauen Bürzel gekennzeichnet, der sich von den braunen Schulterfedern abhebt. Schnabelspitze („Nagel") bei den Jungen schwarz, bei den Alten weiß. *Stimme wie Hausgans*, die von den Graugans abstammt. Meist ein nasales, gackerndes 'Ahng-ang-ang', erste Silbe höher und stärker betont. Daneben eine Vielzahl schriller, trompetender und auch gedämpfter Laute. Bei uns an verschiedenen Stellen ausgesetzt (meist *rubrirostris*) und zahm auf Parkgewässern brütend. BZW

Bläßgans *Anser albifrons* L 60–73, S 130–160. Brutvogel der arktischen Tundra, zwei Unterarten: *albifrons* (Schnabel *rosa*) entlang der sowjetischen Eismeerküste, überwintert an verschiedenen Stellen Europas, und *flavirostris* (größer, Oberseite dunkler olivbraun, Unterseite stärker gebändert. *Schnabel* kräftiger und *gelborange*) in Grönland, überwintert in Irland und Schottland und taucht nur ausnahmsweise im übrigen Europa auf. *Beine* immer *gelborange*, bei Jungen blasser. Altvögel mit *weißem Feld vom Schnabelgrund bis auf die Stirn* (in Seitenansicht fast senkrecht begrenzt) und ausgedehnter *schwarzer Querbänderung auf dem Bauch* können nur mit der seltenen Zwerggans (s. dort) verwechselt werden. Diese typischen Merkmale entstehen bei Jungvögeln erst langsam im Laufe des ersten Winters, daher Verwechslungsgefahr mit Grau- und Saatgans: Nagel an der Schnabelspitze schwarz (bei den Alten weiß), Befiederung am *Schnabelgrund schwarzbraun, Kopfseiten hell* (Saatgans dunkel), weiße Federränder der Oberseite schmaler als bei Saatgans. Vorderflügel heller als Saatgans, aber nicht so auffallend wie bei Grau- und Kurzschnabelgans. Auch große Trupps fliegen in ordentlicher V-Formation. Charakteristische Stimme ein klares, fast lachendes 'kjü-jü', ein musikalisch bellendes 'kou-jou' und tiefere, gackernde Rufe. ZW

Zwerggans *Anser erythropus* L 53–66, S 120–140. Sehr seltener Brutvogel im nördlichsten Skandinavien, stark zurückgegangen. Überwintert in Südost-Europa. Wiedereinbürgerung von (farbberingten) Vögeln in Schweden, die nach Südwesten ziehen. Wie eine kleine Ausgabe der Bläßgans, aber *Schnabel kürzer*, Kopf kleiner und runder, Hals kürzer, *Weiß* vom Schnabelgrund über die Stirn *bis auf den Scheitel* reichend (in Seitenansicht schräg nach hinten), auch aus der Entfernung auffallender *gelber Lidring* (selten und undeutlich auch bei Bläßgänsen), Oberseite dunkler, schwarze Bauchbänder schwächer. Junge unterscheiden sich von jungen Bläßgänsen durch geringere Größe, *gelben Lidring* und dunkleres Gefieder. Im Sitzen und Schwimmen *überragen die Flügelspitzen den Schwanz deutlich* (selten bei Bläßgänsen), die *Bewegungen* beim Grasen sind *schneller*. Stimme höher und klarer 'kyi-yi'. A

Altersbestimmung
von *Anser*-Gänsen

ad.

juv.

rubrirostris

Bläßgans

Küken

anser

Graugans

Bläßgans

juv.

flavirostris

ad.

juv.

albifrons

Zwerggans

ad.

juv.

ad.

juv.

ad

juv.

49

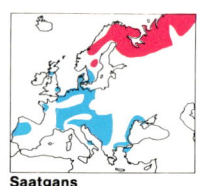

Saatgans

Saatgans *Anser fabalis* L 68–80, S 142–165. Eine große Gans, etwas schlanker als Graugans, von der bei uns hauptsächlich zwei Unterarten als Durchzügler und Wintergäste auftreten: *fabalis* aus der Taigazone Nordeuropas und *rossicus* aus der arktischen Tundra der nördlichen Sowjetunion. Für beide ist kennzeichnend, daß sowohl die *Beine* als auch die *Markierungen am sonst schwarzen Schnabel orange* sind (vergl. Grau- und Bläßgans), Rücken und Flügel im Flug einförmig dunkel wirken und die weiße Endbinde des Schwanzes schmal ist (vergl. Kurzschnabelgans). Im Sitzen von junger Bläßgans ferner durch *ganz dunklen Kopf* (nicht nur vor dem Auge), von Kurzschnabelgans durch *dunklen Rücken* unterschieden. Der lange, schlanke Schnabel der Unterart *fabalis* zeigt ausgedehnte orangegelbe Markierungen, nicht selten mit weißen Federn am Schnabelgrund. Bei der *kleineren* Unterart *rossicus* ist der Schnabel kürzer, höher und nur mit einem schmalen orangefarbenen Band zwischen schwarzem Nagel und Nasenloch versehen (es gibt aber Übergangsformen). Auch sind Hals und Lauf kürzer, die Stirn ist steiler. Da Schnabel-, Bein- und Rückenfarbe bei bestimmtem Lichteinfall oft anders wirken, kommt es häufig zu Verwechslungen zwischen *rossicus* und Kurzschnabelgans. Nicht so ruffreudig wie andere Gänse, selbst ziehende Trupps *oft stumm*. Ruf ein tiefes, nasales, zweisilbiges 'ahng-ahng', tiefer als Kurzschnabel-. nicht abfallend wie Graugans. ZW

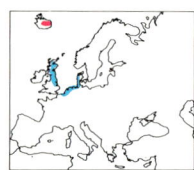

Kurzschnabelgans

Kurzschnabelgans *Anser brachyrhynchus* L 63–73, S 135–160. Grönländische und isländische Brutvögel überwintern in Großbritannien, die Population Spitzbergens zieht über Dänemark und die Deutsche Bucht in die Niederlande. Erscheint fast nie tief im Binnenland, bei Meldungen liegt meist Verwechslung mit *rossicus*-Saatgänsen vor. Kleiner als Saatgans, insgesamt kompakter, *Hals* und *Lauf kürzer, Kopf kleiner und runder. Schnabel kurz, schwarz, mit* meist schmalem *rosa Band* vor der Spitze, *Beine rosa* bis fleischfarben. Kopf und oberer Halsabschnitt auffallend dunkel, *Rücken und Flügeldecken* dagegen *hell mit blaugrauem Schimmer.* Durch diese „überfrorene" Oberseite fallen Einzelvögel in Saatgans-Trupps am ehesten auf. Da auch Saatgänse bei bestimmtem Lichteinfall oberseits hell schimmern können, müssen sich die Vögel beim Vergleich im selben Winkel zur Sonne befinden. Bei jedem Licht fällt jedoch auf, daß die *Oberseite heller* ist *als die Befiederung am Schenkelansatz* (bei der Saatgans beide gleich dunkel). Rücken- und Halsansatz zeigen oft einen zarten rosa Ton. Im Flug Oberflügeldecken sehr hell (nicht so leuchtend wie Graugans, aber bedeutend heller als bei Bläß- und vor allem Saatgans), *Schwanz* durch *breite weiße Endbinde* (Saatgans schmal) fast weiß wirkend. Von fliegenden Graugänsen durch *dunkle Unterflügel* (nicht zweifarbig) und *dunklen Kopf* unterschieden. Meist in sehr großen Trupps. *Stimmfreudigste Gans*, ruft höher als Saatgans und kläffend 'uinkuink', auch kurz trompetend 'ang-ang-ank'. Z

Schneegans
Blaue Morphe

Schneegans *Anser caerulescens* L 65–80, S 135–165. Sehr seltener Gast aus Nordamerika, meist aber Gefangenschaftsflüchtling. Altvögel durch *ganz weißes Gefieder mit schwarzen Handschwingen* unverwechselbar, auch Jungvögel heller als alle europäischen Gänse. *Schnabel und Beine rosa fleischfarben.* Dunkle Morphe („Blaue Schneegans") an Kopf und oberem Halsabschnitt weiß, auf Flügeldecken, Schwanz und Bürzel grau und sonst mit schwärzlichem Gefieder und dunklen Schwungfedern. **Zwergschneegans** *Anser rossii* kleiner, mit rundem Kopf, kürzerem Hals und Schnabel ohne auffallende „Mundwinkel". Sehr ruffreudig, meist laut, schrill und einsilbig 'kiih' oder 'kääh'. A

Streifengans *Anser indicus* L 75. Brütet im zentralasiatischen Hochland, überfliegt den Himalaya und überwintert in Indien. In Europa nur Gefangenschaftsflüchtling, der sich wilden Gänsen anschließt und sogar in Freiheit brütet. Altvögel durch *weißen Kopf mit zwei schwarzen Querbinden* unverkennbar. Scheitel und Hinterhals der Jungen zusammenhängend schwarzbraun. Im Flug weißlich, Schwungfedern nur an der Spitze dunkel. (B)

Saatgans

fabalis

Kurzschnabelgans

Schneegans

juv.

juv.

Streifengans

51

Gründelenten

(Unterfamilie Anatinae) sind meist auf flacheren Gewässern zu finden. Sie nehmen die überwiegend pflanzliche Nahrung von der Wasseroberfläche auf oder holen sie durch Gründeln vom Gewässergrund herauf. Tauchen nur ausnahmsweise. Die Geschlechter sind meist sehr verschieden gefärbt.

Stockente *Anas platyrhynchos* L 56, S 95. Häufigste und größte Gründelente, kommt auf Gewässern aller Art vor, auch in Parks. Der von den Armschwingen gebildete *dunkelblaue*, samtartig schillernde *Flügelspiegel* ist charakteristisch. *Pfeifendes Flügelgeräusch*, auch nachts aktiv. Balz im Winter, zur Brutzeit schließen sich die mausernden Männchen in Trupps zusammen. Oft Vögel mit starken Farbabweichungen, durch Einkreuzung von Hausenten oder sogenannten Hochbrut-Flugenten entstanden. Männchen ruft bei der Balz hoch und dünn 'pju', Weibchen laut und wiederholt 'rhääb-rrhääb...', ferner gackernde, an Hausente erinnernde Rufe. BZW

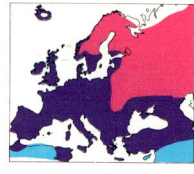

Stockente

Schnatterente *Anas strepera* L 51, S 89. Weit verbreitet, aber selten. Brütet vorwiegend auf stark bewachsenen flachen Binnengewässern, im Winter auch auf Kiesgruben und überfluteten Wiesen; vermeidet Salzwasser. Scheu, fliegt bei Störungen weit weg. Großer *weißer Flügelspiegel* kennzeichnend und oft auch beim sitzenden Vogel sichtbar, bei Weibchen etwas kleiner. Männchen unauffällig grau, im Schwimmen vor allem durch *schwarzes Heck* auffallend. Weibchen vom größeren, aber ähnlichen Stockentenweibchen durch *schlankeren Schnabel* mit *orangefarbener Kante* unterschieden, im Flug auch durch *weißen Bauch*. Männchen ruft ähnlich Wachtelkönig 'rrep', bei der Balz schrill 'pji', Weibchen etwas höher als Stockente 'wääk'. BZ

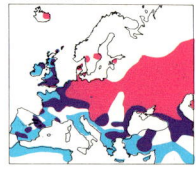

Schnatterente

Spießente *Anas acuta* L ♂ 71, ♀ 56, S 89. Als Brutvogel in Mitteleuropa nur lückenhaft verbreitet, meist an Gewässern in offener Landschaft. Im Winter Überschwemmungswiesen, Flußmündungen, größere Seen. Sehr *schlank und langhalsig, mittlere Steuerfedern* auch beim Weibchen leicht *verlängert*. Schnabel schlank und *grau*. Der braune Flügelspiegel ist hinten weiß begrenzt. Männchen im Prachtkleid durch weißen Vorderhals und lange Schwanzspieße unverkennbar. Während des Heimzuges weniger in Trupps als in einzelnen Paaren, beim Wegzug oft mit Pfeifenten vergesellschaftet. Männchen balzt weicher als Krickente 'krü'. BZW

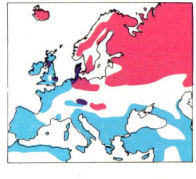

Spießente

Pfeifente *Anas penelope* L 46, S 81. Brütet vor allem auf flachen Gewässern in der Taigazone, sonst sehr lückenhaft verbreitet. Im Winter in großen Trupps an der Küste, im Wattenmeer und auf überschwemmten Wiesen. Mehr an Land als andere Enten, grast gänseartig. Kompakter Körper, *kurzer Hals, Kopf deutlich gerundet, Schwanz leicht zugespitzt, Flügel ziemlich lang*. Jungen Männchen fehlt das weiße Feld auf dem Vorderflügel. Gefieder des Weibchens insgesamt sehr dunkel, sie können im Flug durch die weißen innersten Armschwingen mit Schnatterenten verwechselt werden. In allen Kleidern *scharf begrenzter schneeweißer Bauch*. Trupps ziehen in langen Ketten. Das Männchen hat einen typischen sehr lauten Pfiff 'wll-juu', nachts ziehende Trupps rufen kläffend 'wiw, wiw-wiw'. Weibchen ruft ähnlich Schellente 'karrkarr-...', im Herbst auch schnaubend 'ra-karr'. BZW

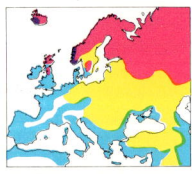

Pfeifente

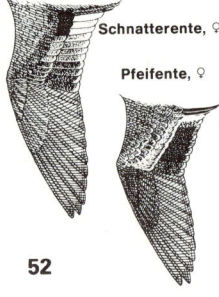

Schnatterente, ♀

Pfeifente, ♀

Nordamerikanische Pfeifente *Anas americana* L 51, S 87. Das Gegenstück zu unserer Pfeifente, seltener Gast in Europa, aber gelegentlicher Flüchtling aus Gefangenschaft. Männchen mit *weißem Band über Stirn und Scheitel und grünem Streifen an den Kopfseiten*. Weibchen mit hellerem und grauerem Kopf als Pfeifente, Flanken mehr rosa getönt, *Unterflügeldecken und Achselfedern weiß* (bei Pfeifente graubraun). Männchen ruft ähnlich Pfeifente, aber weicher und dreisilbig 'wii-wii-wiiu'. Gelegentlich entweicht die **Chilenische Pfeifente** *Anas sibilatrix* aus Gefangenschaft, deren Männchen grünen Kopf mit weißem Ring zwischen Schnabel und Auge, schwarz-weiß melierte Brust und hell zimtfarbene Flanken hat. (A)

auffliegend

landend

gründeld

"schlabbernd"

Stockente

♂ ♀

Schnatterente

♀ ♂

Spießente

♀ ♂

Pfeifente

♀ ♂

Nordamerikanische Pfeifente

♀ ♂

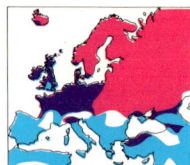

Krickente

Krickente, ♀

Krickente *Anas crecca* L 36, S 61. Eine kleine, recht häufige und weit verbreitete Ente, die vorwiegend an Süßwasserteichen brütet. Im Winter in Flußmündungen, Überschwemmungswiesen, Lagunen und Seen. Schließt sich gern zu großen Trupps zusammen, die dicht gedrängt an Watvögel erinnernde Flugmanöver ausführen. Zieht vorwiegend nachts. Männchen im Prachtkleid zwar sehr bunt, aus der Entfernung aber überwiegend dunkel aussehend und, neben der geringen Größe, am besten durch das blaß *gelbe Feld an den Steißseiten* gekennzeichnet. Weibchen ähnlich Knäkentenweibchen, aber Kopfseiten gleichmäßiger gefärbt, *Schnabel* etwas *kürzer*, an der *Basis gelblichrot* und *heller Fleck an den Seiten der Schwanzbasis*. Weiße Flügelbinde an dem Spiegel breiter als am Hinterrand (vergl. Knäkente). Heller Bauch nicht sehr auffallend. Balzruf des Männchens ein weit zu hörendes, klares und hohes 'krick' oder 'krrük', das Weibchen ruft schriller und nasaler als die weibliche Stockente. BZW

Bei der noch nicht in Deutschland, aber in anderen westeuropäischen Ländern ausnahmsweise festgestellten nordamerikanischen Unterart der Krickente *Anas crecca carolinensis* fehlt der waagerechte weiße Streifen an den Schulterfedern, dafür findet sich an den *Brustseiten* ein *senkrechter weißer Strich*. Die Weibchen beider Unterarten sind nicht unterscheidbar, Verhalten und Stimme wie europäische Krickente.

Blauflügelente, ♀
Knäkente

Blauflügelente *Anas discors* L 38. Seltener Gast aus Nordamerika. Männchen mit blaugrauem Kopf und *weißem, halbmondförmigem Fleck zwischen Auge und Schnabel*, fällt in entferntem Knäkententrupp aber besonders durch weißen Fleck an Steißseiten auf. Weibchen ähnlich Knäkente, aber mit weißem Fleck am Schnabelgrund, geflecktem Bauch, blauem Vorderflügel und dunkleren Armschwingen. A

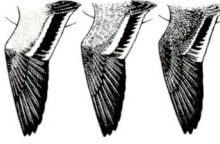

ad. ♂   juv. ♂   ♀

Gluckente *Anas formosa* L 38. Seltener Gast aus Asien. Männchen durch Kopfzeichnung unverkennbar. Weibchen etwas größer als Krickente, rötlicher, mit scharf abgegrenztem weißem Punkt am Schnabelgrund und deutlichem, unterbrochenem Überaugenstreif. —

Sichelente *Anas falcata* L 51. Seltener Gast aus Ostsibirien. *Groß*, Männchen mit *grün schillernder Mähne*, hellen Steißseiten und sichelförmig verlängerten Schirmfedern. Weibchen ähnlich Schnatterente, aber *Spiegel grün* und *schmaler Schnabel ganz grau*. (A)

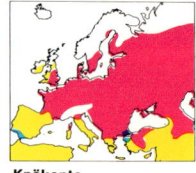

Knäkente

Knäkente *Anas querquedula* L 38, S 63. Kleine Ente, die verstreut im Flachland hauptsächlich an kleinen Teichen und in feuchten Wiesen brütet. *Vorderflügel* bei alten Männchen im Flug leuchtend *blaugrau*, bei jungen dunkler grau, bei Weibchen kaum auffallend. Der grüne *Spiegel* des Weibchens mit *breitem weißem Hinter-* und *schmalem weißem Vorderrand* (Krickente umgekehrt), im Schwimmen von der Krickente durch dunklen Augenstreifen unterscheiden, unter dem ein *heller*, sich am Schnabelgrund zum blassen Fleck ausweitender *Streifen* liegt, der durch dunkle Wangenzeichnung begrenzt wird; Kopfseiten also kontrastreich gezeichnet. Stimme des Männchens ein langgezogenes hölzernes 'knerrrk', Weibchen ruft selten 'gäk'. BZ

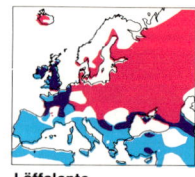

Löffelente

Löffelente *Anas clypeata* L 51, S 79. Brutvogel an sehr flachen und vegetationsreichen Gewässern, zur Zugzeit gern in kleinen Gruppen oft versteckt auf überschwemmten Wiesen. Schwimmt meist mit eingezogenem Hals und wirkt durch den *langen, löffelartig verbreiterten Schnabel* sehr kopflastig, auch im Flug. Im Flug großes *blaugraues Feld auf dem Vorderflügel* (jedoch nicht so auffallend wie bei männlicher Knäkente). Weibchen im Flug mit ganz *dunklem Bauch* und davon abstechenden *weißen Unterflügeldecken* (Pfeif- und Schnatterente haben hellen Bauch). Männchen hat als einzige Gründelente gelbe Iris (Weibchen braune). Männchen fliegt mit rasselndem Flügelgeräusch auf. Balzruf, meist abends, ein nasales, zweisilbiges 'sleck-ECK', Weibchen antwortet im selben Rhythmus breit 'pö-ÄTT'. BZ

Krickente

♀ ♂ ♂ carolinensis ♀ ♂

Blauflügelente

♂ ♂ ♀ ♂

Gluckente

♂ ♂ ♀ ♂

♂ ♂

Sichelente

♂ Schlichtkleid ♂ ♀ ♂

Knäkente

♂ ♂ ♀ ♂ ♀ ♂

Löffelente

♀ ♂ ♀ ♂ ♀ ♂

55

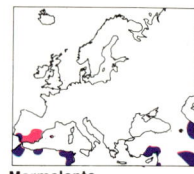
Marmelente

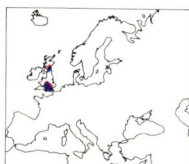
Mandarinente

Brandgans

Marmelente *Marmaronetta angustirostris* L 40. Sehr seltener und lokaler Brutvogel in Südeuropa an kleinen Teichen mit Pflanzenbewuchs. Etwas größer als Knäkente, hell braun und ohne auffallende Kennzeichen. Schwimmend am besten durch *blassen Gesamteindruck*, langen, hellen Schwanz, langen Hals mit ziemlich großem und rundem Kopf, verwaschen *dunklen Augenfleck*, angedeutete Haube und *langen, schlanken Schnabel* charakterisiert. Im Flug *langflügelig* und an weibliche Spießente erinnernd, aber *ohne Spiegel*. Schnabel schwarz, bei Männchen mit schmalem grauem Band vor Spitze und an Basis, bei Weibchen mit grünlichem Fleck an der Basis. Männchen ruft hoch, leise und nasal 'jieb', Weibchen zweisilbig 'pliep-pliep'. (A)

Mandarinente *Aix galericulata* L 46. Aus Ostasien stellenweise auf Parkgewässern eingebürgerter Ziervogel, brütet in Baumhöhlen. Das bunte Männchen ist durch die *segelartig verbreiterten orangefarbenen Schirmfedern* unverwechselbar. Weibchen (vergl. Brautente) unauffällig graubraun, Flanken weiß gefleckt, *Schnabelbasis seitlich gerade abgeschnitten, Nagel weiß*, meist keine weißen Federn am Schnabelgrund, *dünner weißer Augenring* nach hinten in feinen Strich ausgezogen. (B)

Brautente *Aix sponsa* L 48. Stellenweise ausgesetzte nordamerikanische Art. Männchen bunt wie Mandarinente, mit *grün schillerndem Kopf* und *ohne Segel*. Weibchen dunkler als Mandarinente, *Schnabelbasis gerundet, Schnabelgrund breit weiß befiedert, Nagel schwarz, breiter weißer Augenfleck* (s. SW-Abb.) (B)

Halbgänse
(Unterfamilie Tadorninae) sind größere Arten, die in mancherlei Hinsicht zwischen echten Gänsen und typischen Enten stehen. Die Geschlechter sind bei ihnen sehr ähnlich gefärbt.

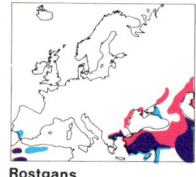
Rostgans

Nilgans

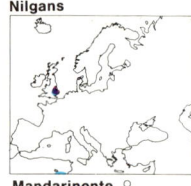
Mandarinente, ♀

Brandgans *Tadorna tadorna* L 60. Verbreiteter Brutvogel europäischer Küsten, stellenweise auch im Binnenland. Unverwechselbar, Gefieder überwiegend *weiß mit rotbraunem Brustband und metallisch schwarzgrün schillerndem Kopf*, Männchen mit Schnabelhöcker. Jungvögel blasser, oberseits schmutzig graubraun, Wangen weiß. Brütet in Erdhöhlen, meist Kaninchenbauten. Im Sommer großer Mauserplatz auf dem Großen Knechtsand in der Deutschen Bucht. Männchen balzt dünn pfeifend 'sliss-sliss-sliss', Weibchen wiehert charakteristisch 'gähähähähähäh' und warnt meist im Flug nasal 'ah-ang'. BZW

Rostgans *Tadorna ferruginea* L 60. Brütet in abnehmender Zahl in Süd- und Südost-Europa, bei uns oft Gefangenschaftsflüchtlinge. Mehr auf dem Land als Brandgans, nistet in Fels- und Baumhöhlen. Gefieder *zimtbraun mit hellerem Kopf*, Männchen mit schmalem schwarzem Halsring. Im Flug *weißer Vorderflügel* wie Brandgans, jedoch *Schwanz dunkel*. Stimme gänseartig trompetend, aus der Entfernung an Autohupe erinnernd. (B)

Nilgans *Alopochen aegyptiacus* L 70. Afrikanischer Brutvogel, der sich selten nach Südost-Europa verfliegt. Bei uns stellenweise ausgesetzt (große Brutpopulation in den Niederlanden). Schmutzig graubraunes Gefieder, *dunkler Augenfleck, weißer Vorderflügel*, Schnabel und Beine rötlich bis fleischfarben. (B)

Brautente, ♀

Marmelente

Mandarinente

juv. **Brandgans**

an Bruthöhle

Rostgans

Nilgans

57

Tauchenten

Bergente, ♀
Sommer-

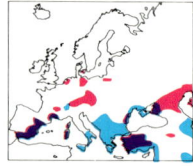

Kolbenente

(Unterfamilie Aythyinae) sind überwiegend an tieferen Gewässern zu finden und ernähren sich hauptsächlich von Kleintieren, z.B. Krebsen und Mollusken, die sie tauchend erbeuten. Zum Auffliegen müssen sie ein längeres Stück über das Wasser laufen.

Kolbenente *Netta rufina* L 56. Brütet verstreut in Mittel- und Südeuropa an verschilften Seen, gern an Brackwasser. Häufig treten Gefangenschaftsflüchtlinge auf. *Große Tauchente*, im Verhalten den Gründelenten ähnlich. Männchen durch *fuchsroten, steilstirnigen Kopf, schwarze Brust und helle Flanken unverkennbar, Schnabel* auch im weibchenfarbenen Schlichtkleid ganz *rot*. Weibchen nur mit weiblicher Trauerente verwechselbar, aber blasser, liegt höher im Wasser und hat *rotes Band vor Schnabelspitze*. Im Flug stark *breite weiße Flügelbinde*. BZ

Bergente *Aythya marila* L 46, S 79. Brutvogel Skandinaviens, im Winter meist auf dem Meer. Männchen von Reiherente durch fehlenden Schopf und *grauen Rücken* unterschieden, wirkt aus der Entfernung weiß mit dunklen Enden. Weibchen unterscheidet sich von Reiherente durch sehr *breiten weißen Ring am Schnabelgrund* (im Sommer auch *heller Fleck an Kopfseiten*), *runderes Kopfprofil ohne Federschopf*, größeren Schnabel mit breiter Spitze und *kleinem* schwarzem Nagel, ist insgesamt kompakter und heller, Brust mehr rotbraun und Rücken leicht grau meliert. ZW

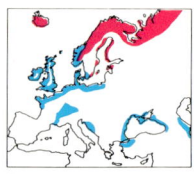

Bergente

Reiherente *Aythya fuligula* L 42, S 70. Häufigste Tauchente, hat sich bei uns in den letzten Jahrzehnten stark ausgebreitet und besiedelt Gewässer aller Art. Außerhalb der Brutzeit oft in großen Trupps. Männchen *schwarz mit rechteckigem weißem Flankenfeld und herabhängendem Federschopf*. Weibchen braun mit kürzerem Schopf, oft mit weißen Federn am Schnabelgrund (vergl. Bergente), gelegentlich hellen Unterschwanzdecken (vergl. Moorente). Ganze Spitze des schlanken Schnabels schwarz, auch beim Weibchen oft durch graublaue Binde begrenzt. Iris gelb. Weibchen warnt rauh 'kerrr', Männchen balzt kichernd 'biepbibipp'. BZW

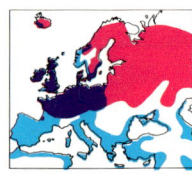

Reiherente

Ringschnabelente *Aythya collaris* L 43. Seltener Gast aus Nordamerika. Ähnlich Reiherente, aber spitzes Kopfprofil ohne Federschopf. *Graue* (nicht weiße) *Flügelbinde* charakteristisch. Flanken des Männchens hellgrau, nach oben aher geschwungen begrenzt, vorne mit senkrechtem weißem Längsstreifen, der sich bis in die Schulterregion zieht. Schnabel mit auffallendem weißem Ring vor der Spitze sowie an der Basis. Weibchen mit weißem, oft nach hinten ausgezogenem Augenring, aufgehelltem Gesicht und typischer Kopfform. Schwanz beim Schwimmen oft gestelzt. Iris bei Männchen gelb, bei Weibchen braun. A

Ringschnabelente,
Oberflügel

Tafelente *Aythya ferina* L 46, S 79. Verbreiteter Brutvogel vegetationsreicher Seen, bei uns zunehmend. Männchen unverkennbar, Weibchen ohne auffallende Merkmale: Blasser Überaugenstreif, Schnabelgrund hell, dunkler Ohrfleck, *Kopfprofil dreieckig, Stirn flach*. Flügel graubraun mit unauffälliger Binde, bei Männchen insgesamt heller. Schnabel schwarzgrau mit blaugrauer Binde vor schwarzer Spitze. Iris bei Männchen rot, bei Weibchen braun. Männchen balzt rauh 'bhii-bhii-...', Weibchen ruft 'krra'. BZW

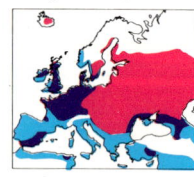

Tafelente

Moorente *Aythya nyroca* L 40, S 66. Brütet vorwiegend in Südost-Europa an stark bewachsenen, flachen Teichen, wird bei uns zunehmend als Gefangenschaftsflüchtling festgestellt. Recht unauffällig, etwas kleiner als das ähnliche Reiherentenweibchen, mit sich *deutlicher* abhebender *breiter weißer Flügelbinde*. Männchen *mahagonibraun* mit *weiß leuchtenden Unterschwanzdecken* und *weißer Iris* (bei Weibchen braun). *Kleines weißes Bauchfeld rundum scharf dunkel begrenzt.* Weibchen insgesamt blasser. Kopfprofil spitzer als Reiherente, ohne Haube, Schnabel grau, ohne deutliche Abzeichen und *lang* wirkend. Meist stumm, Männchen balzt sanft 'wiijuu', Weibchen ruft wiederholt hell schnarrend, fast klingelnd 'karr'. BG

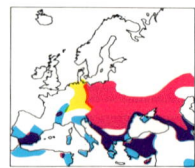

Moorente

Kolbenente

Bergente

Reiherente

Ringschnabelente

Tafelente

Moorente

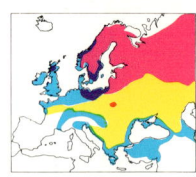

Schellente

Schellente
imm. ♂ mausernd
Spatelente

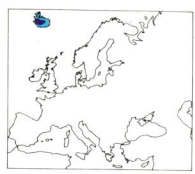

Büffelkopfente, ♂

Kragenente

Kragenente, ♀

Eisente, ♀

Die auf den folgenden drei Seiten dargestellten Tauchenten werden oft unter der Bezeichnung Meeresenten zusammengefaßt, da sie die meiste Zeit des Jahres auf dem Meer verbringen, wo sie sich überwiegend von Muscheln, Schnecken und Krebstieren ernähren. Mit Ausnahme der Schellente erscheinen sie außerhalb der Brutzeit nur selten oder überhaupt nicht im Binnenland. Die Eiderenten sind sehr kräftige Arten mit dichtem Daunengefieder, das gegen kaltes Meerwasser isoliert und auch zum Auspolstern der Nester benutzt wird („Eiderdaunen").

Schellente *Bucephala clangula* L 45, S 79. Weit verbreiteter Brutvogel an Gewässern in nordischen Wäldern, auch bei uns zunehmend. Brütet in Baumhöhlen. Überwintert an den Küsten, aber auch auf größeren Gewässern des Binnenlandes, meist in kleinen Gruppen und so sehr in großen Trupps wie z.B. Reiherenten. Scheuer als die meisten anderen Tauchenten, bleibt auch länger unter Wasser. *Großer Kopf mit charakteristischer dreieckiger Form. Weißer Zügelfleck* des Männchens auf große Entfernung sichtbar, Brust und Flanken leuchtend weiß, der Rücken schwarz (vergl. Gänsesäger). Jungvögel ohne das gelbe Auge und den weißen Halsring des Weibchens, insgesamt dunkler graubraun. Im Flug große weiße Felder auf dem Armflügel (vergl. Säger), *Unterflügel* jedoch *dunkel.* Zur Unterscheidung von der Spatelente siehe dort. Dunenjunge schwarzweiß mit leuchtend weißen Wangen, springen nach dem Schlüpfen aus der oft hochgelegenen Höhle und werden vom Weibchen zum Wasser geführt. Männchen fliegen mit *klingelndem Flügelgeräusch* (daher der Name). Balzende Männchen werfen den Kopf zurück, planschen mit den Füßen, rufen durchdringend schnarrend 'bi-biiirrs', über dem Brutgebiet kreisende Weibchen knarren 'berr, berr'.   BZW

Spatelente *Bucephala islandica* L 53. Verläßt Island, ihren einzigen europäischen Brutplatz, fast nie. Nistet dort in der Lavaregion in Höhlen an Flüssen und Seen. Männchen im Prachtkleid von der Schellente durch *halbmondförmigen, über die Höhe des Auges hinausreichenden Zügelfleck* und durch *ausgedehnter schwarzen Rücken,* der weiter *auf die Brustseiten hinabreicht,* unterschieden. Abweichendes Kopfprofil (langgezogener, mit deutlicherer Mähne, steilerer Stirn und höchstem Punkt des Scheitels vor dem Auge liegend), kürzerer Schnabel und violett (statt grünlich) schillernder Kopf nur schwer erkennbar. Beachte, daß unausgefärbte Schellentenmännchen mit schwarzbraunem Kopf oft auch einen halbmondförmigen Zügelfleck zeigen. Weibchen und Jungvögel außer an Größe und Kopfprofil kaum von Schellenten zu unterscheiden, doch haben Weibchen oft einen ganz gelben Schnabel (Schellenten nur im Winter und Frühjahr ein gelbes Band vor der Spitze). Weißes Flügelfeld beim Männchen durch schwarzes Längsband unterbrochen.   A

Büffelkopfente *Bucephala albeola* L 36. Sehr seltener Gast aus Nordamerika, so *klein* wie Krickente, kann ohne Anlauf vom Wasser auffliegen. Männchen wirkt *überwiegend weiß,* schwarzer Kopf metallisch bunt schillernd, mit *großem weißem Dreieck* wie ein Schwesternhäubchen. Weibchen graubraun, mit *weißem Wangenfleck* am dunkelbraunen Kopf. Iris dunkel.   −

Kragenente *Histrionicus histrionicus* L 40, S 65. Eine nordamerikanische Art, die wie die Spatelente in Europa nur auf Island brütet und die Insel nur ausnahmsweise verläßt. Brütet dort auf Inseln in reißenden Flüssen, ist im Winter in der Brandung vor der Felsküste. Männchen durch das *weiß markierte Gefieder* (die blaue und rote Färbung wirkt aus der Entfernung nur dunkel), die geringe Größe und den langen, meist aufgerichteten Schwanz unverkennbar. Weibchen kleiner und dunkler als Schellente, aber ohne weiße Flügelabzeichen und mit *drei auffallenden weißen Kopfflecken.* Junge Eisentenweibchen können ähnlich aussehen, haben aber weißen und nicht verwaschen braunen Bauch. Selten mit anderen Enten vergesellschaftet, liegt hoch auf dem Wasser und *nickt* beim Schwimmen wie ein Bläßhuhn mit dem Kopf. Gewöhnlich still, Männchen kann sanft pfeifen, Weibchen nasal schnarren.   A

Schellente

♀

♂

♂

♀

♀

Schellente balzend

♀ in Nisthöhle

♀ Sommer

juv,

Spatelente

♀

♂

♀

♂

Schellente

♀

♂

Spatelente

Kragenente

♂

♂

♀

♂

♂

♀

♂

♀

61

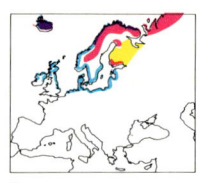

Eisente

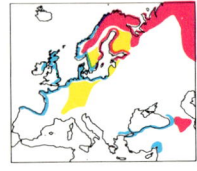

Samtente

Brillenente, imm.

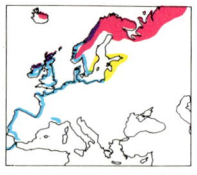

Trauerente

Trauerente, ♀
mit angedeuteter
dunkler Trennung
der hellen Wangen

Eisente *Clangula hyemalis* L ♂ 55, ♀ 40, S 78. Verbreiteter Brutvogel auf kleinen Seen der arktischen Tundra, überwintert vorwiegend mitten auf der Ostsee und vom Land aus oft nicht sichtbar, seltener auf der Nordsee. Erscheint nur gelegentlich im Binnenland. *Klein* und zierlich, taucht behende und bleibt sehr lange unter Wasser. Fliegt gern und wendig, wirft sich dabei von einer Seite auf die andere und schlägt die Flügel etwas fledermausartig unterhalb der Horizontallinie. *Flügel ganz dunkel*, Rücken beim Männchen weiß mit schwarzem Mittelstreif. Gefiederfolge sehr kompliziert, aber Männchen immer an *verlängerten mittleren Steuerfedern* und dunklere Weibchen an geringer Größe, rundem Kopf mit weißen Aufhellungen und *kurzem, grauem Schnabel* erkennbar. Schon junge Männchen mit rosa Schnabelbinde. Im Frühjahr in dicht gepackten und vor Aktivität übersprudelnden Trupps näher an der Küste: Männchen singen mit gestrecktem Hals und erhobenem Schwanz im Chor laut und etwas traurig 'ou-OU-oulii', etwas an entfernte Dudelsäcke erinnernd. Im April mausern die Männchen in ein überwiegend braunes Kleid, Mitte Mai streben sie in gewaltigen, V-förmigen Keilen in großer Höhe singend und 'gack, gack' rufend den Brutplätzen entgegen. WZ

Samtente *Melanitta fusca* L 55, S 92. Brütet überwiegend in der Taigazone, doch auch weiter nördlich. Im Winter wie die Trauerente auf dem Meer, aber näher an der Küste und in kleineren Trupps. Größer als Trauerente, Schwanz kürzer, Stirn flacher. *Orangegelbe Färbung am Schnabel des Männchens* auffallender als weißer Fleck unter weißem Auge. Helle Kopfflecken des Weibchens variabel, vorderer Fleck bei alten Weibchen oft fehlend. Jungvögel oft mit hellem Bauch. *Weiße Armschwingen* im Flug kennzeichnend, lassen die Flügel schlank erscheinen, im Schwimmen nur als kleiner Fleck sichtbar, zuweilen verdeckt. Zieht in wohlgeordneten mittellangen Ketten, sieht fliegend schwerer aus als Trauerente und hält Kopf tiefer. Beim Kreisen über dem erst spät besetzten Brutplatz ruft das Weibchen 'pra-a-ah', sonst stumm. WZ

Brillenente *Melanitta perspicillata* L 50, S 85. Sehr seltener Gast aus dem arktischen Nordamerika. Männchen durch *bunten Schnabel* und große *weiße Felder auf Stirn und Nacken* unverkennbar. Weibchen gewöhnlich mit zwei hellen Wangenflecken wie Samtente (einer oder beide können fehlen), gelegentlich ein weiterer im Nakken, aber *Kopfprofil ähnlich Eiderente*: Der keilförmige Schnabel bildet mit der Stirn eine Linie, an seiner *Basis schwarzer Fleck* wie beim Männchen. Jungvögel wie Weibchen, aber ohne schwarzen Schnabel- und weißen Nackenfleck und mit hellerem Bauch. Durch die *ganz dunklen Flügel* im Flug nur mit Trauerente verwechselbar, Männchen hat jedoch keine braunen Handschwingen wie diese. Beine rot, bei Trauerenten schwarz. A

Trauerente *Melanitta nigra* L 50, S 85. Verbreiteter Brutvogel der nördlichen Taigazone, auch in der Tundra, selten in Schottland und Irland. Überwintert in großen dichten Trupps vor allem in Flachwasserzonen vor der Nordsee- und Atlantikküste. Männchen *ganz schwarz*, im Flug vor allem im Sonnenlicht jedoch *mittelbraune Handschwingen* sichtbar. Weibchen dunkelbraun mit *dunklem Scheitel und hellen Wangen*. Jungvögel haben hellen Bauch und noch hellere Wangen. Schnabel der Weibchen und Jungen grau (vergl. Kolbenente), der Männchen mit schwarzem Höcker und davor gelbem Feld. Männchen der ausnahmsweise in Westeuropa erscheinenden nordamerikanischen und ostasiatischen Unterart *americana* mit gelbem Höcker, nur Schnabelspitze schwarz. Kopf runder und oft gestielter Schwanz länger als bei Samtente, auch kleine Trupps halten dicht zusammen. Zieht oft in großen sichelförmigen Trupps niedrig über das Wasser, mit großem Pulk an der Spitze und wie bei einem Spielzeugdrachen nach hinten baumelnden und sich windenden Bändern. Nächtlicher Heimzug über Land in großer Höhe wird durch weich pfeifendes, aber weithin hörbares 'pju pju...' der Männchen angekündigt. Männchen erzeugen beim Auffliegen auch ein pfeifendes Flügelgeräusch. WZ

Sommer

Sommer

Eisente

Prachtkleid

Prachtkleid

Samtente

Brillenente

Trauerente

Samtenten auf dem Meer

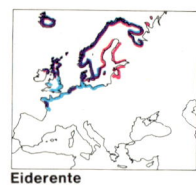

Eiderente

Eiderente *Somateria mollissima* L 60, S 100. Häufiger Brutvogel an nordeuropäischen Küsten, hat in den letzten Jahren zugenommen. Eine sehr große und kräftige Ente mit typischem, *keilförmigem Kopfprofil.* Der Oberschnabel zieht sich zipfelförmig weit auf die Augen zu, an den Seiten ist er keilförmig bis an das Nasenloch befiedert. Alte *Männchen überwiegend weiß, Weibchen braun gebändert.* Junge Weibchen dunkler als alte, junge Männchen im ersten Herbst eher schwarzbraun, aber mit hellem Überaugenstreif. Sie zeigen von Mauser zu Mauser mehr Weiß, zuerst auf Brust und Rücken, und sehen ziemlich gescheckt aus. Schwarz-weiße Enten, die man weit draußen auf dem Meer schwimmen sieht, sind fast immer Eiderenten. Kräftigere Flügelschläge als andere Enten, Kopf im Flug niedrig gehalten. Zieht in langen Ketten meist niedrig über dem Wasser. Balzt in Trupps, wobei Männchen laut und tief 'a-OOH-e' und Weibchen wie ein stotternder Motor glucksend 'kockock-ock- …' rufen. Dunenjunge mehrerer Bruten werden von Weibchen zu „Kindergärten" zusammengefaßt. Männchen schließen sich ab Ende Mai zu Mausertrupps zusammen und ziehen in die Nordsee, um dort im Juli und August zu mausern.   BZW

Plüschkopfente

Plüschkopfente *Somateria fischeri* L 55. Sehr seltener Wintergast aus Alaska und Ostsibirien an arktischen Küsten. Männchen wie Eiderente, jedoch mit *schwarzer Brust, blaßgrünem Kopf und großem, schwarz umrandetem weißem Augenfleck.* Weibchen vom Eiderentenweibchen durch rötlicheres Gefieder, graueren Kopf und Hals, weit auf den Oberschnabel reichende Befiederung und Andeutung der hellen Brille unterschieden.   −

Prachteiderente *Somateria spectabilis* L 55, S 92. Weit verbreiteter Brutvogel an Tundraseen, Nichtbrüter und Überwinterer in Europa jedoch regelmäßig nur auf Island und an der norwegischen Küste, meist mit Eiderenten vergesellschaftet. Altes Männchen im Prachtkleid durch *großen orangefarbenen Schnabelschild* unverwechselbar, im Flug *schwarze Oberseite mit weißen Vorderfügeln.* Gefieder des Weibchens rötlicher als bei Eiderente, nicht so dicht gebändert, sondern mit eher *U-förmigen dunklen Markierungen* versehen. *Befiederung* der Schnabelseiten endet weit *vor den Nasenlöchern,* am Schnabelgrund oft aufgehellt. Der *Schnabelwinkel* ist etwas *hochgezogen,* so daß die weibliche Prachteiderente immer zu lächeln scheint. Jungvögel im ersten Winter graubraun und ohne U-förmige Markierungen, von Eiderenten bestenfalls durch Schnabelform zu unterscheiden. Unausgefärbte Männchen im Gegensatz zu jungen Eiderenten *nie* mit weißen Rückenfedern, Schnabel eher rosa, nicht grau oder schmutzig grün. Meist sehen sie bis auf die weiße Brust ganz dunkel aus.   A

Prachteiderente

Scheckente *Polysticta stelleri* L 45, S 75. Brutvogel der arktischen Küste Ostsibiriens und Alaskas, seltener Wintergast in Westeuropa, aber regelmäßig im Nordosten Norwegens übersommernd. Gerne an Felsküsten, gründelt viel, taucht jedoch auch. Nur so groß wie Schellente. Männchen im Prachtkleid unverwechselbar, im Schlichtkleid bis auf weiße Vorderflügel dunkelbraun. Weibchen hat viel von einer kleinen Eiderente, aber ein ganz charakteristisches Profil des relativ großen Kopfes mit recht *langem Schnabel,* der an den Seiten *nicht befiedert* ist, flacher, *konvexer Stirn, flachem Scheitel und fast rechteckigem Hinterkopf.* Ein schwacher Augenring ist manchmal sichtbar. *Weiß eingefaßter blauer Spiegel* ähnlich Stockente. Spitzen der abwärts gebogenen und seitlich herabhängenden Schirmfedern meist hell und daher ein schräges Muster am Heck bildend. Dieses fehlt unausgefärbten Vögeln, die meist, besonders am Bauch, etwas blasser braun sind und keinen blauen, sondern einen graubraunen und nur schmal weiß eingefaßten Spiegel haben. Kinn, Stirn und Nacken bei jungen Männchen dunkler als übriger Kopf. Schwanz oft gestelzt. Flug wie Trauerente, mit deutlichem Flügelgeräusch, das im Ton etwa zwischen Schell- und Stockente liegt.   A

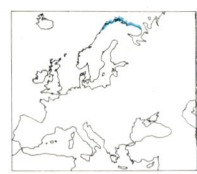

Scheckente

Scheckente, juv. ♂

♂ imm.

♀

Eiderente

♂

♀

♂

♀

♂

Prachteiderente
♀

Eiderente
♀

♂ imm.

♂

♀

Prachtelderente

♂

♂

♂

♀

Scheckente

♂

♀

♂

♀

Eiderenten auf dem Meer

Säger (Unterfamilie Merginae) sind fischfressende, tauchende Wasservögel mit fein gesägten Schnabelkanten, hellen Bäuchen und weißen Flügelfeldern.

Mittelsäger, ♀

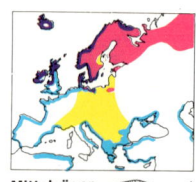

Mittelsäger

Gänsesäger, ♀

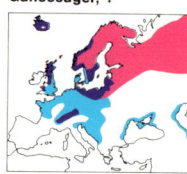

Gänsesäger

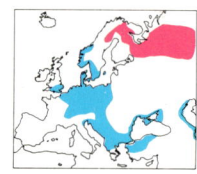

Zwergsäger

Mittelsäger *Mergus serrator* L 55, S 85. Verbreiteter Brutvogel an Küsten und Binnengewässern Nordeuropas, im Winter überwiegend auf dem Meer. Brütet spät, Nest am Boden unter Büschen. Männchen durch *weißen Halsring, rotbraune Brust und dunkle Flanken* vom Gänsesäger unterschieden. Weibchen ähnlich Gänsesägerweibchen, aber kleiner und schlanker, Schopf mehr verzaust und abstehend (nicht herabhängend), grauer *Rücken mit deutlichem Braunton*, Kopf eher zimt- als kastanienbraun, *Kinn und Vorderhals* zwar hell, jedoch *nicht scharf abgegrenzt*, Brust deutlich grau gefleckt und vor allem eher *fließender Übergang zwischen braunem Hals und grauem Rücken*. Weißer Spiegel durch dünnen schwarzen Längsstreifen unterbrochen, Kopf wirkt im Flug schlanker. BZW

Gänsesäger *Mergus merganser* L 64, S 95. Weiter verbreitet (auch in den Alpen) als Mittelsäger, im Winter regelmäßig auf großen Binnengewässern. Brütet in Baumhöhlen an Flüssen, Seen und der Küste. Männchen im Prachtkleid mit *lachsfarbenem Anflug auf der weißen Unterseite*, der im April verblaßt. Weibchen mit *kastanienbraunem Kopf und Hals, Kinn und Vorderhals weiß und scharf abgegrenzt*. Deutliche Trennung zwischen braunem Hals und grauem Körper. Weißer *Spiegel ungeteilt* oder mit nur angedeutetem Halbstrich. Vergl. mit Mittelsägerweibchen. Männchen balzen im Winter mit murmelndem, froschähnlichem 'orrp-orrp ...', im Frühjahr durchdringender und metallisch klingelnd 'drrü-drro'. Weibchen ruft im Flug 'skrrak, skrrak'. Fischen oft gemeinsam in langen Treiberketten, die gleichzeitig abtauchen. BZW

Zwergsäger *Mergus albellus* L 40, S 65. Brütet in Baumhöhlen an kleinen Seen der nördlichen Taiga, ähnlich der Schellente, mit der er auch Hybriden hervorbringt. Im Winter in lockeren Trupps auch auf Binnengewässern. Männchen fast ganz *weiß mit schwarzer „Banditenmaske"*, erinnert an kleine treibende Eisscholle. Mausert erst im November ins Prachtkleid. Weibchen und Jungvögel grau mit *rotbraunem Scheitel und weißen Wangen*. Flug schnell und agil, Flügel schwarz mit schmalem weißem Feld auf dem Armflügel. W

Kappensäger *Mergus cucullatus* L 44. Ein kleiner nordamerikanischer Säger, der gelegentlich aus Gefangenschaft entweicht. *Kopf* durch aufgerichtete Federn *fast rechteckig* wirkend, schwarzgrün schillernd und *mit großem weißem Feld* am Hinterkopf. Schnabel sehr dünn, Brust weiß, Rücken schwarz, Flanken rotbraun. Weibchen und Jungvögel ähnlich sehr kleinem Mittelsägerweibchen, doch mit *buschigerer Haube* und insgesamt düster graubraunem Gefieder. Schwanz oft aufgerichtet. (A) (Nicht abgebildet)

Steifschwanzenten (Unterfamilie Oxyurinae) sind kleine, dickhalsige Tauchenten mit großen Schnäbeln. Der aus 18 (statt 12) langen und steifen Federn gebildete Schwanz wird oft aufgerichtet.

Weißkopf-Ruderente

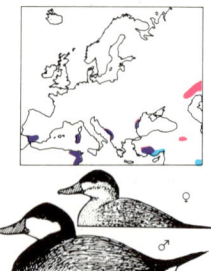

Schwarzkopf-Ruderente

Weißkopf-Ruderente *Oxyura leucocephala* L 46. Seltener Brutvogel in Süßwassersümpfen und Brackwasserlagunen Südeuropas. Männchen mit *gewaltigem, hellblau leuchtendem Schnabel, weißem Kopf* mit schwarzem Scheitel, Nacken und Hals sowie hell kupferbraunem Körper. Weibchen mit grauem Schnabel, dunklem Scheitel, hellen Kopf- und Halsseiten und recht *deutlich abgegrenztem dunklem Längsband an den Wangen*. Fliegt selten, dann an *einfarbigen*, kurzen, *runden Flügeln* und *langem Schwanz* erkennbar. Taucht sanft ab und schaut oft nur mit dem Kopf über die Wasseroberfläche. (A)

Schwarzkopf-Ruderente *Oxyura jamaicensis* L 41. Amerikanische Art, in England wachsende Population von Gefangenschaftsflüchtlingen. *Kleiner* als die europäische Art, Schnabel schlanker. Männchen leuchtend kastanienbraun mit *weißen Unterschwanzdecken* und breiter schwarzer Scheitel, Weibchen mit *kontrastärmerer Wangenzeichnung*. (A)

66

Mittelsäger balzend

Mittelsäger

♂

♀

♂

Gänsesäger

♂

♀

♂

♀

♂

♀

♂

♀

Bruthöhle des
Gänsesägers

Zwergsäger

♂

♀

♀

♂

♂

♀

♀

♂

♀

♂

Weißkopf-Ruderente

♂

♀

67

Greifvögel und Falken (Ordnungen Accipitriformes und Falconiformes) sind tagaktive Fleischfresser. Die meisten schlagen in der Luft, am Boden oder auf dem Wasser lebende Beute. Viele der größeren Arten leben auch oder ausschließlich von Aas. Alle besitzen kräftige hakenförmige Schnäbel, mit der die Beute gerupft und in Stücke gerissen wird, und Zehen mit scharfen Krallen, die zum Fangen, Töten und Festhalten dienen. Meist sind die Geschlechter gleich gefärbt, in der Regel sind die Weibchen jedoch deutlich größer. Daher werden hier keine durchschnittlichen Größen, sondern minimale bzw. maximale Werte angegeben. Die Gefiederfärbung variiert bei einigen Arten, besonders bei Bussarden, sehr stark, bei anderen gibt es helle und dunkle Morphen. Alle Greifvögel und Falken sind hervorragende Flieger, die größeren Arten segeln oft ohne Flügelschlag in thermischen Aufwinden. Flügelhaltung, Proportionen und Details der Silhouette allein ermöglichen oft schon eine Bestimmung auf große Entfernung. Die kleineren Arten werden öfter in aktivem Flug beobachtet, in dem sich einige Flügelschläge mit Gleitstrecken abwechseln, aber auch sie segeln häufig. Einige Arten, besonders Schlangenadler, Rauhfußbussard, Fischadler und Turmfalke, stehen oft rüttelnd in der Luft, um nach Beute Ausschau zu halten. Einige typische Silhouetten sind auf der gegenüberliegenden Seite abgebildet. Weitere Flugbilder finden sich auf den Seiten 92 und 93.

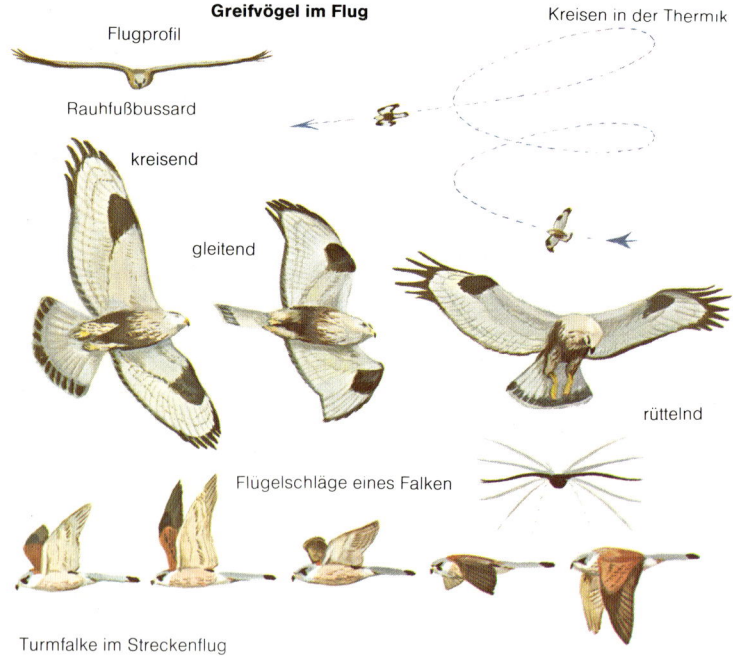

Greifvögel im Flug

Flugprofil

Kreisen in der Thermik

Rauhfußbussard

kreisend

gleitend

rüttelnd

Flügelschläge eines Falken

Turmfalke im Streckenflug

Ordnung Greifvögel

GEIER sind große Aasfresser. Zwei Arten mit breiten, gefingerten, zwei mit langen und eher zugespitzten Flügeln. Kreisen oft, manchmal in Trupps. Nest an Felsen oder auf Bäumen, 1–2 Eier. S. 70

ADLER sind groß, breitflügelig und breitschwänzig und meist überwiegend braun gefärbt. Sie gleiten oft, Flügel größer als bei Bussarden, äußere Handschwingen gefingert. Köpfe und Schnäbel massig, Unterschenkel stark befiedert. Seeadler mit längerem Hals und kürzerem Schwanz. Meist einzeln. Nest in Bäumen oder an Felsen, 1–2 Eier. S. 72

BUSSARDE sind mittelgroß, breitflügelig und breitschwänzig. Gefieder meist braun, aber mit großer individueller Variation (von fast weiß bis fast schwarz). Relativ langsame Flügelschläge, kreisen oft. Während des Zuges in Trupps. Nester auf Bäumen oder in Felsklippen, 2–6 Eier. S. 78

HABICHTE und Sperber sind mittelgroß, rundflügelig und langschwänzig. Wendiger Flug mit schnellen Schlägen, auch kreisend. Nest auf Bäumen, 3–6 Eier. S. 80

MILANE sind bussardgroße Greifvögel mit langen Flügeln und langen gegabelten Schwänzen. Kreisen und gleiten geschickt mit häufigen Wendungen. Nehmen häufig Aas. Nest auf Bäumen, 2–4 Eier. S. 82

WEIHEN sind mittelgroß, sehr lang- und schlankflügelig und langschwänzig. Fliegen oft gaukelnd mit langsamen Flügelschlägen und häufigen Gleitstrecken niedrig über dem Boden, dabei die Flügel V-förmig haltend. Männchen und Weibchen verschieden gefärbt. Nest am Boden, 4–6 Eier. S. 84

Der FISCHADLER bildet eine eigene Familie. Er ist groß, langflügelig und unterseits sehr hell. Ernährt sich von Fischen, kreist und rüttelt über dem Wasser. Nest auf Bäumen, 3 Eier. S. 82

Ordnung Falken

FALKEN werden von den nur entfernt verwandten Greifvögeln als eigene Ordnung abgetrennt. Sie haben lange Flügel, auf denen sie große Geschwindigkeiten erreichen, kreisen aber auch. Geschlechter oft verschieden gefärbt. Nest am Boden, auf Felsen oder in alten Baumnestern anderer Vogelarten, 3–7 Eier. S. 86

Geier

Steinadler

Seeadler

Bussard

Habicht

Milan

Fischadler

Weihe

Falke

Geier

sind sehr große und kraftvolle Vögel, die von Aas und Abfall leben. Meist sieht man sie auf sehr langen Flügeln in großer Höhe kreisen, dabei die Flügel gelegentlich tief durchschlagend. Gefieder der Geschlechter gleich, der Jungvögel dunkler. Die kurzschwänzigen Arten legen ein, die keilschwänzigen ein oder zwei Eier, die gut sieben Wochen, beim Schmutzgeier sechs Wochen bebrütet werden.

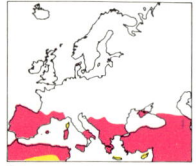

Schmutzgeier

Schmutzgeier *Neophron percnopterus* L 55–68, S 150–170. Kleinster und häufigster europäischer Geier, in verschiedenen Lebensräumen Südeuropas, meist jedoch im Bergland, gern auf Müllplätzen. Nest in Felsspalten oder kleinen Höhlen. Von allen anderen europäischen Geiern durch geringe Größe und *weißes Gefieder mit schwarzen Schwungfedern* (Armschwingen oberseits jedoch grau) unterschieden. Flügel von mittlerer Breite und nur leicht gefingert. Altvögel aus größerer Entfernung vom ähnlich gefärbten Zwergadler der hellen Morphe durch *keilförmigen Schwanz* und *kleinen spitzen Kopf mit langem dünnem Schnabel* unterschieden. Einjährige Vögel dunkelbraun mit gelblichen Federspitzen auf Flügeldecken, Oberschwanzdecken und Steuerfedern, die zu Binden und hellen Flecken verschmelzen. Manche Jungvögel auch ganz dunkel und nur Gesicht hell. Meist kreisend, während des Zuges aber auch über lange Strecken aktiver Flug. Rastet meist auf Felsspitzen, ruft kaum.   A

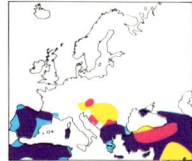

Gänsegeier

Gänsegeier *Gyps fulvus* L 95–110, S 230–265. Lokal nicht seltener Brutvogel in Bergregionen Südeuropas, nistet auf Vorsprüngen oder in kleinen Höhlen steiler Felswände. Nichtbrüter übersommern regelmäßig in Österreich. *Sehr groß*, fliegt im Zeitlupentempo. Kopf und Schwanz überragen die Flügelkanten kaum, die *langen, stark aufwärts gebogenen „Finger" der Flügelspitze* ergeben eine charakteristische Silhouette. Unterflügeldecken der Unausgefärbten heller als bei Altvögeln, Halskrause braun (Altvögel weiß). Kreist oft in kleinen Trupps, die *Flügel* dabei wie beim Steinadler *über die Horizontale anhebend*. Flügel im Gleitflug leicht gewinkelt. Rastet auf Berggipfeln, oft in größerer Zahl und an traditionellen Plätzen. Manchmal sind unmusikalische glucksende und pfeifende Laute zu hören.   A

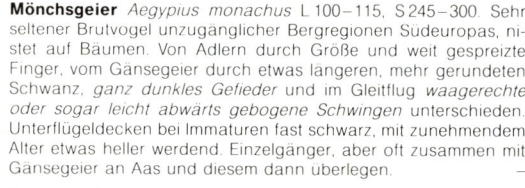

Mönchsgeier *Aegypius monachus* L 100–115, S 245–300. Sehr seltener Brutvogel unzugänglicher Bergregionen Südeuropas, nistet auf Bäumen. Von Adlern durch Größe und weit gespreizte Finger, vom Gänsegeier durch etwas längeren, mehr gerundeten Schwanz, *ganz dunkles Gefieder* und im Gleitflug *waagerechte oder sogar leicht abwärts gebogene Schwingen* unterschieden. Unterflügeldecken bei Immaturen fast schwarz, mit zunehmendem Alter etwas heller werdend. Einzelgänger, aber oft zusammen mit Gänsegeier an Aas und diesem dann überlegen.   –

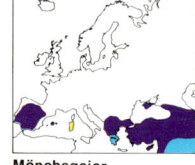

Mönchsgeier

Bartgeier *Gypaetus barbatus* L 105–125, S 235–300. Sehr seltener Brutvogel wilder Bergregionen Südeuropas, nur noch 50–100 Paare. Neuerdings Aussetzungsexperimente in Österreich. Nistet in Nischen unzugänglicher Felswände. Durch *gewaltige Größe, lange, schlanke und abwärts gehaltene Flügel und langen, keilförmigen Schwanz* unverkennbar. Von unten deutlicher Kontrast zwischen gelbbraunem Körper und sonst dunklem Gefieder. Immature mit grauem Bauch und dunklem Kopf und Hals. Einzelgänger, patrouilliert in unermüdlichem Suchflug nach abgestürzten Säugetieren an Berghängen entlang. Bevorzugt Fleisch von frischtoten Tieren und läßt Knochen aus großer Höhe auf Felsen fallen, um sie in kleine Splitter zerbrechen zu lassen. Gewöhnlich stumm, am Brutplatz lärmendes Pfeifen.   –

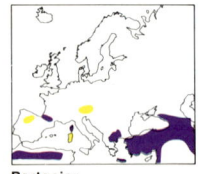

Bartgeier

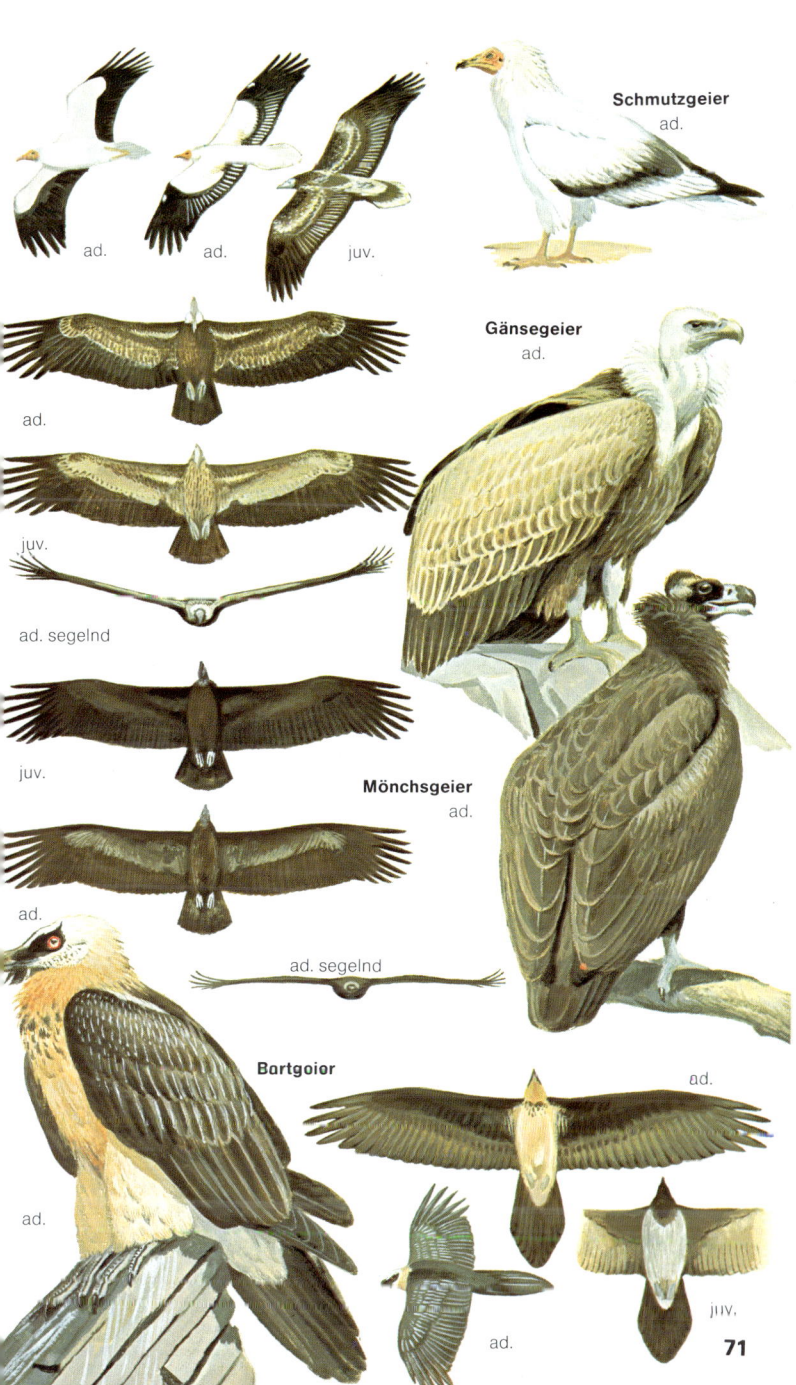

Schmutzgeier
ad.

ad.   ad.   juv.

ad.

Gänsegeier
ad.

juv.

ad. segelnd

juv.

Mönchsgeier
ad.

ad.

ad. segelnd

Bartgeier

ad.

ad.

ad.

juv.

ad.

71

Adler

haben zwar viele Gemeinsamkeiten, dennoch sind einige Arten nur entfernt miteinander verwandt. Sie sind große, breitflügelige Greifvögel mit gefingerten Flügelspitzen und kräftigen Schnäbeln, die ausdauernd segeln. Das Alterskleid wird erst nach mehreren Jahren angelegt. Gefieder der Geschlechter gleich, Weibchen aber größer.

Seeadler *Haliaeetus albicilla* L 77–95, S 190–250. Seltener Brutvogel in Küstenregionen und an fisch- und wasservogelreichen Seen und Strömen. Gewaltige Nester aus Ästen auf Klippen oder in großen Bäumen. Ein ziemlich träger Adler, der Stunden bewegungslos auf einer Sitzwarte verbringt. Bei gutem Wetter auch Suchflüge in großer Höhe. Lebt von Fischen, Wasservögeln und Aas, schmarotzt auch bei Großmöwen. Bei Altvögeln *Schwanz weiß, Schnabel gelb, Kopf, Hals und Brust hellbraun.* Immature aus der Entfernung ganz dunkel mit rostbraunem Feld auf den Mittleren Oberflügeldecken und weißem Zügelfleck, Steuerfedern mit dunklen Kanten, in der Mitte jedoch gewöhnlich durchscheinend weißlich. Aus der Nähe oft ein heller Achselfleck sichtbar. Im ersten Jahr rostbraune Brust mit schwarzen Flecken, im zweiten und dritten Jahr Unterseite braun mit unregelmäßigen weißen Flecken, manchmal auch Mantel blasser. Gelegentlich auftretende, stark hell gefleckte Jungvögel bereiten Bestimmungsprobleme. Segelt oft auf leicht durchgebogenen Schwingen, dann unschwer an *enormer Größe, breiten und rechteckigen dunklen Flügeln,* ziemlich schlankem und langem Hals, großem Schnabel und *kurzem keilförmigem Schwanz* zu erkennen. Wirkt sehr schwer und erinnert mehr an Geier als andere europäische Adler. Aktiver Flug mit langen Serien von langsamen und flachen Flügelschlägen, die von sporadischen kurzen Gleitstrecken auf geraden oder leicht gewinkelten Flügeln unterbrochen werden. Stimme 'kli kli kli kli kli', stark an Schwarzspecht erinnernd. BW

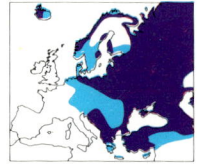

Seeadler

Bindenseeadler

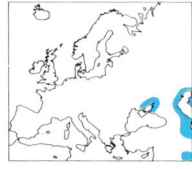

Bindenseeadler *Haliaeetus leucoryphus* L 70–84, S 175–220. Eine östliche Art, die offenes, steppenartiges Gelände an Flüssen und Seen bevorzugt. Altvögel charakteristisch: *Kopf und Hals gelblichweiß, Schwanz weiß mit schwarzer Endbinde* wie immaturer Steinadler. Lauf und Zehen grau, Schnabel dunkel. Immature wie immature Seeadler, aber blaß gelbbraune Mittlere Unterflügeldecken, die sich deutlich von dunklen Schwungfedern und dunkler braunen Kleinen Flügeldecken abheben, *großes helles Feld auf den Inneren Handschwingen,* Steuerfedern erscheinen ganz schwarz, *dunkelbrauner Augenstreif.* (A)

Steinadler *Aquila chrysaetos* L 75–90, S 190–230. Seltener Brutvogel von Bergregionen, bewohnt lokal auch Felsküsten und Nadelwälder. Nest in Felsen oder Baumkronen. Alte überwiegend Standvögel, Jungvögel und einige Altvögel aus dem Norden und Nordosten wandern im Winter südwärts und werden auch im Kulturland angetroffen. Jagt oft an Berghängen oder Waldrändern und lebt überwiegend von Kaninchen, Hasen, Hühnervögeln und Aas. Füchse zeigen die Anwesenheit eines Adlers an, indem sie den Schwanz aufrichten. Vom Seeadler leicht durch *längeren und gleichmäßig gerundeten* (nicht keilförmigen) *Schwanz,* schlankere Flügel und kürzeren, breiteren Hals zu unterscheiden. Kraftvoller Flug, bei dem typischerweise auf sechs bis sieben Flügelschläge eine 1–2 Sekunden währende Gleitphase folgt. Im *Suchflug* werden die *Flügel* ein wenig V-förmig *angehoben.* Jungvögel an *weißen Flügelflecken* und *weißem Schwanz mit schwarzer Endbinde* leicht zu erkennen. Der Weißanteil im Flügel variiert individuell und wird nach 5–7 Jahren, wenn das komplette Alterskleid angelegt wird, grau mit dunklen Binden. Mehr als ein Jahr alte Vögel zeigen ein *blaßbraunes Feld auf den Oberflügeldecken. Nacken* in jedem Kleid *goldbraun.* Schrei- und Schelladler sind deutlich kleiner, halten ihre Flügel abwärts gebogen und haben kürzere Schwänze, Kaiser- und Steppenadler haben proportional kürzere Schwänze und sind etwas kleiner. BJ

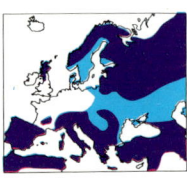

Steinadler

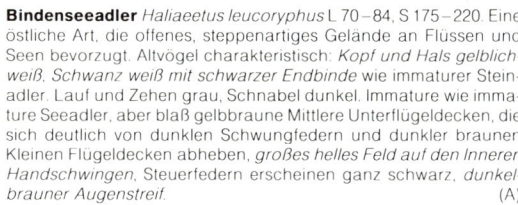

Flugprofil

Seeadler

juv.

ad.

juv.

ad.

juv.

ad.

juv.

ad.

Bindenseeadler

ad.

ad.

juv.

Flugprofil

Sturzflug

Steinadler

ad.

juv.

ad.

juv.

ad.

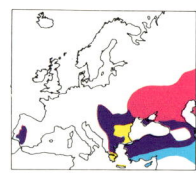

Kaiseradler

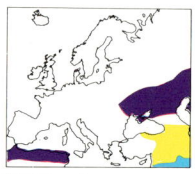

Steppenadler

Schelladler,
heller ad.

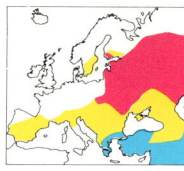

Schelladler

Schelladler,
helle Varietät
(„fulvescens")

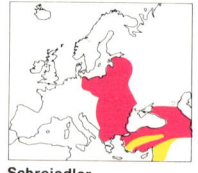

Schreiadler

Kaiseradler *Aquila heliaca* L 70–85, S 175–210. Bewohnt Steppen und offene Ebenen, wo er sich vorwiegend von Zieseln und Kaninchen ernährt. Nest auf einzelnen Bäumen oder Baumgruppen, auch in Wäldern am Fuß von Bergen. Der Spanische Kaiseradler *Aquila adalberti* wird neuerdings auch als eigene Art betrachtet und ist sehr selten. Altvögel *schwarzbraun mit blaßgelblichem Nakkenfleck, weißen Schulterfedern und grauem innerem Schwanz.* Bei *adalberti* ist auch die Vorderkante des Armflügels weiß. Immature blaßbraun mit *dunkel gestreifter Brust* und *charakteristischem cremefarbenem Hinterrücken,* innere Handschwingen blaß und zu den übrigen dunklen Schwungfedern kontrastierend, ohne das breite weiße Flügelband immaturer Steppenadler. Immature *adalberti* sind eher rötlich als die mehr gelblichbraunen *heliaca* und zeigen keine Bruststreifung. Im *scheckigen* Übergangskleid oft am hellen Nacken bestimmbar. Silhouette wie Steinadler, aber *Schwanz deutlich kürzer,* beim Kreisen oft zusammengelegt und Flügel im Gleitflug waagerecht gehalten. Ruf scheltend, etwas an Kolkrabe erinnernd. –

Steppenadler *Aquila rapax* L 63–76, S 160–200. Sehr seltener Brutvogel südost-europäischer Steppen, weiter im Osten häufiger. Altvögel dunkelbraun mit undeutlichem hellerem Nackenfleck und angedeutetem blassem Feld an der Handschwingenbasis. *Schwungfedern* gewöhnlich *deutlich gebändert,* bei Altvögeln mit breitem dunklem Hinterrand. Immature blaßbraun mit dunklen Schwungfedern, ähnlich jungen Kaiseradlern, aber mit *deutlichem weißem Hinterrand von Schwanz und Flügeln* und breitem *weißem,* von den Großen Unterflügeldecken gebildetem *Flügelband.* Oberseits durch die Spitzen der Großen Armdecken gebildete helle Flügelbinde und helles Feld an der Basis der Handschwingen und im Gegensatz zum jungen Kaiseradler kein heller Hinterrücken, *nur Oberschwanzdecken weiß.* Wachshaut und Schnabelwinkel *auffallend gelb.* Schwanz und Hals ziemlich lang, Handschwingen tief gefingert. Flügel beim Segeln horizontal gehalten, beim Gleiten leicht gebogen. (A)

Schelladler *Aquila clanga* L 60–69, S 155–180. Seltener Brutvogel nordost-europäischer Waldgebiete, oft in der Nähe von Gewässern. Robust, überwintert schon in Südost-Europa, einige auch in Frankreich. Größe zwischen Bussard und großem Adler. Durch den kurzen Schwanz etwas an Seeadler erinnernd. Flügelschläge schnell, fast wie Bussard. *Flügel* im Gleitflug charakteristisch *abwärtsgebogen.* Silhouette sehr ähnlich Schreiadler, aber Flügelspitzen tiefer gefingert und Handflügel breiter. In allen Kleidern am besten vom Schreiadler durch *schwarzbraune Unterflügeldecken* zu unterscheiden, die *dunkler als die Schwungfedern* sind (Schreiadler umgekehrt). Altvögel einfarbig dunkelbraun, oft mit hellen Flecken auf den Oberschwanzdecken und oberseits undeutlichem blassem Feld an der Handschwingenbasis. Kann im abgetragenen, ausgeblichenen Gefieder ober- und unterseits blassere mittelbraune Flügeldecken zeigen, aber kleine Decken gewöhnlich noch schwarzbraun. *Immature fast schwarz* mit weißen Flecken auf Flügeldecken und Schulterfedern (in der Ausdehnung variabel und eine oder mehrere Flügelbinden bildend), weiße Oberschwanzdecken. A

Schreiadler *Aquila pomarina* L 57–64, S 145–170. Brütet nicht selten in Osteuropa, gerne in Wäldern mit angrenzenden Wiesen im Flachland. Verläßt Europa im September. Altvögel dunkelbraun mit sich deutlich abhebenden *heller braunen,* manchmal fast gelblichen *Kleinen und Mittleren Oberflügeldecken,* hellbraunem Kopf, einem *hellen Fleck an der Basis der inneren Handschwingen* und etwas aufgehellten Oberschwanzdecken. Jungvögel besonders am Kopf etwas dunkler, aber mit ähnlichem Kontrast zwischen Oberflügeldecken und restlichem Flügel und dünner weißer, durch Spitzen der Großen Oberflügeldecken gebildeter Binde. *Heller Nackenfleck* nur aus der Nähe sichtbar. Flugweise und Silhouette ähnlich Schelladler. *Unterflügeldecken hell schokoladenbraun,* normalerweise *heller* und nie dunkler *als die Schwungfedern* (vergl. Schelladler). Federhose am Unterschenkel unauffällig. G

74

adalberti

heliaca

Kaiseradler

Flugprofil

ad.

ad.

juv.

juv.

ad.

ad.

adalberti

juv.

Steppenadler

ad.

ad.

juv.

juv.

Schelladler

Flugprofil

juv.

ad.

juv.

ad.

ad.

ad.

juv.

Schreiadler

ad.

Flugprofil

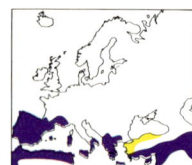
Habichtsadler

Habichtsadler *Hieraaetus fasciatus* L 60–66, S 140–154. Spärlicher Brutvogel Südeuropas, der offenes Bergland bevorzugt. Kreist oft paarweise an Berghängen und erinnert dabei in Verhalten und Silhouette am ehesten an Steinadler. Flügel ziemlich breit, aber kaum gefingert, Flügelbug hervorstehend, aber Hinterkante gerade, *Schwanz ziemlich lang* (insgesamt ähnlich Wespenbussard). Flügelschläge erstaunlich schnell, aber flach. Altvögel mit *weißlichem Bauch* und *dunklen Unterflügeln* (Kleine Unterflügeldecken weißlich, Basen der Schwungfedern hellgrau, dennoch wirkt der gesamte Unterflügel im Kontrast zum hellen Bauch aus der Entfernung dunkel). Schwanz graubraun mit *breiter dunkler Endbinde*, Oberseite dunkelbraun mit *weißem Rückenfleck* (ähnlich der Startnummer eines Sportlers). Immature sind oberseits sehr hell, unterseits mit rostgelbem Bauch und Flügeldecken, grauweißen Schwung- und Steuerfedern mit dichter, feiner Bänderung, aber ohne breite Endbinde, und auffallend schwarzen Handschwingenspitzen. Meist dunkles, kommaförmiges Abzeichen im Bereich der Handdecken, bei älteren Immaturen oft dunkles Diagonalband auf den Unterflügeln. A

Zwergadler *Hieraaetus pennatus* L 42–49, S 110–135. Ziemlich häufig in Spanien, in den übrigen Südeuropa seltener. Kleinster europäischer Adler, in der Größe eher einem Bussard ähnlich, aber durch die gefingerten Flügelspitzen deutlich als Adler erkennbar. Bewohnt Laubwälder mit Lichtungen, gewöhnlich im flacheren Bergland, aber auch in der Ebene. Hängt oft lange bewegungslos in der Luft, rüttelt jedoch nicht, und stürzt sich mit zusammengelegten Flügeln und vorwärts gestreckten Füßen aus großer Höhe mit

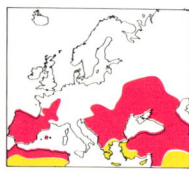
Zwergadler

atemberaubender Geschwindigkeit senkrecht hinab. Kommt in einer häufigeren hellen sowie einer selteneren dunklen Farbmorphe vor, gelegentlich auch in Übergangsformen. Helle Vögel können mit sehr hellen Mäuse- und Wespenbussarden verwechselt werden, unterscheiden sich aber von diesen und allen anderen Greifvögeln (mit Ausnahme des Schmutzgeiers) durch ganz *dunkle Schwungfedern* mit weißlichen Unterflügeldecken. Bei beiden Morphen bilden die Mittleren Armdecken ein *charakteristisches V auf der Oberseite* (wie beim Rotmilan), zusätzlich sind die *Oberschwanzdecken hell*. Dunkle Morphe unterseits dunkelbraun mit schwärzlichen Großen Flügeldecken und etwas hellerem Schwanz; können evtl. mit jungen Rohrweihen und Schwarzmilanen verwechselt werden. Die *drei inneren Handschwingen* sind immer etwas heller und *durchscheinend*. Der Schwanz wirkt einfarbig blaß grau, wird zur Spitze hin nur wenig dunkler. Vor allem von vorne fallen die wie Positionslichter eines Flugzeuges *leuchtenden Flecken am Vorderrand des Flügelansatzes* auf. Ruffreudig, am Brutplatz an- und absteigende Rufreihen 'wie-wie-juk-juk-jük'. A

Schlangenadler *Circaetus gallicus* L 64–72, S 160–180. In Südund Osteuropa nicht häufig, in Spanien zahlreicher. Bewohnt Bergregionen und Flachland, sofern offenes Gelände vorhanden ist, in dem er seine Hauptbeute, Schlangen und Eidechsen, jagen kann. *Ein sehr heller und langflügeliger Adler* mit graubrauner Oberseite und helleren Flügeldecken. Färbung variabel, meist jedoch *Kopf und Brust dunkel, scharf vom hellen*, leicht quergebänderten *Bauch abgegrenzt*. Gelegentlich unterseits fast ganz weiße

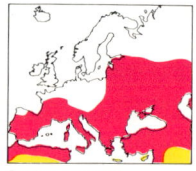
Schlangenadler

Vögel. Flügelbug nie mit dunklem Fleck. Spitzen der Schwungfedern sehen verwaschen aus, bei blassen Individuen mit grauem Rand (helle Bussarde haben immer schwarze Schwungfederspitzen). Schwanz lang und schlank mit scharfen Ecken und *drei deutlichen dunklen Binden* (manchmal einer undeutlichen vierten an der Basis). Flügel im Suchflug waagerecht oder leicht aufwärts gehalten, im Gleitflug Armflügel angehoben, Handflügel abgesenkt und Spitzen der Handschwingen aufwärtsgebogen. Flügelbug deutlich vorstehend. Vom Fischadler durch bedeutendere Größe, breitere Flügel und Fehlen des dunklen Flügelbugflecks unterschieden. Im Streckenflug durchaus majestätisch mit adlerartigen Flügelschlägen. *Rüttelt* häufig. Ruft oft melodisch pfeifend 'PllH-o'. A

Habichtsadler

juv.

ad.

ad.

immat.

juv.

ad. Flugprofil

ad.

helle Morphe

dunkle Morphe

dunkle Morphe ad.

Zwergadler

helle Morphe, ad.

dunkle Morphe, ad.

Sturzflug

Schlangenadler

normal

hell

rüttelnd

Flugprofil

Bussarde

sind mittelgroße Greifvögel, die auf leicht gefingerten breiten Flügeln häufig kreisen. Beute wird am Boden geschlagen.

Mäusebussard

Mäusebussard *Buteo buteo* L 43–50, S 100–125. In den verschiedensten Lebensräumen Europas weit verbreitet und häufig. Oft auf Zaunpfählen oder Strommasten sitzend, kreist hoch und ausdauernd und rüttelt gelegentlich. Bei uns Jahresvogel, nordöstliche Populationen ziehen jedoch. Gefieder sehr variabel, in Europa jedoch meist dunkelbraun mit charakteristischem *hellem Brustband*. Neben fast schwarzen gibt es unterseits weiße oder stark gescheckte Vögel, so daß die Färbung an andere Bussarde und sogar Adler erinnern kann. Kennzeichnend sind dann meist weiße Flecken auf den Oberflügeldecken, dunkler Kommafleck zwischen Flügelbug und Flügelspitze und der ganz dunkle oder stark gebänderte Schwanz. Lauf gelb und unbefiedert. Die schlankere östliche Unterart *vulpinus* (auch Falkenbussard genannt) erinnert durch die rötliche Färbung an den viel kräftigeren Adlerbussard. Ruf miauend 'hii-äh'. BJZW

Rauhfußbussard

Rauhfußbussard *Buteo lagopus* L 51–65, S 125–140. Brutvogel der nordeuropäischen Bergregionen, überwintert bei uns in offenem, flachem Gelände. Rüttelt häufiger und geschickter als der sonst ähnliche Mäusebussard, Flügel und Schwanz länger und schlanker (an Milan erinnernd), *Flügelschläge langsamer und elastischer*, im Gleitflug von vorne ein *charakteristischer Knick am Flügelbug*. Lauf befiedert, Zehen gelb. Wichtige Gefiedermerkmale sind *weiße Schwanzbasis*, großer dunkler *Fleck am Flügelbug* und heller Kopf. Oberflügel immer dunkel (helle Mäusebussarde fast immer mit weißen Flecken). Jungvögel sind am einfachsten zu bestimmen: weißer Schwanz mit breiter dunkler Endbinde, ganze Unterseite weißlich mit schwarzbraunem Fleck an Bauch und Flügelbug. Alte Männchen mit hellerem Bauchfleck, dafür aber auch an Kehle und Brust dunkel, Schwanz mit zusätzlichen dünnen Binden (daher oft dem Mäusebussard sehr ähnlich). Die Färbung alter Weibchen liegt dazwischen. Stimme klagender als Mäusebussard. W

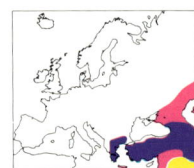

Adlerbussard

Adlerbussard *Buteo rufinus* L 55–62, S 130–150. Brütet in Bergregionen und trockenen Steppen Südost-Europas. Groß und langflügelig, hält die Flügel beim Gleiten leicht angehoben, mit ähnlichem Knick am Flügelbug wie Rauhfußbussard. Handschwingen oft adlerähnlich gespreizt, rüttelt viel. Insgesamt rötlich bis zimtbraun (es gibt helle und dunkle Individuen), Kopf und Flügelvorderrand von oben hell, *Brust blaß, Bauch zum Schwanz hin dunkler werdend*. *Schwanz bei Altvögeln ungebändert zimtbraun* (manchmal weiß wirkend), bei Immaturen hell graubraun mit feiner Spitzenbänderung. Wird oft mit östlichen Mäusebussarden verwechselt. A

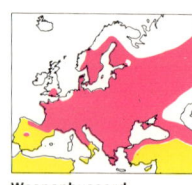

Wespenbussard

Wespenbussard *Pernis apivorus* L 52–60, S 115–135. Weit verbreitet in Waldgebieten mit Lichtungen, bei uns aber nicht häufig. Langstreckenzieher, der im Mai ankommt und im August/September in Trupps wieder abzieht. Gräbt Waben von Bienen und Wespen aus. Kein echter Bussard, diesen aber sehr ähnlich. Flugsilhouette charakteristisch: *langer Hals und Kopf taubenähnlich hervorgestreckt, Schwanz sehr lang*, beim Gleiten zusammengelegt, Kanten konvex und Ecken gerundet, Flügelbug hervorstehend, Flügelhinterrand jedoch gerade. Flügelschläge tiefer und flüssiger als beim Mäusebussard. *Flügel beim Gleiten* (manchmal beim Kreisen) *abwärts gebogen*; rüttelt nie. Männchen oberseits *graubraun* mit taubengrauem Kopf, äußerste Spitzen der Handschwingen scharf abgegrenzt schwarz. Weibchen brauner, vor allem am Kopf, Handschwingen ohne scharfe Abgrenzung ausgedehnter dunkel. *Schwanz* (und Schwungfedern) meist *mit drei breiten Binden*, eine an der Spitze, zwei an der Basis. Jungvögel variabel, meist dunkelbraun und ähnlich Mäusebussard, mit gelber Wachshaut (Kopf manchmal hell, aber Augenfleck dunkel), andere unterseits rostfarben oder hell mit Strichelung; ferner ausgedehnt dunkle Handschwingen, dunkle Armschwingen, mehrere schmale Schwanzbinden und braune Iris (bei Altvögeln gelb). Ruf klar und wohltönend 'PIII-lu'. BZ

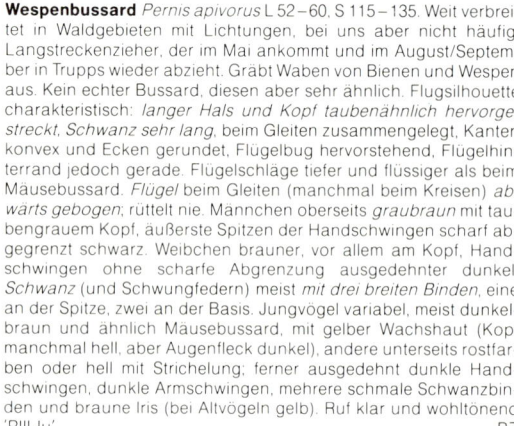

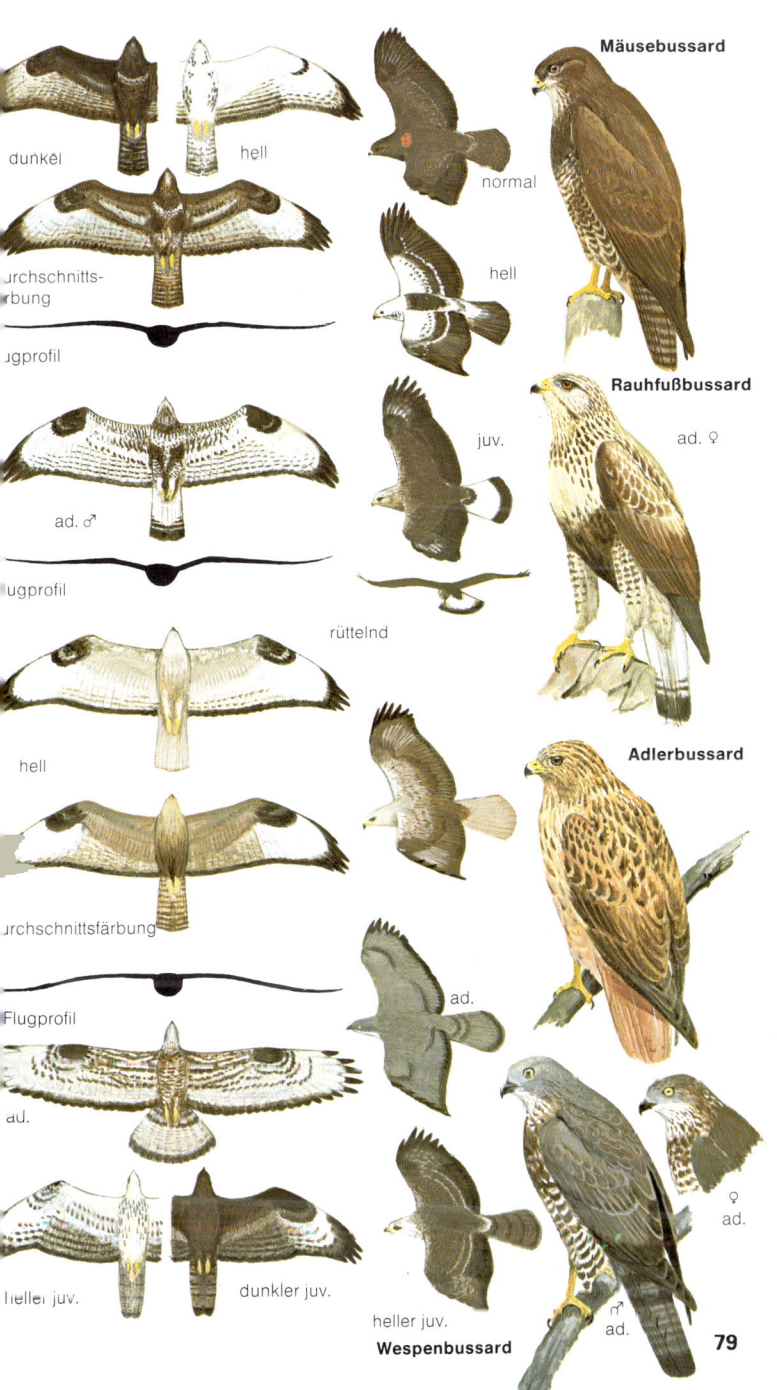

dunkel

hell

Mäusebussard

normal

Durchschnitts-
färbung

hell

Flugprofil

juv.

Rauhfußbussard

ad. ♀

ad. ♂

Flugprofil

rüttelnd

hell

Durchschnittsfärbung

Adlerbussard

Flugprofil

ad.

ad.

heller juv.

dunkler juv.

♀
ad.

heller juv.

Wespenbussard

♂
ad.

79

Habichte

und Sperber sind klein bis mittelgroß und durch ihre relativ kurzen und runden Flügel und langen Schwänze als wendige Vogeljäger auch in dicht mit Bäumen bestandenem Gelände gekennzeichnet. Das Nest steht in geschlossenen Wäldern in 6–20 m Höhe dicht am Stamm und enthält 3–6 Eier.

Habicht

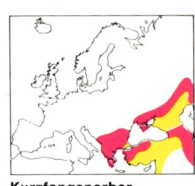

Sperber

Habicht *Accipiter gentilis* L 48–63, S 85–120. In ganz Europa verbreitet, vorwiegend in Nadelwäldern, aber nicht häufig und oft verfolgt. Nördliche Populationen ziehen im Winter. Erbeutet vorwiegend Tauben, Krähen, Hühnervögel und Drosseln, meist im Überraschungsangriff, doch auch in schneller Verfolgungsjagd. Fliegt geschickt durch dichte Wälder, meist jedoch niedrig über die Bäume und überquert offene Flächen mit kräftigen schnellen Flügelschlägen und elegantem Gleitflug. Sitzt gern auf versteckter Ansitzwarte im Baum, aber auch auf der Spitze. Kreist bei gutem Wetter oft in großer Höhe, aus der er sich auf entfernte Beute hinabstürzt. Weibchen viel größer als Männchen, Spannweite geringer als beim Mäusebussard, wirkt aber robuster. Männchen größer als Rabenkrähe, kann mit Sperberweibchen verwechselt werden, doch *Flügelschläge* kräftiger und *lockerer*, Körper schwerer und Brust breiter, *Bauch* deutlicher *hervortretend*. Außerdem *längerer Hals*, proportional etwas *kleinerer Kopf*, etwas *kürzerer Schwanz* mit abgeschrägten Kanten, längerer Armflügel, aber Handflügel kürzer und spitzer. *Unterschwanzdecken weiß* und buschig, können abgespreizt werden. *Immature* unterseits kräftig *längsgestreift* (junge Sperber quergebändert). Im Sitzen vom Sperber auch gut durch den breiteren Körper, vor allem in der Beckenregion, zu unterscheiden. Die Unterart *buteoides* aus der nördlichen Sowjetunion ist kräftiger, unterseits weißer und oberseits heller graublau, auch ihre Jungvögel zeigen einen helleren Grundton und mehr helle Flecken auf dem Oberflügel. Balzflug mit zeitlupenartigen Flügelschlägen. Alarmruf laut gackernd 'kjäkjäkjä', Bettelruf ein wildes melancholisches 'PIIEH-lieh'. BW

Sperber *Accipiter nisus* L 30–38, S 60–80. Weit verbreitet in Wäldern, aber auch in offenem Gelände mit Feldgehölzen. Im Winter erscheinen bei uns auch Vögel nördlicher Populationen. Fängt vorwiegend Vögel bis Drosselgröße. Fliegt oft niedrig im Schutz von Hecken, um seine Beute zu überraschen, stößt aber auch aus Kreisflug in großer Höhe hinab. Im normalen Flug folgt auf eine *Serie schneller Flügelschläge* eine *kurze, abwärtsführende Gleitstrecke*. Weibchen viel größer als Männchen, kann mit Habichtmännchen verwechselt werden, hat aber schnellere, leichtere Flügelschläge, ist *schlanker* und hat einen *längeren Schwanz* mit schmalerer Basis und gerade angeschnittener Spitze. Im Sitzen schlank mit eingezogenem Kopf und hervorstehenden Schultern. Größe und rasanter Flug erinnern an Merlin, Schwanzlänge an Turmfalke, Flügel jedoch gerundet. Altes Männchen oberseits blaugrau, unterseits eng rötlich gebändert. Jungvögel oberseits wärmer braun als Weibchen (vor allem junge Männchen mit rostroten Federrändern, besonders auf den Kleinen Flügeldecken), breiterer Unterseitenbänderung und gefleckter Brust. Alarmruf 'kjikjikji', langsamer und abgehackter als Falken, Bettelruf 'PIIH-ii' dünner als Habicht. BZW

Kurzfangsperber

Kurzfangsperber
auf dem Zug in
Aufwinden kreisend

Kurzfangsperber *Accipiter brevipes* L 33–38, S 64–80. Bewohnt aufgelockerte Laubwälder und offenes Gelände Südost-Europas, überwintert in den Tropen. Nahrung hauptsächlich Eidechsen (daher kurze dicke Zehen), Heuschrecken, auch Fledermäuse, kaum Vögel. *Zieht in Trupps* von 10–30, manchmal über 100 Vögeln (Sperber meist einzeln). Sehr ähnlich Sperber, aber *mit weißer* (Männchen) *oder hellerer* (Weibchen) *Unterseite* und *scharf abgegrenzten dunklen Flügelspitzen*. Schwanz mit 5–6 Querbinden (Sperber 4–5), mittlere Steuerfedern ungezeichnet. Kopfseiten ausgedehnter grau, Iris rotbraun (Sperber gelb). Jungvögel mit Reihen *tropfenförmiger Flecken* auf der Unterseite und dunklem Längsstrich durch Kinn und Kehle. Im Flug etwas *kurzschwänziger* als Sperber, mit *längeren, spitzeren Flügeln*, daher eher falkenähnlich. Ruft 'ki-wik'.

segelnd, adult

juv.

Habicht

gleitend, juv.

♀

Sperber

juv.

♂

♀

♂
ad.
segelnd

gleitend, juv.

♂

Kurzfangsperber

♂
ad.
segelnd

juv.

♂

♀

gleitend juv.

♂

81

Milane

sind mittelgroß mit sehr langen Flügeln und Schwänzen. Sie segeln häufig elegant, wobei sie die wendigen Manöver durch auffälliges Schwanzdrehen steuern. Nahrung oft Fisch, Aas und Abfall. Nest auf Bäumen, oft in Gewässernähe.

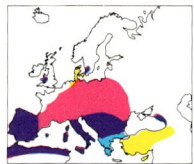

Rotmilan

Rotmilan *Milvus milvus*, L 60–65, S 140–165. Brütet in Mittel- und Südeuropa, gern in bewaldetem Hügelland, oft am Wasser, stellenweise häufig, im Norden aber extrem selten. Überwintert in zunehmendem Maße in Deutschland. Durch den *langen, tief gegabelten* und oberseits *rostroten Schwanz* unverwechselbar. Von unten ferner rotbraune Unterseite und große *helle Felder und die Handflügeln*. Jungvögel mit heller Bruststreifung. Vom Schwarzmilan durch längeren und tief gegabelten Schwanz, insgesamt helleres und rötlicheres Gefieder unterschieden. Hängt oft mit leicht gewinkelten Flügeln in der Luft, dabei den *Schwanz unentwegt drehend*. Stimme ein auf- und absteigendes dünnes Klagen 'piiiüüüh, pii-uu-ii-üü-ii-üü'. BZW

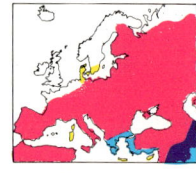

Schwarzmilan

Schwarzmilan *Milvus migrans* L 50–63, S 135–150. Vor allem in Südeuropa häufig, in Mitteleuropa mehr an Wasser gebunden als Rotmilan, im Norden selten. Nimmt Fische von der Wasseroberfläche auf, oft in ganzen Trupps an Mülldeponien und in südeuropäischen Städten, brütet gelegentlich sogar in Kolonien. Erinnert in Silhouette und Proportionen an Rotmilan, hat aber kürzeren, nur wenig gegabelten (manchmal sogar gerade wirkenden) schwarzbraunen Schwanz. Gefieder recht *einfarbig dunkelbraun* und ohne die auffallenden weißen Felder des Unterflügels (die bei asiatischen und afrikanischen Vögeln jedoch vorhanden sind). Auch ist das helle Diagonalband auf der Oberseite des Armflügels weniger deutlich als beim Rotmilan. Jungvögel unterseits mit tropfenförmigen Flecken. Ruf möwenähnlich 'Plli-ärrr'. BZ

Gleitaar

Gleitaar *Elanus caeruleus* L 33, S 74. Seltener Brutvogel in trockenem, offenem Kulturland in Spanien und Portugal, momentan leicht zunehmend. Kaum größer als Turmfalke. Kopf wirkt groß und eulenartig, Schwanz kurz, Flügel lang und spitz. *Gleitet mit eulenartig angehobenen Schwingen, rüttelt oft.* Streckenflug mit eulenähnlich weichen, aber schnellen Flügelschlägen. Altvögel durch weißes und hellgraues Gefieder mit schwarzen Abzeichen unverkennbar, Jungvögel mit brauner Tönung auf Kopf, Hals, Brust und Rücken. (A)

Fischadler

(Familie Pandionidae). Nur eine Art, die weltweit verbreitet ist. Auf Fischfang spezialisiert, daher durch Gewässerverschmutzung gefährdet.

Fischadler

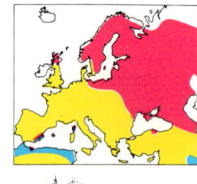

Fischadler *Pandion haliaetus* L 53–63, S 145–160. Verbreitet an fischreichen Binnengewässern Nord- und Osteuropas, am Mittelmeer an Küsten. Nest auf Fels- oder Baumspitzen. Von Fischern stark verfolgt; bei uns nur noch regelmäßiger Durchzügler. Stürzt sich aus dem *Rüttelflug* in 10–40 Metern Höhe mit vorgestreckten Füßen ins Wasser. Oberseite braun, Kopf und Hals weiß mit dunkler Gesichtsmaske, *Unterseite hell mit dunklem Flügelbug* und dunkler Bänderung der Schwungfedern, Weibchen und Junge mit deutlichem Brustband. Jungvögel oberseits kräftig geschuppt. Flugbild durch die *gewinkelten Flügel* charakteristisch und an eine Großmöwe erinnernd. Beim wellenförmigen Flug mit hängenden Füßen über dem Brutplatz pfeift das Männchen klagend 'jülp-jülp-...', Kontaktruf kurz und laut pfeifend 'pjÜpp', Alarmruf scharf und rauh 'kjukjukjukju'. Z

Rotmilan

ad.

ad.

juv.

juv.

Flugprofil

Schwarzmilan

ad.

juv.

juv.

ad.

Gleitaar

Flugprofil

rüttelnd

juv.

ad.

Fischadler

juv.

rüttelnd

ad.

Flugprofil

Weihen

sind mittelgroße, langflügelige und langschwänzige Bewohner offenen Geländes, die am Boden nisten. Gaukelnder Suchflug mit V-förmig gehaltenen Flügeln und langsamen Flügelschlägen in Bodennähe.

Rohrweihe
Kornweihe

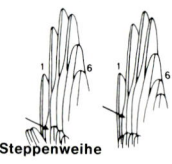

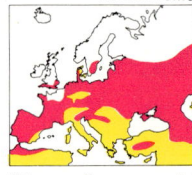

Steppenweihe

Wiesenweihe

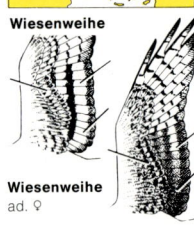

Wiesenweihe

Wiesenweihe
ad. ♀

Steppenweihe ad. ♀

Steppenweihe

84

Rohrweihe *Circus aeruginosus* L 48–55, S 115–130. Weit verbreitet an schilfbestandenen Seen und in Feuchtgebieten, auch in Getreidefeldern brütend. Kräftiger und *breitflügeliger* als andere Weihen. Schwanz und großes Flügelfeld beim Männchen silbergrau (mit angedeuteten weißen Oberschwanzdecken), bei Sonnenlicht manchmal so hell wie männliche Kornweihe wirkend, *Bauch* jedoch *braun.* Weibchen und Jungvögel dunkelbraun mit gelblichem Scheitel, manche Jungvögel ganz dunkel. Im Frühjahr akrobatische Flugbalz des Männchens mit kiebitzähnlichen Rufen.   BZ

Kornweihe *Circus cyaneus* L 42–52, S 95–120. Bewohnt offenes Gelände in Nord- und Osteuropa. In Mitteleuropa seltener Brutvogel, aber regelmäßiger Wintergast. Männchen grau mit weißen Oberschwanzdecken, junge Männchen mit Braun am Rücken. Weibchen und Jungvögel wie Wiesen- und Steppenweihe, braun mit *weißen Oberschwanzdecken*, aber nicht so schlank, *Flügel kürzer und mehr gerundet* (Flügelspitze wird von der zweiten bis fünften Handschwinge von außen gebildet). Flug weniger elegant. Schmales helles Halsband, alte Weibchen mit mehr Weiß auf Oberschwanzdecken als die anderen Weihen. Bruststrichelung der Jungvögel in wärmerem Ton als bei Weibchen, manchmal nur schmales Brustband.   BZW

Wiesenweihe *Circus pygargus* L 43–47, S 100–116. Brütet auf offenen Flächen der Ebene, auch in Getreidefeldern, fehlt im Norden und überwintert in Afrika. Flug elegant und fast an Seeschwalben erinnernd (besonders beim Männchen). *Flügel lang und spitz* (zweite bis vierte Handschwinge von außen bilden Flügelspitze). Männchen dunkler grau als Korn- und Steppenweihe, oben eine, unten zwei *schwarze Flügelbinden*, kastanienbraune Bauchstreifen. Weibchen (unterseits gestreift, schmaler weißer Fleck auf Oberschwanzdecken) und Jungvögel (unterseits rostbraun, größerer weißer Fleck) ähnlich Steppenweihe, aber Halsband schwach oder fehlend. Männchen im ersten Jahr mit blassem Halsband wie Steppenweihe, aber Brustschild und Wangen meist grau. Alte Weibchen mit mehr Weiß hinter dem Auge als Steppenweihe, oberseits mit *dunklem Band* über den Basen der Armschwingen, von unten ist die *helle Binde vor dem Armschwingen- Hinterrand breit und wird nach innen nicht dunkler. Mittlere dunkle Binde der Armschwingen dunkler als Flügelhinterrand und immer breit und deutlich* (s. SW-Abb.), Unterflügeldecken rotbraun gestrichelt.   BZ

Steppenweihe *Circus macrourus* L 43–53, S 100–119. Brütet in Steppen Südost-Europas, besucht auch Feuchtgebiete. Im übrigen Europa Ausnahmeerscheinung. Flug und Silhouette ähnlich Wiesenweihe, Altvögel (besonders Weibchen) aber mit breiterer Flügelbasis und kürzerem Handflügel. Männchen wirkt etwas langschwänziger und falkenähnlicher, mit steiferen, schnelleren Flügelschlägen als die elastischer und eher seeschwalbenähnlich fliegende Wiesenweihe. *Brust* des Männchens *gräulich weiß,* übrige Unterseite leuchtend weiß, Rücken heller als andere Weihen, weißer Fleck der Oberschwanzdecken undeutlich. *Flügelspitze* nur mit kleinem, *keilförmigem schwarzem Fleck,* am deutlichsten von unten. Einjährige Männchen oberseits graubraun, unterseits weißlich mit schon deutlich sichtbarem schwarzen Keil. Weibchen (unterseits gestreift, schmaler weißer Oberschwanzdecken-Fleck) und Jungvögel (unterseits rostbraun und ungestreift, breiterer weißer Fleck) sehr ähnlich Wiesenweihe, aber Immature haben *helles Halsband* („Boa"), das durch *dunkle Halsseiten* noch betont wird. Armschwingen alter Weibchen *oberseits ohne Binde,* unterseits sind die Binden ziemlich schmal und nicht dunkler als die Flügelhinterkante, die *hellen Binden werden zum Körper hin dunkler.* Unterflügeldecken dunkler als bei weiblicher Wiesenweihe.   A

Flugprofil

Rohrweihe

♀

juv.

♂

♂

♀

♀

Kornweihe

♂

Wiesenweihe ♀   ♀   Kornweihe

♀

imm. ♂

ad. ♂   juv.

♀

♂

Wiesenweihe   ad. ♂

Wiesenweihe

immat. ♂ mausernd

juv.   juv.   imm. ♂

Wiesenw.   Steppenw.

♀

juv.

♀

ad. ♂

♂ ad.   ♂

ad. ♂

subadult   **Steppenweihe**

Falken

(Ordnung Falconiformes) sind klein bis mittelgroß und zeichnen sich durch pfeilschnellen Flug auf spitzen Flügeln aus. Weibchen oft deutlich größer als Männchen.

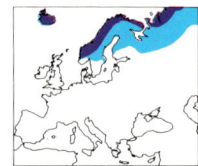

Gerfalke

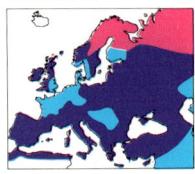

Wanderfalke

Gerfalke *Falco rusticolus* L 55–60, S 105–132. Seltener Brutvogel im Gebirge Nordeuropas. Vögel, meist Schneehühner, bilden Hauptbeute. Vorwiegend Jungvögel weichen im Winter an Küsten und ins Flachland aus. Größter und kräftigster Falke, kann mit Habicht verwechselt werden (der jedoch kürzere und steifere Flügel besitzt). Obwohl bussardgroß, wirkt er oft kleiner und ähnlich Wanderfalke, hat jedoch deutlich längeren Schwanz, vor allem *an der Spitze breitere Flügel* und langsamere Flügelschläge. Oberseits gräulich mit *schwachem Bartstreif* (deutlicher bei Jungvögeln) und *düsteren Wangen*. Unterseite der Altvögel fein gestrichelt, zum Schwanz hin gebändert, der Jungvögel auf oft gelblichbraunem Grund kräftig gestreift. Abweichend von diesem in Skandinavien häufigsten Farbmuster sind grönländische Vögel fast weiß, isländische liegen dazwischen. Alarmruf rauh scheltend und nasal 'GlHä-GlHä-GlHä…', langgezogener als Wanderfalke. A

Wanderfalke *Falco peregrinus* L 40–50, S 85–112. Eine weit verbreitete, aber überall sehr selten gewordene Art. Wildvögel bei uns nur noch in Süddeutschland, sonst an vielen Stellen ausgesetzt. Brütet hauptsächlich in Felswänden, ist im Winter auch an Küsten und in offenem Gelände zu finden. Lebt von Vögeln, die er im Flug erbeutet. Eindrucksvollste Jagdmethode ein oft über mehrere hundert Meter reichendes diagonales Herabstürzen mit angelegten Flügeln und heulendem Fluggeräusch. Normaler Flug mit mittlerer Geschwindigkeit und schnellen, recht flachen Flügelschlägen. Deutlich kleiner als Ger- und Würgfalke. Kompakte Silhouette mit recht *kurzem Schwanz* und *an der Basis breiten, im Handflügel spitz zulaufenden Flügeln* charakteristisch. Weibchen deutlich breiter und schwerer als Männchen, letzteres kann mit Baumfalken verwechselt werden. Altvögel durch dunkel blaugraue Oberseite, charakteristische Kopfzeichnung mit breitem Bartstreif und *weiße Brust* gekennzeichnet. Jungvögel wie Lanner- und Würgfalke oberseits braun, aber mit breitem Bartstreif und *dunklerem Scheitel*. Alarmruf rauh und gereiht 'räk-räk-räk'. BW

Lannerfalke, ad.

Lannerfalke *Falco biarmicus* L 43–52, S 95–115. Eine afrikanische Art, die an Steppen und Wüsten angepaßt ist und an Felsen nistet. In Südost-Europa brütet selten die Unterart *feldeggi* (auch Feldeggsfalke genannt). Zwar größer als Wanderfalke, schlägt aber kleinere Beute. Rücken der Altvögel graubraun, Kopf heller, Unterseite weißlich und daher ähnlich Würgfalke. Von diesem durch grauere, mehr gebänderte Oberseite, deutlicher und auch auf den mittleren Steuerfedern gebänderten Schwanz, *dunkleren und mehr rostfarbenen Scheitel*, kräftigeren Bartstreif und *leicht gebänderte Flanken* unterschieden. Doch können auch Würgfalken einzelne oder mehrere dieser Merkmale aufweisen. *Jungvögel ganz ähnlich jungen Würgfalken*, aber deutlich kleiner und eher an Wanderfalken erinnernd (jedoch schlanker und langflügeliger als diese). (A)

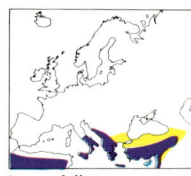

Lannerfalke

Würgfalke *Falco cherrug* L 47–55, S 105–125. Seltener Brutvogel Südost-Europas, meist in steppenartigem Gelände, wo er sich vorwiegend von Zieseln, aber auch von Vögeln ernährt. Brütet gern in Reiherkolonien. Nur mit dem kleineren Lannerfalken zu verwechseln. Altvögel können an der *Färbung der Oberseite (ähnlich Turmfalkenweibchen)*, dem *blassen Scheitel*, dem *schwachen Bartstreif* und den ungebänderten mittleren Steuerfedern erkannt werden (einzelne Vögel sind jedoch wie Lannerfalken oberseits graubraun und stärker gebändert, auch in der Schwanzmitte). *Flanken gestreift*, nie gebändert. Jungvögel dunkler braun und unterseits stärker gestreift. Vom jungen Lannerfalken (dessen mittlere Steuerfedern auch ungebändert sind) durch die fast den Gerfalken erreichende *Größe* zu unterscheiden. Erscheint im aktiven Flug deutlich größer und schwerer als Wanderfalke, was beim Lannerfalken kaum der Fall ist. A

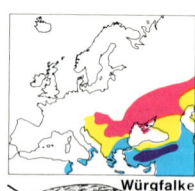

Würgfalke

Würgfalke, ad.

Gerfalke

ad.

ad. hell

juv.

ad.

Wanderfalke

juv.

ad.

ad.

ad. Sturzflug

ad.

juv.

ad.

Lannerfalke

Würgfalke

ad.

ad.

juv.

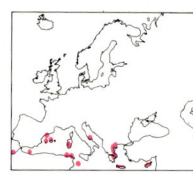

Eleonorenfalke

Eleonorenfalke *Falco eleonorae* L 36–42, S 85–105. Brütet in kleinen Kolonien an Felsküsten von Mittelmeerinseln und auf den Kanaren, überwintert in Madagaskar und kehrt ab Ende April an die Brutplätze zurück. Eiablage erst im Sommer, so daß die Jungen zur Zeit des Wegzuges der Kleinvögel schlüpfen und mit diesen gefüttert werden können. Die Alten gehen meist morgens auf Jagd und legen Nahrungsdepots an. Jagt oft in Trupps, manchmal auch abends, nach Großinsekten, rüttelt gelegentlich. Nach einer mittelalterlichen Prinzessin benannt, die ein Schutzgesetz für die Greifvögel Sardiniens erließ. Größe zwischen Baum- und Wanderfalke, aber durch *extrem lange Flügel* gekennzeichnet, auf denen er schnell und agil im Flug jagt. Zwei Farbmorphen: Dunkle Vögel (25% der Population) vom Rotfußfalken durch Größe, längere und dunklere Flügel, besseres Flugvermögen und *fehlende rostrote Unterschwanzdecken* zu unterscheiden; helle Morphe erinnert an Baumfalken oder immaturen Wanderfalken, ist aber durch *dunkle Unterflügeldecken*, die zu den hellen Basen der Schwungfedern kontrastieren, und die *rotbraune Grundfarbe des Bauches* gekennzeichnet. Jungvögel undeutlicher gezeichnet, Unterflügeldecken gebändert und blasser als bei Altvögeln, aber Flügel mit deutlicher dunkler Hinterkante. Bauch heller als bei Altvögeln. Ruft nasal und etwas kratzend 'kjä-kjä-kjä-kjah'. –

Baumfalke *Falco subbuteo* L 30–36, S 70–80. Brütet verbreitet, jedoch nirgendwo häufig in offenem Waldland, gern in der Nähe von Feuchtgebieten, und benutzt alte Krähennester. Langstreckenzieher, der im Mai eintrifft und im September abzieht. Ernährt sich viel von Libellen und anderen Großinsekten, die vor allem abends im lockeren Flug erbeutet werden, rüttelt jedoch nie. Jagt im Sommer gern an Schwalbenschlafplätzen und kann als sehr schneller und wendiger Flieger sogar Mauersegler erbeuten. Flugbild durch lange spitze Flügel und relativ kurzen Schwanz charakteristisch, an großen Segler erinnernd. Altvögel mit *schiefergrauer Oberseite*, dicht gestreifte Unterseite (Brust und Bauch sehen aus der Entfernung einfarbig dunkel aus). *Kehle und Wangen weiß mit kräftigem Bartstreif, Schenkelbefiederung und Unterschwanzdecken rostrot.* Jungvögel insgesamt eher rostgelb (aber ohne die hervorstechenden rostroten Unterschwanzdecken), oft mit heller Stirn und daher jungen Rotfußfalken ähnlich. Von diesen jedoch durch Größe und kraftvolleren Flug unterschieden. Schreit bei Erregung lang, laut und schnell 'jijijijiji...'. Bettelrufe 'Jlie-Jlie...'. BZ

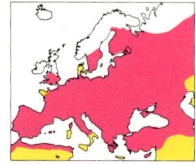

Baumfalke

Merlin *Falco columbarius* L 25–32, S 55–65. Kleinster europäischer Falke, brütet in Nordeuropa und Großbritannien in Moorgebieten und offenem Bergland an Felsen, in alten Krähennestern und sogar am Boden. Bei uns an der Küste und in offenem Gelände vorwiegend als Durchzügler im Herbst zu sehen, seltener auch überwinternd. Sitzt gern auf niedrigen Bodenerhebungen, z.B. Maulwurfshügeln. Männchen deutlich als Weibchen, oberseits blaugrau, unterseits rostfarben. Weibchen und Jungvögel sind oberseits braun. In allen Kleidern *Kopfseiten diffus aufgehellt* mit undeutlichem Bartstreif. Lebt vorwiegend von Kleinvögeln, die er in rasanter Verfolgungsjagd im Flug erbeutet. Jagt oft niedrig über dem Boden, wobei der Flug in der letzten Angriffsphase leicht wellenförmig wird. Eine drosselähnliche Flugweise wird oft als Tarnung beim Suchflug benutzt. Die Silhouette ist durch den relativ langen Schwanz, die recht *kurzen, aber spitzen Flügel* und die *geringe Größe* kennzeichnend. Sehr hoch kreisende Merline können jedoch mit Wanderfalken verwechselt werden, da die Proportionen einschließlich der breiten Brustregion sehr ähnlich sind und die tatsächliche Größe des Vogels dann schwer einzuschätzen ist. Alarmruf eine kurze schnelle, sich beschleunigende Serie von durchdringenden Tönen, beim Männchen schneller und schriller. Bettelruf wie Baumfalke. ZW

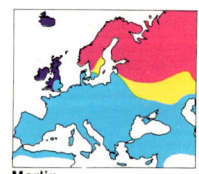

Merlin

ad. dunkle Morphe

Eleonorenfalke

ad. helle Morphe

ad. helle Morphe

juv. helle Morphe

ad. dunkle Morphe

ad.

Baumfalke

ad.

juv.

juv.

eine Libelle fressend

Merlin

ad. ♂

♀

♂

Jagdflug des Merlins:

schneller Flügelschlag   Gleiten mit angelegten Flügeln   schneller Flügelschlag

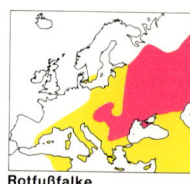

Rotfußfalke

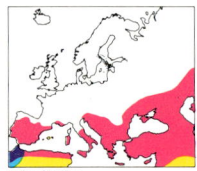

Rötelfalke

Turmfalke

Rotfußfalke *Falco vespertinus* L 28–35, S 67–76. In Südost-Europa recht verbreiteter Brutvogel in offenem Gelände mit Baumgruppen, wo er in Kolonien meist in alten Saatkrähennestern brütet. Ernährt sich vorwiegend von Insekten, die er gerne in kleinen Trupps nach Baumfalkenart gegen Abend im Flug jagt. Steht beim Rütteln waagerechter in der Luft als Turmfalke. Benutzt bevorzugt Stromleitungen als Sitzwarten. Flügel proportional länger, Schwanz kürzer als beim Turmfalken, kann daher bei fehlendem Größenvergleich an Baumfalken erinnern, doch ist der Schwanz etwas länger. Das Männchen ist unverkennbar *schiefergrau mit etwas helleren Schwungfedern, Schenkelbefiederung und Unterschwanzdecken rostrot. Weibchen oberseits schiefergrau gebändert,* unterseits jedoch blaß rostgelb ohne auffallende Streifung. Der helle Kopf mit rötlichem Scheitel zeigt ein auffallendes dunkles Feld um das Auge. Wachshaut, Lidring und Füße bei Weibchen orange, bei Männchen lackrot, bei Jungvögeln gelblich (bei jungen Baumfalken grau oder grünlich). Jungvögel mit dunkelbraunem Rücken und gestreifter Unterseite. *Stirn heller* und *Schwanzbänderung deutlicher* als bei jungen Baumfalken, ferner kleiner sowie Verhalten verschieden. Im Frühsommer erscheinen oft vorjährige Vögel, die erst teilweise ins Alterskleid gemausert haben (Männchen schon schiefergrau, aber mit kuckucksähnlicher Bänderung der Unterflügel und orangefarbenen Beinen oder mit noch jugendlicher Kopfzeichnung und gelblichen Flecken am grauen Bauch). Tritt in manchen Jahren im Spätsommer gehäuft auf.

Rötelfalke *Falco naumanni* L 28–32, S 60–67. Bewohnt offenes Gelände im Mittelmeerraum, aber vor allem in Spanien häufig. Sehr gesellig, jagt gewöhnlich in Trupps und ernährt sich überwiegend von Insekten, die er im Flug erbeutet. Brütet in kleinen Kolonien an Felsen, Ruinen und Kirchen. Dem Turmfalken sehr ähnlich, aber etwas kleiner mit schwächerem Schnabel und *hellen Krallen* (beim Turmfalken schwarz). Rüttelt seltener, Flügelschlag schneller, ähnlich Mauersegler. Rücken des Männchens leuchtend rötlichbraun ohne schwarze Fleckung, *Kopf blaugrau ohne Bartstreif.* Die Großen Armdecken trennen als *blaugraues Band* die schwarzbraunen Schwungfedern von den ungefleckten rotbraunen Kleinen Armdecken. Schwungfedern von unten fast ungezeichnet hell mit grauen Spitzen, Unterflügeldecken hell und oft ohne tropfenförmige Fleckung. Weibchen kaum vom Turmfalkenweibchen zu unterscheiden, hat aber mehr Grau auf den Oberschwanzdecken und helle Krallen, die man manchmal sogar sehen kann, da die Vögel wenig scheu sind. Die mittleren Steuerfedern überragen den übrigen Schwanz meist deutlicher als beim Turmfalken. Stimme ähnlich Turmfalke, aber schwatzender. Ferner typisches *dreisilbiges* 'tsche-tsche-tsche'.   A

Turmfalke *Falco tinnunculus* L 32–35, S 68–78. Der häufigste und am weitesten verbreitete Falke Europas besiedelt nahezu alle Lebensräume und brütet in alten Krähennestern, an Felsen und sogar an Kirchtürmen in Städten. Fängt vorwiegend Mäuse, aber auch Vögel und Insekten. Steht oft *rüttelnd* ca. 10 Meter über dem Boden, um nach Beute Ausschau zu halten, wobei der Schwanz breit gefächert und nach unten gebogen wird. Sitzt gerne auf Stromleitungen an Straßen. Typisches Flugbild mit *langen, zugespitzten Flügeln und sehr langem Schwanz.* Männchen auf Rücken und Flügeldecken rotbraun mit kleinen dunklen Flecken, dunkelbraunen Schwungfedern, blaugrauem Kopf und graublauem Schwanz mit breiter schwarzer Endbinde. Kann nur mit Rötelfalke (s. dort) verwechselt werden. Bei Weibchen und Jungvögeln sind *Oberseite und Schwanz rotbraun* mit schwarzbrauner Querbänderung. Die Stimme, ein hohes 'kikikiki', ist häufig zu hören. Junge betteln 'kirrrl,...'.   BZW

ad. ♂

imm. ♂

ad. ♀

juv.

juv.

♀

♂

Rotfußfalke

Rötelfalke

♂

♀

♂

♀

♂

rüttelnd

♂

♀

Turmfalke

♂

♀

Greifvögel im Flug sind oft schwer zu bestimmen, da man sie nur kurz oder aus weiter Entfernung sieht und dabei Details der Gefiederfärbung kaum erkennen kann. Proportionen, Silhouette, Verteilung heller und dunkler Gefiederpartien, Flugweise und Verhalten geben oft jedoch nützliche Hinweise. Da ziehende Greifvögel es vermeiden, größere Strecken über offenes Wasser zu fliegen, konzentrieren sie sich oft an Meerengen oder den Spitzen von Halbinseln. An diesen Orten kann man

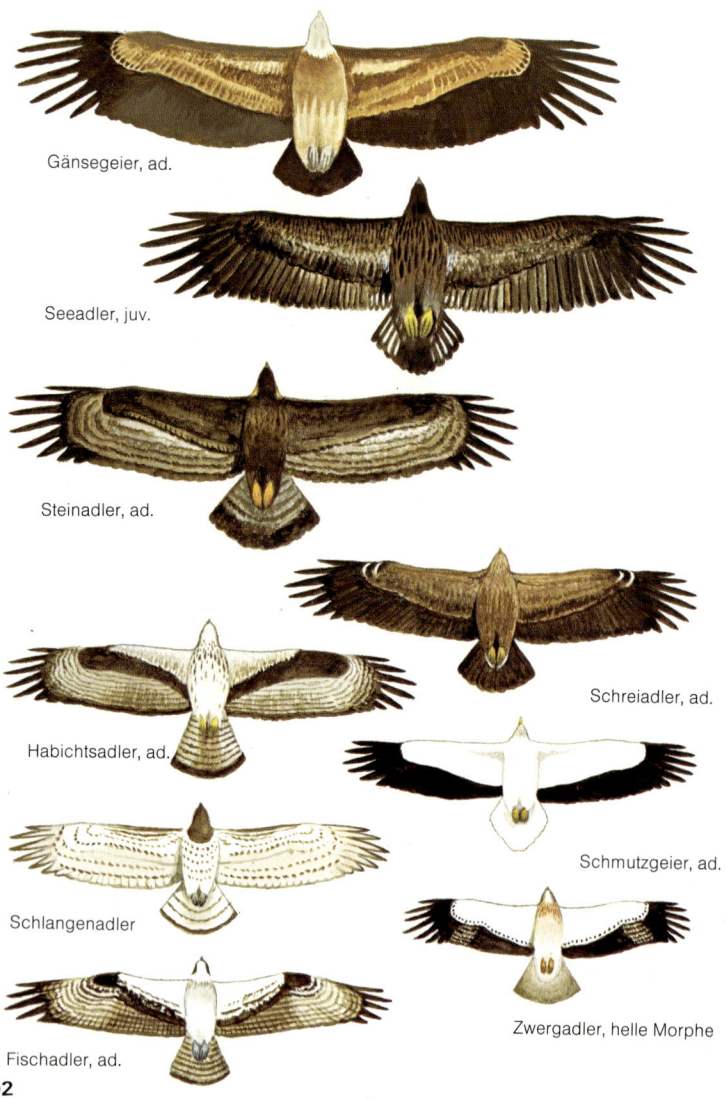

Gänsegeier, ad.

Seeadler, juv.

Steinadler, ad.

Schreiadler, ad.

Habichtsadler, ad.

Schmutzgeier, ad.

Schlangenadler

Zwergadler, helle Morphe

Fischadler, ad.

nicht nur den Zug hervorragend beobachten, sondern auch Erfahrung im Bestimmen fliegender Vögel sammeln. Bekannte Plätze sind Falsterbo an der Südspitze Schwedens, Gibraltar und der Bosporus bei Istanbul. Hier kann man oft an einem einzigen Tag im Herbst mehrere Tausend Greifvögel sehen. Besonders im Frühjahr ist Eilat in Israel der beste Beobachtungsort.

Rotmilan, ad.

Schwarzmilan, ad.

Kornweihe, juv.

Rohrweihe, juv.

Wiesenweihe, juv.

Zwergadler, dunkle Morphe

Wespenbussard, ad.

Mäusebussard

Habicht, ad. ♀

Gerfalke, ad. ♀

Eleonorenfalke, juv.

Sperber, ad. ♀

Wanderfalke, ad. ♀

Baumfalke, juv.

Turmfalke, ♀

Rotfußfalke, juv.

Merlin ♀

93

Hühnervögel

(Ordnung Galliformes) sind durch plumpe Körper mit kräftigen Füßen, auf denen sie schnell rennen können und kurze, breite Flügel an das Leben am Boden angepaßt. Im Flug wechseln Serien schneller, steifer Flügelschläge auf abwärts gebogenen Schwingen mit langen Gleitstrecken ab. Schnäbel kurz und kräftig. Bis auf die Wachtel sind alle Arten ausgeprägte Standvögel.

Rauhfußhühner

(Familie Tetraonidae) sind recht groß und zeigen auffallendes Balzverhalten. Läufe (bei einigen Arten auch Zehen) befiedert. Nester am Boden mit 5−12 Eiern. Bei uns sind alle Arten durch Bejagung, Vernichtung ihrer Lebensräume und starke Störungen fast ausgerottet.

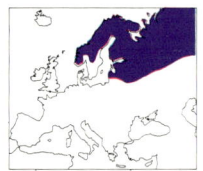

Moorschneehuhn *Lagopus lagopus* L 40. Brütet in der Taigazone Nordeuropas, gern in feuchtem Gelände, in Bergen und Birkenwäldern. Der Bestand ist starken Schwankungen unterworfen, doch ist es allgemein nicht selten. Im Winter in kleinen Trupps in Birken- und Nadelwäldern geschützter Täler. Im *Winter* wie Alpenschneehuhn *ganz weiß*, aber *nie mit schwarzem Zügel*. Im Frühjahr wird das Körpergefieder in zunehmendem Maße *rotbraun*, doch bleiben die Flügel immer weiß. In Frühjahrsnächten balzen die Männchen oft in lockeren Gruppen mit *bellendem Lachen* (das auch beim Auffliegen zu hören ist) 'KÄH-uff, KÄHehehehehehe-eHÄeHÄ , eHÄ' und bauchrednerisch 'go-BEK, go-BEK', ferner einem schneller werdenden 'kä kä-kä-kä-kä-käkäkäkärrr'. Zur Balz gehören auch kurze Flüge. Durch Nachahmung des Weibchenrufes 'njau' läßt sich das Männchen anlocken. Im Winter stumm. Wurde bei uns früher zur Jagd ausgesetzt. —

Moorschneehuhn

„Schottisches Moorschneehuhn" *Lagopus lagopus scoticus* und *L. l. hibernicus* L 38. Die britischen und irischen Unterarten des Moorschneehuhns. Sie unterscheiden sich von diesem durch die *braun gefärbten Flügel*. Sie bewohnen Heide- und Moorflächen und sind ein beliebtes Jagdwild. Stimme und Verhalten wie Moorschneehuhn.

„Schottisches Moorschneehuhn"

Alpenschneehuhn *Lagopus mutus* L 35. Brütet im allgemeinen in höheren Gebirgslagen (im äußersten Norden Europas jedoch auch fast auf Meereshöhe), bei uns nur in den Alpen. Geht im Winter bis zur Baumgrenze hinab. Im weißen Winterkleid wie Moorschneehuhn, aber Männchen mit *schwarzem Zügelstreif* (bei Weibchen manchmal angedeutet), im Sommer nicht so rötlich wie Moorschneehuhn, sondern mit eher *graubraunem* Gefieder, im Herbst sogar *graublau* gemustert. Stimme ganz anders als Moorschneehuhn. Das Männchen *ruft hart und hölzern* 'arrrr arrrr'. Männchen fliegt bei der Balz mit schnurrendem Flügelgeräusch auf und kehrt mit den Flügel rudernd und schwebend zum Ausgangspunkt zurück. Alpenschneehühner sind sehr gut getarnt und oft wenig scheu, so daß sie meist erst dann auffallen, wenn sie kurz vor den Füßen des Beobachters mit weiß leuchtenden Flügeln auffliegen. BJ

Alpenschneehuhn

Kaukasuskönigshuhn *Tetraogallus caucasicus* L 58. Kommt in felsigem Gelände des Kaukasus oberhalb der Baumgrenze vor Größer als Birkhuhn, fast so groß wie Auerhuhn und sehr kräftig gebaut. Überwiegend grau mit viel Weiß am Kopf, *Flanken mit rostbraunen* und gelblichweißen *Streifen. Schwungfedern weißlich.* Der sehr kräftige Lauf ist unbefiedert. —

Kaukasus-königshuhn

Kaspisches Königshuhn *Tetraogallus caspius* L 65. Bewohnt die höchsten Berglagen der Osttürkei und des Iran. Ähnlich Kaukasuskönigshuhn, aber noch *größer, Gefieder dunkler* und weniger rotbraun, Flügel heller. Stimme langgezogener Pfiff, dem zwei kurze Pfiffe folgen, bei Alarm auch 'chock-chock-chock'.
(Nicht abgebildet)

Flughuhn

Taube

Schneehuhn

Rebhuhn

Birkhahn

Fuß des Auerhahns

Küken

Auerhahn
balzend

Steinhuhn

Fuß des Steinhuhns

Gesperre Rebhühner

♂ Sommer

♂ Winter

♂ Herbst

Moorschneehuhn

♂ Sommer

♀ Sommer

♂ Winter

**„Schottisches
Moorschneehuhn"**

♂ Sommer

♀ Sommer

♂ Sommer

♂ Sommer

♀ Sommer

♀ Winter

♂ Herbst

Alpenschneehuhn

♂ Sommer

♂ Winter

♂ Winter

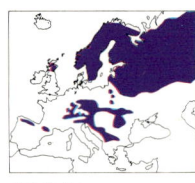

Auerhuhn

Birkhuhn

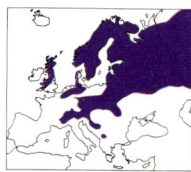

„Rackelhahn"

**Kaukasus-
birkhuhn,** ♂

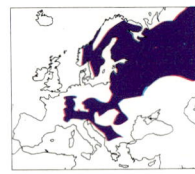

Haselhuhn

Auerhuhn *Tetrao urogallus* L ♂ 86, ♀ 62. Kommt in Nordeuropa in ausgedehnten Nadelwäldern vor, in Mitteleuropa nur noch in Bergwäldern. Nahrung im Winter hauptsächlich Tannennadeln, im Sommer Beeren, im Herbst Laubblätter. Oft wird die Anwesenheit durch den charkteristischen Kot verraten: 12 mm dicke, leicht gebogene Würstchen. Läuft meist am Boden, fliegt bei Störung aber mit lautem Fluggeräusch auf. Männchen dann leicht an der Größe und dem *großen schwarzen Schwanz* zu erkennen. Weibchen kann mit Birkhuhn verwechselt werden, hat aber größeren, deutlich *gerundeten, dunkel kastanienroten Schwanz.* Die Balz des Männchens beginnt im Frühjahr noch in der Dämmerung, wobei es meist auf einem freistehenden abgestorbenen Baum sitzt und zweisilbige, hölzern klappernde Rufe ausstößt, die zu einem Triller beschleunigt werden. Gibt auch einen bis zu 300 Meter weit hörbaren Laut von sich, der wie das „Plopp" beim Öffnen einer Sektflasche klingt. Später wird die Balz mit wetzenden Lauten, unterbrochen von polternden Luftsprüngen, am Boden fortgesetzt. Die Weibchen rufen langsam 'krok, krok, krok'. Polygam, nur das Weibchen zieht die Brut groß.   BJ

Birkhuhn *Tetrao tetrix* L ♂ 53, ♀ 41. Bewohnt in Nordeuropa Nadelwälder, gern in der Nähe von Lichtungen, bei uns auch in Heide- und Moorgebieten und in der Latschenregion der Alpen. Birkensamen bilden bevorzugte Winternahrung. Recht scheu. Das Männchen ist bedeutend kleiner als das männliche Auerhuhn. Beim geräuschvollen Auffliegen *weiße Flügelbinde* sichtbar. Weibchen unterscheidet sich vom weiblichen Auerhuhn durch geringere Größe, dunkler braunes und *weniger rötliches Gefieder und kleineren, leicht gegabelten Schwanz.* Kopf und Hals wirken im Flug viel kleiner als beim Auerhuhn. Im Frühjahr Gruppenbalz auf traditionellen Plätzen, bei der die Männchen in die Luft springen, aufeinander losrennen und sogar kämpfen. Weiße Unterflügel und gespreizte weiße Unterschwanzdecken dabei sehr auffallend. Während der Balz *hohles Blubbern* und scharfes Fauchen. Nach Sonnenaufgang balzen einzelne Männchen von Baumspitzen aus weiter, Rufe dann noch lauter und über mehrere Kilometer hörbar. Das Weibchen bringt ein schnelles Gackern, das mit einem nasalen Ton ausklingt 'kakakakaKEä'. Polygam, nur das Weibchen bewacht die Küken.   BJ

„Rackelhuhn". Als Auer- und Birkhuhn noch häufiger waren, traten gelegentlich Hybriden zwischen beiden Arten auf, da starke Auerhähne bevorzugt abgeschossen wurden und die Weibchen dann mit Birkhähnen Vorlieb nehmen mußten. Die daraus entstandenen männlichen Hybriden zeigten geschrumpfte Auerhahnschwänze und Köpfe wie Birkhähne, an deren Balzplätzen sie auch auftauchten.

Kaukasusbirkhuhn *Tetrao mlokosiewiczi* L 50. Bewohnt Wiesen und den Bereich der oberen Baumgrenze im Kaukasus. Wie Birkhuhn, aber *keine weiße Flügelbinde, Unterschwanzdecken schwarz, Schwanz länger* und äußere Steuerfedern nicht so stark nach außen gebogen. Weibchen mit gerade abgeschnittenem Schwanz.   –

Haselhuhn *Bonasa bonasia* L 35. Bewohnt Nadel- und Mischwälder, gern in der Nähe von birken- und erlenbestandenen Bächen. Tritt fast immer paarweise auf. Heimlich und schwer zu sehen, obwohl es nicht scheu ist und sogar durch Nachpfeifen der Stimme angelockt werden kann. Erscheint insgesamt *graubraun.* Kehle des Männchens schwarzbraun mit deutlicher weißer Begrenzung, des Weibchens heller braun und nur undeutlich begrenzt. *Die Haube* wird bei Erregung auf- und niederbewegt. Beim Auffliegen Hinterrücken, Bürzel und Schwanz lavendelgrau, lautes Flügelgeräusch wie 'burr, burr'. Landet dann meist in Bäumen. Balzruf wie ein langgezogener Goldhähnchengesang, hoch und dünn 'tsiiuu-lll titititi'. Alarmruf ein schnell zwitscherndes 'pöittitititititt-ett-ett'. Schon nach wenigen Tagen können die vom Weibchen allein geführten Küken in Bäume flattern.   BJ

Auerhuhn

♀

♂

♂

♀

Küken

balzender Hahn   Auerhenne   balzender Hahn

♂

♀

♂

Küken

Birkhuhn

♀

balzende Birkhähne

Haselhuhn

♂

♂

♀

Küken

♂

♀

97

Glattfußhühner

(Familie Phasianidae) leben in offenem Gelände, z.B. auf Feldern, Brachflächen, Heiden oder an sonnigen Berghängen. Sie rennen viel auf ihren unbefiederten Läufen, aber fliegen ungern auf. Gelege sehr groß.

Chukarhuhn

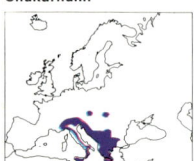

Steinhuhn

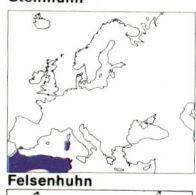

Felsenhuhn

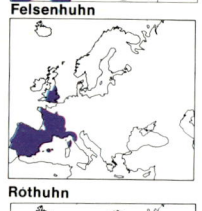

Rothuhn

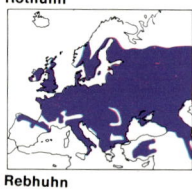

Rebhuhn

Halsband-Frankolin, ♂

Chukarhuhn *Alectoris chukar* L 33. Brütet in karstigem Bergland, in Europa nur im östlichen Griechenland (Thrakien) und den benachbarten Gebieten Bulgariens und der Türkei. Vom ganz ähnlichen Steinhuhn durch *cremefarbene* (nicht schneeweiße) *Kehle, kein Schwarz am Schnabelgrund, über dem Auge unterbrochenen Augenstreif,* rotbraune Ohrdecken und weniger Flankenstreifen unterschieden. Stimme eine Serie nasal gackernder Rufe, die wie 'kakakakatschukAR-tschukAR-tschukAR...' klingen. Wird neuerdings von Jägern in den Alpen ausgesetzt und vermischt sich dort auch mit dem Steinhuhn.

Steinhuhn *Alectoris graeca* L 33. An steilen, meist südexponierten und mit Büschen und kleinen Wiesenstücken durchsetzten Felshängen oberhalb 1200 m in Südeuropa, selten in den Alpen. Meist in kleinen Gruppen, läuft bei Gefahr gern bergauf. Vom ähnlichen Chukarhuhn (s. dort) durch andere Verbreitung, von Rothuhn durch *scharf begrenztes* und zum Bauch hin nicht aufgelöstes schwarzes *Brustband* unterschieden. Stimme ein hölzernes, wetzendes und schneller werdendes 'TSCHICKoree-TSCHICKoree-...', auffliegend 'pitschii'.   BJ

Felsenhuhn *Alectoris barbara* L 33. In Europa nur in Gibraltar und auf Sardinien. *Blaugraue Kehle rotbraun begrenzt.* Scheitel und Nacken deutlich abgesetzt braun und an Irokesenschopf erinnernd. Schrille Rufserie mit eingestreuten Doppellauten, wie Marschrhythmus mit Stolperschritten, z.B. 'krett krett krett kretERRR krett krett ...'.   —

Rothuhn *Alectoris rufa* L 35. Häufig in offenem, sowohl landwirtschaftlich genutztem, als auch felsigem Gelände Westeuropas. *Weiße Kehle mit schwarzem Brustband, das zum Bauch hin in Fleckenreihen übergeht.* Schnabel und Beine leuchtend rot. Sitzt gern auf erhöhten Punkten, z.B. Zaunpfählen und sogar Bäumen. Früher auch in Deutschland zu Jagdzwecken ausgesetzt. Stimme rhythmisch wiederholte, gebrochene und an Rebhuhn erinnernde heisere Laute 'kutscheck-TSCHERR-kutschek-TSCHERR...'.   —

Rebhuhn *Perdix perdix* L 30. Der am weitesten verbreitete europäische Hühnervogel, bei uns jedoch durch Landschaftszerstörung so stark zurückgegangen, daß vielerorts schon gezüchtete Vögel von Jägern ausgesetzt werden. Bewohnt offenes Gelände, z.B. Felder mit Hecken und breiten Rainen oder Brachflächen. Außerhalb der Brutzeit in kleinen Trupps. Deutlich kleiner als Fasan und mit viel kürzerem Schwanz, aber eventuell mit jungen Fasanen (s. dort) zu verwechseln. Überwiegend graubraun mit *dunklem Bauchfleck* (beim Weibchen kleiner), Schwanz im Auffliegen mit rostroten Seiten. *Kopf orange.* Im norddeutschen Flachland und in den Niederlanden auch die kleinere Unterart *sphagnetorum* mit sehr großem Bauchschild. Männchen ruft an Frühlingsabenden rhythmisch und hölzern 'kiRR-Rek' (oder auch 'peR-dix').   BJ

Halsbandfrankolin *Francolinus francolinus* L 33. Brütet in der Türkei und südlich des Kaspischen Meeres in dichtem Gestrüpp und Grasland, in Israel auch auf Feldern. Männchen *unterseits schwarz* mit weißen Wangenflecken. Halsband, Steiß und Unterschwanzdecken rot. Weibchen braun mit rotbraunem Nackenfleck und, wie Männchen, *hufeisenförmigen* hellen *Flankenflecken.* Kaum einmal zu sehen, verrät sich aber immer durch den aus sieben Silben bestehenden Ruf 'kjok, KIIK ki-ki-käh ki-KIIK'.

Chukarhuhn

Steinhuhn

Rothuhn fliegend

Felsenhuhn

juv. Rothuhn

Rothuhn

Rebhuhn

♂

Rothuhn

juv.

♀

♂ Rebhuhn

99

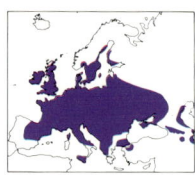

Fasan

Fasan *Phasianus colchicus* L ♂ 85, ♀ 60. Eine asiatische Tierart, die zu Jagdzwecken schon seit Jahrhunderten in vielen Teilen Europas ausgesetzt wird. Meist in offenem Gelände, vorwiegend auf Feldern. Altvögel durch den *langen Schwanz* unverwechselbar. Weibchen blaß braun mit dunkler braunen Flecken. Männchen sehr farbenfroh mit nackter roter Hautpartie um das Auge, grün glänzendem Kopf, oft weißem Halsring und kupferfarben schillerndem Körpergefieder. Es kommen jedoch zahlreiche Abweichungen vor, da die ausgesetzten Tiere meist ein Gemisch verschiedener Unterarten sind. Flügge Jungvögel haben einen rötlich getönten, kurzen und schmalen Schwanz und können mit Rebhühnern verwechselt werden. Fliegt mit lärmenden Flügelschlägen erst dicht vor den Füßen des erschrockenen Beobachters auf, landet aber schnell wieder. Balzruf des Männchens ein laut krächzendes 'GOOK-gock', dem ein nicht so weit hörbares Flügelschwirren unmittelbar folgt. (BJ)

Diamantfasan, ♂

Diamantfasan *Chrysolophus amherstiae* L ♂ 90 ♀ 63. Stellenweise in England eingeführte westchinesische Art mit Silbergrau an Nakken und Schwanz. Weibchen blasser als Fasan mit längerem und deutlicher gebändertem Schwanz. —

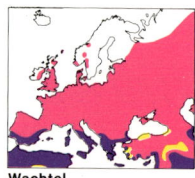

Wachtel

Wachtel *Coturnix coturnix* L 18. Früher in Europa (außer in Skandinavien) häufiger Bewohner offenen Geländes, bei uns stark zurückgegangen. Einziger Weitstreckenzieher unter unseren Hühnervögeln. Kehrt im Mai zurück und zieht im Oktober wieder ab. *Viel kleiner* als andere Hühnervögel, nicht einmal so groß wie ein halbwüchsiges Rebhuhnküken. *Kein Rostrot im Schwanz.* Gefieder verwaschen braun mit helleren Streifen auf Rücken und Flanken, bei Männchen Kinn und Kehle schwarz. Kann in Südwest-Europa und Nordafrika allenfalls mit Laufhühnchen (s. dort) verwechselt werden. Fliegt langsam und mit eingezogenem Kopf, auf gebogenen und für ein Huhn relativ langen und schlanken Flügeln mit schnellen flachen Schlägen. Wirkt im Flug bucklig und erinnert eher an eine Schnepfe als an ein Rebhuhn. Macht sich meist durch die weittragenden, ständig wiederholten dreisilbigen 'PICK perwick'-Rufe bemerkbar (auch als 'Bück den Rück' umschrieben). Ruft bei Tag und Nacht, meist in der Dämmerung, auch noch im Hochsommer sowie fliegend auf dem Zug (Verwechslungsgefahr mit dem Alarmruf 'kjoi-joi-joi' des ziehenden Großen Brachvogels, der oft in Frühsommernächten zu hören ist). BZ

Laufhühnchen (Ordnung Gruiformes, Familie Turnicidae) sind kleine, wachtelähnliche Vögel, die mit Rallen und Kranichen (s. nächste Seite) verwandt sind. Männchen sind blasser gefärbt als Weibchen und kümmern sich alleine um die Aufzucht der Jungen.

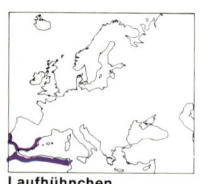

Laufhühnchen

Laufhühnchen *Turnix sylvatica* L 15. Brütet in Afrika und Südost-Asien, aber lokal und sehr selten auch in Südwest-Europa. Sehr scheu und heimlich. Bewohnt offenes Gelände mit dichter Vegetation, Grasland, sehr gerne in Möhren- und Zuckerrübenfeldern. Ähnlich Wachtel, aber mit blaß *orangefarbenem Brustfleck* und schwarzbraunen Flecken an den Flanken. Fliegt kaum einmal auf, ist dann aber an der *winzigen Gestalt* und dem sehr *kurzen Schwanz* zu erkennen. Schwirrendes Flügelgeräusch. Das farbenprächtigere Weibchen balzt in der Morgen- und Abenddämmerung sternenklarer Nächte gedämpft und nachhallend 'huu-huu-huu', etwas an das entfernte Muhen einer Kuh erinnernd.

Fasan

Wachtel

fliegende Wachteln

Laufhühnchen

Kranichvögel

(Ordnung Gruiformes) sind eine sehr vielgestaltige Ordnung, deren Angehörige meist recht lange Hälse und Beine haben. In Europa vier Familien:

WACHTELLAUFHÜHNCHEN (Familie Turnicidae) sind sehr klein und erinnern eher an Hühner (s. vorige Seite).

KRANICHE (Familie Gruidae) sind große, schlanke, langbeinige und aufrecht stehende Vögel, die ihren langen Hals im Flug ausstrecken. Außerhalb der Brutzeit gesellig, eindrucksvoller Balztanz. Nest mit 2 Eiern am Boden.

TRAPPEN (Familie Otididae) sind kräftige Laufvögel des offenen Geländes. Sehr scheu und aufmerksam, Gang bedächtig. Gelege 2–5 Eier.

RALLEN (Familie Rallidae) bewohnen feuchte Wiesen, Sumpfgebiete, Röhrichte, das Bläßhuhn auch offene Wasserflächen (daher einzige Art mit Schwimmlappen an den Zehen). Der kompakte Körper wird von langen Beinen mit sehr langen Zehen getragen. Sie fliegen ungern, halten sich meist in dichter Vegetation versteckt, sind überwiegend nachts aktiv und verraten sich meist nur durch ihre Rufe. Gelege mit 5–15 Eiern.

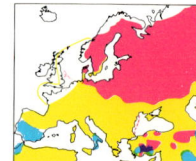

Kranich

Kranich *Grus grus* L 115–130, S 185–220. Brütet in sumpfigen Gegenden Nordost-Europas, meist Bruchwäldern oder Mooren in Waldgebieten, die kaum vom Menschen besiedelt sind, und verhält sich zur Brutzeit sehr unauffällig. Rastet während des Zuges in Sumpfgebieten und auf Feldern. Bedeutende Sammelplätze sind der Hornborgasee (Schweden) und Rügen (DDR). Bei uns nur noch wenige Paare in Norddeutschland, aber regelmäßiger Durchzügler im März und Oktober/November. Zieht in großen Trupps in V-Formation, Linien, weiten Bögen oder Wellen, tagsüber und nachts und meist sehr hoch, oft erst durch die trompetenden Rufe auffallend. Benutzt thermische Aufwinde (oft über Städten), um segelnd an Höhe zu gewinnen (ein gemächlicher Vorgang im Gegensatz zu Gänsetrupps, die scheinbar immer in Eile sind). *Hals* im Flug immer *ausgestreckt*, Beine überragen den Schwanz. Rastende Trupps wirken aus der Ferne wie grasende Schafherden. *Groß, silbergrau, stark verlängerte Schirmfedern* hängen buschig über den Schwanz. Altvögel zur Brutzeit mit durch Moorwasser rostig gefärbter Oberseite („Tarnanstrich"). Jungvögel auch im zweiten Jahr noch ohne kontrastreiche Kopf- und Halsfärbung. Paare balzen mit Verbeugungen und Luftsprüngen, ferner weithin hörbare *trompetende Rufduette* 'krruukrraa, koou-kaa...'. Ziehende Trupps schnarren trompetend 'krrou' (oder 'grrus grrus'). Im Herbst dazwischen auch die fiependen hohen Rufe der Jungvögel, die wie 'miiep, tschiirp' klingen. BZ

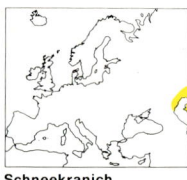

Schneekranich

Schneekranich *Grus leucogeranus* L 135. Extrem seltener Brutvogel am Ob und in Nordost-Asien, wohl nur noch 400 Paare. Einzelne Durchzügler rasten im Wolgadelta (überwintern in Iran?), Hauptüberwinterungsgebiet Indien (Bharatpur). An Feuchtgebiete gebunden, meidet Felder. Altvögel ganz *weiß mit schwarzen Handschwingen*, Beine und Gesicht rot. Jungvögel zimtfarben, werden im Laufe von drei Jahren langsam weißer. Ruft sanfter als Kranich. —

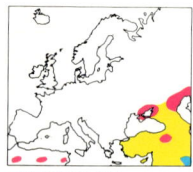

Jungfernkranich

Jungfernkranich *Anthropoides virgo* L 97–107, S 170–190. Brütet in Steppen und trockenem Hochland Zentralasiens, vereinzelt westwärts bis Südrußland, Türkei und vielleicht noch Marokko. Überwintert oft gemeinsam mit Kranichen, hauptsächlich in Indien, wenige auch im nordöstlichen Afrika. Letztere rasten als Durchzügler im August (also viel eher als Kraniche) regelmäßig auf Zypern. *Kleiner* als Kranich, mit herabhängenden *weißen Ohrbüscheln* und verlängerten schwarzen Halsfedern, Schirmfedern nicht buschig hochstehend, sondern lang herabhängend. Jungvögel mit blasserem Muster. Im Flug kaum vom Kranich zu unterscheiden, aber die *schwarze Halsvorderseite erstreckt sich bis auf die Brust.* Trupps ziehen in strenger Keilformation (nicht in Bögen oder Linien). Ruft höher und schnarrender als Kranich. (A)

Ente   Bläßhuhn   Ralle

Reiher

Storch   Kranich

Kraniche balzend

Wasserralle im Schilf

abfliegendes Bläßhuhn

fliegender Kranich

fliegender
Jungfern-
kranich

Kranich

juv.

ad.

Schneekranich

**Jungfern-
kranich**

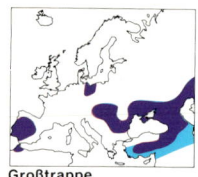

Großtrappe

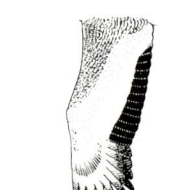

Großtrappe,
♂

Zwergtrappe

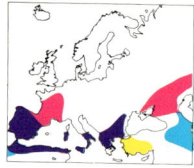

Zwergtrappe ♂

Kragentrappe

Kragentrappe,
♂

Großtrappe *Otis tarda* L ♂ 100, ♀ 80, S ♂ 230, ♀ 180. Seltener und lokaler Brutvogel in offenem, meist steppenartigem oder landwirtschaftlich genutztem Gelände. Früher weit verbreitet, durch Bejagung und Lebensraumzerstörung jedoch fast überall ausgerottet. Kleiner Restbestand in der DDR (Brandenburg) und im östlichen Österreich. Erscheint bei uns nur noch als gelegentlicher Gast aus der DDR, meist in strengen Wintern. Ernährt sich vorwiegend von Pflanzen, aber auch Insekten, Fröschen und Mäusen. Sehr scheu und meist nur aus großer Entfernung zu beobachten. Das Männchen ist *Europas schwerster Vogel* (8–16 kg, manchmal über 20 kg), Weibchen sind bedeutend leichter (3,5–5 kg). Vor allem außerhalb der Brutzeit meist in kleinen Trupps, die aus der Entfernung für Rehe gehalten werden können. Aus hohem Gras ragt manchmal nur der Hals heraus und wirkt bei flüchtiger Betrachtung wie ein Zaunpfahl. Sieht im Flug wie eine riesige Gans mit Adlerschwingen aus, *großes helles Flügelfeld* auffallend. *Fliegt kraftvoll*, selten besonders hoch und für einen so schweren Vogel erstaunlich schnell und gewandt. Füße überragen den Schwanz nicht, *segelt nie*. Im Frühjahr morgens spektakuläre Balz der Männchen. Zu Beginn wird der Schwanz gestelzt, der Hals auf den Rücken gelegt und dann wie ein Ballon aufgeblasen, so daß der Kopf fast ganz verschwindet und nur noch die langen Barthaare in die Luft ragen. Schließlich werden die weißen Deckfedern gedreht und gespreizt, bis der ganze Vogel einer weißen Kugel gleicht und aussieht, als wäre er gerade einem Schaumbad entstiegen. Gewöhnlich stumm, nur während der Brutzeit gelegentlich ein rauhes Bellen.   W

Zwergtrappe *Tetrax tetrax* L 43, S 90. Seltener Brutvogel offener Landschaften in Südeuropa, in vielen Gebieten fast verschwunden. Zwar scheu, jedoch nicht so unnahbar wie Großtrappe. Oft in kleinen Gruppen. Fliegt mit *relativ schnellen* (ähnlich Birkhuhn), doch nicht sehr fördernden *Flügelschlägen*, erinnert durch die steifen und abwärts gebogenen Flügel an einen Hühnervogel. Die *Flügel erscheinen fast ganz weiß*, nur die vier äußeren Handschwingen zeigen viel Schwarz an der Spitze. Die siebente Handschwinge des Männchens ist als Schallschwinge ausgebildet und erzeugt im Flug ein pfeifendes Geräusch. Männchen im Winter ohne die auffallende Halsfärbung und dann dem Weibchen ähnlich. Während der Balz stelzt das Männchen den Schwanz, streckt sich und wirft alle zwei bis zehn Sekunden den Kopf zurück, wobei die Halsfedern gespreizt sind und die weißen Abzeichen noch stärker leuchten. Dabei ruft es trocken 'prrrrt', was aus 50 Metern Entfernung ebenso laut klingt wie aus 500 Metern. Springt während der Balz auch flatternd in die Luft.   A

Kragentrappe *Chlamydotis undulata* L 63, S 110. Extrem seltener Gast aus Asien oder Afrika, bevorzugt Steppen (meist mit Wermut bestanden), erscheint aber auch auf landwirtschaftlichen Flächen und in Halbwüsten. Beliebtestes Opfer der von Beduinen mit Würgfalken ausgeübten Beizjagd. In Gebieten mit dichter Population ist sie gesellig. Männchen fast so groß wie weibliche Großtrappe. Von den anderen Trappen durch die *schwarzen verlängerten Federn an den Halsseiten* und den nur *kleinen*, auf die Handschwingen beschränkten *weißen Flügelfleck* unterschieden. Unterflügel weiß mit schwarzer Spitze und Hinterkante. Kurze Haube auf dem Kopf, besonders auffallend beim Männchen. Im Flug kranichähnlich, aber Flügel gebogen und Flügelschläge ruckweise (ähnlich Sumpfohreule, wenn auch im Zeitlupentempo). Am Brutplatz Experte darin, sich ungesehen zu verdrücken ohne aufzufliegen. Sie ist so aufmerksam, daß man sich ihr zu Fuß kaum nähern kann.   A

Großtrappe
in voller
Balz

♂ **Großtrappe**

Großtrappe-♂, Balzbeginn

Zwergtrappe

♀ ♂

Kragentrappe

♂

Wasserralle

Tüpfelsumpfhuhn

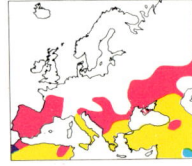

Zwergsumpfhuhn

Kleines Sumpfhuhn

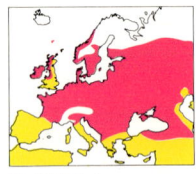

Wachtelkönig

Wasserralle *Rallus aquaticus* L 28. Häufig in Schilf- und Sumpfgebieten. Gefieder insgesamt ziemlich düster wirkend, oberseits schwarz und braun gefleckt, unterseits blaugrau mit schwarz und weiß gestreiften Flanken. Kurzer Schwanz oft gestelzt, dann weißliche Unterschwanzdecken sichtbar. *Schnabel lang und überwiegend rötlich*, lange Beine blaß braun. Schwer zu sehen, aber sehr ruffreudig. Stimme eher laut als musikalisch, meist nachts oder bei Störungen zu hören. Männchen ruft im Frühjahr 'kipp kipp kipp kipp...' in langen rhythmischen Reihen. Oft zu hören ist ein lautes, langsam absterbendes, *schweineartiges Quieken* 'gruuit gruuit gruu gru', verbunden mit einem dumpf grunzenden 'uuugh'. In Frühjahrsnächten auch im Flug ein sanftes 'pjrr'. Weibchen ruft 'pjip-pjip-pjirr', oft mit Kleinem Sumpfhuhn verwechselt, aber deutlich höher und schriller. BZW

Tüpfelsumpfhuhn *Porzana porzana* L 23. Vereinzelter Brutvogel an verlandenden Gewässern, in Seggen- und Binsenbeständen und überschwemmten Wiesen. Kleiner und mit kürzerem gelblichem und nur an der Basis rotem Schnabel und grünlichen Beinen. *Unterschwanzdecken gelblich*, beim Wegflattern kennzeichnende weiße Flügelvorderkante sichtbar. Balzt mit *peitschendem*, scharfem 'quipp quipp quipp ...', etwas mehr als ein Pfiff pro Sekunde. BZ

Zwergsumpfhuhn *Porzana pusilla* L 18. Vorwiegend in Südeuropa, bei uns nur ausnahmsweise. Bevorzugt überschwemmte Wiesen und Seggenbestände. Kleiner als Tüpfelsumpfhuhn, Unterschwanzdecken gebändert, *kein Rot* am Schnabel. Geschlechter gleich gefärbt. Zur Unterscheidung vom Kleinen Sumpfhuhn siehe dort. Männchen *balzt hölzern, hart und vokallos* 'trrrrrr trrrrrr trrrrrr', etwa zwei bis drei Sekunden andauernd und nach ein bis zwei Sekunden Pause erneut einsetzend, auf einer Tonhöhe oder leicht an- und abschwellend. Kaum weiter als über 200 m hörbar, dem Knurren des Wasserfroschs oder der Knäkente ähnlich. BA

Kleines Sumpfhuhn *Porzana parva* L 19. Brütet vor allem in Osteuropa in ausgedehnten Schilfbeständen. Männchen nur schwer vom Zwergsumpfhuhn zu unterscheiden, aber *Oberseite olivbraun* mit *verwaschen weißlichen Längsstreifen* (Zwergsumpfhuhn *rötlichbraun* mit *scharf abgegrenzten* weißen Punkten und Kritzeln), Flanken weniger kontrastreich und nicht bis zur Bauchmitte schwärzweiß gebändert. Schnabel grünlich mit *rötlicher Wurzel* (Zwergsumpfhuhn ohne Rot), Beine grünlich (Zwergsumpfhuhn meist bräunlich bis hornfarben, auch grünlich). Weibchen unterseits rahmfarben mit weißer Kehle (Männchen graue Unterseite). Jungvögel von jungen Zwergsumpfhühnern fast ununterscheidbar, doch sind die für Altvögel genannten Unterschiede in Tönung und Zeichnung der Oberseite und Ausdehnung der Unterseitenbänderung angedeutet. *Flügelstruktur bestes Unterscheidungsmerkmal* in allen Kleidern: Kleines Sumpfhuhn relativ langflügelig, längste Handschwingen überragen längste Armschwingen um 20–30 mm, beim Zwergsumpfhuhn höchstens um 15 mm. Beim Kleinen Sumpfhuhn Handflügelspitze gut sichtbar, beim Zwergsumpfhuhn durch die langen Schulterfedern fast völlig verdeckt. Balzruf des Männchens eine langsam beginnende, zum Ende schneller werdende und manchmal in einem Triller endende Reihe kurzer, scharf quäkender Laute 'quäck...quÄCK...quÄCK..quÄCK-quÄCK-quÄCK-quäck-quäck-quäck-äckäk-äkäkäk', in fallender Tonhöhe. Das unverpaarte Weibchen ruft 'pöck-pöck pörrrr'. BA

Wachtelkönig *Crex crex* L 26. Brütet in feuchtem Wiesengelände, stellenweise auch in Getreidefeldern. Hat in den letzten Jahrzehnten in ganz Europa stark abgenommen. Gefieder bräunlich gestreift mit *leuchtend rotbraunen Flügeldecken*. Fast nie zu sehen. Verrät seine Anwesenheit durch die meist nachts, aber auch tagsüber zu hörenden *charakteristischen Rufe*, meist im Mai und Juni. Sie klingen *hölzern* wie 'rrrp-rrrp, rrrp-rrrp,...' (oder 'crrex-crrex'), etwa *eine Doppelsilbe pro Sekunde*, oft über Stunden. BZ

Wasserralle

juv.

Küken

Tüpfelsumpfhuhn

juv.

Zwergsumpfhuhn

juv.

Kleines Sumpfhuhn

juv.

♀

♂

Wachtelkönig

juv.

Küken

107

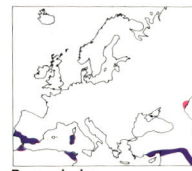

Purpurhuhn

Purpurhuhn *Porphyrio porphyrio* L 48. Brütet selten in Südost-Europa in Sumpfgebieten mit dichter Vegetation und großen Schilf-flächen. Durch *Größe, hohen roten Schnabel und lange rote Beine* leicht zu bestimmen. Blassere Jungvögel an Größe und Schnabel-form erkennbar. Scheu, aber lärmend. Meist schrilles Trompe-ten. (A)

Bronzesultanshuhn *Porphyrula alleni* L 25. Brütet in Afrika und besucht sehr selten die Mittelmeerländer. Lebensraum und Ausse-hen ähnlich Purpurhuhn, aber viel *kleiner* und mit *grünlich schil-lernder Oberseite, Stirnschild grünlich.* (A)

Teichhuhn

Teichhuhn *Gallinula chloropus* L 33. Häufig an Gewässern aller Art, sofern sie dichte Ufervegetation aufweisen, sogar in Parks. Schwimmt unter ständigem *Kopfnicken und Schwanzzucken.* Geht zur Nahrungssuche auch auf offene Flächen an Land, z.B. Rasen. Altvögel leicht an schwarzbraunem Rücken, weißem Flankenstreif, schieferschwarzer Unterseite, in der Mitte schwarz geteilten, *weißen Unterschwanzdecken, grünen Beinen mit rotem „Strumpfband"* so-wie dem *roten Stirnschild* zu erkennen. Bei unausgefärbten Vögeln sind die dunklen Gefiederpartien blasser, der Schnabel ist grünlich. Fliegt meist nur über kurze Strecken und mit hängenden Beinen und wirkt dabei sehr unsicher. Macht im Frühjahr jedoch gerne Kreisflüge über dem Brutgebiet und ruft dabei 'keck-keck'. Um-fangreiches Stimmrepertoire, am häufigsten ein plötzliches und durchdringendes 'pjürrrk' sowie ein scharfes 'KICKeck'. BJZW

Bläßhuhn

Bläßhuhn *Fulica atra* L 38. Häufiger Brutvogel an nährstoffreichen Gewässern mit Ufervegetation. Im Winter sehr gesellig, oft in großen Trupps auf Kiesgruben, Stauseen und Parkteichen, wo es sich auch füttern läßt. Schwimmt mit Kopfnicken und taucht häufig. Um von der Wasseroberfläche auffliegen zu können, muß es erst einen längeren Anlauf nehmen. Zu jeder Jahreszeit sehr streitsüchtig. Altvögel leicht am dunkel *schieferschwarzen Gefieder* sowie der *weißen Färbung von Schnabel und Stirnschild* zu erkennen. Junge unterscheiden sich von jungen Teichhühnern durch dunkle Unter-schwanzdecken und die charakteristische bucklige Silhouette. Vie-le Rufe, meist ein platzendes 'pix' und rauh bellendes 'kou'. Nächt-lich fliegende Vögel rufen nasal trompetend 'pä-Äu'. BJZW

Kammbläßhuhn *Fulica cristata* L 40. Sehr selten in Südwest-Euro-pa, brütet aber in Marokko. Ganz ähnlich Bläßhuhn, aber im Früh-jahr mit zwei roten Höckern über dem weißen Stirnschild, die jedoch aus großer Entfernung kaum zu sehen und nach der Brutzeit viel blasser und kleiner sind. Dagegen hat der weiße Schnabel einen *leicht bläulichen Ton* (beim Bläßhuhn leicht gelblich) und die *Befie-derung am Schnabelansatz* ist stumpfer (s. SW-Abb.). Im Flug *fehlt* im Flügel die beim Bläßhuhn sichtbare helle Hinterkante der Arm-schwingen. Verhalten ähnlich Bläßhuhn, aber scheuer. Stimme tie-fer und zweisilbig, etwa 'keröck'. —

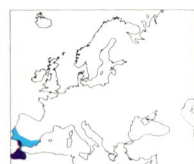

Kammbläßhuhn

Bläßhuhn

Kammbläßhuhn
Schlichtkleid

Purpurhuhn

juv.

Bronzesultanshuhn

juv.

Teichhuhn

juv.

Küken

ad.

Bläßhuhn

juv.

Küken

Balz

Kammbläßhuhn

juv.

Watvögel, Möwen und Alke

(Ordnung Charadriiformes) bilden eine sehr vielgestaltige Vogelordnung, deren Familien auf mannigfaltige Weise an den Nahrungserwerb am und im Wasser angepaßt sind. Die Watvögel, auch Limikolen genannt, bewohnen überwiegend Küsten, schlammige Ufer und Feuchtgebiete des Binnenlandes und legen meist vier Eier in eine einfache Nistmulde am Boden. Viele Arten sind ausgesprochene Langstreckenzieher über mehrere Kontinente und rasten bei uns im Wattenmeer sowie auf Rieselfeldern, Klärteichen, Schlammflächen und überschwemmten Wiesen. Männchen und Weibchen sind meist gleich gefärbt, die Pracht-, Schlicht- und Jugendkleider dagegen oft deutlich unterscheidbar.

Austernfischer

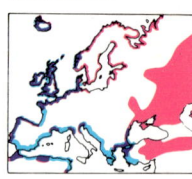

Austernfischer

(Familie Haematopodidae) sind sehr große und auffallend schwarzweiß gemusterte Watvögel.

Kiebitz

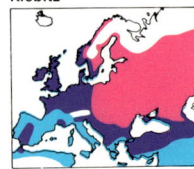

Austernfischer *Haematopus ostralegus* L 43. Brütet häufig an Stränden und auf Wiesen im Küstenbereich, stellenweise auch im Binnenland. Kann mit dem mächtigen Schnabel große Muscheln öffnen, stochert aber auch nach Würmern. Durch kräftigen Körperbau, *schwarzweißes Gefieder, korallenroten Schnabel, rosa Beine und ständiges lautes Rufen* unverkennbar. Im Schlicht- und Jugendkleid mit schmalem weißem Kehlband. Fliegt mit schnellen, flachen Flügelschlägen meist niedrig über das Wasser, dabei schrill 'kiBIIK, kiBIIK' rufend. Oft in Bogenformation ziehend. Bei der Bodenbalz in Gruppen trillernd 'biik, biik, birrrrrriBIIK-iBIIK ...', bei Alarm kurz und schrill 'biik' rufend.   BJZW

Regenpfeifer

(Familie Charadriidae), zu denen auch die Kiebitze gehören, sind klein bis mittelgroß mit relativ langen Beinen und kurzen Schnäbeln.

Kiebitz *Vanellus vanellus* L 30. Weit verbreitet in Feuchtgebieten aller Art, auch auf Ackern und Wiesen. An der *langen, dünnen Haube* und dem *schwarzweißen Gefieder* leicht zu erkennen. Flügel sehr breit und rund, besonders beim Männchen. Weibchen mit weißen Flecken an Schnabelgrund und Kehle, Jungvögel mit kurzer Haube und blasser Kehle. Brütet früh, ab Juni sammeln sich große Trupps auf Feldern (Zwischenzug). Männchen zeigen imposanten Balzflug mit wummerndem Flügelgeräusch und lautem 'kijuu-WIT, kjuuWIT-WITWIT'. Greift Eindringlinge ins Brutgebiet unerschrocken mit schrillem 'WIJU-ii, WIJU-ii' an. Zieht meist tagsüber in oft ungeordneten Trupps, Flügelschläge für einen Watvogel langsam.   BZ

Spornkiebitz *Hoplopterus spinosus* L 28. Bewohnt in Ostgriechenland und Vorderasien Feuchtwiesen und Ufer von Salzseen. Sitzend durch hellbraunen Rücken und schwarzweiße Zeichnung an Kopf und Unterseite unverkennbar, fliegend von Steppen- und Weißschwanzkiebitz durch *schwarze Armschwingen* und überwiegend *schwarze Steuerfedern* unterschieden. *Beine schwärzlich* und länger als beim Kiebitz, Flügel spitzer. Alarmruf laut und schnell 'kip kip kip', 'kri-kri-kri', balzt mit kratzendem 'tscharadriii-diiuu'.   A

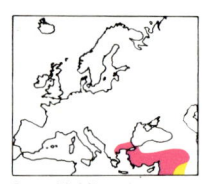

Spornkiebitz

Steppenkiebitz *Chettusia gregaria* L 30. Brutvogel asiatischer Steppen. Sitzend überwiegend graubraun mit auffallendem *weißem Überaugenstreif und dunklem Scheitel. Beine schwärzlich.* Im Flug großes *weißes Feld im Armflügel,* Schwanz überwiegend weiß *mit schwarzer Endbinde.* Nur im Prachtkleid Zügel schwarz und Bauch schwarz und kastanienbraun, im Schlichtkleid unterseits weißlich, im Jugendkleid Brust braun gestrichelt. Flug ähnlich Kiebitz, aber Flügel spitzer. Rauhe, meist dreisilbige Rufe wie 'kretschkretsch-kretsch '.   A

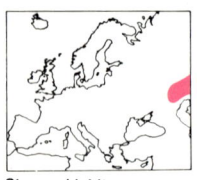

Steppenkiebitz

Weißschwanzkiebitz *Chettusia leucura* L 28. Brütet im südwestlichen Asien. Vom Steppenkiebitz durch *längere* und *leuchtend gelbe Beine,* blassen Kopf, *weißen Schwanz* und bis zum Flügelbug reichendes weißes Armschwingenfeld unterschieden. Bauch im Prachtkleid gelblich, im Schlichtkleid weiß.   A

Austernfischer

Schlichtkleid   juv.   Prachtkleid

Kiebitz

♂

juv.   ♂ Prachtkleid

Spornkiebitz

juv.   ad.

Steppen-
kiebitz

juv.   Prachtkleid

Weißschwanzkiebitz

juv.   Prachtkleid

111

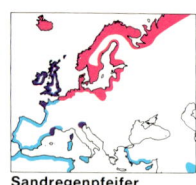

Sandregenpfeifer

Sandregenpfeifer *Charadrius hiaticula* L 18. Häufiger Brutvogel auf Sandstränden und kurzrasigen Wiesen der Küsten, stellenweise auch im Binnenland, wo er sonst regelmäßig in größerer Zahl durchzieht. Läuft, wie alle Regenpfeifer, schnell und wie auf Rädern rollend, um plötzlich stehenzubleiben. Nimmt Nahrung pickend von der Oberfläche auf, rollt ein Stück vorwärts, verharrt bewegungslos, pickt und läuft weiter. *Geschlossenes schwarzes Brustband, Beine gelb* bis orange leuchtend, Schnabel gelborange mit schwarzer Spitze. Im Flug *breite weiße Flügelbinde.* Jungvögel mit dunklem Schnabel und blasseren Beinen, *Kopf düster* mit *breitem hellem Streif über und hinter dem Auge.* Die bei uns gleichfalls durchziehende nordskandinavische Unterart *tundrae* ist etwas kleiner und dunkler. Ruft sanft flötend 'TUUip ', während des Balzflugs mit langsamen, steifen Flügelschlägen 'TUU-widih-TUU-widih...' und 'tu-wiDIIH...'. BZ

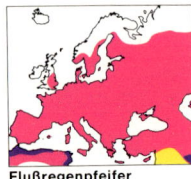

Flußregenpfeifer

Flußregenpfeifer *Charadrius dubius* L 16. Brütet weit verbreitet an Binnengewässern, Kiesgruben und steinigen Flußufern. Geschlossenes schwarzes Brustband, *Schnabel dunkel, Beine blaß fleischfarben, keine auffallende Flügelbinde.* Zitronengelber Lidring oft auffallend. Jungvögel blasser, ohne auffallende Kopfzeichnung, von jungen Sandregenpfeifern durch *weniger deutlichen Überaugenstreif, gelbliche Färbung zwischen Auge und heller Stirn,* schmaleres, helleres und in der Mitte oft unterbrochenes Brustband, graugelbe Beine und fehlende Flügelbinde unterschieden. Ruft laut pfeifend 'piu', 'ti-ti-ti tIU', während des auch nachts ausgeführten fast schmetterlingsartigen Balzfluges 'prii-prii-prii', 'tri-u, triiu' und wetzend 'rre-rrä-rrererererere'. BZ

Seeregenpfeifer

Seeregenpfeifer *Charadrius alexandrinus* L 16. Brütet an Sandstränden der Küste, im Südosten auch an salzigen Binnengewässern. Extrem seltener Gast im deutschen Binnenland. Wirkt auch auf größere Entfernung *auffallend hell* und weiß, *Brustband nicht geschlossen.* Kopf und Schnabel erscheinen proportional sehr groß. Die *schwarzen Beine* sind ein sicheres Artkennzeichen (bei Jungvögeln manchmal graubraun). Im Flug deutliche Flügelbinde. Männchen mit schwarzem Augenstreif und Diadem, Scheitel und Nacken rostfarben, Weibchen bedeutend blasser. Ruft 'PII-it' und 'pit, pit', manchmal zu kicherndem 'pipipipipi' gereiht, sowie schnell und rauh 'rrerererererere...', ähnlich der Balzstrophe des Alpenstrandläufers. BZ

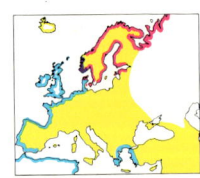

Steinwälzer

Steinwälzer *Arenaria interpres* L 23. Brütet vorwiegend an steinigen Küsten Nordeuropas (ausnahmsweise in Schleswig-Holstein) und bevorzugt auch während des Durchzugs und Winters Felsküsten und Hafenmolen, tritt aber auch an Sandstränden und in angespültem Tang auf; erscheint nur ausnahmsweise im Binnenland. Mit dem *kurzen kräftigen Schnabel* dreht er kleine Steine um und durchwühlt den Seetang. Von der Statur her der Athlet unter den Watvögeln, von der Färbung des Prachtkleides eher der Harlekin. Im Prachtkleid unverkennbar durch das *Muster schwarzer, weißer und rotbrauner Federn* (Weibchen etwas blasser). Schlichtkleid weniger kontrastreich und oberseits düster schwarzbraun, Jugendkleid ähnlich, aber mit bräunlichen Federrändern auf der Oberseite und graubraun gefleckter statt schieferschwarzer Brustzeichnung. Im Flug auffallendes *weißes Muster auf Flügeln, Rücken und Schwanz.* Beine leuchtend *korallenrot* (Prachtkleid) bis *orangegelb* (Jugendkleid). Gehört nicht zu den Regenpfeifern, sondern zu den Schnepfen (Scolopacidae). Alarmruf ein sich beschleunigendes schrilles Stakkato: 'KJE-wi-KJE-wi-küt-kütkütkütküt', auch kurz 'kju' und 'tük-e-tük'. ZW

Sandregenpfeifer

♀

♂

juv.

Flußregenpfeifer

♀

♂

juv.

Seeregenpfeifer

♀

♂

juv.

Schlichtkleid

Prachtkleid

Steinwälzer

♂ Prachtkleid

113

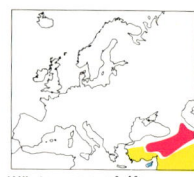

Wüstenregenpfeifer

Wüstenregenpfeifer *Charadrius leschenaultii* L 23. Brutvogel asiatischer Steinwüsten und Salzsteppen, im Winter an Küsten und Salinen, extrem selten in Europa. Männchen im Prachtkleid mit *rostfarbenem Brustband* von unterschiedlicher Breite, manchmal aber bis weit auf den Bauch reichend und gewöhnlich ohne dunkle Begrenzung am Oberrand, Gesichtsmaske und Diadem schwarz, Stirn meist weiß (manchmal schwarz). Weibchen mit blassem Kopf und schmalerem, fahlbraunem Brustband. Im Schlicht- und Jugendkleid sehr ähnlich Mongolen- und Wermutregenpfeifer. Größer als Mongolenregenpfeifer, *Schnabel* im Durchschnitt *länger und kräftiger* (proportional oft sogar größer als beim Kiebitzregenpfeifer), *Beine* etwas *länger* (überragen im Flug den Schwanz etwas) und meist *blasser* (grünlichgrau), Kopf dicker wirkend, im Flug mit vor allem im Bereich des Armflügels *deutlicherer Flügelbinde* und mehr Weiß an den Bürzel- und Schwanzseiten. Vom Wermutregenpfeifer durch größeren Schnabel, weiße Unterflügel, weiße äußere Steuerfedern und deutliche Flügelbinde zu unterscheiden, ferner durch oft nicht verschmelzende graubraune Brustseitenflecken und den hinter dem Auge oft undeutlichen Überaugenstreif. Ruft leise tief und sanft rollend 'trrri' oder 'trritrrrit'. A

Mongolenregenpfeifer *Charadrius mongolus* L 20. Sehr seltener Gast in Europa aus den alpinen Regionen Zentral- und Ostasiens, im Winter eher in Grasland als der Wüstenregenpfeifer, aber an Stränden oft mit diesem vergesellschaftet. In allen Kleidern sehr ähnlich Wüstenregenpfeifer, aber etwas *kleiner,* mit *kürzerem Schnabel und kürzeren*, meist *dunkleren* (dunkelgrauen) *Beinen*. Unterflügel, Flügelbinde und Schwanzseiten weiß. Im Prachtkleid mit breitem kastanienbraunem Brustband, schwarzen Wangen und schwarzer Stirn (Unterart *atrifrons* aus Tibet und dem Himalaya) oder weißer Stirn mit schwarzem Diadem (Unterart *mongolus* aus Ostsibirien) oder zusätzlich schwarzer Längsteilung (Unterart *stegmanni* aus Nordost-Sibirien). Weibchen blasser, die beim Männchen schwarzen Gefiederpartien oft braun oder rotbraun. Brust im Jugend- und Schlichtkleid weiß mit graubraunen Seiten (etwas an den viel kleineren Seeregenpfeifer erinnernd), Stirn und Überaugenstreif weißlich. Vergleiche auch Wermutregenpfeifer. Ruft ähnlich Wüstenregenpfeifer, aber kürzer, härter und weniger rollend 'tschitik'. —

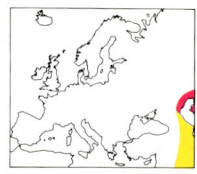

Wermutregenpfeifer

Wermutregenpfeifer *Charadrius asiaticus* L 20. Brutvogel mittelasiatischer Steppen, im Winter in Savannen und offenem Grasland, in Westeuropa seltene Ausnahmeerscheinung. Erinnert in Gestalt und Verhalten an den Mornellregenpfeifer. *Brustband* beim Männchen *rotbraun* und breit, zum Bauch hin *fein schwarz begrenzt*, beim Weibchen blaß graubraun. Von den beiden anderen asiatischen Regenpfeifern im Prachtkleid ferner durch das *Fehlen schwarzer Kopfstreifen* unterschieden, im sehr ähnlichen Schlichtkleid durch den dünnen, mittellangen Schnabel, ockerfarbene bis grünliche Beine, *graue Unterflügel*, wenig Weiß am fast ganz graubraunen Schwanz und Bürzel, eine fast immer geschlossene graubraune Brustfleckung und den vor allem auch hinter dem Auge deutlichen weißlichen Überaugenstreif. *Keine durchgehende Flügelbinde*, sondern nur ein *weißes Feld* an der Basis der inneren Handschwingen. Ruft im Flug 'tschip', beim Auffliegen oft wiederholt und im Ton etwas an Steinwälzer erinnernd. —

Keilschwanz-Regenpfeifer *Charadrius vociferus* L 25. In Westeuropa seltener Gast aus Nordamerika, wo er häufig und weit verbreitet auf Feldern in ähnlichen Lebensräumen wie unser Kiebitz brütet. Im Sitzen sofort an der *Größe* und dem (schon im Jugendkleid vorhandenen) *doppelten schwarzen Brustband* zu erkennen. Im Flug lange Flügel mit deutlicher weißer Binde, *langer, gestaffelter Schwanz mit rotbrauner Färbung* von Oberschwanzdecken und Bürzel. Ruft hoch 'kill-dieh' (daher der englische Name 'Killdeer'), im Ton ähnlich einer jungen Waldohreule. —

**Wüsten-
regenpfeifer**

♀

juv.

♂ Prachtkleid

Schlichtkleid

**Mongolen-
regenpfeifer**

♂ Prachtkleid

Schlichtkleid

atrifrons

mongolus

Schlichtkleid

juv.

**Wermut-
regenpfeifer**

♀

juv.

♂ Prachtkleid

Schlichtkleid

**Keilschwanz-
regenpfeifer**

115

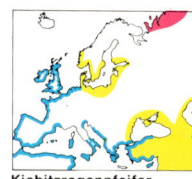

Kiebitzregenpfeifer

Kiebitzregenpfeifer *Pluvialis squatarola* L 29. Brutvogel der arktischen Tundra, häufiger Durchzügler und Wintergast an Europas Küsten, vereinzelt im Binnenland. Im Prachtkleid viel Weiß auf der Stirn und an den Brustseiten, schwarzer Bauchfleck bis an die Flügel reichend. Weibchen blasser. Im Schlichtkleid Rücken grauer und mit weißen Flecken, ohne schwarzen Bauchfleck, Brust grau gestrichelt, Ohrdecken dunkel. Jugendkleid ähnlich, aber Rücken etwas dunkler und brauner, Brust und Flanken deutlicher gelbbraun gestrichelt (nie so gelb wie Goldregenpfeifer). *Deutliche Flügelbinde, Schwanz und Bürzel hell, schwarze Achselfedern* des Unterflügels kennzeichnend. Ruf ein dreisilbiges trauriges Flöten: 'pii-oull' oder 'plii-OOii'. ZW

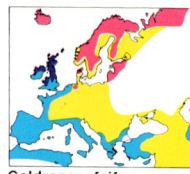

Goldregenpfeifer

Goldregenpfeifer *Pluvialis apricaria* L 27. Brutvogel der Tundren, Moore und Heideflächen Nordeuropas (Restvorkommen in Niedersachsen). Während des Zuges und im Winter oft in großen dichten Trupps, gerne mit Kiebitzen vergesellschaftet, auf Wiesen und gepflügten Feldern an der Küste und im Binnenland, seltener auf Schlammflächen oder im Watt. Im Prachtkleid mit der durch einen weißen Streifen von der goldbraunen Oberseite getrennten schwarzen Unterseite unverkennbar. Südliche Vögel mit weniger Schwarz. Jugend- und Schlichtkleid ohne schwarzen Bauch, aber mit gelbbraun gefleckter Brust. Im Flug *schmale weiße Flügelbinde, aber kein Weiß auf Schwanz und Bürzel; Unterflügel und Achselfedern weiß.* Pfeift klagend und meist einsilbig 'tlüü'. Während des Balzfluges auf steifen, langsam schlagenden Flügeln ein melancholisches, rhythmisch pumpendes Flöten: 'dü-DI-üh, düDI-üh …', oft gefolgt von einem auch während des Zuges zu hörenden 'prePÜÜrlüa-prePÜÜrlüa …'. BZ

Pazifischer Goldregenpfeifer *Pluvialis fulva* L 24. Sehr seltener Gast aus dem nördlichen Asien. In Verhalten und Aussehen dem europäischen Goldregenpfeifer in allen Kleidern sehr ähnlich, aber *kleiner und schlanker, hochbeiniger und langflügeliger* (Flügelspitze überragt Schwanzspitze im Sitzen deutlich) und dem Amerikanischen Goldregenpfeifer (siehe dort) ähnlicher. Undeutliche Flügelbinde, *Unterflügel blaß grau mit grauen Achselfedern.* Prachtkleid wie Goldregenpfeifer, aber oft Schwarz auf Unterseite ausgedehnter, weißer Flankenstreif schmaler und Unterschwanzdecken schwarz gefleckt (selten ganz schwarz, vergl. Amerikanischer Goldregenpfeifer). Im Jugend- und Schlichtkleid oberseits leuchtender goldgelb gesprenkelt als Goldregenpfeifer, mit *deutlicherem gelblichem Überaugenstreif* und heller gelb gefleckter Brust. Schnabel feiner, Beine dünner. Stimme der des Goldregenpfeifers ähnlich, aber neben dem einsilbigen, klagenden 'tlüüh' auch ein an Dunklen Wasserläufer erinnerndes 'tlüüh-iip'. A

Amerikanischer Goldregenpfeifer *Pluvialis dominica* L 26. Sehr seltene Ausnahmeerscheinung aus dem nördlichen Nordamerika, dem Pazifischen Goldregenpfeifer mit gleichfalls *grauen Unterflügeln* sehr ähnlich, aber *geringfügig größer, noch langflügeliger, Schnabel und Beine* proportional etwas kürzer, in allen Kleidern *oberseits grauer.* Im Prachtkleid Unterseite einschließlich der Flanken und *Unterschwanzdecken schwarz,* im Schlicht- und Jugendkleid Brust und Flanken kräftig *grau* gewölkt, *auffallender Überaugenstreif und Stirn weiß,* deutlich zum dunklen Scheitel kontrastierend, oft schmaler dunkler Augenstreif. Stimme wahrscheinlich von der des Pazifischen Goldregenpfeifers nicht abweichend. –

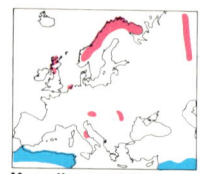

Mornellregenpfeifer

Mornellregenpfeifer *Charadrius morinellus* L 23. Brütet vorwiegend im Norden Europas auf hochgelegenen Bergwiesen und wird bei uns nur selten durchziehend beobachtet. Das größere und bunter gefärbte Weibchen balzt, das Männchen brütet und führt die Jungen. In allen Kleidern deutlicher, *im Nacken zusammenlaufender weißer Überaugenstreif* und zumindest angedeutetes *helles Brustband.* Wirkt *im Flug dunkel* (keine Flügelbinde), *graue Unterflügel.* Weibchen ruft im hohen Balzflug 'bitt, bitt, bitt…'; beim Auffliegen ein an Alpenstrandläufer erinnerndes 'kürrr'. Z

Kiebitz-
Regenpfeifer

♀

♂

juv.

juv.

Goldregenpfeifer

♀

juv.

♂

juv.

Pazifischer
Goldregenpfeifer

juv.

Pazifischer
Gold-
regenpfeifer
juv.

juv.

Amerikanischer
Goldregenpfeifer

juv.

♀

♂

juv.

juv.

Mornell-
regenpfeifer

Strandläufer

(Familie Scolopacidae, meist Gattung *Calidris*) sind kleine, oft untersetzt wirkende Limikolen mit kurzen Hälsen und relativ kurzen Beinen. Überwiegend Brutvögel des hohen Nordens, ziehen sie bei uns im April/Mai und August/September durch, oft in großen Trupps, die atemberaubende Flugmanöver vollführen.

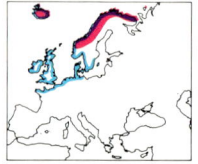

Meerstrandläufer

Meerstrandläufer *Calidris maritima* L 20. Bewohnt felsige Gebiete des hohen Nordens und bevorzugt auch im Winter Felsküsten und Hafenmolen; kommt nicht ins Binnenland (Name!). *Dunkelster Strandläufer*, deutlich größer als Alpenstrandläufer. Schlichtkleid *düster schiefergrau, kurze Beine und Schnabelbasis gelborange*, Jugendkleid mit bräunlichen Federrändern auf der Oberseite. Im Prachtkleid Federn der Oberseite weißlich und kastanienbraun gesäumt, heller Überaugenstreif, Beine graubraun. Häufigster Ruf ein volles, lautes 'kuit' und tieferes 'kwit-it, kwit', dieses auch leise und plaudernd von kleinen Gruppen. Alarmruf lachend 'pühühühühü'. Beim Balzflug ähnlich Alpenstrandläufer summend 'trrüll-trrülltrüll...' und stotternd 'kevikevikvikvikvi'. ZW

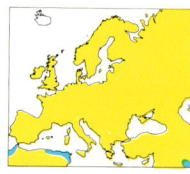

Sichelstrandläufer

Sichelstrandläufer *Calidris ferruginea* L 19. Brütet außerhalb Europas in der sibirischen Tundra, zieht aber im Herbst und seltener im Mai (Heimzug verläuft östlicher) bei uns durch. Etwas größer und *schlanker* als Alpenstrandläufer, *hochbeiniger* und mit meist *längerem und gleichmäßiger abwärtsgebogenem Schnabel*. Das unverkennbare rotbraune Prachtkleid (dunkler als Knutt) im Frühjahr meist noch durch helle Federränder teilweise verdeckt, im Spätsommer Kopf und Hals oft schon ins graue Schlichtkleid gemausert und nur Brust und Bauch noch rostfarben. Im Jugendkleid vom Alpenstrandläufer an Gestalt, durch helle Federränder gleichmäßig *geschuppter Oberseite*, deutlichem Überaugenstreif, *sandfarbener Tönung* an Brust und Hals mit nur feiner Strichelung an den Seiten und rein *weißen Flanken* unterschieden. Im Flug *Bürzel und Oberschwanzdecken weiß* leuchtend (im Prachtkleid mit dunkelbraunen Querbändern), Flügel länger als bei Alpenstrandläufer, Flügelschläge schneidiger und eher an Kampfläufer erinnernd. Ruft 'kürrlT', rollender und zwitschernder als Alpenstrandläufer. Z

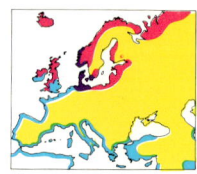

Alpenstrandläufer

Alpenstrandläufer *Calidris alpina* L 18. Häufigster Strandläufer, zur Zugzeit große Schwärme (meist nördliche Unterart *alpina*) im Wattenmeer, kleine Trupps im Binnenland. Die kleinere Unterart *schinzii* seltener Brutvogel Norddeutschlands. Mittelgroß, *langer Schnabel leicht abwärtsgebogen*, Bürzel und Oberschwanzdecken weiß mit dunklem Längsstrich. Im Prachtkleid *schwarzer Bauchfleck* kennzeichnend, Oberseite rotbraun gemustert. Schlichtkleid unauffällig, oberseits grau mit weißem Bauch. Jungvögel oberseits durch braune und weißliche Federränder bunt gemustert (ab September mit eingestreuten grauen Federn des ersten Winterkleides) und mit markanter *schwarzbrauner Flankentropfung*, oft weit auf den Bauch reichend. Ruft dünn und nasal 'tiirrr', nahrungssuchende Trupps aus der Nähe hoch und leise 'biip-biip, biip...'. Flugbalz beginnt mit traurigem 'uerrp, uerrp, ...', geht in gepreßtes 'rrÜi-rrÜi-...' über und endet mit abfallendem 'rürürürürürü'. BZW

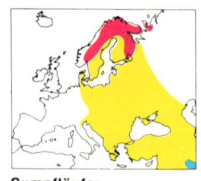

Sumpfläufer

Sumpfläufer *Limicola falcinellus* L 16,5. Brütet vereinzelt in Mooren Lapplands und zieht nach Südosten, daher bei uns selten. Erinnert etwas an jungen Alpenstrandläufer, aber kleiner und dunkler, *Schnabel gerade, vorne abgeplattet und erst an der Spitze scharf abwärts geknickt*, dunkelgraue Beine kürzer, Flügelbinde dünner. Düster brauner *Rücken* bekassinenähnlich fein *hell gestreift*, vor dem Auge gegabelter *doppelter Überaugenstreif*, Bauch weiß, Brust und Flanken dunkelbraun gestreift. Jugendkleid ähnlich, aber mit deutlicherer Streifung auf der Oberseite und ohne Flankenfleckung. Im Schlichtkleid Oberseite sehr hell grau, Unterseite weiß, Flügelbug schwarz und doppelter Überaugenstreif. Flugruf 'brrrlilt', beißender, trockener und rauher als Alpenstrandläufer, sowie kennzeichnend 'tett'. Balzflug mit rhythmisch summendem 'sprrr sprrr sprrr ...' und schwirrendem Triller. Z

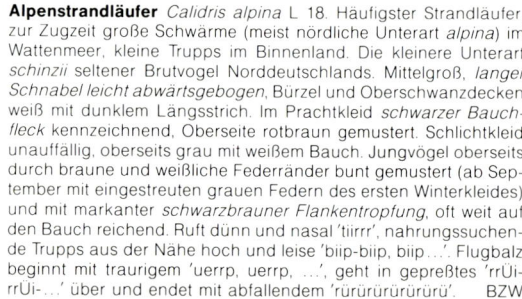

Schlichtkleid

**Meer-
strandläufer**

Prachtkleid

Schlichtkleid

juv.

Schlichtkleid

**Sichel-
strandläufer**

juv.

Prachtkleid

juv.

**Alpen-
strand-
läufer**

juv.

Schlichtkleid

Prachtkleid

juv.

Sumpfläufer

Schlichtkleid

juv.

Prachtkleid

juv.

119

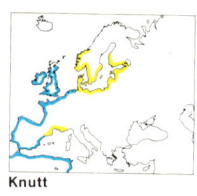

Knutt

Knutt *Calidris canutus* L 25. Ein großer arktischer Strandläufer, zur Zugzeit in großen Trupps im Wattenmeer, nur ausnahmsweise einzeln im Binnenland. Sehr *kräftig gebaut* (Langstreckenzieher), mit relativ *kurzem, geradem Schnabel* und kurzen grünlichen Beinen. Unterseite im Prachtkleid schön *rostrot*, im Schlichtkleid hellgrau mit fein quergewellter Brust. Jugendkleid dunkler grau als Schlichtkleid, mit *deutlicher Schuppung* auf der Oberseite und gelblicher Grundfärbung der Brust. *Oberschwanzdecken und Bürzel in allen Kleidern hell mit dunkler Querbänderung.* Ruft rauh und nasal quäkend 'nutt-nutt', weicher als Pfuhlschnepfe, und balzt 'ko-klÜhi, ko-klÜhi', ähnlich entfernt rufendem Großem Brachvogel. ZW

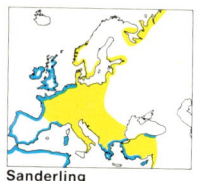

Sanderling

Sanderling *Calidris alba* L 18. Ein weiterer arktischer Strandläufer, der während des Zuges im Mai und von Juli bis Oktober Sandstrände bevorzugt, wo er *wie auf Rädern* flink den weichenden Wellen nachrennt. Etwas rundlicher als Alpenstrandläufer, schwarzer *Schnabel relativ kurz und gerade. Beine schwarz* und (als einziger Strandläufer) ohne Hinterzehe. Im Schlichtkleid *oberseits hellgrau,* unten rein weiß, *Flügelbug* (manchmal verdeckt) *schwarz.* Auch im Flug sehr *hell mit breiter weißer Flügelbinde.* Federn der Oberseite im Jugendkleid mit schwarzen und gelblichen Flecken, Scheitel dunkel. Kopf, Oberseite und Brust im *Prachtkleid rostbraun*, nur Bauch weiß. Ruft kurz 'klit'. ZW

Zwergstrandläufer

Zwergstrandläufer *Calidris minuta* L 14. Brutvogel der nordöstlichen Tundra, im Herbst häufiger, im Frühjahr seltener Durchzügler an unseren Küsten und binnenländischen Schlammflächen. *Kleiner* als Alpenstrandläufer, mit kürzerem, fast geradem Schnabel, fast waagerechter Haltung und leicht buckliger Haltung und *schnelleren Bewegungen.* Vergleiche auch mit dem in Aussehen und Verhalten abweichenden, aber gleichfalls kleinen Temminckstrandläufer. Besonders die meist zu sehenden Jungvögel sind charakteristisch gefärbt: *Rücken* bunt *rotbraun* und schwarz gezeichnet, *Mantel mit zwei V-förmig aufeinander zulaufenden weißen Linien,* weißer, oft doppelter *Überaugenstreif,* rotbraune und gestrichelte Brustseiten. Altvögel zeigen im Prachtkleid viel Rotbraun an Kopf und Brust, das im Spätsommer oft zu einem gelblichen Ton verblichen ist, auffallende schwärzliche Zentren der Schulterfedern, aber kein auffallendes weißes Mantel-V. *Beine* immer *schwärzlich,* äußere Steuerfedern grau. Ruft sehr dünn und hoch 'tit'. Der am Boden oder im Flug vorgetragene Gesang besteht aus weichen, zischenden 'svii-svii-svii-...'-Lauten, die etwas an eine bibbernde Doppelschnepfe erinnern, und einem dem Temminckstrandläufer ähnlichem silberhell trillerndem 'svirrr-r- r'. Z

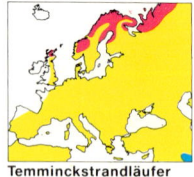

Temminckstrandläufer

Temminckstrandläufer *Calidris temminckii* L 13,5. Brütet in Feuchtgebieten Nordeuropas und zieht bei uns vorwiegend im Binnenland im Mai und August/September durch. Meist in kleinen Gruppen, kaum mit anderen Strandläufern vergesellschaftet und eher an bewachsenen Ufern als auf freien Schlammflächen. Still und unauffällig, gern in Deckung, bewegt sich fast kriechend und wirkt langgestreckter als Zwergstrandläufer. Im Schlichtkleid von der *Färbung an Flußuferläufer erinnernd:* Oberseite uniform graubraun, Brustseiten graubraun getönt, übrige Unterseite weiß. Im Jugendkleid wirkt die Oberseite durch gelbliche Federränder leicht geschuppt, im Prachtkleid zeigt sie große schwarze Flecken. *Beine hell* (gelblich, grünlich oder graubraun), beim Auffliegen und Landen *weiße leuchtend weiße äußere Steuerfedern* auffallend. Aufgescheucht „himmelt" er wie eine Bekassine und fliegt unregelmäßiger und mit mehr durchgeschlagenen Flügeln als der Zwergstrandläufer. Ruft hoch rollend 'tirrr-r-r'. Das balzende Männchen steht mit steilen, flatternden Flügelschlägen in 5–10 m Höhe in der Luft und zwitschert hoch und schnell 'titititiiti...'. Z

Schlichtkleid

Knutt

Prachtkleid

juv.

juv.

Sanderling

Schlichtkleid

Prachtkleid

juv.

juv.

**Zwerg-
strandläufer**

Schlichtkleid

Prachtkleid

juv.

**Temminck-
strandläufer**

Schlichtkleid

Prachtkleid

juv.

121

Seltene Strandläufer

Auf den folgenden zwei Tafeln sind einige seltenere Strandläufer und Schlammläufer abgebildet, die in Nordamerika oder Ostsibirien brüten und nur ausnahmsweise in Europa auftauchen (meist in Großbritannien). Im Herbst (oft nach starken Stürmen) werden meist Vögel im Jugendkleid gesehen, sehr selten zeigen sie sich im Frühjahr im Prachtkleid. Die Bestimmung erfordert Erfahrung, größte Sorgfalt und Spezialliteratur. In vielen Fällen stellen sich scheinbare Seltenheiten als häufigere Strandläufer mit abweichender Zeichnung heraus.

Wiesenstrandläufer *Calidris minutilla* L 13. Nordamerikanische Art; der wahre Zwerg unter den Strandläufern. Dem Langzehen- und Zwergstrandläufer sehr ähnlich, aber etwas *kleiner, Beine schmutzig gelb* bis graugrün, schwarzer *Schnabel* schon an der Basis *sehr dünn* und mit feiner abwärtsgebogener Spitze, *Rücken düsterer* rotbraun ohne deutliches Schuppenmuster und mit nur angedeuteter oder fehlender heller V-Zeichnung. Dunkler Scheitel reicht weit auf die Stirn, aber nicht bis zum Schnabelansatz, heller Überaugenstreif oft gegabelt, Zügel auffallend dunkel, meist ein aus feinen Stricheln gebildetes *geschlossenes Brustband*. Beim sitzenden Vogel *erreichen die Schirmfedern die Flügelspitze* (nie beim Zwergstrandläufer!). Bevorzugt bewachsene Rastplätze wie Temminckstrandläufer und ruft diesem nicht unähnlich hoch 'prriip' oder zweisilbig 'krüü-iip'.   —

Langzehen-Strandläufer *Calidris subminuta* L 13,5. Kleine ostasiatische Art, wie Temminck- und Wiesenstrandläufer mit hellen *olivgrünen Beinen*, die jedoch *wie die Zehen sehr lang* sind. Schnabelbasis oft aufgehellt. Stirn (bis zum Schnabelansatz) und Scheitel graubraun, vom weißlichen Überaugenstreif und hellen Nacken wie eine Kappe abgesetzt. Scheitel-, Mantel- und Schirmfedern mit *leuchtend rotbraunen Rändern*. Bevorzugt sumpfige Wiesen und verharrt bei Gefahr mit gestrecktem Hals. Ruft schrill rollend 'tschirrrp'.   —

Sandstrandläufer *Calidris pusilla* L 14,5. Amerikanisches Gegenstück zum Zwergstrandläufer, aber etwas *größer*, mit *kräftigerem*, an der Spitze leicht verdicktem *Schnabel* und kleinen Spannhäuten an der Zehenbasis (schwer zu sehen, sonst aber nur noch beim Bergstrandläufer vorhanden). Beine schwarz. *Zügel und Ohrdecken dunkler* als beim Zwergstrandläufer, Überaugenstreif heller und ohne Gabelung, *Rücken* gleichmäßiger geschuppt, weniger rotbraun und *ohne V-Zeichnung*, Brustseiten (oft gesamte Brust) auf graugelbem Grund fein gestrichelt. Bei Jungvögeln Federzentren der Schulterfedern nicht so ausgedehnt dunkel wie beim Zwergstrandläufer, vielmehr formen Schaft und halbmondförmiger Fleck vor der Spitze einen *dunklen Anker*. Einzelne Jungvögel zeigen mehr Rostbraun, verblassen aber bald. Ruft kurz, dünn und summend 'tschrüp'.   A

Bergstrandläufer *Calidris mauri* L 15. Stammt aus Alaska und Ostsibirien, größter der „kleinen" Strandläufer. *Beine schwärzlich, Zehen* an der Basis *mit kleinen Spannhäuten* wie beim Sandstrandläufer, aber *Schnabel meist länger* und an der Spitze deutlicher abwärtsgebogen. Wirkt im Sitzen ziemlich kurzflügelig und vorderlastig. Jugendkleid sehr hell, *obere Schulterfedern* und oft auch Mantel *rötlich* und zu grauen unteren Schulterfedern und Flügeldecken kontrastierend, Kopf blaß, dunkle Zügel unauffällig. Im Winter sehr hell und grau mit sauberer feiner Strichelung auf Kopfplatte und Brustseiten. Ruft sehr hoch und dünn 'tschiip'.   —

Rotkehl-Strandläufer *Calidris ruficollis* L 14. Brütet in Nordost-Sibirien und ist dem Zwergstrandläufer sehr ähnlich, aber etwas *kurzbeiniger*, mit runderer Schnabelspitze, längeren Flügeln, vollerer Brust, mehr *waagerechter Haltung* und etwas „pummelig" wirkend. Im Prachtkleid *Kopfseiten, Hals und Vorderbrust ungestreift leuchtend ziegelrot*, Hinterbrust braun gepunktet. Rücken im Frühjahr grau, im Sommer rotbraun und dann zu den immer *grauen Flügeldecken* deutlich kontrastierend (Verwechslungsgefahr mit oft sehr rotkehligen Zwergstrandläufern). Im Jugend- und Schlichtkleid kaum vom Zwergstrandläufer zu unterscheiden, aber *Flügeldecken und Schirmfedern blasser* und ohne dessen deutliche dunkle Federzentren, *Brustseiten mit dünnen Stricheln* und Mantel höchstens mit schwacher V-Zeichnung. Ruft etwas unrein 'triit'. —

Weißbürzel-Strandläufer *Calidris fuscicollis* L 17,5. Eine nordamerikanische Art, etwas kleiner als Alpenstrandläufer, mit kürzerem und nur leicht abwärtsgebogenem Schnabel mit gelblicher Basis, dunkeloliven Beinen und langen, *den Schwanz weit überragenden Flügeln*, daher sehr langgestreckt wirkend. Oberseite im Schlichtkleid grau, im Pracht- und Jugendkleid mit braunen Federrändern auf Scheitel, Nacken und Rücken, Brust fein braun gestrichelt, Flanken schwärzlich getropft. Schmale Flügelbinde, im Flug leuchtend *weiße Oberschwanzdecken* (nicht Bürzel!) kennzeichnend. *Ruft* sehr hoch, dünn, langgezogen und *insektenartig* 'jiiip'.   A

Bairdstrandläufer *Calidris bairdii* L 17. Nordamerikanische Art, dem Weißbürzel-Strandläufer sehr ähnlich, also auch *extrem langflügelig und langgestreckt*, aber etwas schlanker und mit spitzerem Schnabel, schwärzlichen Beinen und dunklem Längsstreif über Bürzel und Oberschwanzdecken. Waagerechte Körperhaltung. *Oberseite* der Altvögel durch blaß braune, der Jungvögel durch weißliche Federränder sehr *auffällig geschuppt*. Kopfseiten und Brust auf sandfarbenem Grund fein dunkel gepunktet. Ruf dumpf trillernd 'kriiip'.

Schlichtkleid

juv.

**Wiesenstrand-
läufer**

Schlichtkleid

juv.

**Langzehen-
Strandläufer**

juv.
rötlich

juv. normal

**Sand-
strandläufer**

Schlichtkleid

juv.

**Berg-
strandläufer**

juv.

juv.

**Weißbürzel-
Strandläufer**

juv.

juv.

**Baird-
strandläufer**

123

Großer Schlammläufer *Limnodromus scolopaceus* L 30. Schlammläufer ähneln durch ihre Gestalt, den *sehr langen Schnabel* und die relativ *kurzen Beine* Bekassinen, durch ihr im Prachtkleid *rostfarbenes* und im Schlichtkleid *graues* Gefieder Uferschnepfen und im Flug durch den sich *vom Bürzel bis fast zwischen die Schultern erstreckenden weißen Keil* Dunklen Wasserläufern. Beide Arten mit *weißem Hinterrand der Armschwingen* und den gebänderten Schwanz überragenden Füßen. Nahrungserwerb durch senkrechtes, schnelles, *nähmaschinenartiges Stochern*. Unterscheidung außer im Jugendkleid sehr schwer und oft nur an der Stimme möglich. Großer Schlammläufer im Durchschnitt etwas größer und langschnäbeliger als die kleinere Art, die schwarzen Querbinden des Schwanzes sind *breiter* als die dazwischenliegenden weißen, im Prachtkleid ist die gesamte Unterseite rotbraun mit dichter Fleckung am Vorderhals und Bänderung auf Brust und Flanken. Im Jugendkleid Kopf und Hals grau, Brust verwaschen orangegelb, *Federn der Oberseite schwärzlich mit kastanienbraunen Rändern*, höchstens an den Spitzen der Schirmfedern kleine braune Einbuchtungen zur Federmitte hin. Brütet in Nordamerika und Nordost-Sibirien, bevorzugt ziehend Feuchtwiesen und schlammige Ufer. Meist *ruffreudig*, das hohe, schrille, an Austernfischer erinnernde 'kiik' (gelegentlich unregelmäßig gereiht) ist *bestes Unterscheidungsmerkmal* zum Kleinen Schlammläufer (siehe dort).
A

Kleiner Schlammläufer *Limnodromus griseus* L 29. Brütet in drei sich durch die Ausdehnung der orangebraunen Färbung auf der Unterseite unterscheidenden Unterarten in Nordamerika. Durchschnittlich etwas kleiner und kurzschnäbeliger als Großer Schlammläufer, die schwarzen Querbänder auf dem Schwanz sind *schmaler* oder höchstens genauso breit wie die weißen. Im Prachtkleid mehr orange- als rostrot, Bauch oft mit mehr Weiß, Fleckung schwächer. Im Jugendkleid rötlicher und *bunter* als Großer Schlammläufer, Kopf, Hals und Brust verwaschen orangegelb, *innere Flügeldecken, Schulter- und Schirmfedern mit rotbraunem Rand und inneren rotbraunen Kritzeln und Querbändern* („getigert"). Im Schlichtkleid können beide Arten unter günstigen Bedingungen an der Schwanzzeichnung, sonst nur an der Stimme unterschieden werden. Bevorzugt während des Zuges Sandstrände und Wattflächen, geht aber auch in Feuchtwiesen. Ruf ein schnelles, weiches, meist *dreisilbiges* 'tu-tu-tu', etwas an Steinwälzer erinnernd.
–

Bindenstrandläufer *Micropalama himantopus* L 21,5. Ein sehr *hochbeiniger* nordamerikanischer Strandläufer mit *langem, an der Spitze abwärtsgeknicktem Schnabel*, mit dem er wie ein Schlammläufer nähmaschinenartig stochert. Im Prachtkleid an der über die gesamte Unterseite reichenden *Querbänderung*, dem breiten weißen Überaugenstreif und den *rostroten Kopfseiten* leicht zu erkennen. Im Jugend- und Schlichtkleid mit heller Unterseite, aber durch die langen grünlichen Beine, die den Schwanz im Flug weit überragen, und den Schnabel eindeutig gekennzeichnet. Flügelbinde nur schwach angedeutet, aber wie beim Sichelstrandläufer *Oberschwanzdecken und unterer Bürzelbereich rein weiß*. Ruft im Flug sanft trillernd einsilbig 'querrp'.
–

Graubrust-Strandläufer *Calidris melanotos* L 21. Brütet in Nordamerika und Ostsibirien, wird seit einigen Jahren aber fast alljährlich in Deutschland festgestellt, meist Jungvögel im Herbst. Deutlich *größer* und relativ kurzschnäbliger als Alpenstrandläufer, Männchen größer als Weibchen. Bei Gefahr reckt er den Hals und erinnert dann an ein kleines Kampfläuferweibchen. *Hals und Brust immer mit kräftiger dunkler Längsstreifung* auf blaß graubraunem Grund, die zum weißen Bauch hin abrupt endet. Oberseite im Prachtkleid mit rotbraunen und weißlichen Federrändern und *heller V-Zeichnung* ähnlich dem viel kleineren Zwergstrandläufer, im Schlichtkleid recht einfarbig graubraun, im Jugendkleid mit einer sehr deutlichen doppelten V-Zeichnung. Beine grünlich bis gelblich, Schnabel oft mit bräunlicher Basis. Wirkt im Flug sehr dunkel mit ziemlich langen Flügeln, die oft tief durchgeschlagen werden, schmaler Flügelbinde und breitem dunklem Längsstreif auf dem Bürzel. Hält sich lieber in feuchten Wiesen und an bewachsenen Sumpfstellen als auf offenen Schlammflächen auf. Ruft im Flug etwas hölzern, aber laut und voll 'drrüp'.
G

Spitzschwanz-Strandläufer *Calidris acuminata* L 20. Brütet im nordöstlichen Sibirien und erinnert in Aussehen und Verhalten sehr an den Graubrust-Strandläufer, zeigt aber nicht diesen scharfe Trennung zwischen gestreifter Brust und weißem Bauch, sondern einen *allmählichen Übergang*. Wirkt etwas eckiger, die *schmutzig gelben Beine* und der dunkle Schnabel sind etwas kürzer, ein weißer Lidring und ein dunkler Augenstreif sind erkennbar und der deutliche weiße Überaugenstreif betont die auffallend *rötliche Kopfplatte*. Unterseite im Prachtkleid auf rostgelbem Grund reichlich mit *pfeilförmigen Flecken* übersät, die im insgesamt blasseren Schlichtkleid fehlen. Im Jugendkleid Kopfkappe, Zügel und Ohrdecken leuchtend rostbraun, markanter *weißer Überaugenstreif*, Vorderhals und Brust verwaschen orangegelb mit schmalem Halsband aus feinen Stricheln, das sich auf die Brustseiten fortsetzt. Ruft im Flug sanft metallisch 'uiip' oder 'pliep', weicher als Graubrust-Strandläufer.
–

Großer Schlammläufer

juv.

Schlichtkleid

Gr. Schlammläufer Schlichtkleid

juv.

Schlichtkleid

Kleiner Schlammläufer

Bindenstrandläufer

juv.

juv.

1er Winter

GraubrustStrandläufer

Prachtkleid

juv.

juv.

Prachtkleid

juv.

juv.

SpitzschwanzStrandläufer

Schnepfen

(Familie Scolopacidae) bewohnen Sumpfgelände oder feuchte Wälder und zeichnen sich durch kurze Beine, lange Schnäbel und perfekte Tarnung aus.

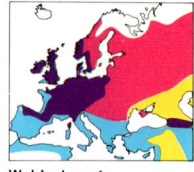

Waldschnepfe

Doppelschnepfe

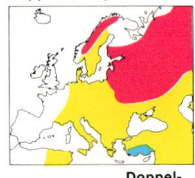

**Doppel-
schnepfe,** juv.

Bekassine,

Bekassine, maximale
Weiß-
ausdehnung

Zwergschnepfe

Waldschnepfe *Scolopax rusticola* L 36. Bewohnt feuchte Wälder mit offenen Schneisen, in denen das Männchen im Frühjahr in der Morgen- und Abenddämmerung in gaukelndem Balzflug entlangfliegt. Ruft dabei tief quorrend 'oo-ort, oo-ort' mit anschließendem hoch quiekendem 'piss-p'. Am Boden zwischen braunem Laub *gut getarnt*, fliegt mit schwachem Flügelgeräusch auf.   BZW

Doppelschnepfe *Gallinago media* L 29. Seltener Brutvogel an morastigen Berghängen Skandinaviens und in Feuchtwiesen Osteuropas, wo sie erst im Mai eintrifft und im August/September abzieht. Hat durch Bejagung sehr abgenommen. Durchzügler bevorzugen trockeneren Untergrund als Bekassinen und fliegen auf 4–6 m auf, dabei manchmal muffelig 'etzh-etzh-etzh-…' rufend. Flug kräftig, etwas an Waldschnepfe erinnernd, nicht „himmelnd" wie Bekassine, sondern *nach kurzer gerader Strecke wieder landend* und auf den *äußeren Steuerfedern mehr Weiß* zeigend. Im Sitzen kaum größer, aber deutlich massiger als Bekassine und etwas kurzschnäbliger, *Flanken* und teilweise Bauch *kräftig quergebändert, Große und Mittlere Armdecken mit weißen Spitzen*, die auch im Flug (dann ebenfalls auf den Handdecken sichtbar, wo sie der Bekassine immer fehlen) eine *deutliche Flügelbinde* bilden. Während der Gruppenbalz im Frühsommer stehen die Männchen aufrecht, mit geschwollener Brust, gespreiztem Schwanz und offenem Schnabel am Boden und äußern dabei eine 300 m weit zu hörende Serie von schnellen hoch zirpenden und bibbernden sowie an das Klicken von Tischtennisbällen erinnernden Lauten, die in hohe winselnde Töne übergehen.   A

Bekassine *Gallinago gallinago* L 25. In Mooren und Feuchtgebieten verbreitet, wo sie auch während des Zuges häufig auftritt. Versteckt sich, oft in lockeren Gruppen, in der Vegetation und fliegt auf 10–15 m auf. Während des wie hinauskatapultiert wirkenden Starts *ruft* sie, meist mehrfach, kratzend 'rätsch', geht mit schnellen Flügelschlägen in *Zickzackflug* über, steigt in große Höhe („*himmelt*") und fällt erst weit entfernt wieder ein. Sitzt im Brutgebiet oft auf Zaunpfählen und anderen erhöhten Punkten und ruft dabei laut 'TICK-a TICK-a …' (auch schnell 'yik-yak-yik-yak-…'). Während des Balzfluges erzeugt das Männchen beim Hinabstürzen aus großer Höhe das sogenannte Wummern, indem es mit dem durch Flügelschläge unterbrochenen Luftstrom die besonders geformten äußeren Steuerfedern in Vibration versetzt. Ferner ein stummer Balzflug in geringer Höhe mit kurzen Flügelschlägen und akrobatischen Purzelbäumen.   BZ

Spießbekassine *Gallinago stenura* L 25. Brütet in Sibirien und unterscheidet sich von der Bekassine nur dadurch, daß die *Unterflügeldecken dunkler*, die *Armschwingen ohne weißen Hinterrand*, die Flügel etwas runder und der Schwanz deutlich kürzer sind und der helle Überaugenstreif direkt am Schnabelansatz immer *breiter* ist als der dunkle Augenstreif. Ruft aufgescheucht weicher und tiefer als Bekassine kurz raspelnd 'squick' oder 'etch'.   –

Zwergschnepfe *Lymnocryptes minimus* L 20. Bewohnt Moore des Nordens und rastet in vegetationsreichen Feuchtgebieten. Fliegt erst direkt vor den Füßen auf, dabei im Gegensatz zur Bekassine *stumm, Flug mehr flatternd und geradeaus*, Hals dabei weiter ausgestreckt sowie den *kürzeren Schnabel* und den *keilförmigen Schwanz ohne weiße Kanten* erkennen lassend und nach kurzer Flugstrecke wieder einfallend. Im Sitzen durch fehlenden hellen Längsstreif auf Scheitelmitte und metallisch grün schillernde Oberseite mit zwei rahmfarbenen Längsbändern gekennzeichnet. Wippt bei der Nahrungssuche wie an Gummibändern hängend ständig auf und ab. Balzt unter Mitternachtssonne in hohem, wellenförmigem Flug, stürzt sich plötzlich hinab und ruft an galoppierendes Pferd erinnernd 'kolloRAP-kolloRAP-…'. Weibchen ruft wie Wasserfrosch 'kerr'.   Z

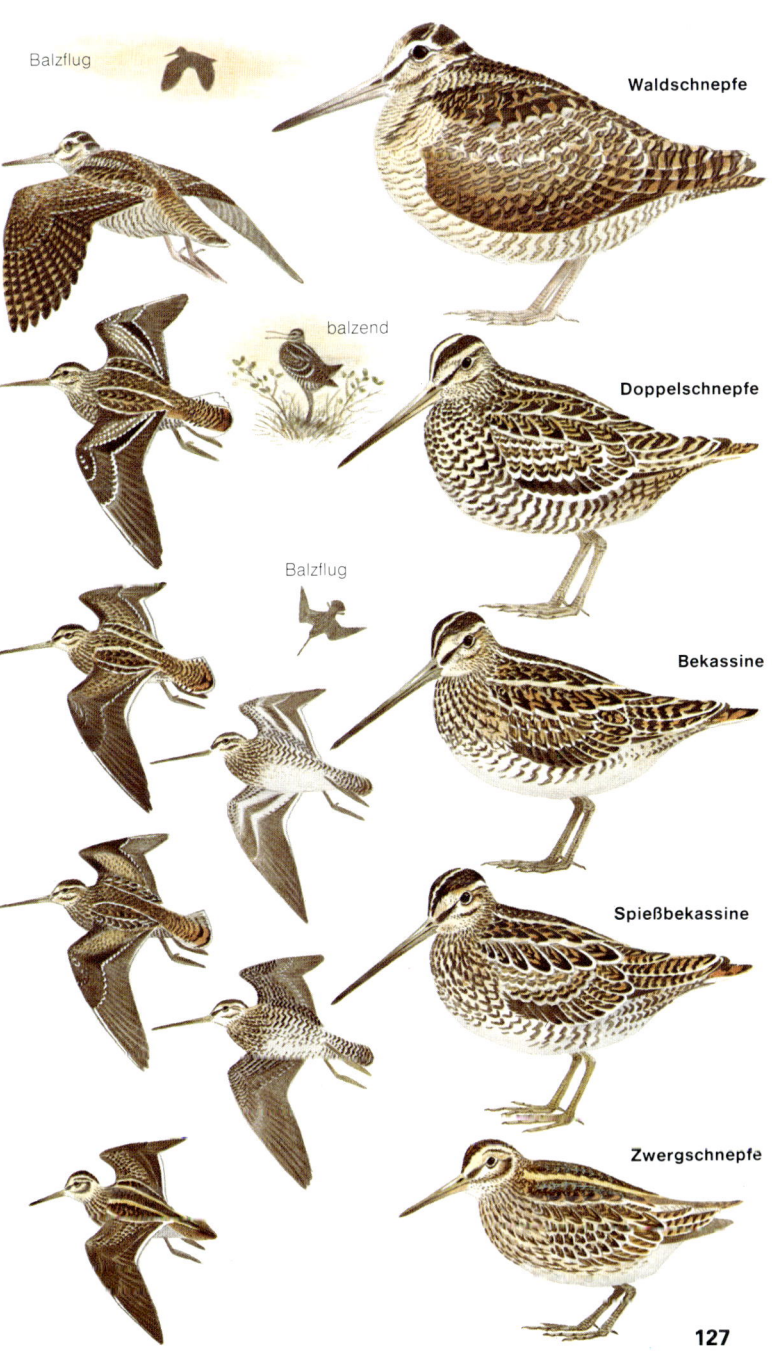

Balzflug

Waldschnepfe

balzend

Doppelschnepfe

Balzflug

Bekassine

Spießbekassine

Zwergschnepfe

127

Brachvögel und Uferschnepfen (Familie Scolopacidae) sind

sehr große, hochbeinige und langschnäbelige Watvögel.

Großer Brachvogel *Numenius arquata* L 56. Brütet verbreitet in Küstendünen, Feuchtwiesen und Mooren, bei uns stark abnehmend. Zur Zugzeit auch große Trupps im Watt und auf Feldern. *Groß* und schlank, mit *langem abwärts gebogenem Schnabel* (bei Weibchen länger, bei Jungvögeln noch recht kurz). *Gefieder graubraun gemustert, Bürzel erstreckt sich als weißer Keil auf Hinterrücken.* Fliegt möwenähnlich mit gemessenen Flügelschlägen und eingezogenem Hals, dabei laut und melodisch 'KUur-lii' oder energischer 'KUii-KUii-KJU' rufend. Männchen steigt bei der Balz mit flatternden Flügelschlägen stumm und steil auf, um mit inbrünstigem 'ou-UHP,ou-UHP...' hinabzugleiten, wobei die Rufe höher und schneller werden und in einen klaren, vollen und rhythmischen Triller übergehen. Alarmruf rauh 'KJUjujuju'. BZ

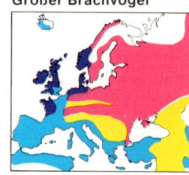

Großer Brachvogel

Regenbrachvogel *Numenius phaeopus* L 40. Brütet in buschreichen Feuchtgebieten Skandinaviens, zieht bei uns im April/Mai und Juli/September schnell durch, dabei im Watt, auf Feldern und in Mooren (frißt Beeren!) rastend, oft mit Großen Brachvögeln. Deutlich *kleiner* als dieser, mit *kürzerem, stärker abwärts gebogenem Schnabel*, schnelleren Flügelschlägen, deutlicherem hellem Überaugen- und dunklem Augenstreif und *dunkelbraunem Scheitel mit hellem Längsstrich* (oft schwer zu sehen). Ruf ein aus meist sieben Tönen bestehendes wieherndes Pfeifen: 'bibibibibibibi'. Balzgesang beginnt wie beim Großen Brachvogel ('ou-UHP'), geht dann aber in wiehernden gleichmäßigen Triller über: 'buurrrrr'. Z

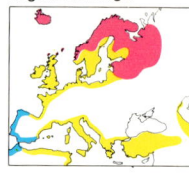

Regenbrachvogel

Dünnschnabel-Brachvogel *Numenius tenuirostris* L 40. Seltener Brutvogel westsibirischer Steppen, fast ausgerottet. Wird durchziehend kaum noch in Südost-Europa gesehen, Einzelvögel überwintern in Marokko. *Kleiner und insgesamt heller* als Großer Brachvogel, mit *kürzerem und dünnerem Schnabel*, mehr Weiß auf Flügeln und Schwanz, hellerer Unterseite (einschließlich Unterflügel) und bei Altvögeln schwarzbraunen *herzförmigen Flankenflecken*. Scheitel und Augenstreif dunkler, Ruf höher. (Beachte, daß auch östliche Große Brachvögel der Unterart *orientalis* sehr hell sind!). –

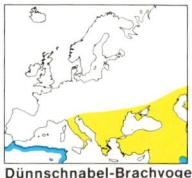

Dünnschnabel-Brachvogel

Uferschnepfe *Limosa limosa* L 40. Bewohnt Feuchtwiesen, zur Zugzeit auch am Meer und an binnenländischen Schlammflächen. Agil und ruffreudig, Flug schnell und energiegeladen. *Langer, gerader Schnabel, breite weiße Flügelbinde und schwarze Schwanzendbinde* charakteristisch. Weibchen im Prachtkleid weniger *rotbraun* als Männchen, im Schlichtkleid beide oberseits graubraun, unterseits hellgrau. Jugendkleid bräunlich, Kopf, Hals und Brust verwaschen gelbbraun, von junger Pfuhlschnepfe durch fehlende Bruststrichelung, weniger graues Gefieder, helleren Schnabel und längere Beine sowie Flugbild unterschieden. Alle Rufe nasal kreischend und wiederholt: 'kittiKAY.' 'Wlwiwi', 'WlH-ii' (ähnlich Kiebitz), balzend harsch 'grlTta, grlTta' und 'wick-a-wick-a- wick-a'. BZ

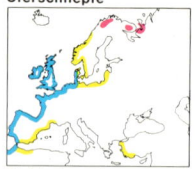

Uferschnepfe

Pfuhlschnepfe *Limosa lapponica* L 38. Brütet in der nördlichsten Tundra. Zur Zugzeit große Trupps im Wattenmeer, kaum im Binnenland. Ähnlich Uferschnepfe, aber *Beine kürzer, Schnabel kürzer und deutlich aufgeworfen*, insgesamt untersetzter wirkend. *Keine Flügelbinde, Schwanz fein dunkel quergebändert, weißer Bürzel erstreckt sich keilförmig auf Rücken.* Im Prachtkleid beim Männchen *gesamte* Unterseite rostrot, beim größeren Weibchen blasser. Sitzend im Schlicht- und Jugendkleid ähnlich Uferschnepfe gefärbt (s. dort), aber Muster der Oberseite eher an Brachvogel erinnernd. Ruft nasal 'kä-kä', am Brutplatz 'kuWEI-kuWEI-...' oder 'kuWlkuWlkuWl...'. ZW

Pfuhlschnepfe

Großer Brachvogel

Regen-brachvogel

ad.

Dünnschnabel-brachvogel

Uferschnepfe

♂ Prachtkleid

juv.

Schlichtkleid

blasses ♀

♂ Prachtkleid

Pfuhl-schnepfe

Schlichtkleid

juv.

129

Wasserläufer

(Familie Scolopacidae) sind mittelgroße Watvögel mit meist sehr langen Beinen und Schnäbeln, die häufig nervös mit dem Körper wippen. Bei der Bestimmung sind Beinfarbe, Flügel- und Bürzelzeichnung sowie Rufe wichtig.

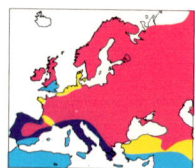

Flußuferläufer

Flußuferläufer *Actitis hypoleucos* L 20. Verbreiteter, in Deutschland jedoch seltener Brutvogel an steinigen Ufern von Gewässerläufen und Seen, wo er zur Zugzeit auch häufig rastet. Typische waagerechte Körperhaltung mit *ständig wippendem Hinterende*. Fliegt mit *schnellen flachen Schlägen auf steif nach unten durchgebogenen Flügeln niedrig* über das Wasser, unterbrochen von kurzen Gleitstrecken. Zeigt dabei *weiße Flügelbinde* und ruft hoch 'hi-di-di' (zur Zugzeit auch nachts über Städten) und 'hiijt'. Brust vor allem auf den Seiten verwaschen graubraun gestrichelt. Verläßt den Uferbereich nur ungern. Balzt schnell und rhythmisch 'hidii-DIIdiidihidiDIIdiidi- ...'.   BZ

Drosseluferläufer *Actitis macularia* L 19. Das nordamerikanische Gegenstück zum Flußuferläufer, aber in allen Kleidern mit *die Flügelspitzen nur wenig überragendem Schwanz, hellerer Schnabelbasis,* grauerer Oberseite, schwächerer und auf den Armschwingen fehlender Flügelbinde. Im Jugendkleid *Flügeldecken deutlich quergebändert,* Rücken aber mit weniger auffallenden hellen Federrändern als junge Flußuferläufer und *ohne* dessen abwechselnd hell und dunkel gesägte Ränder der Schirmfedern. Unterseite auch im Schlichtkleid reiner weiß, Brustseitenflecken kleiner. Beine gelblich, im durch *drosselartige Fleckung* auf der Unterseite unverkennbaren Prachtkleid rosa. Stimme im Flug eine Serie ansteigender 'piiht'-Laute, ferner ähnlich Flußuferläufer, aber tiefer und leicht ansteigend 'piit-wiitwiijt'.   A

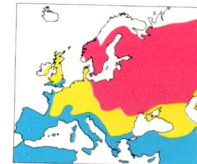

Waldwasserläufer

Waldwasserläufer *Tringa ochropus* L 23. Brütet verbreitet, aber nirgendwo häufig in Nordost-Europa in feuchten Waldgebieten mit kleinen Tümpeln, benutzt alte Drosselnester. Kommt mit der Schneeschmelze im zeitigen Frühjahr zurück, Wegzug der Weibchen setzt bereits im Juni ein. Zieht einzeln oder in kleinen Gruppen, überwintert regelmäßig. Etwas größer und breitflügeliger als der häufigere Bruchwasserläufer. *Oberseits düsterer* mit nur kleinen hellen Flecken, Bauch und Flanken rein weiß, daher deutlicher Hell-Dunkel-Kontrast. Brust düster gewölkt und scharf vom Bauch abgesetzt, heller Augenring und Überaugenstreif deutlich. Im Flug *schwärzliche Unterflügel, Bürzel und Oberschwanzdecken weiß leuchtend,* von dunkler Oberseite abstechend, grünliche Füße überragen Schwanz kaum, Zehen wirken gerade abgeschnitten (bei Bruchwasserläufer spitz zulaufend). Ruft *jodelnd* 'TLUiit-uituit', Balzstrophe ein klingelnder Strom schriller Töne, 'TLUiiTUii-TLUiiTUii-TLUii-TUii...' oder 'tiiTUii-tiiTUiitiiTUii' mit einleitenden und eingestreuten Alarmrufen 'tit-tittit-tit'.   BZW

Einsamer Wasserläufer *Tringa solitaria* L 21. Nordamerikanisches Gegenstück zum Waldwasserläufer, von diesem durch geringere Größe, den Schwanz deutlich *überragende Flügelspitzen,* sehr deutlichen *weißen Augenring* und *dunkle Färbung von Bürzel und Oberschwanzdecken* unterschieden. Ruft dünn, oft zwei- oder dreisilbig, ähnlich Flußuferläufer 'biit-wiit-wiit'.   –

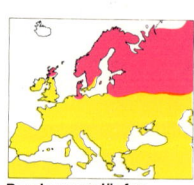

Bruchwasserläufer

Bruchwasserläufer *Tringa glareola* L 22. Im Norden häufiger Brutvogel in Seggensümpfen und feuchten Birkenwäldern, rastet während des Zuges im Mai und Juli/August oft in kleinen Trupps in Feuchtgebieten des Binnenlandes. *Rücken mittelbraun mit vielen hellen Flecken,* Brust und Flanken gestrichelt, Beine blaßbräunlich bis grünlich. Im Flug *Unterflügel hellbraun,* heller Bürzel und Oberschwanzdecken nicht so stark zum braunen Rücken kontrastierend wie beim Waldwasserläufer. Insgesamt heller, langbeiniger und *zierlicher* als dieser. Ruft im Auffliegen scharf 'giff-giff-giff', bei der Balz angenehm jodelnd 'LIILtii-LIILtiiLIILtii ', bei Gefahr 'kip-kip-...'.   BZ

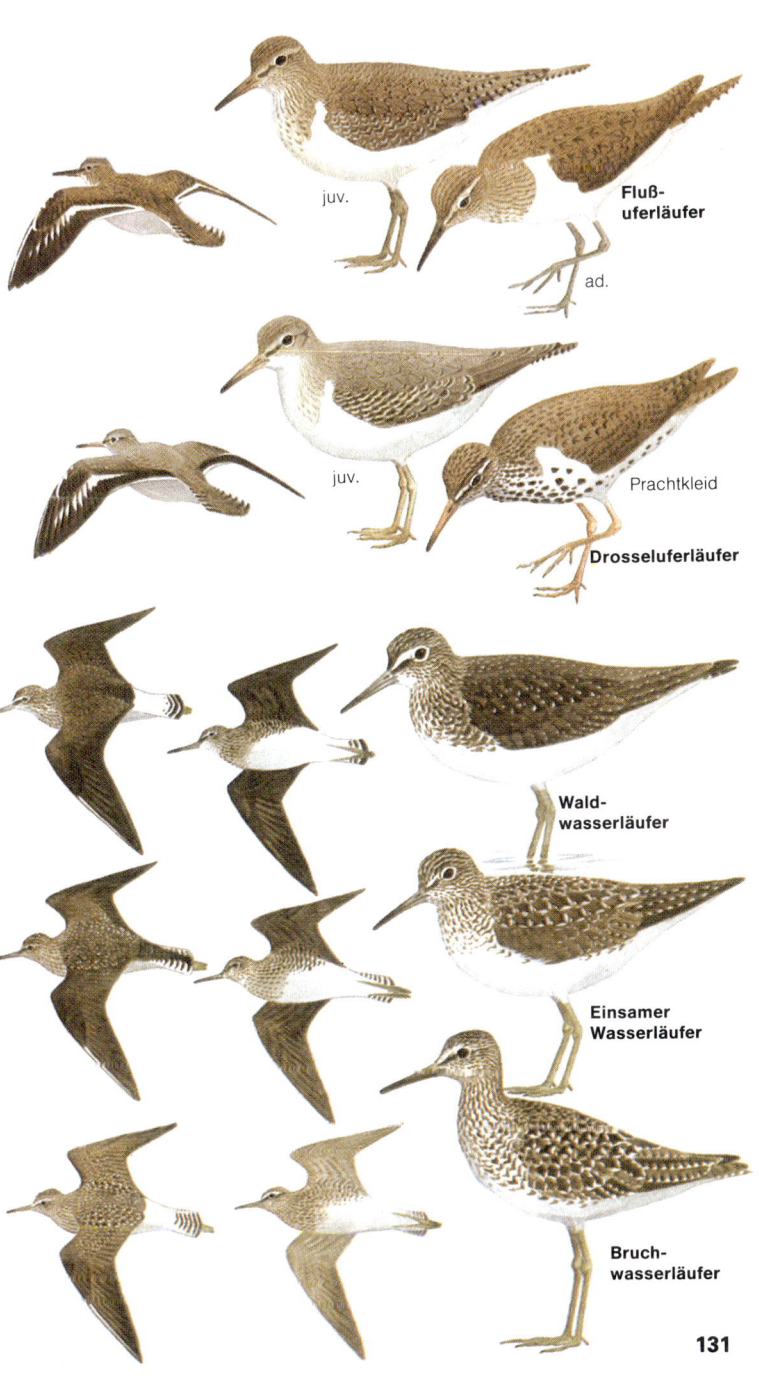

juv.

Fluß-uferläufer

ad.

juv.

Prachtkleid

Drosseluferläufer

Wald-wasserläufer

Einsamer Wasserläufer

Bruch-wasserläufer

131

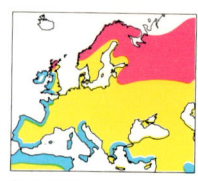

Grünschenkel

Grünschenkel *Tringa nebularia* L 31. Verbreiteter Brutvogel der Feuchtgebiete und aufgelockerten Taiga des Nordens, zur Zugzeit häufig und oft in kleinen Trupps an flachen Küsten und binnenländischen Feuchtgebieten. Großer und kräftiger Wasserläufer, *Schnabel robust und leicht aufgeworfen*, Beine grünlich. Kopf und Hals ziemlich hell, Oberseite und Flügel dunkel graubraun. Im Flug *Oberschwanzdecken und Bürzel leuchtend weiß*, sich breit *keilförmig auf den Rücken* fortsetzend. Oberseite im Schlichtkleid hell grau. Ruft kräftig flötend meist dreisilbig 'tju-tju-tju', bei Alarm sich fast überschlagend 'kjukjukjukju...'. Singt in hohem wellenförmigem Flug rhythmisch 'kluvü-kluvü-kluvü...'.   Z

Großer Gelbschenkel *Tringa melanoleuca* L 34. Ein nordamerikanischer Wasserläufer, etwas größer als der ähnliche Grünschenkel, mit längeren und *orangegelben Beinen*, stärker hell gefleckter Oberseite und weißem Bürzel, der *nicht* auf den Rücken reicht. Schnabel lang (so lang wie Tarsus, länger als unbefiederter Unterschenkelabschnitt), *kräftig*, gerade oder leicht aufgeworfen und mit *heller* Basis. Siehe auch Kleiner Gelbschenkel. Ruft drei- oder viersilbig fast wie Grünschenkel, aber oft etwas höher, schneller und leicht abfallend 'tiu-tiutio '.   —

Kleiner Gelbschenkel *Tringa flavipes* L 25. Eine elegante nordamerikanische Art mit sehr langen *orangegelben Beinen*, weniger an den viel kräftigeren Großen Gelbschenkel als an den etwas kleineren Bruchwasserläufer erinnernd, aber langflügeliger. Bürzel weiß, aber nicht auf Rücken reichend. Kleiner und zierlicher als Großer Gelbschenkel, mit heller grauem Rücken und meist ungefleckten Flanken, *ungefleckten Rändern der Armschwingen* (beim Großen Gelbschenkel alle Armschwingen und die inneren Handschwingen mit hellen Dreiecken am Rand), vor allem jedoch *dünnerem, kürzerem und geradem schwarzem Schnabel* (deutlich kürzer als Tarsus, so lang wie unbefiederter Unterschenkelabschnitt). Ruft weich wie Rotschenkel einsilbig 'tju', beim Abflug oft doppelt.   —

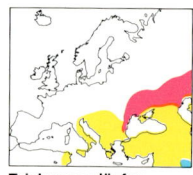

Teichwasserläufer

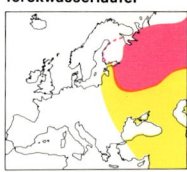

Terekwasserläufer

Teichwasserläufer *Tringa stagnatilis* L 23. Brütet in Feuchtwiesen, Steppen und offener Taiga Osteuropas und Sibiriens, zieht regelmäßig durch Südost-Europa und erscheint selten bei uns. Sehr *grazil*, etwas größer als Bruchwasserläufer, mit sehr *langen, dünnen grünlichen Beinen*, die im Flug den Schwanz weit überragen. *Schnabel lang, sehr fein* und gerade (selten leicht aufgeworfen). Gefieder ähnlich Grünschenkel mit weißem Oberschwanz und sehr weit auf den Rücken ragendem Bürzelkeil. Oberseits im Prachtkleid lehmbraune Federn mit großen schwarzen Flecken, im Schlichtkleid sehr hell einfarbig grau, im Jugendkleid Scheitel, Hinterhals und Rücken verwaschen graubraun, Stirn, *Vorderhals* und gesamte *Unterseite* wie im Schlichtkleid blendend *weiß*. Ruft ähnlich Rotschenkel 'dJU', oft doppelt, und leiser, weicher und dünner als Grünschenkel 'djujuju', balzt 'kiuTllu-kiuTllu-...'.   Z

Terekwasserläufer *Xenus cinereus* L 23. Brütet an Waldseen und Flüssen der nördlichen Sowjetunion (nicht am Terek!), westwärts bis zur finnischen Küste bei Oulu und bevorzugt auch während des Zuges flache, schlammige Ufer. Deutlich größer als Flußuferläufer, zeigt aber wie dieser waagerechte Körperhaltung und bei Erregung Körperwippen. Wirkt vorderlastig, stolpert bei der Nahrungssuche flink vorwärts, pickt in angespültem Treibgut und durchseiht das Flachwasser. *Schnabel lang und deutlich aufwärts gebogen*, Beine relativ kurz und wie die Schnabelbasis *gelblich* bis gelborange. Oberseite im Prachtkleid graubraun mit schwarzem V auf dem Rücken, im Jugendkleid brauner mit schwächerem V, im Schlichtkleid grau. Unterseite immer weiß mit verwaschen graubraunen Brustseitenflecken. Im Flug recht einfarbig graubraun, aber weiße Spitzen der Arm- und inneren Handschwingen bilden auffallenden *hellen Flügelhinterrand* (nicht so kontrastreich wie beim Rotschenkel). Ruft während des Zuges 'düdüDU' und trillert weicher und melodischer als Regenbrachvogel. Balzt langsam und sonor 'klürrüh-klürrüh-...', entfernt an Triel erinnernd.   A

Prachtkleid

juv.

Grünschenkel

**Großer
Gelbschenkel**

juv.

Kleiner Gelbschenkel

juv.

Schlichtkleid

Prachtkleid

juv.

**Teich-
wasserläufer**

juv.

Prachtkleid

**Terek-
wasserläufer**

juv.

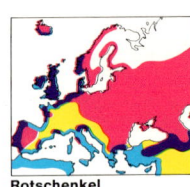

Rotschenkel

Rotschenkel *Tringa totanus* L 27. Häufiger Brutvogel der Küsten und Feuchtwiesen des Binnenlandes. Recht einfarbig graubraun mit weißlichem Bauch und *roten Beinen* (bei den Jungen mehr orange). Im Flug sofort am keilförmig auf den Rücken reichenden weißen Bürzel und dem leuchtend *weißen Flügelhinterrand* zu erkennen. Typischer Ruf ein weiches, melancholisch flötendes 'tiu-hu, tiu du du'. Balzt 'TUUli-TUUli-TUUli-…tjü-tjü-tjü-…wiillu-wiillu-willu', warnt ausdauernd impertinent 'kip-kip-kip-…'. BZW

Dunkler Wasserläufer

Dunkler Wasserläufer *Tringa erythropus* L 30. Brutvogel der offenen nördlichen Taiga. *Flügel einfarbig dunkel, ovaler weißer Schlitz auf Bürzel und Hinterrücken.* Unverwechselbares Prachtkleid ganz schieferschwarz mit kleinen weißen Punkten auf den Rücken, Beine dann schwärzlich. Jugendkleid braun mit angedeuteter regelmäßiger Querwellung der Unterseite, *Beine rot* und länger als beim Rotschenkel, Schnabel gleichfalls länger, dünner und an der äußersten Spitze *leicht abwärts geknickt*, Kopf durch dunkle Zügel und vor dem Auge deutlichen Überaugenstreif kontrastreicher. Schlichtkleid heller und grauer als Jugendkleid. Ruft *schrill* flötend 'TJU-it', auffliegend auch glucksend 'tschu, tschu', bei Alarm schnell, hart und trocken 'kekeke…', balzt 'trrullh-i trrullHi'. Z

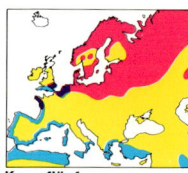

Kampfläufer

Kampfläufer *Philomachus pugnax* L ♂ 30, ♀ 23. Brütet in Feuchtwiesen und Mooren, im Norden häufiger. Während des Zuges oft in großen, dichten Trupps auf Schlammflächen, aber auch Wiesen und Feldern. Männchen größer als Weibchen, im Prachtkleid (Mai/Juni) durch *abspreizbare Halskrause* (individuell verschieden: schwarz, rostrot, weiß) unverwechselbar. Weibchen im Prachtkleid braun mit großen schwarzen Rückenflecken und angedeuteter dunkler Bänderung an Bauch und Flanken. Vögel im Schlicht- und Jugendkleid sind *die am häufigsten verwechselten Limikolen!* Die relativ langen Beine können je nach Alter grau, grünlich, gelb, orange oder rot sein. Typisch sind immer der mittellange, deutlich abwärtsgebogene Schnabel, der kleine Kopf auf langem Hals, ein leichter Hängebauch und die oft bucklige Erscheinung. Wirkt auch im Flug bucklig, auf den langen Flügeln nur schmale weiße Binde, aber zwei *weiße eiförmige Flecken auf den Oberschwanzdecken* kennzeichnend. Federn der Oberseite im Schlichtkleid graubraun mit dunklen Zentren und undeutlichen gelblichen Rändern, Unterseite weißlich, Brust grau gewölkt, oft Kontrast zwischen weißlichen Halsseiten und dunklerem Nacken. Jugendkleid auf Kopf, Hals und Brust warm gelblich, dunkler *Rücken* durch beige Federränder markant *geschuppt*. Gewöhnlich *stumm*, selten ein leise grunzendes 'kurr' oder 'kou'. BZ

Grasläufer *Tryngites subruficollis* L 20. Brütet in Nordamerika und bevorzugt bei seinem seltenen Erscheinen in Europa kurzrasige Wiesen. Oft wenig scheu. Aufmerksam mit gestrecktem Hals etwas an junges Kampfläuferweibchen erinnernd. *Schnabel gerade, dünn,* schwarz und *knapp kopflang,* Befiederung reicht weit auf Unterschnabel. *Beine gelb.* Gesamte Unterseite warm ockergelb, Brustseiten fein schwarz gepunktet, Oberseite mit deutlichem Schuppenmuster. Gesicht hell mit braun gestricheltem Scheitel, großem dunklem Auge mit *weißem Lidring und halbmondförmigem dunklen Fleck davor.* Oberseite im Flug ohne weiße Abzeichen, *Unterflügel schneeweiß* mit schwarzer Sprenkelung der äußeren Handschwingen und dunklem Halbmond vor Flügelbug. Ruft leise 'prrrt' oder 'prr-rit'. A

Prärieläufer *Bartramia longicauda* L 28. Verfliegt sich selten von Nordamerika auf kurzrasige Flächen in Europa. Durch den dicken Körper mit langem, *dünnem Hals, kleinem Kopf* und *langem Schwanz* seltsam aussehend. Oberseite hell- und dunkelbraun gemustert, Brust und Flanken kräftig gestrichelt. Schnabel kurz und leicht abwärtsgebogen, Beine gelb. Oberseite im Flug ganz dunkel, *Handschwingen und Schwanz schwärzlich*, Unterflügel dicht dunkel gebändert. Ruf ein schnell blubbernder Triller 'puhuhuhuhu'. –

Schlichtkleid

Prachtkleid

juv.

juv.

Rotschenkel

Schlichtkleid

Prachtkleid

juv.

juv.

Dunkler Wasserläufer

♀ juv.

♀ Prachtkleid

♂ Prachtkleid

Kampfläufer

balzende Kampfläufer

♀ juv.

asläufer

Grasläufer

Prärieläufer

juv.

Prärieläuter

135

Säbelschnäbler und Stelzenläufer (Familie Recurvirostridae)

sind sehr elegante, extrem hochbeinige und langschnäblige Limikolen mit schwarzweißem Gefieder und lauten Stimmen.

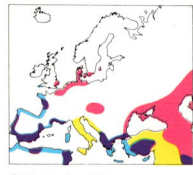

Säbelschnäbler

Säbelschnäbler *Recurvirostra avosetta* L 43. Brütet an mittel- und südeuropäischen Küsten, im Südosten auch an salzigen Binnengewässern, oft in kleinen Kolonien. Schlankes, anmutiges Erscheinungsbild, *Gefieder leuchtend weiß mit schwarzen Abzeichen.* Beine lang, bläulich und mit Schwimmhäuten zwischen den Zehen. Der *lange, dünne, stark aufwärtsgebogene Schnabel* wird bei der Nahrungssuche unter der Wasseroberfläche hin und her geschwenkt. Schwimmt oft. Sehr agil und laut. Ruft kurz und voll flötend 'kluit kluit kluit...'. Verleitet intensiv bei Bedrohung der Küken und ruft dabei schrill winselnd 'grriit'. BZ

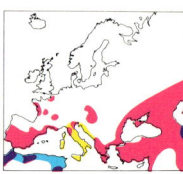

Stelzenläufer

Stelzenläufer *Himantopus himantopus* L 38. Brutvogel südeuropäischer Küstenregionen und salziger Binnengewässer, meist in lockeren Kolonien, gelegentlich Brutvorstöße nach Norden (auch Deutschland). Durch *unglaublich lange rosa Beine, langen dünnen und geraden Schnabel* und weißes Gefieder mit schwarzen Flügeln unverwechselbar. Rücken bei Männchen schwarz, bei Weibchen braunstichig, Junge mit hellem Flügelhinterrand. Scheitel und Nacken oft schwärzlich (kein Geschlechtsmerkmal). Viele Rufe, meist ein wiederholtes 'krit krit krit', an Säbelschnäbler und Spornkiebitz erinnernd, ein der Lachmöwe ähnliches 'krri' und wie Trauerseeschwalbe 'kje' oder 'kji'. A

Triele (Familie Burhinidae) kommen in Europa nur in einer Art vor, sind aber in wärmeren

Regionen der Erde weit verbreitet. Große gelbe Augen als Anpassung an nächtliche Lebensweise und hervorragende Tarnfärbung sind für alle Arten typisch.

Triel

Triel *Burhinus oedicnemus* L 40. Brütet auf Heiden, Brachflächen, sandigen und steinigen Gebieten Mittel- und Südeuropas, aus Deutschland verschwunden. Ernährt sich von Würmern, Insekten, aber auch kleinen Mäusen, die mit dem kurzen kräftigen Schnabel erbeutet werden. Hat auffallend *große gelbe Augen* und ist überwiegend nachts aktiv. Steht hochgereckt, um die Umgebung zu betrachten, beim Sitzen liegt der gesamte Lauf am Boden auf. Schwer zu sehen, läuft mit waagerecht gehaltenem Körper und eingezogenem Kopf davon. Fliegt mit ziemlich schnellen, flachen Schlägen auf nach unten durchgebogenen Schwingen niedrig über den Boden und zeigt dabei *weiße Binden und Flecken auf dem Flügel.* Ruft in der Dämmerung und nachts melancholisch pfeifend und rollend, etwas an Brachvogel erinnernd 'pü PÜrrr-ü PÜrrr-ü Pürrü ...' oder Variationen von 'TrRI-iel', oft über mehrere Kilometer zu hören, ferner ein erregtes 'küwüWI-küwüWI-küwüWI-küwüWI...', ähnlich dem Alarmruf des Großen Brachvogels, und 'kuBlIK-keBlIKkeBlIK ...', wie der wütende Ausbruch eines Austernfischers. G

Rennvögel und Brachschwalben (Familie Glareolidae) sind Li-

mikolen des offenen, meist trockenen Geländes. Rennvögel suchen regenpfeiferähnlich am Boden laufend nach Nahrung. Brachschwalben erinnern durch die kurzen Beine und Schnäbel, langen spitzen Flügel und tief gegabelten Schwänze eher an Seeschwalben und jagen meist in Trupps Insekten in der Luft. Gelege 2–3 Eier.

Rennvögel *Cursorius cursor* L 23. Brütet am Rand des Wüstengürtels von den Kanarischen Inseln bis Pakistan. Läuft wie ein Regenpfeifer mit plötzlichen Stops umher, versucht Eindringlingen rennend zu entkommen. Auffallendes Profil: Kurzer gebogener und hochnäsig gehaltener Schnabel, ausgeprägter Hinterkopf, dünner Hals, schräge Rückenlinie und lange Beine. *Gefieder sandfarben* mit schwarzen sowie weißem Kopfstreifen. Im Flug *schwarze Handschwingen* und völlig *schwarze Unterflügel* kennzeichnend. Flügel spitz, aber ziemlich breit, Flugweise locker und an Kiebitz erinnernd. Ruf ein volles nasales 'quitt' und ein rauhes 'praak-praak'. A

Säbelschnäbler

ad.

Stelzenläufer

ad.

juv.

Triel

Rennvogel

juv.

ad.

137

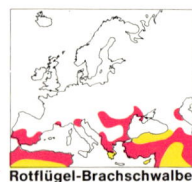
Rotflügel-Brachschwalbe

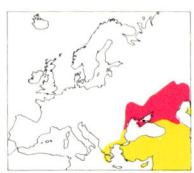
Schwarzflügel-Brachschwalbe

Rotflügel-Brachschwalbe *Glareola pratincola* L 25. Brütet in lokkeren Kolonien auf trockenen Brachflächen oder ausgetrocknetem Schlamm innerhalb ausgedehnter Feuchtgebiete. Meist in kleinen Gruppen in elegantem schnellem Flug bei der Insektenjagd in geringer Höhe zu sehen, auch in der Morgen- und Abenddämmerung. Erscheint aus der Entfernung braun mit hellem Bauch und leuchtend weißem Bürzel. Die auch bei Jungvögeln vorhandenen *rotbraunen Unterflügel* sind nur unter optimalen Bedingungen zu erkennen. Von der Schwarzflügel-Brachschwalbe besser durch den schmalen, aber deutlichen *weißen Hinterrand des Armflügels* zu unterscheiden (jedoch manchmal abgenutzt und schwach) sowie durch die etwas hellere Färbung von Rücken und Flügeldecken, die deutlicher zu den schwarzen Handschwingen kontrastiert. *Schwanzspieße* reichen im Sitzen *bis zur Flügelspitze*. Rufe schrill und nasal, aus Trupps meist ein 5–silbiges 'KEERRe-keck kit-ITT', an Zwergseeschwalbe erinnernd, und ein kurzes, leiseres 'kik'.   A

Schwarzflügel-Brachschwalbe *Glareola nordmanni* L 25. Bewohnt feuchte südost-europäische Steppen. Von der Rotflügel-Brachschwalbe durch *schwarze Unterflügeldecken, fehlenden weißen Hinterrand der Armschwingen*, insgesamt dunklere Oberseite sowie im Sitzen durch dunklere Zügelpartie, weniger Rot am Schnabelgrund, kürzere Beine und vor allem *die Flügelspitze nicht erreichende Schwanzspieße* unterschieden. Rufe etwas tiefer und kürzer.   A

Wassertreter

(Familie Scolopacidae) sind von strandläuferähnlicher Gestalt, schwimmen aber viel und haben daher Schwimmlappen an den Zehen. Weibchen bunter gefärbt als die das Brutgeschäft und die Jungenaufzucht übernehmenden Männchen. Oft sehr vertraut.

Wilsonwassertreter *Phalaropus tricolor* L ♂ 21, ♀ 24. Lebt in Nordamerika und sucht Nahrung eher als andere Wassertreter am Land oder flink durch Flachwasser laufend. Im Prachtkleid unverwechselbar, im Schlichtkleid oberseits sehr *fahl grau*, unterseits weiß. Beine gelb, im Prachtkleid schwarz. Schnabel sehr lang und fein. Im Jugendkleid durch braune Oberseite leicht mit jungem Teichwasserläufer zu verwechseln, aber Beine kürzer und dicker sowie anderes Flugbild: In allen Kleidern *keine Flügelbinde*, Oberschwanzdecken weiß und *kein weißer Keil auf Bürzel und Rücken*. Während des Zuges meist schweigsam, gelegentlich ein tiefes, nasales 'vit'.   A

Thorshühnchen

Thorshühnchen *Phalaropus fulicarius* L 19. Hocharktischer Brutvogel, der im Südatlantik überwintert und bei uns selten an der Küste und noch seltener im Binnenland erscheint. Fast immer auf dem Wasser, furchtlos in hoher Brandung schwimmend. Im Prachtkleid durch überwiegend rostbraunes Gefieder mit weißen Kopfseiten unverwechselbar. Im Schlichtkleid vom häufigeren Odinshühnchen (s. dort) durch *ungestreifte blaugraue Oberseite*, etwas *kürzeren* und deutlich *dickeren*, an der Basis meist gelblichen Schnabel unterschieden, der im auf dem Rücken braunen Jugendkleid (bei uns fast nie zu sehen) neben den fehlenden hellen Längsstreifen das wichtigste Merkmal ist. Ruft hoch 'kit' und weicher 'driit'.   A

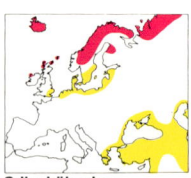
Odinshühnchen

Odinshühnchen *Phalaropus lobatus* L 16,5. Verbreiteter Brutvogel an kleinen Teichen Nordeuropas. Überwintert auf dem Arabischen Meer, bei uns seltener Durchzügler. Fast immer auf dem Wasser, dabei Hals wie Lachmöwe schräg vorwärts haltend, beim Schwimmen mit dem Kopf nickend, auf der Stelle kreiselnd und mit dem sehr *feinen schwarzen Schnabel* Insekten von der Wasseroberfläche aufpickend. Prachtkleid unverwechselbar, erscheint aus der Entfernung aber dunkel mit heller Kehle. Jungvögel mit dunklem Scheitel und Augenfleck, Oberseite braun mit *zwei Paaren rostgelber Längsstreifen*, im Schlichtkleid (in Europa selten zu sehen) grau mit schwarzen Stricheln und weißen Federrändern stärker gemustert als beim Thorshühnchen. Ruf ein kurzes, hartes 'kett' (wie eine gezupfte Geigensaite), auch zu 'kereck' variiert.   Z

Schlichtkleid

**Rotflügel-
Brachschwalbe**

Prachtkleid

**Schwarzflügel-
Brachschwalbe**

Prachtkleid

juv.

1er Winter

♀ Prachtkleid

Schlicht-
kleid

**Wilson-
wassertreter**

juv.

♀ Prachtkleid

Schlicht-
kleid

**Thors-
hühnchen**

Schlichtkleid

juv.

♀ Prachtkleid

♀ Pracht-
kleid

Schlichtkleid

juv.

**Odins-
Hühnchen**

Raubmöwen

(Ordnung Charadriiformes, Familie Stercorariidae) erinnern an dunkle Möwen und haben leicht oder stark verlängerte mittlere Steuerfedern. Schmarotzen bei Möwen. Im Winter auf dem Meer, Durchzügler selten im Binnenland erscheinend. Bei Erfahrung Bestimmung an Gestalt, Körpermasse und Flugweise möglich.

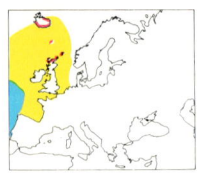

Skua

Skua *Stercorarius skua* L 59, S 125. Brütet auf nordatlantischen Inseln und in küstennahen Mooren, oft in Kolonien, die gegen Eindringlinge mit auf den Kopf zielenden Sturzflügen verteidigt werden. Parasitiert bei Seevögeln, oft Baßtölpeln, nimmt aber mehr Aas und Abfall als andere Raubmöwen; folgt Fischerbooten. Wie eine große braune Möwe (Verwechslungsgefahr mit verölten Möwen!), hat aber *mächtigeren Körper, breitere Flügelbasis und großes, schneeweißes Feld auf den Handschwingen* (von oben und unten, auch aus großer Entfernung zu sehen). Streckenflug kräftig und stabil, Verfolgungsflug erstaunlich agil. ZW

Spatelraubmöwe *Stercorarius pomarinus* L 51, S 117. Brutvogel der arktischen Tundra, überwintert z.B. auf dem Atlantik vor Westafrika. *Verlängerte mittlere Steuerfedern* der Altvögel sehr *breit und um 90° gedreht*, im Profil daher dick aussehend. Zwei Farbmorphen, eine ganz dunkle und eine häufigere unterseits helle (mit oder ohne Brustband). Unausgefärbt schwer von unausgefärbter Schmarotzerraubmöwe zu unterscheiden, aber etwas größer (wie kleine Silbermöwe; Schmarotzerraubmöwe wie Sturmmöwe, kann aber im gleichmäßigen Streckenflug auch groß wirken), *Schnabel kräftiger* mit höherer Basis und deutlich zweifarbig *hell mit dunkler Spitze* (ähnlich junger Eismöwe; bei Schmarotzerraubmöwe meist einfarbig düster), mittlere Steuerfedern nur etwas verlängert und stumpf (bei Schmarotzerraubmöwe zwei scharfe Spitzen bildend), Flügel an der Basis etwas breiter als der Schwanz ohne Spieße lang ist (bei Schmarotzerraubmöwe genauso breit oder schmäler). Altvögel im Winter und noch nicht ganz ausgefärbte Vögel mit nur halblangen, stumpfen, nicht oder kaum gedrehten mittleren Steuerfedern, Brustband und gebänderten Flanken. Viel Weiß an der Basis der unteren Handdecken deutet auf Spatelraubmöwe. Z

Spatelraubmöwe

Spatelraubmöwe

Schmarotzerraubmöwe *Stercorarius parasiticus* L 46, S 105. Brütet einzeln oder in lockeren Kolonien meist in Küstennähe in Nordeuropa. Zwei Farbmorphen, im Süden die dunkle, im Norden die helle häufiger, ferner Übergangsformen, die wie die helle Morphe mit oder ohne Brustband auftreten können. *Mittlere Steuerfedern stark verlängert und spitz.* Möwenähnlich, fällt aber auch in der hellen Morphe durch das sehr dunkle Gefieder und die überlegenen Flugeigenschaften auf. Verfolgt mit großer Geschwindigkeit und akrobatischen Manövern fliegende Möwen, bis diese die Nahrung auswürgen, die dann elegant in der Luft aufgefangen wird. Auch im normalen Flug trotz entspannter Flügelschläge sehr schnell. Landet nach langer Gleitstrecke sehr vorsichtig auf dem Wasser. Jungvögel braun (im Ton variabel), schwer von jungen Spatelraubmöwen unterscheidbar (siehe dort), aus der Nähe fällt der ziemlich einfarbige und *schlanke Schnabel* auf (eher wie Sturmmöwe, nicht so schwer wie bei Großmöwen). Häufigster Ruf nasal miauend 'AAH-glou, AÄH-glo'. Z

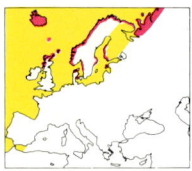

Schmarotzerraubmöwe

Schmarotzerraubmöwe

Falkenraubmöwe *Stercorarius longicaudus* L 53, S 100. Brütet auf Mooren und Tundraflächen des Nordens, auch weit im Binnenland, da nicht an Gewässer gebunden. Brutpopulation schwankt mit den Wühlmaus- und Lemmingzyklen. Kleinste und *zierlichste Raubmöwe* mit den *proportional längsten und schmalsten Flügeln*, Flug leicht, spielerisch und seeschwalbenartig, rüttelt oft. *Mittlere Steuerfedern überragen den Schwanz um 15–20 cm*, flattern im Wind. Jugendkleid ähnlich junger Schmarotzerraubmöwe, aber kleiner (lachmöwengroß), meist grauer, Schäfte der beiden äußeren Handschwingen weiß (bei Schmarotzerraubmöwe 3–5), kürzerer, höher wirkender, deutlich zweifarbiger Schnabel. Ruft bei Verfolgungsflügen während der Balz 'kli-aah', bei Alarm 'kreppkreppkrepp'. A

Falkenraubmöwe

Falkenraubmöwe

Skua

juv.

ad.

ad.

Schwanz

ad. Schlichtkleid

ad. Prachtkleid

ad. Prachtkleid

dunkle Morphe

helle Morphe

dunkler juv.

Spatelraubmöwe

heller juv.

ad. Prachtkleid

Schwanz

ad. Schlichtkleid

ad. Prachtkleid

ad. Prachtkleid

dunkle Morphe

Schmarotzer-raubmöwe

helle Morphe

heller juv.

dunkler juv.

ad. Prachtkleid

Schwanz

ad. Prachtkleid

ad. Schlicht-kleid

ad. Prachtkleid

heller juv.

Falkenraubmöwe

intermediärer juv.

dunkler juv.

ad. Prachtkleid

Möwen

(Ordnung Charadriiformes, Familie Laridae) sind am Wasser lebende, überwiegend weiße Vögel mit grauen und schwarzen Gefiederpartien, recht langen und schlanken Flügeln, ziemlich kurzen Schwänzen, kräftigen Schnäbeln und Schwimmhäuten zwischen den Zehen. Geschlechter gleich gefärbt, aber Männchen meist größer. Jungvögel graubraun, das Alterskleid wird bei größeren Arten erst nach mehreren Jahren angelegt. Robust, anpassungsfähig und vielseitig, ernähren sich von Fisch, Abfall, Muscheln, Würmern, Vogeleiern und -jungen etc. Koloniebrüter, meist 2–3 Eier.

Fischmöwe,
juv.

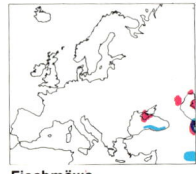

Fischmöwe

Fischmöwe *Larus ichthyaetus* L 65, S 154. Brütet vom Schwarzen Meer an ostwärts an asiatischen Steppenseen, Ausnahmeerscheinung in Westeuropa. Im Prachtkleid an *enormer Größe* und *schwarzer Kapuze,* im Schlichtkleid an *gelbem Schnabel mit schwarzem Querband* und dunklen Kopfmarkierungen erkennbar. Oberseite dunkler grau als z.B. Lachmöwe, schwarze Flecken vor der Flügelspitze auf große Entfernung kaum sichtbar. Im Jugendkleid von allen anderen Möwen an *weißem Schwanz mit scharf abgegrenzter, breiter schwarzer Endbinde* und zum weißen Bauch hin *abrupt endender grauer Brustfleckung* unterschieden, Flügel meist ganz dunkel. Schon im ersten Herbst Brust und Oberflügeldecken heller. Im ersten Winter und ersten Sommer ähnlich Silbermöwe im zweiten Sommer, aber *größer, graugelber Schnabel mit schwarzer Spitze länger,* Auge schon von zwei halbmondförmigen weißen Flecken umgeben (diese auch in allen späteren Kleidern), *schwärzlicher Fleck hinter dem Auge,* Beine mit grünlichem Ton, immer noch scharfe Grenze zwischen *schwarzer Schwanzendbinde* und weißer Schwanzbasis, helles Fenster auf Oberflügeldecken. *Flügel* erscheinen im Flug *extrem lang und spitz,* von vorne oft mehr gebogen als bei Silbermöwe. Ruf rauh und krähenähnlich. –

Eismöwe *Larus hyperboreus* L 67, S 150. Arktische Art, Einzelvögel bei uns im Winter regelmäßig an der Küste, gelegentlich auf Mülldeponien im Binnenland. In allen Kleidern von der Silbermöwe durch *helle Flügelspitzen* und bedeutendere Größe unterschieden (fast so groß wie Mantelmöwe). Im ersten Winter typische blaß *zimtfarbene Grundtönung,* dadurch schon aus großer Entfernung unter jungen, graubraun gefleckten Silbermöwen zu erkennen. Brust im ersten Herbst oft dunkler als bei jungen Silbermöwen. Fleckung insgesamt feiner als bei Silbermöwen, besonders an äußerster Schwanzspitze, die nicht dunkler als Schwanzbasis ist. Auge noch dunkel, *Schnabel blaßrosa mit scharf abgegrenzter schwarzer Spitze* (Silbermöwen mit fehlenden Pigmenten geben sich meist durch etwas dunklere Flügel- oder Schwanzspitzen, dunkle Flecken um das Auge und dunkleren Schnabel zu erkennen. Albinistische Silbermöwen sind oft ganz weiß ohne das Fleckenmuster der Jungvögel oder die graue Oberseite der Altvögel). Im zweiten Winter meist *etwas* blasser als im Jugendkleid, einzelne perlgraue Federn auf Rücken und Flügeldecken verleihen scheckiges Aussehen, Iris wird gelbbraun. Altvögel auf Rücken und Flügeln heller grau als Silbermöwe, äußerste Flügelspitzen weiß. Im Sommer gelber Lidring (schwer zu sehen). Vergl. auch Polarmöwe. Rufe ähnlich Silbermöwe. **W**

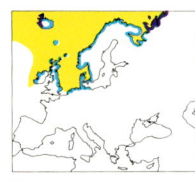

Eismöwe

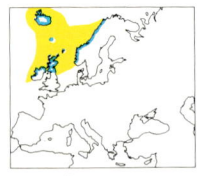

Polarmöwe

Polarmöwe *Larus glaucoides* L 55, S 133. Brütet in Grönland. Im Winter selten an der Nordseeküste. In allen Kleidern ähnlich Eismöwe (oft etwas heller), aber meist kleiner (etwas kleiner als Silbermöwe). *Kopf proportional kleiner und runder* (höchster Punkt des Scheitels direkt hinter dem Auge; Eismöwe flachstirniger, höchster Punkt weit hinter Auge), *Schnabel kürzer* und Gesichtsausdruck daher insgesamt freundlicher und mehr an Sturmmöwe erinnernd. *Beine kürzer* und *Flügel länger, Spitzen überragen den Schwanz weiter, als der Schnabel lang ist* (bei Eismöwe Flügel kürzer und den Schwanz maximal um Schnabellänge überragend). Flügel hängen im Sitzen oft etwas herab. *Schnabel* im ersten Winter *insgesamt dunkler,* erst im zweiten Winter deutlich zweifarbig wie bei Eismöwe. Wirkt im Flug ziemlich breitflügelig und kurzhalsig. Altvögel im Sommer mit rotem Lidring, schwer zu sehen. Zur Unterscheidung von abweichend gefärbten Silbermöwen s. Eismöwe. **A**

Fischmöwe

Prachtkleid

1er Winter

2er Winter

Prachtkleid

2er Winter

1er Winter

Eismöwe

Prachtkleid

2er Winter

1er Winter

ad.

er Winter

Polarmöwe

Prachtkleid

2er Winter

1er Winter

ad.

1er Winter

143

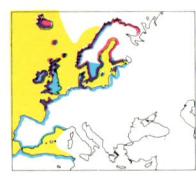

Mantelmöwe

Mantelmöwe *Larus marinus* L 69, S 155. Brütet in Einzelpaaren oder kleinen Kolonien an nordeuropäischen Küsten, sporadisch an Binnengewässern, oft gemeinsam mit anderen Möwen. Vor allem im Winterhalbjahr an der deutschen Küste, selten im Binnenland. Altvögel durch *gewaltige Größe* und *schwärzliche Oberseite* allenfalls mit der viel kleineren Heringsmöwe zu verwechseln, aber *Schnabel wuchtiger, Beine blaßrosa, Flügel* etwas breiter *mit großer weißer Flügelspitze.* Flügel dunkler als bei westeuropäischen, aber etwas heller als bei baltischen Heringsmöwen. Bei Jungvögeln sind im Gegensatz zu jungen Heringsmöwen die inneren Handschwingen heller als die äußeren, die schwarze Schwanzendbinde ist schmaler und der *Schnabel kräftiger.* Von Silbermöwen im Jugendkleid nicht immer leicht an Größe, kräftigerem, ganz schwarzem Schnabel sowie meist hellerem Kopf und Schwanz unterschieden, letztere werden jedoch erst im zweiten Kalenderjahr deutlich weißer. Der Rücken (noch nicht die Flügel) wird im zweiten Winter schwarz. Fliegt mit *langsamen kräftigen Flügelschlägen.* Ernährt sich von Fischen, Abfall, Eiern und Jungvögeln, kann auch erwachsene Vögel erbeuten. *Rufe sehr tief,* schallend 'klaou' und gackernd 'ga ga'. ZW

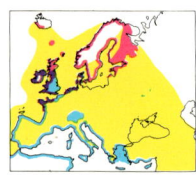

Heringsmöwe

Heringsmöwe *Larus fuscus* L 53 S 127. Brütet an der Küste, oft gemeinsam mit Silbermöwen, lokal auch im Binnenland Nordeuropas. Die kaum ziehende westliche Unterart *graellsii* oberseits blaß schieferfarben, die baltische Unterart *fuscus* ist fast schwarz und zieht über Europa ans Mittelmeer und nach Ostafrika. Südwestskandinavische Vögel (*intermedius*) liegen farblich dazwischen. Von Mantelmöwe durch *geringere Größe, dünneren Schnabel, gelbe Beine,* etwas *schlankere und spitzere Flügel* mit nur *kleinem weißem Fleck vor den Spitzen* unterschieden. Jugendkleid mit *einfarbig dunklen Flügeln,* sehr breiter dunkler Schwanzendbinde und dunklen Unterflügeln, im Sitzen von Mantel- und Silbermöwe durch geringere Größe, zierliche Gestalt, *dunklere* gleichmäßig geschuppte *Oberseite* und den *Schwanz weit überragende Flügelspitzen* unterschieden. Schwärzliche Rückenfedern erscheinen nach einem Jahr. Rufe nicht so schallend wie Mantelmöwe, tiefer und nasaler als Silbermöwe. BZ

Weißkopfmöwe *Larus cachinnans* L 58, S 145. Brütet an Küsten und im Binnenland im Mittelmeerraum (Unterart *michahellis*), Nordost-Europa (*omissus*) und Asien. Der Silbermöwe sehr ähnlich, aber durchschnittlich etwas größer und kräftiger, *hochbeiniger* und langhalsiger mit *längeren, den Schwanz weiter überragenden Flügeln.* Altvögel mit leuchtend *gelben Beinen* und etwas *dunkler grau gefärbter Oberseite,* mehr Schwarz und weniger Weiß in der Flügelspitze. *Kopf* und Hinterhals zu Beginn des Winters nur sehr fein gestrichelt, durch Abnutzung schnell *ganz weiß* werdend (nicht so kräftig gefleckt wie Silbermöwe), Lidring orangerot. *Jugendkleid* mit recht einfarbig braunen Flügeln und schmalerer, *deutlicher begrenzter Schwanzendbinde ähnlich jungen Heringsmöwen* (aber Unterschiede in Gestalt und Struktur), Kopf, Hals und Unterseite weißer als bei jungen Silbermöwen. Schon im zweiten Winter Rücken grau. Stimme mehr herings- als silbermöwenähnlich. BZW

**Silbermöwe
und
Weißkopfmöwe**

Silbermöwe *Larus argentatus* L 54–60, S 123–148. Häufiger Brutvogel in oft gewaltigen Kolonien an nord- und mitteleuropäischen Küsten, lokal im Binnenland, wo sie in zunehmender Zahl im Winter an Mülldeponien auftaucht. Altvögel von Sturmmöwe durch bedeutendere Größe, langsamere Flügelschläge, *gelbe Augen,* leuchtend *gelben Schnabel mit rotem Fleck,* von alten Mantel- und Heringsmöwen im Flug von unten durch fehlendes dunkelgraues Band am Hinterrand des Handflügels unterschieden. *Beine blaß rosa,* Lidring gelb. Unterscheidung von jungen Mantel- und Heringsmöwen s. dort. Erste perlgraue Rückenfedern erscheinen im zweiten Winter. Kreist oft in lockeren Trupps in großer Höhe, zieht auch in V-Formation zu Nahrungs- und Schlafplätzen, folgt häufig Schiffen. Stimme vielseitig, z.B. laut 'kjä', miauend 'gliau', triumphierend 'glaUU-glaUU-glaUU' und kurz 'gä-gä-gä'. BJZW

Mantelmöwe

ad.

ad.

1er Winter

2er Sommer

1er Winter

Heringsmöwe

ad. *intermedius*

ad. *fuscus*

ad. *graellsii*

juv.

juv.

Weißkopfmöwe

ad.

ad. *michahellis*

ad.

Silbermöwe

juv.

juv.

145

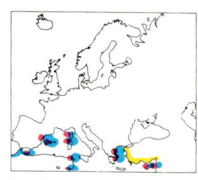

Korallenmöwe

Korallenmöwe *Larus audouinii* L 48, S 122. Sehr lokaler Brutvogel in kleinen Kolonien auf Inseln im Mittelmeer. Kann dort nur mit der Weißkopfmöwe verwechselt werden, ist aber schlanker, hat charakteristische Schnabelfärbung und *schwarze äußere Handschwingen mit nur wenig Weiß* in den äußersten Spitzen. Weißer Hinterrand der Armschwingen undeutlich, das Grau des Rückens geht ohne deutliche Trennung in das Weiß von Hals und Schwanz über. Der *dunkelrote Schnabel* wirkt aus der Entfernung *schwarz.* Jungvögel mit weißem Gesicht und Scheitel, alle *Schwungfedern und Großen Flügeldecken gleichmäßig dunkel.* Gefieder erinnert im zweiten Jahr an das der kleineren immaturen Schwarzkopfmöwe mit *markanter Schwanzendbinde* und dunklem Armschwingenband, auch Verwechslungsgefahr mit der größeren jungen Weißkopfmöwe (Struktur beachten). –

Ringschnabelmöwe *Larus delawarensis* L 48, S 120. Seltener Gast aus Nordamerika, inzwischen alljährlich in Großbritannien. Wie eine große Sturm- oder kleine Silbermöwe. Altvögel mit *heller Iris,* gelblichen Beinen und gelblichem *Schnabel mit breiter schwarzer Querbinde* und weniger Weiß in Flügelspitzen. Im ersten Winter ähnlich Sturmmöwe im ersten Winter, aber größer, *Schnabel kräftiger und rosa mit schwarzer Spitze,* Rücken heller grau, durch hellere Große Armdecken geformtes deutliches Band im Armflügel, *deutlichere, teilweise halbmondförmige Flecken an Halsseiten, Brust und Flanken* und nicht massiv schwarze, sondern durch helle Querbinden *aufgebrochene Schwanzendbinde*; Ober- und Unterschwanzdecken deutlich gefleckt, Beine rosa. Im zweiten Winter von Sturmmöwen desselben Alters durch dunkle Nackenflecken, *Reste der Schwanzbinde,* helle Iris sowie Schnabel- und Beinfärbung der Altvögel unterschieden. Verwechslungsgefahr mit Sturmmöwen, die im Winter oft dunkle Schnabelbinde zeigen, und zwei jährigen Silbermöwen. A

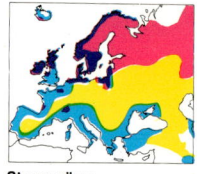

Sturmmöwe

Sturmmöwe *Larus canus* L 40, S 109. Als Brutvogel überwiegend in Nordeuropa an Küsten und Binnengewässern, bei uns vor allem an der Ostsee, einzeln oder in großen Kolonien; häufiger Wintergast. Altvögel ähnlich Silbermöwe, aber kleiner, schmalflügeliger, mit *dunklem Auge* und *schlankerem, grünlichgelbem Schnabel ohne roten Fleck.* Beine grünlich oder gelblich. Im Gegensatz zur Dreizehenmöwe weiße Flecken in der schwarzen Flügelspitze. Jungvögel mit *scharf begrenzter dunkler Schwanzendbinde* (ab zweitem Winter Schwanz ganz weiß), braunem Rücken (ab erstem Winter blaugrau) und braunen Flügeldecken (im zweiten Winter schon grau). Schnabel bei Jungvögeln blaß rosa mit schwarzer Spitze, später mit schwarzer Binde, die auch Altvögel im Winter mehr oder weniger breit zeigen. Rufe höher und dünner als Silbermöwe, z.B. hoch gackerndes 'kakaka...', schräg kreischendes 'kliii-a' und bei Alarm ständig wiederholtes 'klii-JU-klii-JU- ...'. BJZW

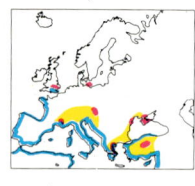

Schwarzkopfmöwe

Schwarzkopfmöwe *Larus melanocephalus* L 39, S 98. Stammt aus dem Mittelmeerraum und Südost-Europa, breitet sich aber langsam nach Nordwesten aus, erscheint vereinzelt (aber zunehmend) das ganze Jahr über bei uns und hat auch schon hier gebrütet (meist in Lachmöwenkolonien und oft mit diesen verpaart). Etwas größer und kräftiger als Lachmöwe, *Schnabel dicker und stumpfer,* blutrot mit schwarzer Binde. Altvögel mit *ganz weißen Flügelspitzen* und im Prachtkleid *schwarzer* (nicht dunkelbrauner) Kapuze, die sich tief in den Nacken zieht. Im Schlichtkleid *insgesamt sehr weiß* wirkend, Ohrdecken verwaschen düster gestrichelt. Das nur kurz getragene Jugendkleid durch dunklen, hell geschuppten Rücken dem der Sturmmöwe ähnlich (dunkle Beine und Schnabelstruktur beachten). Schon im ersten Winter *Rücken heller grau* als Sturmmöwe, *dunkler Augenfleck,* typisches Flügelmuster mit sehr dunklen äußeren (weiße Längsstreifen vor der Spitze) und *weißlichen inneren Handschwingen,* schwärzlichem Band über die Armschwingen und von den Großen Armdecken gebildetem *hellem Feld im Armflügel.* Im zweiten Winter und zweiten Sommer wie Altvögel, aber noch etwas Schwarz in Flügelspitze. Fällt rufend unter Lachmöwen oft durch das *tiefe, nasale,* langgezogene 'geääh' auf. BZW

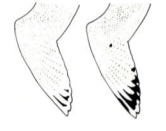

Schwarzkopfmöwe
2er Sommer
(Variationen)

Korallenmöwe

ad.

juv.

juv.

2er Winter

Ringschnabel-möwe

ad.

1er Winter

1er Winter

ad.

Sturmmöwe
Prachtkleid

2er Winter

ad.

1er Winter

1er Winter

Schwarzkopfmöwe
Prachtkleid

2er Winter

ad

1er Winter

1er Winter

147

Dünnschnabelmöwe

Dünnschnabelmöwe *Larus genei* L 40, S 96. Brütet selten und lokal (oft zwischen Seeschwalben) an Seen und Küstenlagunen Südeuropas, häufiger in großen Kolonien an Steppenseen vom Schwarzen Meer an ostwärts. Kopf im Prachtkleid weiß, im Schlichtkleid (und bei unausgefärbten Vögeln) oft mit schwachem dunklem Ohrfleck. Sonst der Lachmöwe sehr ähnlich, vor allem auf Grund des identischen Flügelmusters, aber etwas größer und schlanker, Beine, Schnabel, Flügel, Schwanz und Hals („*Giraffenhals*", im Sitzen und Fliegen auffallend) länger, Schwanz voller gerundet. *Stirn sehr flach und langsam in den langen* (nicht dünnen!) leicht abwärts gebogenen *Schnabel übergehend*, Befiederung reicht weit auf Oberschnabel. Schnabel und Beine bei Altvögeln rot (aber schon aus mittlerer Entfernung einfach „dunkel" aussehend), bei Jungvögeln schmutzig gelb mit dunkler Schnabelspitze. *Iris hell*, Lidring rot. Im Jugendkleid und unausgefärbt gleichaltrigen Lachmöwen extrem ähnlich (die manchmal auch sehr langschnäbelig wirken können!), meist nur an Gestalt, Kopfprofil, *schwächerem Ohrfleck*, heller Iris (ab Herbst), weniger Braun auf Armdecken, schneller verschwindender dunkler Schnabelspitze (schon im ersten Frühjahr meist ganzer Schnabel gelblich), langsamerem und kraftvollerem Flug (größere Flügelspannweite, proportional längerer Armflügel) erkennbar. Ruf nasal und tiefer als bei Lachmöwe.

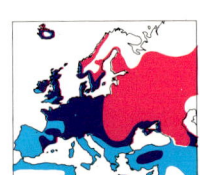

Lachmöwe

Lachmöwe *Larus ridibundus* L 38, S 91. Weit verbreiteter Brutvogel an verschilften Gewässern, sowohl an der Küste als auch im Binnenland. Kolonien bestehen oft aus vielen Tausend Paaren. Im Winter häufig an Mülldeponien, in Häfen und Städten, wo sie sich an Parkgewässern füttern lassen. Läuft oft in Trupps hinter pflügenden Traktoren her, fängt tagsüber hoch in der Luft kreisend und abends niedriger über Schilfflächen fliegend Insekten, ist sehr anpassungsfähig und nimmt jede erreichbare Nahrung. Die Kolonien werden im Juli verlassen und ab März wieder besetzt. Im Prachtkleid mit *schokoladenbrauner Kapuze*, die von der Kehle schräg nach oben zum Hinterkopf reicht (Nacken also weiß). Kopf im Schlichtkleid weiß mit grauem Ohrfleck. *Oberflügel in allen Kleidern mit dreieckigem weißem Feld*, das von den äußeren 4–5 Handschwingen gebildet wird. *Unterflügel* teilweise grau *mit breiter weißer Vorderkante* des Handflügels. Schnabel und Beine der Altvögel dunkel rotbraun, der Jungvögel gelblichbraun mit schwarzer Schnabelspitze. Im Jugendkleid sind Scheitel, Nacken und Rücken rötlichbraun, aber schon im Spätsommer in ein graueres Kleid mausernd, in dem nur noch Flügeldecken und Schwanzendbinde braun sind. Im Binnenland die häufigste Möwe. Farbabweichungen sind nicht selten und betreffen ganz weiße, albinotische Vögel, sehr helle Individuen mit fehlenden Pigmenten, teilweise verölte und daher an Raubmöwen erinnernde Tiere sowie Vögel mit dunkler Kapuze im Winter, hellem Kopf im Sommer, lackroten oder schwärzlichen Beinen und Schnäbeln, rosa überhauchter Unterseite, verschiedenen Schnabeldeformationen und seltsamen Mauserstadien bei unausgefärbten Lachmöwen. Ferner sind Hybriden bekannt (u.a. mit Schwarzkopfmöwen). Bei jeder verdächtig nach einer selteneren Art aussehenden kleineren Möwe sollte zuerst geprüft werden, ob es sich nicht doch um eine abweichend gefärbte Lachmöwe handelt. Ruft heiser kreischend 'krrijäh', 'chrääh' und bei Alarm kurz 'ke-ke-ke-...'. BJZW

Oberflügel 1er Winter

Lachmöwe

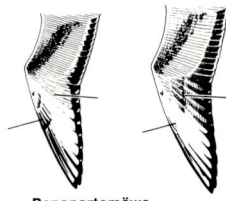

Bonapartemöwe

Bonapartemöwe *Larus philadelphia* L 33, S 82. Erscheint sehr selten aus Nordamerika in Westeuropa und brütet dort in einzelnen Paaren auf Bäumen in einsamen Nadelwäldern. Kleiner und eleganter als Lachmöwe, mit lebhafterem Flug, der eher an Zwergmöwe erinnert und in dem sie wie diese Nahrungspartikel von der Wasseroberfläche aufpickt. Im Prachtkleid im Gegensatz zur Lachmöwe *schieferschwarze Kapuze, schwarzer Schnabel* und leuchtend rote Beine. In allen Kleidern sind die *Handschwingen von unten hell grauweiß*, nicht überwiegend dunkel wie bei Lachmöwen, so daß der gesamte Handflügel durchscheinend ist. Bei Jungvögeln sind die äußeren Handschwingen und die Großen Handdecken ausgedehnter schwarz, die inneren Handschwingen aber viel heller als bei Lachmöwen; Schnabel schwärzlich. –

Dünnschnabel-
möwe

ad.

1er Winter

1er Winter

ad.

1er Winter

juv.

Schlichtkleid

Lachmöwe

Prachtkleid

1er Winter

1er Winter

juv.

Schlichtkleid

Bonapartemöwe

Schlichtkleid

Prachtkleid

Schlichtkleid

1er Winter

1er Winter

149

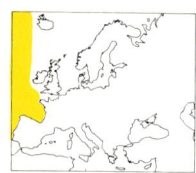

Schwalbenmöwe

Schwalbenmöwe *Larus sabini* L 33, S 84. Eine hocharktische Möwe, die gewöhnlich auf dem offenen Meer weit vor den Küsten im Südatlantik überwintert. Wird während des Zuges im September/ Oktober (erst Alt-, dann Jungvögel) durch starke Stürme gelegentlich an westeuropäische Küsten geblasen. In allen Kleidern charakteristische *schwarze, weiße und graue* (Altvögel) *oder braune* (Jungvögel) *Dreiecke auf den Flügeln*, Schwanz leicht gegabelt. Schnabel der Altvögel schwarz mit gelber Spitze, im Prachtkleid (bis Oktober) *schiefergraue Kapuze* dünn schwarz begrenzt. *Jungvögel auf Scheitel, Hals, Brustseiten, Rücken und Armdecken bräunlich*, Gesicht weiß. Kann aus der Entfernung mit fliegender junger Dreizehenmöwe (auch im ersten Sommer) verwechselt werden, deren dunkles Diagonalband auf den sonst hellen Armdecken wie ein gleichförmig braunes Feld wirken kann. Vielseitige Nahrungssuche: wie Limikole rennend, ähnlich Wassertreter kreiselnd, zwergmöwenartig pickend oder wie eine plumpe Seeschwalbe stoßtauchend. Flug leicht und seeschwalbenartig, Stimme kratzend wie Seeschwalbe.   A

Dreizehenmöwe

Dreizehenmöwe *Rissa tridactyla* L 40, S 95. Klebt ihre Nester in gewaltigen Kolonien an steile Felsklippen der Atlantikküste, auch an Vorsprünge von Häusern in Hafenstädten. Brütet in Deutschland nur auf Helgoland (über 2000 Paare). Im Winter auf hoher See, wird aber durch Stürme ausnahmsweise ins Binnenland verschlagen. Fliegt leichter und eleganter als die Sturmmöwe, segelt bei starkem Wind fast wie Eissturmvogel. Schwanz gerade oder schwach gegabelt, *Beine* recht kurz und *schwarz* (ohne Hinterzehe). Altvögel erinnern an Sturmmöwen, haben aber *ganz schwarze Flügelspitzen*, einen breiteren und hellgrauen Handflügel und dunkler grauen Armflügel und Rücken (Oberseite der Sturmmöwe zeigt durchgehend denselben Grauton). Junge und Unausgefärbte erinnern durch das *dunkle Diagonalband auf dem Armflügel* an immature Zwergmöwen, haben aber *breites schwarzes Nackenband, weißen Scheitel* und rein weiße Armschwingen. Im ersten Sommer meist ohne Nackenband und mit schmutzig dunklen Abzeichen auf den Flügeldecken, dann Verwechslungsgefahr mit Schwalbenmöwe. Ruft in den Kolonien nasal miauend 'kitti-wäk kitti-WÄlK'. BW

Zwergmöwe *Larus minutus* L 26, S 63. Brutvogel verschilfter Seen und Feuchtgebiete Osteuropas, oft mit Lachmöwen. Bei uns regelmäßiger Durchzügler entlang der Küste und durchs Binnenland im April/Mai und August/September. *Kleinste europäische Möwe*, fliegt schnell und elegant wie eine Seeschwalbe und nimmt Nahrung im Flug von der Wasseroberfläche auf. Altvögel haben *weiße Flügelspitze* und *schwärzliche Unterflügel mit weißer Hinterkante*. Kopf im Prachtkleid mit schwarzer Kapuze, die bis auf den Nacken reicht, im Schlichtkleid weiß mit kleinem schwarzem Ohrfleck. Die fehlende schwarze Spitze läßt die *Flügel* der Altvögel sehr *rund* erscheinen. Jungvögel mit hellen Unterflügeln und *schwarzbraunem Zickzackband auf den Oberflügeln* und schwarzer Schwanzendbinde. Scheitel, Nacken und Rücken im Jugendkleid noch düster braun, Rücken aber schon nach wenigen Wochen grau. Dunkles Nackenband bleibt den ersten Winter über oft stehen, daher leicht mit Dreizehenmöwe verwechselt, aber Scheitel dunkel und Armschwingen mit dunklen Flecken, ferner bedeutend kleiner. Im ersten Sommer Kopf oft schon schwarz, aber Flügel noch mit Zickzackband. Ruft laut und nasal 'köpp', oft wiederholt, bei der Balz mit tief durchgeschlagenen Flügeln und hochgerecktem Hals 'KJÄkiKJÄkikjA...'.   Z

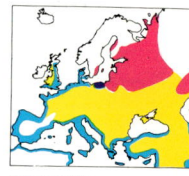

Zwergmöwe

Rosenmöwe *Rhodostethia rosea* L 30, S 77. Hocharktischer Brutvogel, der sich im Sommer und Winter in der Packeiszone aufhält. Kaum größer als Zwergmöwe (größte Verwechslungsgefahr), hat *längere und spitzere Flügel und längeren Schwanz*, dessen Keilform (einzigartig unter europäischen Möwen) nur schwer zu erkennen ist. *Unterseite* im Prachtkleid kräftig *rosa*, im Schlichtkleid oft rosa überhaucht. Dünnes schwarzes Halsband im Prachtkleid kennzeichnend. Flügelzeichnung der Altvögel (*graue Unterflügel mit breitem weißem Hinterrand*) und Jungvögel (Zickzackband auf Oberflügeln) wie Zwergmöwe.   A

150

Schwalbenmöwe

Prachtkleid

juv.

juv.

Schlichtkleid

Dreizehenmöwe

Prachtkleid

juv.

Schlichtkleid

1er Winter

Zwergmöwe

Prachtkleid

juv.

Prachtkleid

2er Winter

1er Winter

Rosenmöwe

Prachtkleid

Schlichtkleid

1er Winter

1er Winter

151

Aztekenmöwe *Larus atricilla* L 39, S 105. Sehr seltene Ausnahmeerscheinung aus Nordamerika. Etwa so groß wie Sturmmöwe, aber mit sehr *langen und spitzen Flügeln*. Durch die relativ kurzen Beine erscheinen sie im Sitzen sehr lang und schlank. *Dunkler Schnabel sehr kräftig und lang, First abwärts gebogen* (entfernt an Schwarzkopfmöwe erinnernd, aber größer). Kann nur mit der kleineren Präriemöwe verwechselt werden. Prachtkleid mit schwarzer Kapuze und weißen, halbmondförmigen Flecken über und unter dem Auge. Rücken und Oberflügel schiefergrau, weißer Hinterrand des Arm- und inneren Handflügels, *Flügelspitzen schwarz ohne weiße Flecken*. Im ersten Winter Kopf (außer Stirn, Kinn und Augenring, die weißlich sind), Brust, Rücken und Oberflügel schieferbraun, *Schwungfedern sehr dunkel*, Hinterrand des Armflügels schmal weiß. Oberschwanzdecken weiß, *Steuerfedern grau* mit breiter schwarzer Endbinde, Unterflügeldecken mit dunklen Flecken. Im zweiten Winter von Altvögeln durch mehr Schwarz in der Flügelspitze, Reste der dunklen Schwanzendbinde und noch mehr verwaschen graue Brustseiten unterschieden. Im Schlichtkleid Hinterkopf verwaschen blaß grau. Beine immer dunkel. Unausgefärbte Vögel erinnern im Flug aus großer Entfernung an eine große, dunkle Seeschwalbe. —

Präriemöwe *Larus pipixcan* L 34, S 87. Sehr seltener Gast aus Nordamerika. Etwas kleiner als Lachmöwe und mit runderen Flügeln, insofern etwas an Zwergmöwe erinnernd. Eine unverwechselbare Art, nur die Unterscheidung von der gleichfalls nordamerikanischen Aztekenmöwe kann bei fehlendem Größenvergleich Probleme bereiten. Schnabel sehr kräftig, aber kurz. *Rücken und Oberflügel* bei Altvögeln *dunkelgrau*, Flügel mit breitem weißem Hinterrand und *weiße Flugelspitzen mit schwarzem Feld vor der Flügelspitze*. Schwanz in der Mitte hellgrau. Im Prachtkleid mit schwarzer Kapuze, von der sich die in allen Kleidern vorhandenen schmalen *halbmondförmigen weißen Flecken über und unter dem Auge* besonders deutlich abheben. Im Schlichtkleid, aber auch schon im ersten Winter, eine scharf abgegrenzte und in dieser Form bei unseren Möwen einmalige *dunkle Kappe*, die sich über Augen, Ohrdecken und Scheitel erstreckt. Im ersten Winter *schmale dunkle Schwanzendbinde*, die die äußeren Steuerfedern weiß läßt (bei Aztekenmöwe breiter und über das gesamte Schwanzende gehend), *helle Unterflügel* (bei Aztekenmöwe dunkle Flecken auf Unterflügeldecken). Mausert anders als andere Möwen zweimal im Jahr das komplette Gefieder, nämlich zusätzlich im zeitigen Frühjahr vor dem Heimzug. Das hat zur Folge, daß vorjährige Vögel im Frühjahr bereits eine weitgehend den Altvögeln entsprechende Gefiederzeichnung zeigen. Ihnen fehlt jedoch noch das weiße Feld zwischen dem schwarzen Handflügelfleck und den grauen Handdecken, die Kapuze ist nicht immer ganz vollständig und die Vorderkante des Handflügels noch schwärzlich. A

Elfenbeinmöwe

Elfenbeinmöwe *Pagophila eburnea* L 44 S 107. Hocharktische Art, die in lockeren kleinen Kolonien auf Vorsprüngen von Felsklippen und sogar treibenden Eisbergen brütet und dort, wie die Dreizehenmöwe, aber größer und unordentlicher, ihr Nest anheftet. Kontrolliert große Gebiete der Packeiszone und der Eisgrenze und ernährt sich dort von Fischen, Exkrementen von Robben und Eisbären, Nahrungsresten, Aas und Abfall. Nimmt auch Nahrung im Flug von der Wasseroberfläche auf, setzt sich aber ungern aufs Wasser. Sehr furchtlos, kommt zur Nahrungssuche in Camps und Expeditionslager. Fliegt angeblich zielstrebig dorthin, wo Gewehrschüsse gefallen sind. Wird sehr selten außerhalb des Eismeeres gesehen. So groß wie Sturmmöwe. Altvögel *ganz weiß, Schnabel gelblich mit graublauer Basis*. Unausgefärbte Vögel auf Rücken, Flügeln und Schwanzspitze fein *schwarz gepunktet*, Schnabel dunkler und Gesicht *schmutzig aussehend*. Die *kurzen Beine* sind in allen Kleidern *schwarz*. Elfenbeinmöwen wirken sehr langflügelig und fliegen leicht und elegant. Die Stimme erinnert an die der männlichen Pfeifente, 'pflloo' oder mit etwas rollendem r 'frrllä'. A

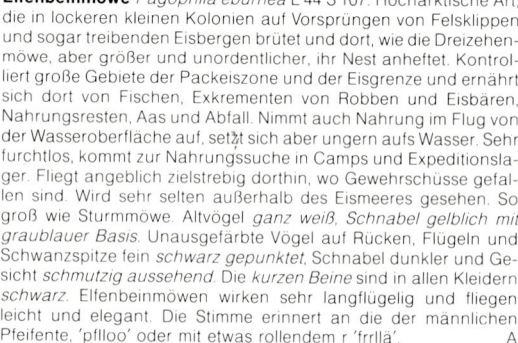

1er Winter

Prachtkleid

Schlichtkleid

1er Winter

Aztekenmöwe

juv.

1er Winter

Prachtkleid

Schlichtkleid

1er Winter

Präriemöwe

juv.

ad.

ad.

**Elfenbein-
möwe**

1er Winter

1er Winter

153

Seeschwalben

(Ordnung Charadriiformes, Familie Sternidae) sind schlank, mit langen schmalen Flügeln, gegabelten Schwänzen, spitzen Schnäbeln und kurzen Beinen. Koloniebrüter, 2–4 Eier.

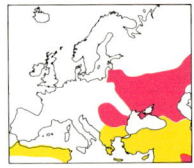
Trauerseeschwalbe

Trauerseeschwalbe *Chlidonias niger* L 24. Koloniebrüter an schwimmblattreichen Binnengewässern. Zug im Frühjahr vorwiegend durchs Binnenland, im Herbst entlang der Meeresküste. Nimmt Nahrung in elegantem Flug von der Wasseroberfläche auf, fängt auch Insekten im Flug, aber taucht nicht wie die weißen Seeschwalben. Im Prachtkleid *ganz dunkel* und unverwechselbar: Kopf und Bauch schwarz, Oberseite dunkelgrau, *nur Unterflügel und Schwanz hellgrau* und *Unterschwanzdecken weiß.* Im Jugend- und Schlichtkleid von der Weißflügel-Seeschwalbe vor allem durch *dunklen Fleck an den Brustseiten,* etwas *dunklere Unterflügel,* graue Oberschwanzdecken (können bei Jungvögeln aber manchmal fast weiß wirken) und gleichmäßig grauen Schwanz unterschieden. Ferner Kopfkappe scharf abgegrenzt und gleichmäßig dunkelgrau. Häufigste Rufe kurz, nasal, scharf und schrill 'kjä' und leiser 'glitt'. BZ

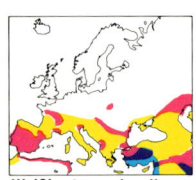
Weißflügelseeschwalbe

Weißflügel-Seeschwalbe *Chlidonias leucopterus* L 24. Brütet in Feuchtgebieten Südost-Europas, taucht bei uns gelegentlich im Mai gemeinsam mit den in Verhalten und Aussehen ähnlichen Trauerseeschwalben auf. Im Prachtkleid auch auf große Entfernung an ganz *schwarzem Körper, schwarzen Unterflügeldecken, ober- und unterseits leuchtend weißem Schwanz und silbrig schimmernden Oberflügeln* zu erkennen. Ferner etwas kompakter, breitflügeliger, kurzschwänziger und kurzschnäbeliger als Trauerseeschwalbe. Von dieser im Schlicht- und Jugendkleid durch *fehlenden Brustseitenfleck,* etwas *hellere Oberflügel,* meist weißliche Färbung bei Bürzel und Oberschwanzdecken, *weißliche äußere Steuerfedern,* die sich vom hellgrauen Schwanz abheben und blassere, am Scheitelansatz nur gestrichelte und auf den Ohrdecken tiefer reichende Kopfkappe unterschieden. Jungvögel zeigen ferner deutlichen *Kontrast zwischen schieferbraunem Rücken* (wirkt wie Sattel) *und hellen Flügeln und Bürzelfedern.* Altvögel im Schlichtkleid mit grauem Rücken ähnlich Weißbart-Seeschwalbe (s. dort). Ruf trocken und rauh 'kesch', ähnlich Rebhuhn, und leise und kurz 'keck'. G

Weißbartseeschwalbe

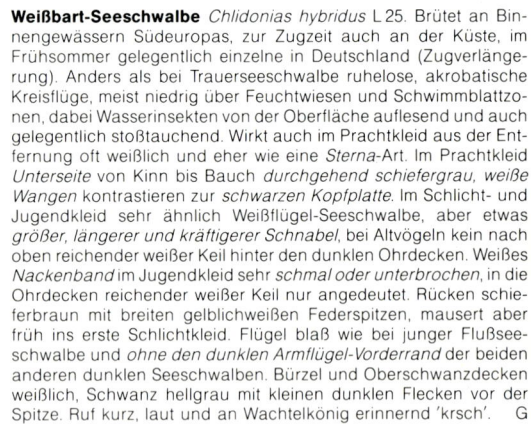
Weißbart-Seeschwalbe,
juv.

Weißflügel-Seeschwalbe,
juv.

Weißbart-Seeschwalbe *Chlidonias hybridus* L 25. Brütet an Binnengewässern Südeuropas, zur Zugzeit auch an der Küste, im Frühsommer gelegentlich einzelne in Deutschland (Zugverlängerung). Anders als bei Trauerseeschwalbe ruhelose, akrobatische Kreisflüge, meist niedrig über Feuchtwiesen und Schwimmblattzonen, dabei Wasserinsekten von der Oberfläche auflesend und auch gelegentlich stoßtauchend. Wirkt auch im Prachtkleid aus der Entfernung oft weißlich und eher wie eine *Sterna*-Art. Im Prachtkleid *Unterseite* von Kinn bis Bauch *durchgehend schiefergrau, weiße Wangen* kontrastieren zur *schwarzen Kopfplatte.* Im Schlicht- und Jugendkleid sehr ähnlich Weißflügel-Seeschwalbe, aber etwas *größer, längerer und kräftigerer Schnabel,* bei Altvögeln kein nach oben reichender weißer Keil hinter den dunklen Ohrdecken. Weißes *Nackenband* im Jugendkleid sehr *schmal oder unterbrochen,* in die Ohrdecken reichender weißer Keil nur angedeutet. Rücken schieferbraun mit breiten gelblichweißen Federspitzen, mausert aber früh ins erste Schlichtkleid. Flügel blaß wie bei junger Flußseeschwalbe und *ohne den dunklen Armflügel-Vorderrand* der beiden anderen dunklen Seeschwalben. Bürzel und Oberschwanzdecken weißlich, Schwanz hellgrau mit kleinen dunklen Flecken vor der Spitze. Ruf kurz, laut und un an Wachtelkönig erinnernd 'krsch'. G

Rußseeschwalbe *Sterna fuscata* L 40. Brütet in gewaltigen Kolonien auf kleinen Inseln der tropischen Meere, fischt weit auf offener See. Taucht nicht, sondern schnappt Fische im Flug von der Oberfläche auf. So *groß* wie Brandseeschwalbe mit tief gegabeltem Schwanz. Altvögel unterseits immer weiß und *oberseits* einschließlich Scheitel einfarbig *schieferschwarz* mit bis zum Auge (aber nicht weiter) reichender *weißer Stirn.* Unausgefärbt ganz dunkel. Stimmfreudig, meist nasal und schrill 'ker-wäckiwäck'. A

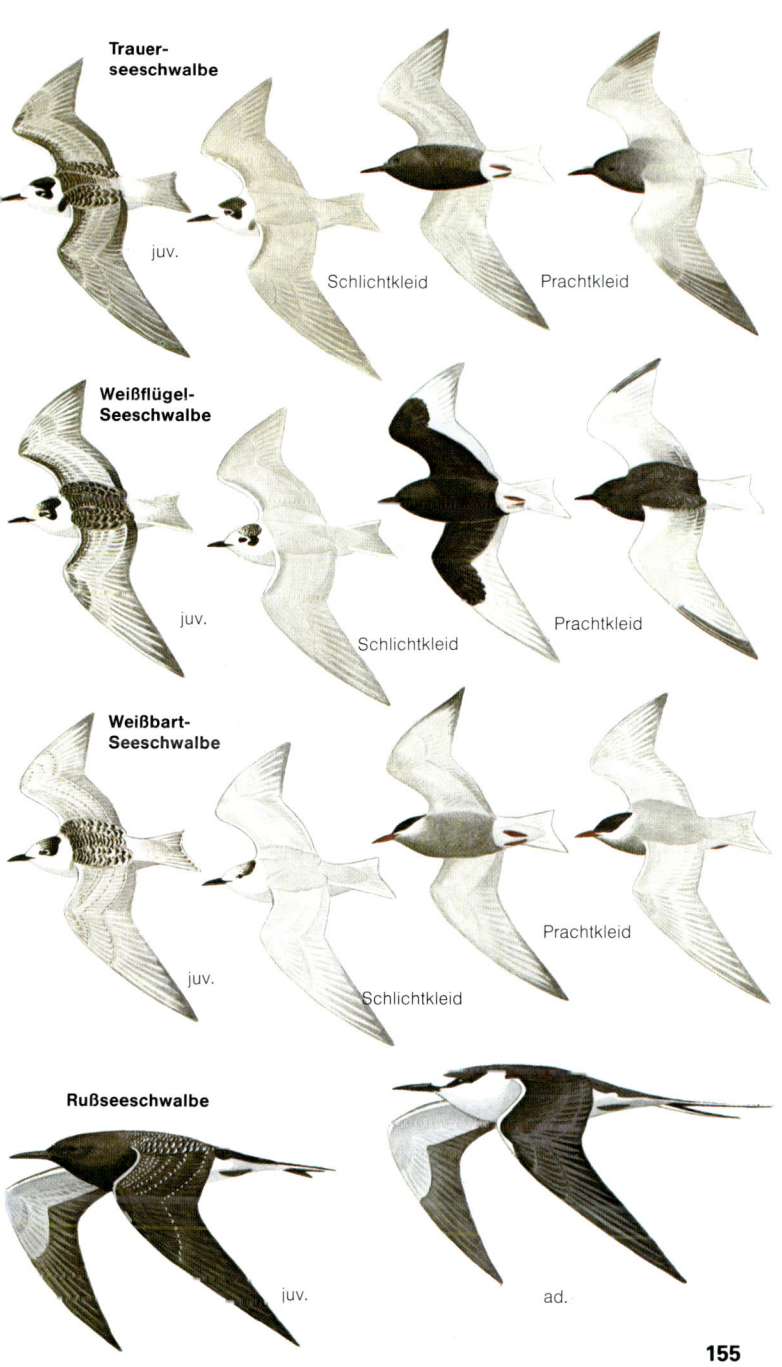

**Trauer-
seeschwalbe**

juv.

Schlichtkleid

Prachtkleid

**Weißflügel-
Seeschwalbe**

juv.

Schlichtkleid

Prachtkleid

**Weißbart-
Seeschwalbe**

juv.

Schlichtkleid

Prachtkleid

Rußseeschwalbe

juv.

ad.

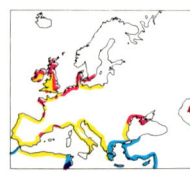

Brandseeschwalbe

Brandseeschwalbe *Sterna sandvicensis* L 40. Brütet lokal auf Sandinseln vor der Küste, auch außerhalb der Brutzeit ans Meer gebunden und nur ausnahmsweise im Binnenland. Fischt oft weit auf dem Meer und stürzt sich aus größerer Höhe ins Wasser als andere Seeschwalben. Fällt meist durch die *Stimme* auf und wird an dem *hellen Grundeindruck, langen schmalen*, oft stark gewinkelten *Flügeln*, kurzem Schwanz, kraftvollem Flug mit ziemlich tiefen und eiligen Schlägen, dem *langen schwarzen Schnabel* mit gelber Spitze und im Sitzen an angedeutetem Schopf und *kurzen schwarzen Beinen* erkannt. Im Schlichtkleid (oft schon ab Juli) Stirn weiß (nicht ganzer Scheitel wie bei Lachseeschwalbe, von der sie sich auch durch langen schlanken Schnabel und schmale Flügel unterscheidet). Im Jugendkleid Schnabel meist ganz dunkel, wenig weiß auf Stirn (weniger als bei junger Lachseeschwalbe), Rücken, Schwanz und Vorderflügel dunkel gemustert. Altvögel, die ihre Jungen im Spätsommer noch während des Fischfangs begleiten, haben auffallend dunkelgraue äußere Handschwingen und oft durch Mauser bedingte abweichende Flügelform. Sehr ruffreudig, macht meist durch die laute, rauhe Stimme auf sich aufmerksam: 'kirr-rrek', ähnlich Rebhuhn oder wie wenn Amalgam in einen Zahn gedrückt wird. Jungvögel rufen heller und klingelnder 'krri-e'.   BZ

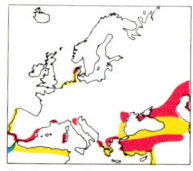

Lachseeschwalbe

Lachseeschwalbe *Gelochelidon nilotica* L 38. Verstreut in meist kleinen Kolonien in Südeuropa, Dänemark und Schleswig-Holstein in küstennahen Dünengebieten und Feuchtwiesen. Bei uns nur ausnahmsweise im Binnenland. Bei der Nahrungssuche weniger ans Wasser gebunden als andere Seeschwalben, jagt vorwiegend über Land nach großen Insekten, Fröschen, Eidechsen, Mäusen und Krabben. Wichtigstes Kennzeichen ist der *möwenähnliche, dicke und schwarze Schnabel*. Gemächlicher, stetiger Flug erinnert an Raubseeschwalbe, aber Flügel sehr lang, schmal und spitz, ähnlich Brandseeschwalbe. Im Gegensatz zu dieser kein Kontrast zwischen dunkleren äußeren und helleren inneren Handschwingen. Äußere Handschwingen von unten mit deutlicher schmaler, dunkler Hinterkante. Schwanz kurz und leicht gegabelt. Bürzel und Oberschwanzdecken blaßgrau. Stehend fallen die typischen *langen schwarzen Beine* auf. Im Schlichtkleid nur wenig Schwarz hinter dem Auge (Brandseeschwalbe hat Schwarz im Nacken), *Kopf* daher *überwiegend weiß*. Im Jugendkleid ähnlich Brandseeschwalbe, aber mit *mehr Weiß auf der Stirn*, kürzerem und dickerem Schnabel und längeren Beinen. Stimme ein unverkennbares 'kävACK', bei Alarm eine Serie nasaler, fast lachender Töne 'kävi-kävi-kävi-kävi', der balzenden Uferschnepfe ähnlich. Jungvögel betteln mit piepsendem 'piü'.   BZ

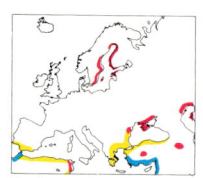

Raubseeschwalbe

Raubseeschwalbe *Sterna caspia* L 53. Brutvogel der Inseln und Schären entlang der Ostseeküste, in kleineren und größeren Kolonien, sowie in Südost-Europa. Fliegt zur Nahrungssuche auch an Binnenseen, legt während der Brutzeit also täglich viele Kilometer zurück. Die Ostsee-Population zieht über den europäischen Kontinent und das Mittelmeer nach Afrika, meidet also im Gegensatz zur Brandseeschwalbe das Binnenland nicht. Während des Wegzuges oft auch in Familienverbänden. Taucht nach Fisch, aber nicht so verwegen wie Brandseeschwalbe. *Sehr groß*, fast so mächtig wie Silbermöwe. *Gewaltiger, leuchtend roter Schnabel*, auch aus großer Entfernung sichtbar, Stimme und *möwenähnlicher träger Flug* sind die besten Kennzeichen. Im Flug wirken die *Kopfregion auffallend groß*, der Hals lang, dick und weit hervorstehend und der *Schwanz kurz*. Beine schwarz. Flügel von oben blaßgrau, von unten jedoch mit schwarzem Keil im Handflügel. Jungvögel lassen sich von Altvögeln am mehr *orangefarbenen Schnabel* mit dunkler Spitze, der weiter auf die Kopfseiten hinabreichenden *braun und weiß gestrichelten Kappe*, unterschiedlich stark ausgebildetem *dunklen Schuppenmuster* auf Rücken und Flügeln und den *hellen Beinen* (bei stehenden Vögeln auf große Entfernung das beste Alterskennzeichen) unterscheiden. Stimme sehr tief, laut und reiherähnlich rauh 'kräh-app'. Jungvögeln betteln auch während des Zuges noch fiepend 'slivi'.   Z

Schlichtkleid

Brandseeschwalbe

ad.

Prachtkleid

juv.

juv.

Schlichtkleid

Lachseeschwalbe

ad.

Prachtkleid

juv.

juv.

**Raub-
seeschwalbe**

ad.

Prachtkleid

juv.

juv.

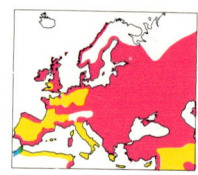

Flußseeschwalbe

Flußseeschwalbe *Sterna hirundo* L 35. In kleinen Kolonien oder Einzelpaaren häufiger Brutvogel an europäischen Küsten, stellenweise auch an Binnenseen und Flüssen mit Kiesbänken. Fängt Fische durch Stoßtauchen. Von der sehr ähnlichen Küstenseeschwalbe an folgenden Merkmalen zu unterscheiden: *Kürzere Schwanzspieße*, breitere Flügel, *schnellere und steifere Flügelschläge* (dennoch elegant und während des Balzfluges wie bei der Küstenseeschwalbe langsam), größerer Kopf (*Hals und Schnabel länger*), längere Beine. *Äußere Handschwingen oberseits etwas dunkler grau als innere*, der Übergang sieht wie eine *Kerbe in der Flügelhinterkante* aus (bei Küstenseeschwalbe einfarbig hellgrau). Von unten nur die inneren Handschwingen durchscheinend. *Schnabel dunkel orangerot*, fast immer *mit schwarzer Spitze*. Im Jugendkleid graue Armschwingen (mit weißer Spitze; nicht ganz weiß) und oberseits deutlich *abgegrenzte dunkle Flügelvorderkante*, Rücken meist mit grober dunkler Querwellung, *Schnabelbasis* gewöhnlich *orangefarben* (bei Küstenseeschwalbe meist dunkel). Stimme meist tiefer als bei Küstenseeschwalbe, kurz und scharf 'kitt', schnell 'kjekjekje' und charakteristisch 'kirri-kirri-kirri'. Warnruf gedehnt 'krrll-äh', bei Krähen scharf 'ktjä'. BZ

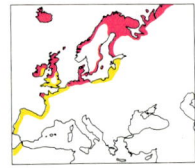

Küstenseeschwalbe

Küstenseeschwalbe *Sterna paradisaea* L 38. Koloniebrüter an nordeuropäischen Küsten, im äußersten Norden auch an kleinen Bergseen. Erscheint bei uns nur ausnahmsweise im Binnenland. Taucht weniger gern nach Fischen als Flußseeschwalbe, sammelt lieber fliegend kleine Tiere von der Wasseroberfläche auf oder fängt Insekten im Flug. Folgende Merkmale unterscheiden sie am besten von der Flußseeschwalbe: *Längere Schwanzspieße*, schmalere Flügel, eleganterer Flug mit *leichteren, elastischeren Flügelschlägen*, kleiner Kopf (*Hals und Schnabel kürzer*) und *sehr kurze Beine*. Oberflügel gleichmäßig hellgrau, *ohne „Kerbe"* in der Hinterkante. Von unten wirken *alle Schwungfedern* gegen das Licht *durchscheinend*. *Schnabel blutrot*, normalerweise ohne schwarze Spitze. Kehle und Halsseiten deutlich grau getönt und von der schwarzen Kappe durch weißes Wangenfeld getrennt. Jungvögel mit fast ganz *weißen Armschwingen* (bei Flußseeschwalbe grau mit weißen Spitzen), nicht ganz so dunkelgrauer Flügelvorderkante und nur angedeuteter Querwellung des Rückens, *Schnabel ganz dunkel*. Rufe ähnlich Flußseeschwalbe, aber bei Balz und Streitereien höher und klarer 'pi-pi-pi-pi', hoch klingelnd 'prrie' oder härter und scharrender 'kt-kt-kt-krrr-kt-kt'. Warnt gegenüber Menschen trocken kratzend 'kriERRR', gegenüber Krähen mit lautem scharfem 'kllu'. BZ

Rosenseeschwalbe

Rosenseeschwalbe *Sterna dougallii* L 38. Brütet lokal an westeuropäischen Küsten, oft mit Fluß- und Küstenseeschwalben. Oberseits blasser als diese beiden Arten, *auffallend weißlich*. Flügel im Verhältnis kürzer und *Schwanzspieße sehr lang und rein weiß*. *Schnabel lang und schwarz, nur an der Basis etwas rot*. Beine *länger* als bei Flußseeschwalbe. Im Prachtkleid Brust rosa überhaucht. Im Schlichtkleid wie Flußseeschwalbe, hinterläßt aber weißeren Gesamteindruck und hat längere Schwanzspieße. Im Jugendkleid nur wenig Weiß auf Stirn, Rücken wie junge Brandseeschwalbe, Handschwingen ohne dunkle Spitzen, Beine schwarz. Erinnert im Flug trotz der langen Schwanzspieße an Brandseeschwalbe und wirkt vorderlastig. *Stimme charakteristisch*, ein schnelles weiches 'tjuWIK' und ein breites, rauh raspelndes 'spräääch'. A

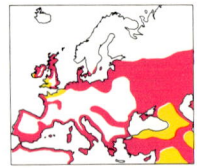

Zwergseeschwalbe

Zwergseeschwalbe *Sterna albifrons* L 23. Lückenhaft verbreiteter Brutvogel in kleinen Kolonien auf flachen Sand- und Kiesstränden, in Süd- und Osteuropa auch an flachen Binnenseen. *Kleinste* europäische Seeschwalbe. Stirn in allen Kleidern *weiß*, *Schnabel* im Prachtkleid *gelb mit schwarzer Spitze* (Spitze verbleicht im Spätsommer; im Schlichtkleid Schnabel schwärzlich), *Beine gelb*. Jungvögel an geringer Größe zu erkennen. Schwanz kurz. Fliegt regenpfeiferartig mit schnellen Flügelschlägen, erinnert rüttelnd an Schmetterling. Taucht oft in schneller Reihenfolge. Aktiv und laut, Ruf ein rauhes schrilles 'prit, prit-prit'. BZ

**Fluß-
seeschwalbe**

1er Winter

juv.

ad.

Prachtkleid

**Küsten-
seeschwalbe**

1er Winter

juv.

ad.

Prachtkleid

**Rosen-
seeschwalbe**

1er Winter

juv.

Prachtkleid

ad.

**Zwerg-
seeschwalbe**

juv.

juv.

Prachtkleid

ad.

Alke (Ordnung Charadriiformes, Familie Alcidae) sind schwarzweiße Meeresvögel, die nur zum Brüten in meist großen Kolonien an Klippen kommen. Fliegen auf schmalen, propellerartig schnell bewegten Flügeln wie Torpedos niedrig über das Wasser, benutzen diese auch beim Tauchen zur Fortbewegung. Jugendkleid ähnlich Schlichtkleid. Legen 1 oder 2 Eier.

Tordalk

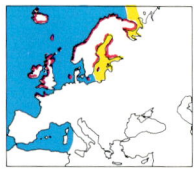

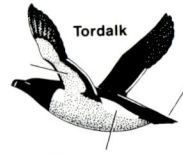
Tordalk

Tordalk *Alca torda* L 38. Brutkolonien an nördlichen Vogelfelsen, nicht so groß wie die der Trottellumme, oft mit dieser zusammen, braucht aber nicht so steile Klippen und legt das einzige Ei gern unter Felsvorsprünge. In Deutschland nur einige Paare auf Helgoland. Im Winter auf dem offenen Meer. *Schnabel hoch und seitlich zusammengedrückt*, wird im Schwimmen wie der ziemlich lange, spitze Schwanz leicht schräg aufwärts gehalten. Hals kürzer und dicker als bei Trottellumme, *Kopf und Rücken schwarz*, nicht bräunlich. Im Flug von der Trottellumme durch rein weiße Unterflügeldecken, *mehr Weiß an den Steißseiten* (weißer Bürzel mit schwarzem Längsstrich, ähnlich Eisente), *höher gehaltenen Kopf und Schwanz* (daher nicht so bucklige Erscheinung) und den Schwanz nicht überragende Füße unterschieden. Balzflug mit plötzlich einsetzenden zeitlupenartigen Flügelschlägen. Ruf ein grunzendes, knarrendes, etwas melancholisches 'urr'. BW

Trottellumme

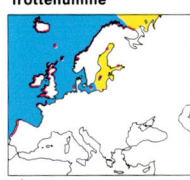

Trottellumme

Trottellumme *Uria aalge* L 42. Gewaltige Brutkolonien (oft Tausende) an atlantischen Vogelfelsen, auf Helgoland über 2000 Paare. Das einzige birnenförmige Ei wird auf schmale Felsbänder gelegt und von den Eltern an der sehr variablen Färbung, das Junge an der Stimme wiedererkannt. Jungvögel springen im Alter von knapp 20 Tagen an Juniabenden noch flugunfähig alle gleichzeitig vom Felsen und werden vom Männchen aufs offene Meer geführt. Plumper Körper, fliegt auf schmalen Flügeln schnell und niedrig über dem Wasser, oft mehrere in einer Reihe. *Schnabel* ziemlich *lang und schlank* (pfriemförmig), vom Tordalk im Sitzen ferner durch längeren, dünneren Hals, kürzeren Schwanz, *schwarzbraunen*, in hellem Sonnenlicht graubraun wirkenden Rücken (nicht ganz schwarz) unterschieden. Bei nördlichen Populationen Oberseite dunkler. Einzelne Vögel, oft als „Ringellummen" bezeichnet, haben weißen Augenring mit nach hinten ausgezogenem schmalem weißem Strich („Make-up"). Hals im Flug eingezogen, wirkt *buckliger* als Tordalk, mit längerem Hinterkörper und den Schwanz überragenden Füßen. *Weniger Weiß an den Steißseiten*, Unterflügeldecken schmutzig weiß, Achselfedern dunkel gestrichelt (vergl. mit Dickschnabellumme und Tordalk). Im Schlichtkleid von diesen durch das *auf den Kopfseiten weiter hinaufreichende* und durch einen vom Auge aus nach hinten führenden schwarzen Strich geteilte *Weiß* und die *dunkel gestrichelten Flanken* unterschieden. Stimme knarrend 'a-orrr', etwas zufriedener als Tordalk klingend. BW

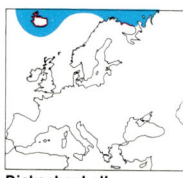

Dickschnabellumme

Dickschnabellumme *Uria lomvia* L 40. Brütet wie die sehr ähnliche Trottellumme und oft mit ihr zusammen in großen Kolonien an steilen Felsküsten, aber erst im äußersten Norden. Am besten zu unterscheiden durch *kürzeren, dickeren Schnabel mit weißem Längsstrich* im Schnabelwinkel, *ungestrichelte Flanken*, dunkler schwarzbraune Oberseite (fast wie Tordalk), in *spitzem Zipfel in die Kehle reichendes Weiß* der Unterseite (bei Trotttellumme stumpfer Winkel). Kann im Flug aus einiger Entfernung an *kürzerem, kompakterem, rundbäuchigerem Körper* als Trottellumme, *buckligerem Rücken* als Tordalk, deutlicher als bei Trottellumme nach unten weisendem Schnabel, *ausgedehnt weißen Steißseiten* und ungezeichnet weißen Unterflügeldecken und Achseln wie Tordalk, aber den Schwanz überragenden Füßen erkannt werden. Im Schlichtkleid Kinn und Kehle weiß, der Trottellumme sehr ähnlich, aber vor allem am *weiter* auf die Kopfseiten hinabreichenden Schwarz sowie ungestrichelten Flanken und dickerem Schnabel mit weißlichem Längsstrich zu erkennen (kann aber mit jungen Tordalken verwechselt werden, die oft noch schlanken Schnabel haben!). Stimme knarrend mit bösartigem Unterton. A

Dickschnabellumme

Seetaucher Kormoran Trauerente Krabbentaucher Lumme

ummenkolonie

Schlichtkleid

Tordalk

Prachtkleid

imm.

Trottollumme

Prachtkleid

„Ringellumme"

Schlichtkleid

Schlichtkleid

Prachtkleid

Dickschnabellumme

Krabbentaucher

Krabbentaucher
Schlichtkleid

Papageitaucher
Schlichtkleid

Gryllteiste

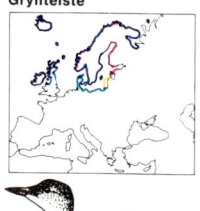

Gryllteiste, juv.

Gryllteiste
1er Sommer

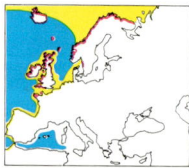

Papageitaucher

Krabbentaucher *Alle alle* L 20. In gigantischen Zahlen Brutvogel der Arktis, oft in gewaltigen Kolonien an Berghängen und in Geröllfeldern. Eine der individuenreichsten Vogelarten der Erde, umfliegt die Brutplätze in mückenähnlichen Schwärmen. Das Ei wird in eine Höhle oder Felsspalte gelegt. Sehr ruffreudig mit hoch trillerndem und nasal lachendem 'kirrrr, kähähähähä', dessen tausendfaches Echo aus den Brutkolonien schallt. Fliegt in großer Höhe in Trupps aufs Meer hinaus, fischt dort nach Plankton und kehrt in wellenförmigen Bändern mit prall gefülltem Kehlsack niedrig über dem Wasser zurück. Außerhalb der Brutzeit auf dem offenen Nordatlantik, wird aber durch starke nordwestliche Herbst- und Winterstürme an nordeuropäische Küsten und manchmal ins Binnenland geblasen. *Kleinster Alk*, nur starengroß, kompakt und *mit winzigem Schnabel*. Im Flug mit *schwirrenden Flügelschlägen* und *dunklen Unterflügeln* extrem kurzhalsig (junger Papageitaucher einzige Verwechslungsgefahr, hat aber etwas hellere Unterflügel und langen Schnabel). Ruht wie ein Stück Kork hoch auf dem Wasser liegend und weiß leuchtend, dabei *halslos* erscheinend. Wenn er sich streckt, kann der Hals jedoch erstaunlich lang werden. Nahrungssuchende Krabbentaucher liegen zwischen den Tauchgängen jedoch sehr flach im Wasser, wie eine Wasseramsel mit hängenden schwarzen Flügeln und gestelztem Schwanz, wirken dunkel und halten den Kopf sehr niedrig. W

Gryllteiste *Cepphus grylle* L 33. Brütet verbreitet in Einzelpaaren oder lockeren Gruppen an nordeuropäischen Felsküsten, legt zwei Eier in Höhlen oder Felsspalten. Liebt im Gegensatz zu den anderen Alken auch außerhalb der Brutzeit eher die Küstennähe. Im Prachtkleid durch *ganz schwarzes Gefieder mit ovalem weißem Feld auf den Flügeldecken* eindeutig gekennzeichnet (kann selbst aus großer Entfernung von Samtente an buckliger, spindelförmiger Gestalt und *schwirrendem Flügelschlag* unterschieden werden, surrt immer sehr *niedrig über das Wasser*). Beine leuchtend lackrot, bei Jungvögeln orangerot. Im Schlichtkleid unterseits leuchtend weiß und oberseits hell grau, aber *weißes Flügelfeld* noch immer dunkel eingefaßt. Im Jugendkleid kräftig grau gefleckt, oft selbst im Flügelfeld. Vorjährige Vögel oft fast ganz schwarz (Körpergefieder gemausert, aber Flügeldecken nicht). Im äußersten Norden auch eine sehr seltene in allen Kleidern ganz schwarze Varietät. Während der Balz sitzen Gryllteisten in Gruppen auf Felsen und äußern ein dem Strandpieper ähnliches grillenartig zirpendes 'sipp-sipp-sipp- ...' und ein sehr hohes, langgezogenes, weithin hörbares und schwer zu ortendes elektronisch klingendes Piepen. Dabei wird der Schnabel weit geöffnet (Rachen signalrot). Oft werden die Flügel gelüftet, um das weiße Feld zu zeigen. W

Papageitaucher *Fratercula arctica* L 30. Oft mehrere Tausend Paare umfassende Kolonien an Felsklippen der Atlantikküste. Das Ei wird in Erdhöhlen oder unter Felsen gelegt. Geht im Winter mit dem Krabbentaucher am weitesten auf das offene Meer. Wird im Herbst und Winter, meist nach Weststürmen, auch in den Deutschen Bucht gesehen, oft vor Helgoland, wo er früher sogar gebrütet hat. Der Clown unter den Alken. Beachte den dickbäuchigen Körper und großen Kopf mit *hohem dreieckigem, seitlich zusammengedrücktem* und bunt gefärbtem *Schnabel*. Die zur Brutzeit oft seitlich heraushängenden Fische geben ihm ein bärtiges Aussehen (werden aber oft von Schmarotzerraubmöwen gestohlen). Im Spätsommer werden die äußeren Hornschilder des Schnabels regelrecht gemausert, fallen also ab, so daß der Schnabel im Schlichtkleid schmaler ist. Auch Kopfseiten dann dunkler grau, im Jugendkleid noch dunkler. Im Schwimmen ragt die Brust weiter aus dem Wasser als bei allen anderen Alken, was ihm eine charakteristische Silhouette verleiht. Meist in kleinen Trupps, fliegt in Linie niedrig über das Wasser. Dabei fallen der *große helle Kopf*, die geringe Größe und der kurze Schwanz auf. *Unterflügel recht dunkel*, aber heller als bei Krabbentaucher, Flügelhinterkante ohne weißen Rand. Ruft am Brutplatz unmusikalisch 'aaah', knarrend und bellend zugleich. W

Trupp

Schlichtkleid

**Krabben-
taucher**

Prachtkleid

Schlichtkleid

Gryllteiste

Prachtkleid

am Brutplatz

imm.

Papageitaucher

Prachtkleid

Schlichtkleid

vor der Bruthöhle

Flughühner

(Ordnung Pterocliformes, Familie Pteroclidae) sind mittelgroße taubenähnliche Vögel, die aber wohl nah mit Limikolen verwandt sind. Beine und Schnäbel sehr kurz, aber Flügel und Schwänze lang und spitz. Geschlechter etwas verschieden gefärbt. Flug schnell und direkt, an Tauben und Goldregenpfeifer erinnernd, oft in laut rufenden Trupps (Stimme für Bestimmung wichtig!), die aus trockenen Wüsten und Steppen morgens und abends oft über große Entfernungen zu Wasserstellen fliegen. Gelege aus 2–3 Eiern am Boden. Männchen transportieren im durchtränkten Bauchgefieder Wasser zu den in der Wüste wartenden Jungen.

Sandflughuhn

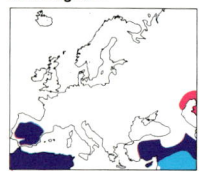

Sandflughuhn *Pterocles orientalis* L 35. Brütet in Spanien, Portugal, Nordafrika und Südwest-Asien in Steppenlandschaften, erscheint selten außerhalb des Brutgebietes. Unterscheidet sich von den anderen in Europa nachgewiesenen Flughühnern durch untersetzte Gestalt, kurzen Schwanz, *ganz schwarzen Bauch und schwarze Schwungfedern, die zu den weißen Unterflügeldecken* und braunen Oberflügeldecken *kontrastieren.* Schwanz zwar spitz, aber *mittlere Steuerfedern nicht verlängert.* Weibchen mit gefleckter Brust und gestricheltem Kopf, Männchen einziges Flughuhn mit schwarzer Kehle, aber hellem Kinn. Typischer Ruf ein explosiv schnaufendes 'tjörrl-rl-rl', aus der Entfernung nur 'tjörr' wie kurz schnaubendes Pferd, ferner ein helles 'tjiio' ähnlich Steinkauz. –

Spießflughuhn

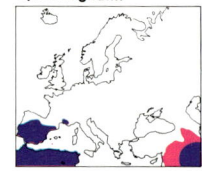

Spießflughuhn *Pterocles alchata* L 33. In Europa nur seßhafter Brutvogel von Trockengebieten Spaniens und Südfrankreichs (Crau), sonst Nordafrika und Vorderasien. Kleinstes Flughuhn, am Boden sehr kurzbeinig, kann den Hals aber weit hochrecken. Eiliger Flug mit schnellen Flügelschlägen ähnlich Goldregenpfeifer, wirkt dabei bauchig, halslos und hält den Schnabel leicht aufwärts. Gefieder heller als bei anderen Flughühnern, dünn schwarz begrenztes ziegelrotes Brustband. Beim Männchen Kinn und Kehle schwarz, beim Weibchen hell. *Mittlere Steuerfedern stark verlängert.* Im Flug am besten vom Steppen- und Sandflughuhn am *hellen Bauch,* vom Sandflughuhn auch an *helleren Unterflügeln* zu unterscheiden. Fliegt meist in größeren Trupps als Sandflughuhn, aus denen ein kennzeichnendes, sehr lautes, nasales und gutturales 'katar, katarr' zu hören ist (aus großer Entfernung an Dohle erinnernd) auch ein nasales 'gau' und 'grarr'.

Steppenflughuhn

Steppenflughuhn *Syrrhaptes paradoxus* L 38. Häufiger Brutvogel asiatischer Trockensteppen, der im vorigen Jahrhundert (zuletzt 1863 und 1888) gelegentlich in Masseninvasionen nach Westeuropa kam und dann sogar in Deutschland brütete! Hielt sich damals vorwiegend in Sanddünen und ähnlichen trockenen Gebieten auf. Wichtige Kennzeichen sind *verlängerte mittlere Steuerfedern, schwarzer Bauchfleck und fehlendes Schwarz an Kinn und Kehle. Flügel spitz und rein, Unterflügel fast rein weiß.* Männchen mit ungezeichnet hellgrauer Brust, Weibchen mit schmalem schwarzem Kehlband und gefleckten Halsseiten. Meist in lärmenden Trupps, Rufe zwei- oder dreisilbig 'kirick' und 'köckerick' sowie mehrsilbig recht dumpf glucksend 'tjo-ho-ho-ho'.

Tropfenflughuhn ♂

Tropfenflughuhn *Pterocles senegallus* L 32. Lokal häufig und teilweise nomadisierend in Wüsten Nordafrikas und des Mittleren Ostens, regelmäßig im südlichen Israel. Erst einmal in Europa (Italien) festgestellt. Ein mittelgroßes, schnellflügeliges Flughuhn mit *Schwanzspieß und hellen Oberflügeln,* das aus der Entfernung recht *einheitlich beige* aussieht, aus der Nähe aber unterseits schwärzliche Schwungfedern und beim Männchen einen *kleinen schwarzen Bauchfleck* zeigt. Brust, Halsband und Augenstreif beim Männchen taubengrau, beim Weibchen beige mit feiner dunkler Fleckung. Rücken des Weibchens markant dunkel getropft. Wird meist während des Besuchs der Wasserstellen in manchmal sehr großen Trupps gesehen. Stimme ein etwas nasales, zweisilbiges, flüssiges und durchaus musikalisch klingendes 'kulT-uu, kulT-uu', das während der Flugmanöver des Trupps in ein Kläffen übergehen kann. –

Rebhuhn

Gold-
regenpfeifer

Felsentaube

Flughuhn

Spießflughühner an Wasserstelle

Sandflughuhn

♂

♂

♀

♂

fliegender Trupp

♂

♀

Spießflughuhn

♂

♀

♂

Steppenflughuhn

Tauben

(Ordnung Columbiformes, Familie Columbidae) sind mittelgroß, ziemlich kräftig, mit spitzen Flügeln, mittellangen Schwänzen und kleinen Köpfen. Flug schnell und ausdauernd, beim Auffliegen oft lautes Flügelklatschen mit Warnfunktion. Ernähren sich am Boden, können mit ins Wasser gesenktem Schnabel saugend trinken (andere Vögel müssen einen Schnabel voll nehmen und den Kopf dann zurückwerfen). 2 weiße Eier in oft liederlichen Nestern, Jungvögel werden mit der im Kropf produzierten „Taubenmilch" gefüttert.

Felsentaube

Felsentaube *Columba livia* L 33. In Süd- und Westeuropa lokal häufig in Gebirgen und an Felsküsten, Nester in Höhlen, Spalten und auf geschützten Felsbändern. Stammform der Straßentaube (s. unten), die ihr oft noch sehr ähnlich ist. Typische Kennzeichen reiner Felsentauben sind hellgraue Oberseite mit leuchtend *weißem Bürzel, zwei schwarze Querbinden auf dem Armflügel* und *weiße Unterflügel* (bei Hohltaube grau). Proportionen und Flugweise wie Straßentaube, also kleiner und kompakter als Ringeltaube mit schnellerem Flug und Flügelschlag. Meist in Trupps. Gurrt wie Straßentaube in einer Serie dumpf 'drruOO-u'. —

„Straßentaube" *Columba livia* forma *domestica* L 33. Brütet in menschlichen Siedlungen in Nischen von Häusern, Türmen etc., aber auch an Felswänden, oft mehrmals im Jahr. Sehr vertraut und stellenweise sehr häufig, läßt sich auf Straßen und Marktplätzen füttern, fliegt aber auch auf Felder. Da sie von verwilderten Brief- und anderen Zuchttauben abstammt, ist das *Gefieder sehr variabel* und kann *fast alle Farbtöne und -kombinationen* aufweisen (*kann daher im Flug mit sehr vielen Vogelarten verwechselt werden*, z.B. Limikolen, Möwen, kleineren Greifvögeln und Falken). Oft jedoch der Stammform Felsentaube sehr ähnlich. Standvogel, Trupps von Brieftauben können aber auch „ziehend" beobachtet werden. Gestalt, Flugweise, Verhalten und Stimme wie Felsentaube. Jungvögel betteln mit langgezogenem dünnem Fiepen. (B)

Hohltaube

Hohltaube *Columba oenas* L 33. Brütet in Wäldern mit Baumhöhlen, aber auch alten Parks, Felsnischen und stellenweise sogar in Kaninchenbauten in Dünengebieten. Nahrungssuche auf Feldern und in anderem offenem Gelände, oft weit von der Bruthöhle entfernt, gern in kleinen Gruppen und mit Ringeltauben vergesellschaftet, häufig auch an Stränden. *Kleiner, kompakter* und kurzschwänziger als Ringeltaube, fliegt mit rascheren Flügelschlägen und scheinbar schneller. Wirkt recht einfarbig, oberseits satter grau, *Flügelfeld und Bürzel silbergrau, keinerlei weiße Abzeichen* im Gefieder. Zwei undeutliche schwarze Binden an der Basis des Armflügels wenig auffallend, Unterflügel grau. Pfeifendes Flügelgeräusch. Balzflug mit tiefen Flügelschlägen und langer Gleitstrecke auf hochgereckten Flügeln. Monotone Stimme schnell gurrend 'OO-ue OO-ue OO-ue ...', der Straßentaube ähnlicher als der Ringeltaube. BZ

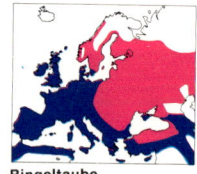

Ringeltaube

Ringeltaube *Columba palumbus* L 40. Häufigste und am weitesten verbreitete Taube Europas, besiedelt fast alle Lebensräume vom geschlossenen Wald bis zur Großstadt. Schließt sich auch furchtlos Straßentauben an. Leicht zu bestimmen an der Größe, den *weißen Flecken an den Halsseiten* (fehlen im Jugendkleid!) und dem breiten *weißen Band auf den Armdecken*. Beim Auffliegen lautes Flügelklatschen. Außerhalb der Brutzeit in meist großen Trupps, oft mit einzelnen Hohltauben, Flügelschläge aber lockerer als bei dieser, Schwanz proportional etwas länger. Balzflug mit kurzer Aufstiegsphase, Flügelklatschen und schräg hinabführender kurzer Gleitstrecke auf halbgeschlossenen Flügeln. Das tiefe, etwas rauhe Gurren besteht aus fünf Silben, deren erste betont und deren letzte kurz und abrupt endet, etwa wie 'DOOH-doo, doodoo, do'. Meist ohne Pause drei- bis fünfmal wiederholt, so daß die letzte kurze Silbe wie die Einleitung zur nächsten Strophe klingt und scheinbar zu dieser gehört. BZW

Dohle Falke Gold-regenpfeifer Flughuhn Felsentaube

Ringeltauben

Haustauben

Felsentaube

Hohltaube

juv.

Ringeltaube

ad.

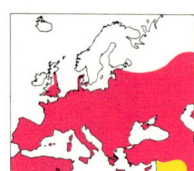

Turteltaube

Turteltaube *Streptopelia turtur* L 27. In Mittel- und Südeuropa verbreiteter Brutvogel in Auwäldern, Feldgehölzen, offenem Waldland und auch trockenen Flächen mit Büschen und Bäumen. Überwintert im tropischen Afrika. Scheu und aufmerksam, da im Süden viel bejagt. Deutlich kleiner, dunkler und weniger langschwänzig als Türkentaube. Im Flug leicht an hellem Bauch, recht dunklen Unterflügeln, *geringer Größe* und ruckartigen Flügelschlägen zu erkennen. An den *Halsseiten Fleck aus weißen und schwarzen Streifen* (oft etwas blaugrau wie Orientturteltaube), fehlt im Jugendkleid. Schwanz dunkel mit breitem weißem Spitzensaum, besonders auffällig, wenn der Schwanz im Abflug gespreizt wird und auch von unten sichtbar. Auffallender rötlicher Lidring ums Auge. Vergleiche auch mit den bei uns nicht vorkommenden asiatischen Arten Orientturtel- und Palmtaube. Balzt schnurrend 'turrrrr, turrrrr, turrrrr'.
BZ

Orientturteltaube *Streptopelia orientalis* L 33. Brutvogel Asiens, der nur ausnahmsweise in Europa erscheint, meist im Herbst und Winter. Oberflächlich der Turteltaube sehr ähnlich, aber bedeutend *größer* (mindestens so groß wie Türkentaube) und etwas *dunkler*. *Flügeldecken mit undeutlichen weißlichen Spitzen*, die einen etwas *geschuppten Effekt* hervorrufen und auf den Großen Armdecken oft zwei dünne Flügelbinden andeuten. Bürzel und Hinterrücken blaugrau (bei Turteltaube mit bräunlichem Einschlag), Nacken und Hinterhals braun (bei Turteltaube hellgrau). Weitere Unterschiede zur Turteltaube sind bräunlichrote Brust (nicht altrosa), dunkler Bauch, dunkel rostbraune Armdecken und Schulterfedern mit undeutlichen hellen Spitzen und diffusen großen dunklen Flecken (nicht rostig gelbbraun mit deutlichen kleinen schwarzen Flecken) und etwas dunklere Unterflügel. Die bei der Turteltaube weißlichen Partien an Halsseiten und Schwanz sind bei der Orientturteltaube hellblau und grau, dieser Unterschied aber nicht immer deutlich und schwer zu sehen; zumindest einige Vögel zeigen gräulichweiß und schwarz gezeichneten Halsseitenfleck. Die zentralasiatische Unterart *meena* hat zudem wie die Turteltaube weißen Bauch und weiße Schwanzendbinde. Lidring nicht auffallend, grau oder rosa. Flugweise kräftig und schwer, eher wie eine Ringeltaube und ganz anders als die gewandte Turteltaube. Stimme klingt wie eine Kreuzung aus Ringel- und Turteltaube, beginnt mit zwei kurzen rauhen Tönen, gefolgt von zwei klareren, etwas tieferen Tönen, etwa 'hru-hru uu-uu hru-hru uu-uu ...'.
A

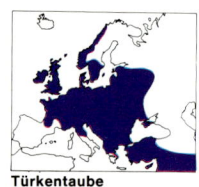

Türkentaube

Türkentaube *Streptopelia decaocto* L 32. Hat sich seit etwa 1930 über den Balkan nach Europa ausgebreitet und erstmals 1949 in Deutschland gebrütet. Heute überall in menschlichen Siedlungen (aber sehr selten außerhalb!), selbst in Großstadtzentren. Sehr anpassungsfähig, kann im März schon brüten und im November noch Junge haben. Oft gemeinsam mit Straßentauben auf Marktplätzen und an Getreidesilos. Hat wendigen Flug wie Turteltaube, ist aber deutlich kräftiger, *größer und langschwänziger*. Gefieder überwiegend *graubraun* bis sandfarben, Schwungfedern schwärzlich und *schmales Nackenband schwarz*. Von unten äußere Schwanzhälfte weiß, innere schwarz, von oben ausgedehnte weißliche Flecken an den Schwanzecken, die beim sitzenden Vogel verdeckt sind. Ruft schon früh morgens gerne von erhöhten Punkten wie Fernsehantennen aus laut und dreisilbig 'du-DUUH-du, ...', im Flug auch wie eine gedämpfte Lachmöwe 'chrää'.
BJ

Palmtaube *Streptopelia senegalensis* L 25. Neueinwanderin in Städte und Dörfer des südlichen Balkan, häufig z.B. in Istanbul. Sehr vertraut. *Langschwänzig* und kurzflügelig wie Türkentaube, aber viel *kleiner und dunkler*, bei oberflächlicher Betrachtung eher wie Turteltaube und mit ähnlicher weißer Schwanzendbinde, aber *großem, blaugrauem Feld auf dem Oberflügel* und kennzeichnendem, wie ein *schwarz gesprenkelter Schal* aussehendem Halsband. Hat fünfsilbiges, schnelles, gedämpftes Gurren, dritte und vierte Silbe etwas höher als die anderen 'dododuuduudo'. Rufen mehrere gleichzeitig, wird man an balzende Birkhähne erinnert.
(A)

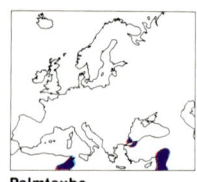

Palmtaube

168

Turteltaube

Orientturteltaube

Türkentaube

Palmtaube

169

Kuckucke

(Ordnung Cuculiformes, Familie Cuculidae) sind mittelgroß, langschwänzig und spitzflügelig mit zwei nach vorne und zwei nach hinten weisenden Zehen. Viele Arten legen Eier in fremde Nester.

Kuckuck

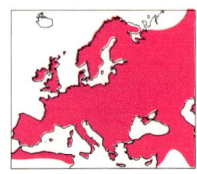

Kuckuck

Kuckuck *Cuculus canorus* L 33. In ganz Europa in allen Lebensräumen häufig, meidet aber Siedlungen, da recht scheu. Nahrung vorwiegend behaarte Schmetterlingsraupen. Weibchen legt Eier jeweils einzeln in fremde Nester, jedes Weibchen dabei auf eine Wirtsvogelart (oft Bachstelze, Wiesenpieper, Dorngrasmücke, Grauschnäpper und Rohrsänger) spezialisiert und deren Eifärbung imitierend. Männchen an *Kopf, Hals, Brust und Rücken aschgrau, übrige Unterseite sperberähnlich gebändert.* Weibchen ähnlich, aber mit leichtem Rostton und angedeuteter Kehlbänderung. Selten, lokal auch etwas häufiger, treten Weibchen (und sehr selten Männchen) der *rotbraunen Morphe* auf, die oberseits leuchtend rostrot gefärbt sind. Jugendkleid auf der Oberseite düster bräunlich, einige mit grauerem, andere mit rötlicherem Ton, aber nie so leuchtend wie Vögel der rotbraunen Morphe und immer am *weißlichen Nackenfleck* als Jungvögel zu erkennen. Die Größe des Kuckucks, der niedrige, diskrete Flug und der *lange Schwanz* erinnern oft an Sperber, rotbraune Vögel auch an weibliche Turmfalken, aber die schnellen Flügelschläge sind wenig kraftvoll, die *spitzen Flügel werden ohne Gleitstrecken meist unter der Horizontalen bewegt* und der *kleine Kopf* mit dem dünnen Schnabel wird *deutlich aufwärtsgerichtet* gehalten. Wird häufig von erregten Kleinvögeln angehaßt und verfolgt. Männchen ruft besonders morgens das bekannte und weit zu hörende 'GUU-kuu', oft in langer Folge. Bei der Verfolgung von Artgenossen wird es zu räusperndem 'guch-chä-chä' abgewandelt. Weibchen ruft laut und schnell glucksend 'bübübübübübü', ähnlich Zwergtaucher oder Regenbrachvogel. Jungvögel betteln singvogelartig, aber durchdringender 'srii, srii...'. BZ

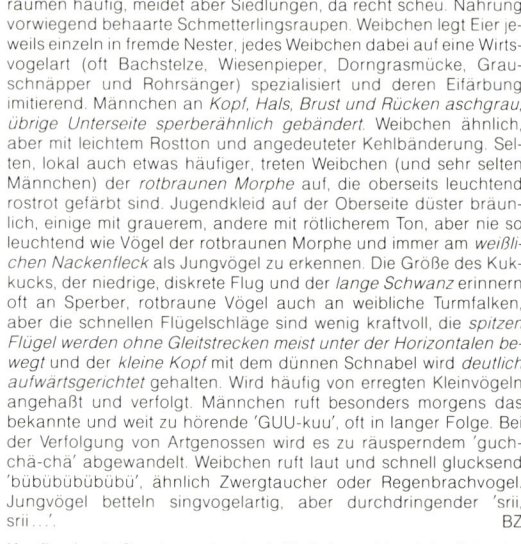

Hopfkuckuck

Hopfkuckuck *Cuculus saturatus* L 30. Scheuer Vogel der Taiga im östlichen Rußland und in Sibirien. Langstreckenzieher, der in Ostindien überwintert und, wenn er beim Heimzug über das Ziel hinausschießt, ausnahmsweise auch in Westeuropa auftauchen könnte (schon in Lettland nachgewiesen). Ruft zweisilbig, *beide Silben gleich stark betont*, und, wenn er beim Heimzug über das Ziel *gleich auf einer Tonhöhe* und im Klang an Wiedehopf erinnernd. Eine Serie von sieben bis acht 'pu-pu pu-pu...'-Tönen wird *schneller* als beim Kuckuck wiederholt, nach dem Landen des Vogels oft von einer aus fünf bis sieben in rascher, gleichmäßiger Folge wiederholten einzelnen 'pu'-Lauten eingeleitet. Sonst fast nicht vom Kuckuck zu unterscheiden, aber etwas kleiner mit geringfügig größerem Schnabel, kaum wahrnehmbar breiterer Bauchbänderung, ist auf Scheitel und Rücken eine Ahnung dunkler und kälter grau und hat öfter als Kuckuck einen rostgelben Ton auf der Unterseite. Die gleichfalls vorkommenden rotbraunen Weibchen sind etwas satter gefärbt.

Häherkuckuck

Häherkuckuck *Clamator glandarius* L 40. Brütet in Südwest-Europa und Thrakien in offener verbuschter Landschaft (Oliven- und Mandelbaumhaine) und legt seine Eier vorwiegend in Elsternester, sogar mehrere in dasselbe Nest. Gestalt und Flugbild ähnlich Kuckuck, aber bedeutend *größer, mit Schopf* und deutlich *weißen Federrändern auf sonst dunkler Oberseite*. Jungvögel mit rotbraunen Handschwingen. Männchen ruft häufig und sehr laut ratternd und gackernd 'tjerr-tjerr-tje-tje-tje-tje-tje'. A

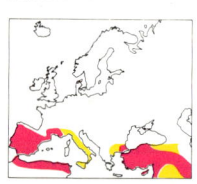

Gelbschnabelkuckuck *Coccyzus americanus* L 30. Ausnahmsweise Herbstgast aus Nordamerika. Von folgender Art an rostrotem Handschwingenfeld, *schwarzen Steuerfedern* (mittleres Paar braun) *mit breiten weißen Spitzen* und *gelbem Unterschnabel* unterschieden. –

Schwarzschnabelkuckuck *Coccyzus erythrophthalmus* L 30. Sehr seltener Herbstgast aus Nordamerika. Anders als Gelbschnabelkuckuck ganz braune Flügel, *braune Steuerfedern mit nur kleinen undeutlichen weißen Spitzen, schwarzer Schnabel* und roter Lidring. A

Ziegen-melker Falke Sperber Taube Kuckuck

rotbrauner juv. rotbraunes ♀ ♂

Kuckuck

singend

♂

Hopfkuckuck

Dorngrasmücke füttert jungen Kuckuck

♀

ad.

Häherkuckuck

imm.

Gelbschnabel-kuckuck

Schwarzschnabel-kuckuck

Eulen

(Ordnung Strigiformes, Familien Tytonidae ⟨Schleiereule⟩ und Strigidae ⟨alle übrigen Eulen⟩) sind überwiegend nachts jagende Beutegreifer mit großen Köpfen (können bis zu 270° gedreht werden), kurzen Hälsen und lautlosem Flug. Breiter Gesichtsschleier führt Geräusche in sehr große Ohröffnungen zusammen. Geschlechter ähnlich, Weibchen etwas größer. Viele Arten Höhlenbrüter, weiße Eier fast rund. *Einige Arten verteidigen Jungvögel mit gefährlichen Angriffen auf menschliche Augen.*

Zwergohreule *Otus scops* L 20. Verbreiteter Brutvogel Südeuropas in Baumhöhlen oder Gebäudenischen in locker mit Bäumen bestandenem Gelände, auch in Städten. Einförmig rindenfarbiges Gefieder entweder graubraun oder rostbraun. *Klein, dicke kurze Federohren*, Flügel relativ lang (Zugvogel). Schlanker und aufrechter sitzend als Steinkauz. Echte Nachteule, fängt Insekten, *fällt meist nur durch Stimme auf:* ein alle 3 Sekunden wiederholtes einsilbiges, tief flötendes 'tjuuk', oft im Duett und Weibchen dabei etwas höher (Verwechslungsgefahr mit Geburtshelferkröte). A

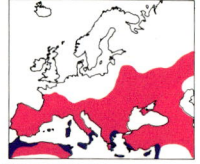

Zwergohreule

Sperlingskauz *Glaucidium passerinum* L 18. Bewohnt ausgedehnte Nadelwälder, brütet in Spechthöhlen, fängt Kleinsäuger und kleine Singvögel und ist mehr tagaktiv als andere Eulen. Bei uns selten und fast nur in Bergwäldern. *Kleinste europäische Eule,* knapp starengroß und im Flug von unten an diesen erinnernd. Braun mit feinen weißen Punkten und Bändern, *weißer Überaugenstreif kurz.* Kopf relativ klein. Flug über längere Strecken wellenförmig. Revierruf *in der Dämmerung* aus vom Baumspitze aus im Sekundenabstand sanft pfeifend 'hjuk', bei Erregung mit stotternd eingestreutem hohem Gurren 'hjuk…huhuhu…hjuk…huhuhu…hjuk…'. Weibchen kann mit hohem 'psiiii' (identisch mit Bettelruf der Jungen) und auch mit dünnem, nasalem 'hjülk' antworten. Herbstgesang eine in Höhe, Geschwindigkeit und Intensität ansteigende Folge von Flötentönen („Tonleiter"), ähnlich den Geräuschen einer Fahrrad-Luftpumpe mit halb zugehaltener Öffnung. Viele weitere Rufe, z.B. plauderndes 'küi'. BJ

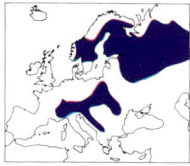

Sperlingskauz

Steinkauz *Athene noctua* L 23. Häufiger Brutvogel Südeuropas in offenem Gelände und Dörfern, brütet in Baumhöhlen und Mauerlöchern. In Mitteleuropa stark abnehmend. Untersetzter Körper, *breiter Kopf mit flachem Scheitel, lange Beine,* mehr waagerechte Körperhaltung. Knickst und pendelt bei Erregung mit dem Körper, sitzt gerne auf Zaunpfählen und Dachfirsten. Auch *am Tag häufig aktiv,* fliegt wellenförmig, rüttelt auch und fängt Kleinsäuger, Vögel, Insekten und Regenwürmer. Ausgeprägter Standvogel. Revierruf leicht von Zwergohreule zu unterscheiden, ein langgezogenes, tiefes und leicht ansteigendes 'guuh-uk', vom Weibchen in einer Falsett-Version gebracht. Ferner laut, hoch und scharf 'kllu', bei Alarm schallend, explosiv und seeschwalbenähnlich 'kjitt, kjitt'. Bettelrufe gedehnt zischend. BJ

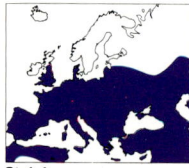

Steinkauz

Rauhfußkauz *Aegolius funereus* L 25. Häufiger Brutvogel der Taiga, bei uns fast nur in Bergwäldern (Eiszeitrelikt). Brütet in Schwarzspechthöhlen und ist oft polygam. Größer als Sperlingskauz, mit anderer Gestalt (*großer Kopf,* Blick eher großäugig verwundert als grimmig) und anderem Verhalten (*nur nachts aktiv,* zeigt sich ungern, sitzt selten frei). Gesicht hell, dunkel eingerahmt. Jungvögel schokoladenbraun. Balzt schon im Spätwinter, meist nur bei völliger Dunkelheit, sehr ausdauernd und über mehrere Kilometer zu hören. Zwischen einzelnen Männchen große Unterschiede in Tonhöhe, Geschwindigkeit und Länge. Meist eine aus 7–8 Silben bestehende schnelle *Serie von tiefen,* an eine Okarina erinnernden kurzen *Flötentönen,* zum Ende hin etwas ansteigend 'pu-pu-pupupupupopo'. Gelegentlich eine sehr lange Serie einzelner 'pu'-Laute. Ferner ein nasales, etwas trompetendes 'kuWAuk' und besonders im Herbst ein gellend schnalzendes 'zjUck'. Junge betteln kurz, explosiv und je nach Alter rauh oder schrill 'ksl'. BJ

Rauhfußkauz

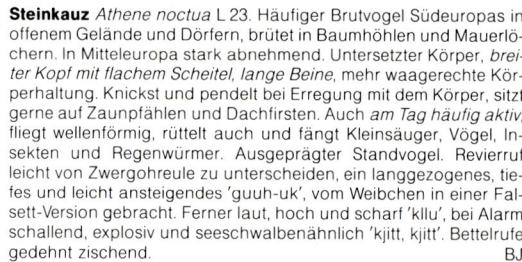

mpfohreule   Waldkauz   Sperbereule   Sperlingskauz

graue Form

braune Form

Zwergohreule

Sperlingskauz

Wellenflug des Steinkauzes   **Steinkauz**

Rauhfußkauz

juv.

ad.

173

Uhu

Schnee-Eule

Bartkauz, 2es Dunenkleid

Bartkauz

Habichtskauz

Waldkauz, Habichtskauz,
2es Dunenkleid

Uhu *Bubo bubo* L 69. Bewohnt in fast ganz Europa verschiedenartige Lebensräume von felsigem Gelände bis zu ausgedehnten Wäldern, ist aber nirgendwo häufig. Bei uns viele ausgesetzte Volierenvögel. Zieht nicht. Nest meist in Felswänden. *Größte und kraftvollste europäische Eule*, überwiegend nachts aktiv und Ratten, Igel, Vögel bis Entengröße und sogar Hasen fangend. Wird vehement von Krähen und Möwen angegriffen. Flug schnell mit recht flachen Flügelschlägen, Oberseite wie Kiefernrinde gefärbt, *Unterseite rostgelb. Sehr lange Federohren*, im Flug aber angelegt. Männchen ruft vorwiegend in der Dämmerung laut und kraftvoll "HUU-u", im Abstand von ca. 8 Sekunden wiederholt und erste Silbe bis zu 5 Kilometer weit hörbar. Weibchen antwortet etwas höher und rauher, sowie mit langgezogenem, rauh kläffendem "RÄÄHev". Warnt gellend, nasal und heftig "kä-kä käKÄu", dabei lautes Schnabelknappen. Junge betteln bis in den September heiser hobelnd "tjuÜSCH".   BJ

Schnee-Eule *Nyctea scandiaca* L 61. Seltener Brutvogel arktischer Hochlandmoore. Relativ scheu. Tagsüber, aber vorwiegend in der Dämmerung aktiv, gern auf niedrigen Sitzwarten. Brütet in Lemming- und Wühlmausjahren, weicht im Winter etwas nach Süden aus und schlägt dann auch größere Beute, z.B. mittelgroße Vögel. Besserer Flieger als andere Eulen, steigt schnell und weihenartig gaukelnd auf, liefert sich sogar mit größeren Greifvögeln Luftschlachten. Alte Männchen *fast ganz weiß*, Weibchen viel größer mit feinen braunen Flecken und Wellen. Junge Weibchen dicht dunkel gefleckt (wirken vor Schnee dunkelgrau), junge Männchen wie alte Weibchen. Balzt dumpf, aber weit hörbar "gooh", etwa alle 4 Sekunden wiederholt. Das verwegenere Männchen (hinterläßt bei Angriffen Blutspuren!) warnt "kräk-kräk-kräk-…" wie aufgeregtes Stockentenweibchen, Weibchen warnt mit Falsettklang "bjij, bjij bjij", pfeifend "siiiüüiii" und "kiAkiA-kiA- …".   A

Bartkauz *Strix nebulosa* L 65. Seltener Brutvogel der Taiga, zieht nicht. Äußerlich so groß wie Uhu, aber halb so schwer und fast nur aus Federn bestehend, fängt daher nur Wühlmäuse. Brütet in alten Greifvogelnestern oder auf Baumstümpfen, also frei sichtbar. Gefieder überwiegend grau, *Kopf gewaltig* mit unverkennbarem Ausdruck. Manövriert gemächlich, aber geschickt zwischen den Bäumen hindurch. Flügel breiter und runder als beim Uhu, fliegt majestätischer und fast in Zeitlupe. *Schwanz* relativ lang und leicht zugespitzt *mit breiter dunkler Endbinde, helles rostgelbes Feld auf der Oberseite der Handschwingen* im Abflug kennzeichnend. Balzgesang eine Serie von 10–12 heulenden, im Abstand von 0,5 Sekunden pumpenden, in Lautstärke und Tonhöhe zum Ende hin abfallenden, schwer zu hörenden und höchstens 400 Meter weit tragenden sehr dumpfen Tönen. Weibchen antwortet mit überraschend zartem "tjiEPP-tjiEPP-tjiEPP" und warnt langgezogen, sehr tief murrend und grunzend, dumpf und dennoch eindringlich "grrroou". Am Nest ganz ruhig oder aggressiv, aber immer furchtlos. Bettelruf etwas rauher als Weibchenruf.   –

Habichtskauz *Strix uralensis* L 60. Brütet verstreut in nördlichen Nadelwäldern, stellenweise in südost-europäischem Bergland. Jagt von Ansitzwarten aus nach Wühlmäusen. Hauptsächlich nachts aktiv und nicht ziehend. Brütet meist in abgebrochenen Bäumen ("Schornsteinen"), aber auch alten Greifvogelnestern. Am Nest sehr aggressiv (daher schwedische Name "Schlageule"), Jungvögel werden mit treffsicheren Angriffen auf die Augen des Angreifers verteidigt. Viel größer als Waldkauz, aber nicht so imposant wie Bartkauz, erinnert im Abflug an Bussard. *Gefieder verwaschen graubraun, Gesicht ungezeichnet gelblichgrau*. Schwanz recht lang und zugespitzt, Flügel gerundet. Ruft tief und weit tragend "wUhu… (4 Sekunden Pause)…wuhu oWUhu". Ferner ein meist achtsilbiges rauhes "pupupupupupupupu", rauher als Sumpfohreule und zum Schluß leicht ansteigend. Weibchen bringt dieselben Rufe etwas heiserer und bettelt mit krächzendem Kläffen "kuwä". Junge betteln wie junge Waldkäuze.   A

Uhu

Uhu, 2es Dunenkleid

Schnee-Eule, 2es Dunenkleid

♀ Schnee-Eule

♀

Bartkauz fliegend

Bartkauz

Habichtskauz

175

Waldohreule

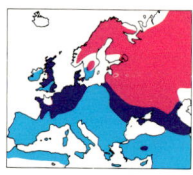

Sumpfohreule

Kapohreule

Waldkauz

Schleiereule

Sperbereule

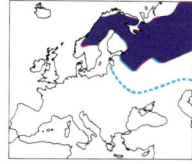

Sperbereule,
2es Dunenkleid

176

Waldohreule *Asio otus* L 35. Brütet in fast ganz Europa, bevorzugt in alten Krähennestern in Nadelwäldern, auch in Parks und Feldgehölzen. Nördliche Populationen ziehen im Winter nach Südwesten und bilden tagsüber oft Schlafgemeinschaften in Siedlungen. Jagt nachts Kleinsäuger und Vögel. Fliegt auf recht langen, schmalen Flügeln möwenähnlich leicht, nicht mit schnellen Schlägen und langen geraden Gleitstrecken wie Waldkauz. Oft schwer von Sumpfohreule zu unterscheiden, besonders im Flug, aber *Flügelspitze breiter und mit mehreren dunklen Querbändern*, Hinterkante des Armflügels ohne breiten weißen Rand, gleichmäßiger und ausgedehnter *dunkel gestreifte Unterseite und runderer Schwanz mit mehreren undeutlichen dunklen Querbinden. Iris orangerot, Federohren lang* (oft angelegt, im Flug unsichtbar). Männchen ruft in langsamem Atemrhythmus dumpf 'ooh', klingt leise, ist aber über 1 Kilometer zu hören. Beim Balzflug Flügelklatschen. Weibchen antwortet schlapp und nasal 'pääH'. Warnruf 'kwäck-kwäck', Bettelruf klagend gedehnt 'pill-ä', weit hörbar.   BZW

Sumpfohreule *Asio flammeus* L 38. Bodenbrüter in Mooren und offenem feuchtem oder trockenem Gelände in Mittel- und Nordeuropa. Jagt auch am Tage Mäuse, von deren Häufigkeit ihr Brutbestand abhängt. Zieht im Winter südwärts, oft Gruppen auf nahrungsreichen Küstenwiesen. Im Flug ähnlich Waldohreule, aber insgesamt heller, *Flügel spitzer mit ganz schwarzen Spitzen der äußeren Handschwingen*, hat deutliche breite *weiße Hinterkante des Armflügels* (beides von oben und unten zu sehen), dicht *dunkel gestreifte Brust mit scharfem Kontrast zum hellen Bauch*, leicht keilförmigen *Schwanz mit wenigen breiten schwarzen Querbinden* und *schwarze ovale Augenumrandung. Iris gelb, Federohren kurz*. Männchen ruft im Balzflug dumpf 'dududududu', schwach und schwer lokalisierbar, auch kurzes schmetterndes Flügelklatschen. Weibchen antwortet zäh und heiser 'tjÄÄÄÄ-opp'. Warnruf 'tjäfftjäff'.   BZW

Kapohreule *Asio capensis* L 31. Verfliegt sich sehr selten von Marokko nach Südwest-Europa. In Aussehen und Verhalten wie *kleine* Sumpfohreule, aber dunkler, mit einfarbig braunem Rücken, dunklem Brustband und *dunklen Augen*. Ruf heiser quakend.   –

Waldkauz *Strix aluco* L 38. Häufigste Eule Europas, bewohnt Wälder und Parks, brütet in Baumhöhlen. Zieht nicht. Oft aggressive Jungenverteidigung. Männchen ruft das aus Kriminalfilmen bekannte 'huuuh… (4 Sekunden Pause) …hu huhuhuHUUUUUH' mit zitterndem Schlußton. Dieser Ruf auch heiserer und gebrochen vom Weibchen zu hören, meist jedoch ein gellendes 'kju-WITT'. Im Frühjahr vom Männchen auch anhaltendes klangvolles Bibbern. Warnruf schnell und wild 'kuWIT, kuWIT'. Junge betteln heiser 'psll-epp'.   BJ

Schleiereule *Tyto alba* L 35. Bewohnt offene Landschaften, brütet gern in Scheunen und Kirchtürmen und hat in letzter Zeit stark abgenommen. Zieht nicht. *Herzförmiger weißer Gesichtsschleier* kennzeichnend. Flugweise und Flügelform ähnlich Waldohreule, aber insgesamt viel *heller* (selbst die nordöstliche Unterart *guttata*) und oft mit baumelnden Beinen. Ruf beider Geschlechter auch im Flug ein etwa 2 Sekunden langes heiseres Fauchen, in Stärke und Tonlage wechselnd, beim Weibchen gedämpfter. Warnruf ein schriller, heftiger Schrei, Bettelruf ziegenmelkerartig schnurrend.   BJ

Sperbereule *Surnia ulula* L 38. Brütet in Baumhöhlen der nördlichen Taiga. Bestand hängt vom Kleinsäugervorkommen ab, kann weit nach Süden ausweichen. *Schwanz länger* als bei anderen Eulen, *Flügel weniger gerundet*. Im schnellen und direkten Flug mit hastigen Flügelschlägen ähnlich einem großen Sperber, landet gern mit elegantem Aufschwung auf Baumspitzen. Ist tagsüber aktiv, balzt aber nur in finsterster Nacht. Der langgezogene und sehr schnelle Triller des Männchens (z.B. 95 Silben in 7 Sekunden) ist über 1 Kilometer weit zu hören. Antwort des Weibchens und Bettelruf der Jungen ein langgezogenes, heiseres 'kschUUlipp'. Am Nest sehr aggressiv, warnt ähnlich Merlin 'kwikwikwikwi'.   A

am Tages-
schlafplatz,
sich tarnend

entspannt (auch im Flug!)

Waldohreule

sich tarnend

Sumpfohreule

Waldkauz

rotbraune Form

**Sperber-
eule**

guttata

Schleiereule

alba

Ziegenmelker

(Ordnung Caprimulgiformes, Familie Caprimulgidae) tragen ein tarnfarbiges braunes Gefieder mit Rindenmuster und sind tagsüber mit den geschlossenen großen Augen am Boden oder längs auf Ästen sitzend kaum zu entdecken. Kopf breit und flach, Schnabel kurz mit breitem Rachen und Randborsten, an den nächtlichen Fang von Fluginsekten angepaßt. Flugsilhouette kuckucksähnlich. Zwei Eier werden auf den nackten Boden gelegt. Sie werden auch als Nachtschwalben bezeichnet, die ganze Ordnung heißt Schwalmvögel.

Ziegenmelker

Ziegenmelker *Caprimulgus europaeus* L 28. Weit verbreitet, bei uns aber nirgendwo häufig. In Südeuropa nachts oft im Scheinwerferlicht des Autos zu sehen. Brütet in offenem, meist trockenem Gelände mit lockerem Baumbestand (Heiden, Waldränder, Lichtungen, auch Moore). Ruht tagsüber und wirkt durch das fein *grau und braun gemusterte Gefieder wie* ein großes Stück *Rinde. Flugbild ähnlich Turmfalke, Männchen mit weißen Flecken auf Handschwingen und an Schwanzecken.* Wird meist in der Dämmerung fliegend bei der Insektenjagd gesehen, gern über Viehherden. Flug lautlos und wendig mit steifen Flügelschlägen. Gleitet oft mit flach V-förmig gehaltenen Flügeln, führt elegante Wendemanöver aus und kann für einen Augenblick mit flatternden Flügeln in der Luft stehen. Beim Balzflug werden die Flügel gelegentlich klatschend über dem Rücken zusammengeschlagen. Einzelgängerisch, zur Zugzeit manchmal kleine Gruppen. Zieht nachts. Fällt im Frühsommer meist durch den in der Dämmerung und die ganze Nacht hindurch vorgetragenen Gesang auf, ein charakteristisches, weit zu hörendes trockenes, hohles Schnurren in zwei Gängen: 'errrrrörrrrrrrerrrrrr…'. Sitzt dabei meist exponiert auf erhöhten Punkten. Wirft sich dann in die Luft, läßt sich unter rhythmischem Flügelklatschen hinabgleiten, ruft dabei ekstatisch 'fiORRfiORR-fiORR-…', das unter weiterem Flügelklatschen in ein schwaches, tiefes, holperiges 'örr rrr…' übergeht und plötzlich aufhört – das Ganze klingt wie „des Ziegenmelkers letzter Seufzer". Ruf ein froschähnliches sonores 'krruit'. BZ

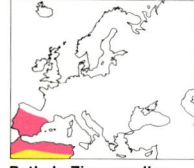

Rothals-Ziegenmelker

Rothals-Ziegenmelker *Caprimulgus ruficollis* L 30. Brutvogel immergrüner Wälder und trockenen, buschbestandenen Ödlands in Südwest-Europa. Dem Ziegenmelker in Verhalten und Aussehen ähnlich, aber etwas größer und blasser, Schwanz länger, Nackenband rötlich und weißes Kehlband meist breiter (in der Mitte oft durch braunes Längsband geteilt). Weiße Flecken auf Handschwingen und Schwanzecken deutlicher und, wenngleich schwächer, auch beim Weibchen vorhanden. Viel größer und dunkler als der seltene Pharaonenziegenmelker. Der Gesang hat mit Ausnahme des hohen Klanges und des Flügelklatschens keine Ähnlichkeit mit dem des Ziegenmelkers: ein minutenlang fortgesetztes zweisilbiges 'kjoTOK-kjoTOK-kjoTOK-…'. Weibchen ruft leiser und krächzend wie eine Dampflok 'tsche-tsche-tsche- …'. –

Pharaonenziegenmelker

Pharaonenziegenmelker *Caprimulgus aegyptius* L 25. Erscheint aus den afrikanischen und asiatischen Brutgebieten sehr selten in Südeuropa. Bewohnt Wüsten, aber meist in Wassernähe. *Viel heller und im Sitzen einfarbiger* als die beiden vorigen Arten, aber in Erscheinung und Silhouette wie Rothals-Ziegenmelker. Die dunklen Handschwingen kontrastieren im Flug mit der bleichen Oberseite. Weiße Kehlzeichnung manchmal undeutlich. Gesang ein Mittelding zwischen dem Schnurren des Ziegenmelkers und dem rhythmischen Buchstabieren des Rothals-Ziegenmelkers, eine hohl klingende lange Serie von 'kru-kru-kru-kru-…'-Lauten, wie das langsame Tuckern eines Fischkutters. –

Nachtfalke, ♂

Nachtfalke *Chordeiles minor* L 23. Sehr seltener Gast aus Nordamerika. Klein, graubraun gefleckt, mit *weißem Querband über dem Handflügel.* Männchen mit weißer Kehle und *weißer Querbinde des leicht gegabelten Schwanzes.* Stimme nasal gepreßt 'pjiit', in Sekundenabständen wiederholt. –

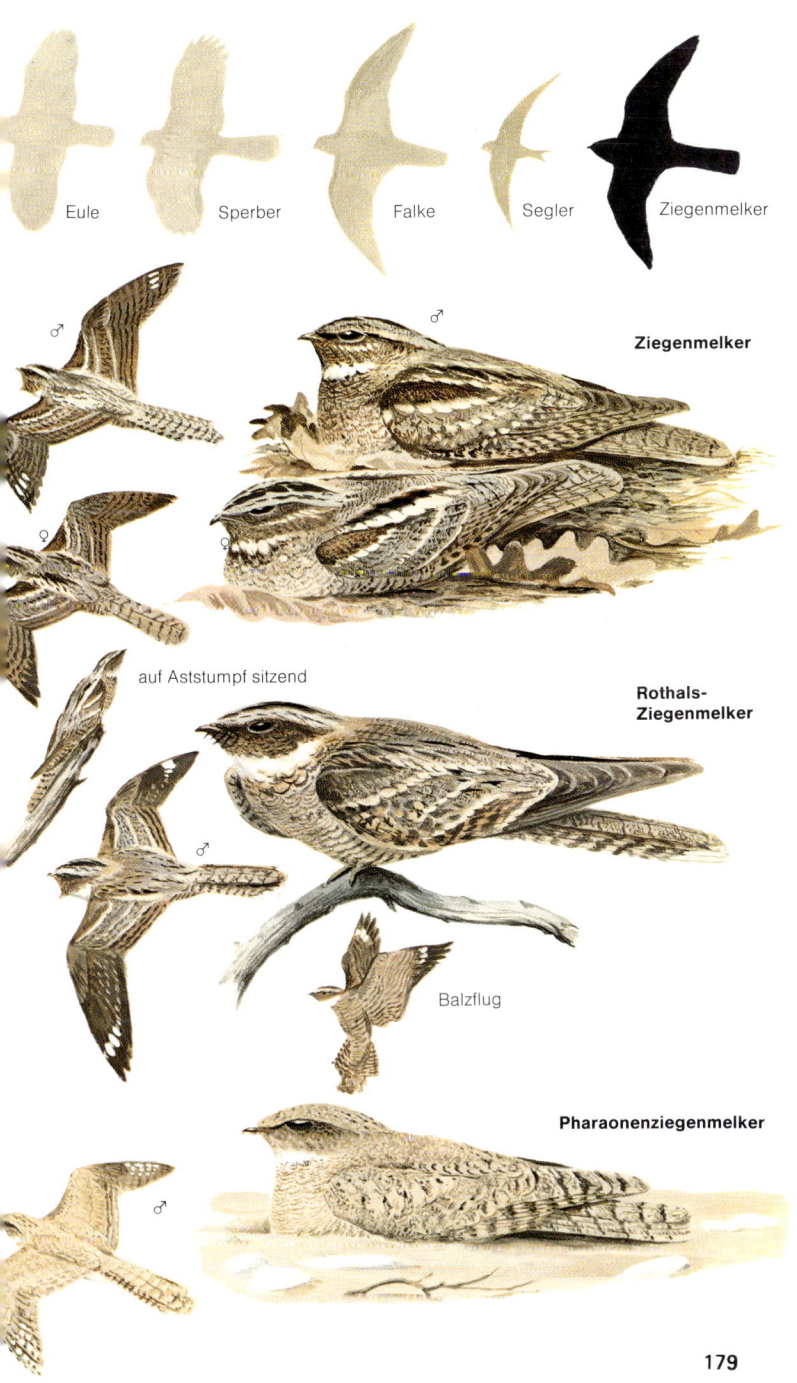

Eule Sperber Falke Segler Ziegenmelker

♂

Ziegenmelker

♂

♀

♀

auf Aststumpf sitzend

**Rothals-
Ziegenmelker**

♂

Balzflug

Pharaonenziegenmelker

♂

Segler (Ordnung Apodiformes, Familie Apodidae)

erinnern an Schwalben und haben als Anpassung an des Leben in der Luft längere, schmalere und eher sichelförmige Flügel. Nahrung ausschließlich Fluginsekten. 2–3 weiße Eier werden unter Dachziegel, in Klippenspalten oder andere Nischen gelegt.

Mauersegler *Apus apus* L 17. Kann in der Luft nahezu überall angetroffen werden, besonders aber in Ortschaften, wo er in kleinen Kolonien unter Dachziegeln, an Kirchtürmen und in Mauernischen brütet. Brütet in unbebauten Gebieten auch an Felswänden und sogar in Spechthöhlen. Kommt Anfang Mai und zieht Ende August wieder fort. Deutlich größer als Schwalben, hat längere, schmalere, steifere, *sichelförmige Flügel* (Armflügel kurz, Handflügel extrem lang) und stromlinienförmigen Körper. Schwanz gegabelt. Gefieder *schwarzbraun, Kinn hell* (vergl. Fahlsegler). Extrem an das Leben in der Luft angepaßt: Hervorragender Flieger, Streckenflug mit schnellen Flügelschlägen (kann wirken, als würden die Flügel abwechselnd geschlagen), reißender Segelflug, oft in schreienden Gruppen über Dächer und um Hausecken, pfeilschnelles zielgenaues Anfliegen des Nistplatzes, aber auch leichtes Umhersegeln hoch in der Luft. Schläft und paart sich sogar in der Luft, hat jedoch Schwierigkeiten, vom Boden aufzufliegen. Fängt Insekten in bis zu 4 Kilometern Höhe und weicht bei schlechtem Wetter am Brutplatz oft über große Entfernungen und für mehrere Tage aus, während die Jungen in Halbschlaf (Semitorpor) verfallen. Schreit hoch und schrill 'srrriiii'. BZ

Kaffernsegler *Apus caffer* L 14. Brütet seit einigen Jahren selten und lokal in alten Rötelschwalben-Nestern in Südwest-Spanien. Klein und einfarbig dunkel mit deutlich hellem Kinn, *schmalem weißen Bürzel*, weißspitzigen Armschwingen und *deutlich gegabeltem Schwanz*. Stimme eine *holperige, harte Stakkatoserie*, 'tchitttchitt-tchitt …'.

Haussegler *Apus affinis* L 12. Sehr seltener Gast aus Nordafrika und Asien. Vom etwas größeren Kaffernsegler an *gerade abgeschnittenem Schwanz* und großem *weißem, rechteckigem Bürzelfleck* unterschieden. Stimme ein *helles*, fast lerchenartiges *Zwitschern*.

Fahlsegler *Apus pallidus* L 17,5. Im äußersten Süden Europas nicht selten in Städten, Bergregionen und an Felsküsten, oft gemeinsam mit Mauer- und Alpenseglern. Dem Mauersegler sehr ähnlich, aber Gefieder insgesamt *etwas heller*, mehr braun und weniger schieferfarben, was bei Betrachtung von oben deutlich zu sehen ist. Dieser Unterschied von unten kaum auffallend, aber mit Erfahrung kann erkannt werden, daß die *Armschwingen und inneren Handschwingen etwas heller* und durchscheinender, die *äußeren Handschwingen aber dunkler* sind und der *Kontrast* etwas deutlicher als bei Mauersegler ist. Flügel etwas länger und breiter, was zusammen mit der geringfügig größeren Körperlänge dazu führt, daß der *Flügelschlag* im Streckenflug *etwas langsamer* als beim Mauersegler ist. Auch scheint er mehr zu gleiten. Kinnfleck deutlicher, Kopf breiter. Bleibt länger am Brutplatz. Ruf etwas *tiefer, rauher und gepreßter* als Mauersegler 'vriij', am Ende deutlicher abfallend. —

Alpensegler *Apus melba* L 23. Brütet in Kolonien in Südeuropa in Bergregionen und Städten, selbst auf Meereshöhe, in Deutschland nur in Freiburg i. Br. Bedeutend *größer* als andere Segler mit *weißer Unterseite, braunem Brustband* und etwas längerem Schwanz. Flug sehr geschickt und schnell, mit deutlich langsameren Flügelschlägen als Mauersegler, aber schnellerer Geschwindigkeit. Kann aus großer Entfernung an Baumfalken erinnern. Segelt wie Mauersegler besonders morgens und abends in großen zwitschernden Trupps umher. Ruf eine *steigende und fallende*, schneller und langsamer werdende Serie von schnell *zwitschernden* 'tititititi …'-Lauten, manchmal ziemlich rauh wie von einem kleinen Falken. BZ

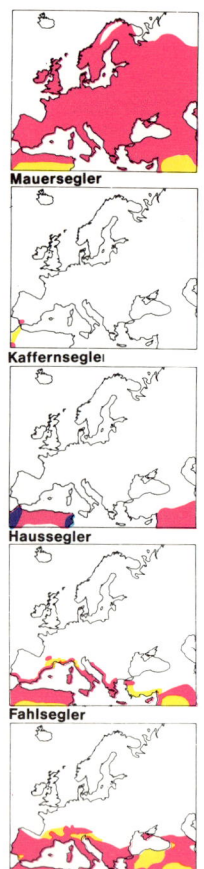

Mauersegler

Kaffernsegler

Haussegler

Fahlsegler

Alpensegler

Falke

Ziegen-
molkor

Schwalbe

Segler

Trupp Mauersegler

aussegler

Mauersegler

Fahlsegler

Alpensegler

**Kaffern-
segler**

181

Rackenvögel

(Ordnung Coraciiformes) sind eine Gruppe verschiedenartiger, aber durchweg sehr bunter Vogelfamilien.

EISVÖGEL (Familie Alcedinidae) haben große Köpfe, lange Schnäbel, kurze Beine und Schwänze und ein farbenprächtiges Gefieder. Meist am Wasser oder in Gewässernähe, entweder auf einem Zweig wartend oder rüttelnd nach Beute Ausschau haltend. Fangen Fische durch Stoßtauchen. Brüten in Einzelpaaren, die 3–8 weiße Eier enthaltende und mit Gräten ausgekleidete Nisthöhlen am Ende eines waagerechten Gangs in Steilufer graben.

SPINTE (Familie Meropidae) oder Bienenfresser sind drosselgroße, schlanke und bunt schillernde Vögel mit langen, leicht abwärts gebogenen Schnäbeln, spitzen Flügeln und verlängerten mittleren Steuerfedern. Sitzen gern aufrecht auf Leitungsdrähten. Koloniebrüter, graben Nisthöhlen in Steilwände. 4–7 Eier.

RACKEN (Familie Coraciidae) sind mittelgroße dohlenähnliche Vögel von leuchtend blauer und brauner Farbe. Leben hauptsächlich von Insekten, die von einer Sitzwarte aus erspäht und vom Boden aufgenommen werden. Brüten in Einzelpaaren und legen 4–5 weiße Eier in Baumhöhlen.

WIEDEHOPFE (Familie Upupidae) haben die Größe einer Misteldrossel, lange abwärtsgebogene Schnäbel, runde Flügel und aufrichtbare Hauben. Einzelpaare legen 5–8 grünlichweiße Eier in Höhlen.

Eisvogel

Graufischer

Eisvogel *Alcedo atthis* L 18. Brütet in fast ganz Europa an fließenden und manchmal auch stehenden Gewässern mit Steilufern, in die er Niströhren gräbt. Außerhalb der Brutzeit gern an fischreichen Teichen. Population bricht nach strengen Wintern oft völlig zusammen, kann aber durch 2–3 Bruten im Jahr ausgeglichen werden. Großer Kopf, *langer Schnabel*, breite Flügel, kurze Beine und kurzer Schwanz. *Oberseite grünblau schimmernd*, Rücken und Schwanz hellblau leuchtend, *Unterseite orange*. Schnabel des Männchens schwarzgrau, des Weibchens mit rötlicher Unterschnabelbasis (bei manchem Weibchen sehr stark). Trotz der bunten Farben sehr unauffällig, wenn er bewegungslos im lange Zeit auf über das Wasser hängenden Zweigen sitzt. Taucht von dort oder aus kurzem Rüttelflug kopfüber nach Beute. Ziemlich scheu. Flug schnell und direkt, meist direkt über dem Wasser, so daß außer dem leuchtenden Rücken von den Farben nicht viel zu sehen ist. Oft nur Stimme zu hören, ein hohes, lautes, durchdringend pfeifendes 'tziii', beim Zusammentreffen zweier Vögel oft wiederholt, variiert und in der Tonhöhe abfallend.   BJZW

Graufischer *Ceryle rudis* L 25. Erscheint ausnahmsweise aus Afrika und Asien in Südost- und Südwest-Europa. *Großer* Eisvogel mit *schwarzweißem Gefieder*. Männchen hat zwei Brustbänder, Weibchen nur eines. Jagt von Sitzwarten oder aus bis zu 30 Meter hohem Rüttelflug nach Fischen. Sturzflug jedoch in mehreren Etappen ausgeführt und oft nur mit einem Nippen an der Wasseroberfläche beendet. Fischt im Süß- und Salzwasser. Ruft kurz und durchdringend 'kvITT' und kann scharf und zwitschernd pfeifen. —

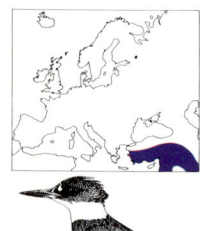

Gürtelfischer, ♂

Gürtelfischer *Ceryle alcyon* L 33. Sehr seltener Gast aus Nordamerika. Ein wirklicher 'Riese, so groß wie Dohle, *oberseits blaugrau, Hals und Bauch weiß, buschige Haube*. Männchen mit blaugrauem Brustband, Weibchen mit zusätzlichem rotbraunem darunter. Ruf schnell und hart ratternd. —

Braunliest *Halcyon smyrnensis* L 27. Brütet in Südasien westwärts bis in die Türkei. *Groß*, hat *mächtigen roten Schnabel*, braunen Rücken und Bauch, *weiße Kehle und Brust* und schimmerndes Blau auf Rücken, Schwanz und Flügeln. Unterseits großes weißes Flügelfeld. Jagt vorwiegend über Land, sogar im Wald, nach kleinen Wirbeltieren. Ruf ein *schallender Triller*. (Nicht abgebildet) —

Wiedehopf

Blauracke

Bienenfresser

Eisvogel

Wiedehopf
an Bruthöhle

Blauracke an
Bruthöhle

Bienenfresser
vor Niströhren
in Sandwand

Eisvogel vor
Bruthöhre in
Steilufer

Fuß des Eisvogels

rüttelnd

Eisvogel

Graufischer

♂

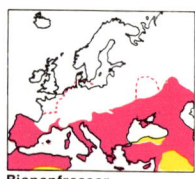

Bienenfresser

Bienenfresser *Merops apiaster* L 28. In kleinen Kolonien oder Einzelpaaren häufiger Brutvogel an Steilwänden in der offenen Landschaft Südeuropas. *Gefieder sehr bunt*, jedoch wenig leuchtend, in gleißendem Sonnenlicht daher gar nicht so auffallend. Recht scheu, meist in Trupps, fällt häufig durch die Stimme auf. Fängt Insekten im Flug, oft sehr hoch und wie eine große Mehlschwalbe auf ausgestreckten spitzen Flügeln gleitend und dazwischen schnell flatternd. Im Streckenflug etwas drosselähnlich durch Größe, langen Schwanz und Wellenflug. *Schnabel lang*, schlank und *leicht abwärtsgebogen, mittlere Steuerfedern zu Schwanzspießen verlängert.* Jungvögel blasser, Rücken graugrün mit wenig Braun (Verwechslungsgefahr mit Blauwangenspint), keine Schwanzspieße. Charakteristische Stimme weit hörbar, aber nicht auffallend laut, schwer zu lokalisieren, oft wiederholt 'krüt', 'glytt', 'krrück' (kann mit kurzen Rufen von Lachmöwen-Trupps verwechselt werden, die an heißen Sommertagen in großer Höhe Insekten jagen). Brütet ausnahmsweise in Deutschland. BA

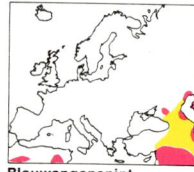

Blauwangenspint

Blauwangenspint *Merops persicus* L 30. Verbreiteter Brutvogel in steppenartigem Gelände und Oasen Westasiens und Afrikas, sehr seltener Sommergast in Westeuropa. Lebensweise wie Bienenfresser. *Gefieder grün ohne jegliches Braun auf der Oberseite. Mittlere Steuerfedern länger* als beim Bienenfresser (junge Bienenfresser sind oberseits sehr grün, haben aber braunen Scheitel und keine Schwanzspieße, Altvögel zeigen leuchtend gelbe Kehle). Stimme etwas tiefer und nicht so laut wie beim Bienenfresser 'glipp'. –

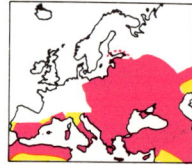

Blauracke

Blauracke *Coracias garrulus* L 30. Verbreiteter Brutvogel Süd- und Osteuropas, stellenweise seltener, in offener Landschaft mit altem Baumbestand. Brütet in Baumhöhlen, manchmal auch Ruinen. *Rücken kastanienbraun, Körper und Flügel hellblau*, bei starkem Sonnenlicht azurblau, in der Abendsonne türkis erscheinend. *Schwungfedern von unten und Flügelbug tief blauviolett.* Jungvögel blasser und brauner, Hals und Brust undeutlich graubraun gestrichelt. Verhält sich ähnlich Neuntöter, indem sie von Leitungsdrähten oder toten Ästen aus den Boden beobachtet, hinabfliegt und Insekten oder Eidechsen erbeutet. Flug ähnlich Dohle, aber mit schnelleren und kraftvolleren Flügelschlägen. Wirft sich balzend im Sturzflug wie ein Kiebitz von einer Seite auf die andere. Ruft 'TSCHACK-ack' (ähnlich Elster und Dohle) und 'rrrakk-rrrakk-rrrakk-rääh' (wie ärgerliche Rabenkrähe). A

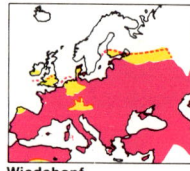

Wiedehopf

Wiedehopf *Upupa epops* L 28. In Südeuropa in offener Landschaft mit Baumgruppen recht häufig, in Mitteleuropa seltener, bei uns stark abnehmend. Brütet in Baumhöhlen, Mauernischen, sogar Erdlöchern. Oft in der Nähe von Gebäuden, aber relativ scheu. *Blaß rotbraun mit auffallender schwarzweißer Querbänderung auf Flügeln und Schwanz*, Schnabel sehr lang, dünn und leicht abwärtsgebogen. Die sehr langen Scheitelfedern können wie die Haube eines Indianerhäuptlings aufgerichtet werden. Körpergröße etwa wie Misteldrossel, wirkt aber wegen der breiten Flügel im flapsigen, in unregelmäßigen Kurven verlaufenden und an Eichelhäher erinnernden Flug größer. Läuft torkelnd am Boden, ändert wie eine abgelenkte Kompaßnadel ständig die Richtung und sticht den Schnabel tief in den Boden. Männchen ruft im Frühjahr charakteristisch wiederholt, dreisilbig, dumpf 'upp-upp-upp', aus der Nähe schwach klingend, aber dennoch weit tragend. Sitzt dabei versteckt in Baumkrone, mit aufrechtem Körper, gesenktem Schnabel, zusammengelegter Haube und aufgeblasenem Hals. Ruft auch wie Misteldrossel trocken 'terr' und ähnlich Eichelhäher 'schaar'. BZ

Papageien (Ordnung Psittaciformes) sind exotische Vögel. 1 Art der Familie Edelpapageien (Psittaculidae) an mehreren Orten Europas eingebürgert.

Halsbandsittich *Psittacula krameri* L 40. Brütet seit vielen Jahren u.a. im Rheinland in Baumhöhlen. Schrill grün, Schnabel rot, Schwanz 25 cm lang. Ruft kreischend 'kii-ak', 'kllo'.

(BJ) (Nicht abgebildet)

Bienenfresser

Blauwangenspint

Blauracke

imm.

Wiedehopf

Haube
aufgerichtet

Haube
zusammen-
gefaltet

Spechte

(Ordnung Piciformes, Familie Picidae) sind mittelgroße oder kleine Vögel. Nahrung hauptsächlich im Holz lebende Insekten und deren Larven, die mit extrem langer Zunge aus den zuvor mit dem kräftigen Schnabel aufgehämmerten Gängen geholt werden. Die steifen Schwänze dienen beim Klettern als Stütze. Bei den meisten Arten trommeln im Frühjahr beide Geschlechter in arttypischer Weise zur Revierabgrenzung auf totem Holz (selbst Telegrafenmasten). Gefieder oft bunt, Männchen meist mit Rot am Scheitel. Flug wellenförmig (außer Schwarzspecht), Flügel werden nach einer Serie von Schlägen ganz angelegt. Bewohnen hauptsächlich Wälder, einige Arten auch in nur locker baumbestandenen Gebieten. Höhlenbrüter, die (mit Ausnahme des Wendehalses) ihre Nisthöhlen alljährlich selbst in Bäume zimmern und 4–8 weiße Eier legen. Ziehen mit Ausnahme des Wendehalses kaum.

Grünspecht

Grünspecht *Picus viridis* L 30. Brütet in nicht zu dichten Wäldern, aber auch in offenem Gelände mit einzelnen Bäumen oder Baumgruppen. Sucht vorwiegend am Boden nach Nahrung, meist Ameisen (grüne Färbung wird als Anpassung an häufigen Bodenaufenthalt betrachtet). Gräbt sich im Winter den Weg in Ameisenhügel. *Grüne Oberseite mit grünlichgelb leuchtendem Bürzel.* Nur Grauspecht ist ähnlich gefärbt, aber Grünspecht ist größer, hat in beiden Geschlechtern *mehr Rot auf dem Scheitel* und *mehr Schwarz im Gesicht.* Bartstreif des Männchens mit rotem Zentrum (bei iberischer Unterart *sharpei* fast ganz rot). Im Jugendkleid im Gegensatz zum Grauspecht an Kopf, Hals und Unterseite kräftig gefleckt, mit grünerem Rücken und mehr Rot auf Scheitel. Scheu und aufmerksam. Fliegt in *langen deutlichen Wellen* mit gut hörbarem Flügelgeräusch, Silhouette recht dünnhalsig. Im Frühjahr und Herbst sehr laut und stimmfreudig. Ruf im Frühjahr ein *lautes, volles, lachendes* 'klü-klü-klü…', zum Ende leicht abfallend und schneller werdend. Beide Geschlechter rufen, manchmal im Duett. Flugruf schrill, kurz und explosiv 'kjüjüjüJÜCK' oder 'kjüKJÜK'. Alarmruf ein unterdrückt gackerndes 'kjaj-kjaj-kjaj'. Trommelt selten, ruft stattdessen, Wirbel etwa so schnell wie Buntspecht, aber mindestens doppelt so lang und für einen so großen Specht erstaunlich schwach. Bettelruf der Jungen klingt, wie wenn man mit Schmirgelpapier über Holz fährt.   BJ

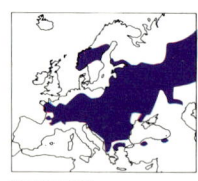

Grauspecht

Grauspecht *Picus canus* L 27. Verbreiteter Brutvogel in Mitteleuropa, oft in höheren Lagen als Grünspecht. Weniger wählerisch, bewohnt Laub- und Nadelwälder, Auwälder, Parks, alte Alleen und dichte Taiga. Nahrungssuche oft wie Grünspecht am Boden, aber nicht so sehr auf Ameisen spezialisiert und oft wie andere Spechte in Baumwipfeln klopfend. Scheu und aufmerksam, kommt im Winter jedoch auch an Futterhäuser. Fällt im Frühjahr meist durch die häufigen Rufreihen auf, ist im Sommer aber schwer zu finden. Erinnert an Grünspecht, ist aber kleiner, hat *graueren Kopf* mit nur wenig Schwarz am Zügel und schmalem Bartstreif (diese Kopfzeichnung und der relativ kurze Schnabel geben ihm eine dem Wendehals ähnliche Physiognomie). *Rot beim Männchen nur auf Vorderscheitel,* beim Weibchen ganz fehlend. Jungvögel ähnlich Weibchen, junge Männchen mit etwas Rot auf der Stirn, nicht ausgedehnt gesprenkelt wie junge Grünspechte. Ruft im Frühjahr ähnlich Grünspecht, aber mit *dünnerer, klarerer* und mehr flötender Stimme (leicht nachzupfeifen), ohne dessen vollkehliges Lachen, mit deutlicher voneinander getrennten, zum Schluß hin langsamer statt schneller werdenden und sehr deutlich *abfallenden* Tönen: 'kjükjü-kjü-kjü-kü kü kö' Alarmruf ein durchdringendes, aufgeregtes, wiederholtes 'kja', ferner dem Buntspecht ähnliche 'kik'-Rufe. Trommelt anders als der Grünspecht häufig mit gut 1 Sekunde langen Wirbeln und bedeutend lauter.   BJ

Baumläufer

Kleiber

Specht

Spechtkopf,
zeigt die Anpassung der Zunge

Buntspecht an Nisthöhle

wellenförmiger Spechtflug

♂

♀

imm.

Grünspecht

♂

imm.

Grauspecht

♀

♂

♂

187

Buntspecht

Buntspecht *Dendrocopos major* L 23. Häufigster Specht Europas, brütet in Laub- und Nadelwäldern, Parks und Gärten. Ernährt sich mehr vegetarisch als die anderen Spechte, im Winter oft von Nadelbaumsamen, indem er die Zapfen in sogenannte Spechtschmieden, z.B. in Baumstümpfe, klemmt. In manchen Jahren starke Einflüge, abhängig von der Samenproduktion der Nadelbäume. Kommt auch an Futterhäuser. Rücken mit zwei *großen weißen ovalen Schulterflecken*, *Unterschwanzdecken hellrot*, Flanken ungestrichelt. Weibchen ohne Rot am Kopf, Männchen mit *kleinem rotem Fleck* am Übergang zwischen Scheitel und Nacken. Im Jugendkleid durch blaßrosa gefärbte Unterschwanzdecken und viel Rot auf dem Scheitel (aber nicht bis zum Nacken reichend) dem Mittelspecht ähnlich, hat jedoch *ungestrichelte Flanken* und *ununterbrochenes* schwarzes Band vom Schnabel zum Nacken. Ruf ein hohes, kurzes und scharfes 'kick', gelegentlich mit 1 Sekunde Abstand in Folge; auch sehr schnelle, scheltende Serien. Trommelt mit *kurzen Wirbeln* (0,4–0,75 Sekunden), laut und *sehr schnell*, abrupt endend. BJW

Blutspecht *Dendrocopos syriacus* L. 23. Brütet in relativ offenem Gelände, z.B. Parks, Obstplantagen, Weingärten und Alleen in Südost-Europa, hat sich zu Beginn des Jahrhunderts nach Nordwesten ausgebreitet. Dem Buntspecht sehr ähnlich und am besten am *Fehlen der schwarzen Linie zwischen Bartstreif und rotem Nackenfleck* zu unterscheiden, Kopfseiten also weiß. Ferner etwas mehr Rot im Nacken (nur Männchen), weißere Stirn, weniger Weiß an äußeren Steuerfedern und eher gimpel- als scharlachrot gefärbte Unterschwanzdecken. Flanken können fein gestrichelt und gebändert sein. Jungvögel von jungen Buntspechten an denselben Merkmalen unterscheidbar, vom Mittelspecht daran, daß der Bartstreif bis zum Schnabelgrund reicht. Der 'kick'-Ruf ist sehr viel *weicher* als beim Buntspecht und klingt eher wie 'gjüg'. Trommelt schnell wie Buntspecht, aber länger (etwa 1 Sekunde). –

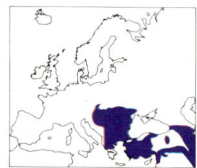
Blutspecht

Mittelspecht *Dendrocopos medius* L 20. Bewohnt vorwiegend alte Eichenwälder in Mittel und Südeuropa. Schnabel vergleichsweise schwach, mehr zum Stochern als zum Hacken geeignet. Bewegt sich meist in den Baumkronen. Hat wie Buntspecht große weiße Schulterfelder, aber in allen Kleidern *ganz roten Scheitel* (beim Weibchen etwas blasser rot). Beachte, daß auch junge Buntspechte rote Scheitel besitzen, jedoch zeigen Mittelspechte mehr Weiß an Kopf- und Halsseiten (schwarzer Bartstreif reicht nicht bis zum Schnabelgrund), *gestrichelte Flanken* und ohne deutliche Begrenzung in den *gelblichbraun getönten Bauch* übergehende, *blaßrosa* gefärbte *Unterschwanzdecken*. Ruft zu Beginn der Brutzeit nasal, gepreßt und langsam *quäkend* 'mjääk, mjääk, mjääk…'. Häufig auch eine Serie von 'kik'-Rufen in trabendem Rhythmus 'KIK kück kück kück kück kück'. Trommelt äußerst selten, Wirbel schwach wie Kleinspecht. BJ

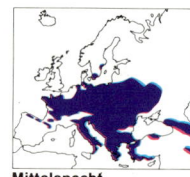
Mittelspecht

Kleinspecht *Dendrocopos minor* L. 15. Verbreiteter, aber spärlicher Brutvogel in Wäldern, Parks und Gärten. Gern in Gewässernähe, im Winter sogar im Schilf, wo er die Halme nach Insektenpuppen durchsucht. *Kleinster* europäischer Specht. Durch seinen *ausgeprägten Wellenflug* erinnert er an einen „gewöhnlichen" Kleinvogel, wenn auch einen sehr untersetzten wie z.B. Heidelerche. *Rücken* so *kräftig weiß quergebändert*, daß er überwiegend weiß erscheinen kann. Männchen mit rotem Scheitel, aber *ohne rote Unterschwanzdecken*, Weibchen ganz ohne Rot (ist neben weiblichem Dreizehenspecht der einzige nur *schwarzweiß* gefärbte Specht). Häufigster Ruf 'kikikikikiki', sehr hoch und schnell und an Turmfalken erinnernd. Der 'kik'-Ruf ist weicher als bei den Verwandten. Trommelt häufig, aber langsamer, eher knatternd, weicher und länger (ca. 1,2 Sekunden) als Buntspecht. Das Volumen der Trommelwirbel variiert. Gewöhnlich sind sie am Anfang und Ende lauter und können sogar durch eine flüchtige Pause getrennt sein. Typisch ist, daß die Wirbel *in kürzeren Abständen wiederholt* werden als bei anderen Spechten. BJ

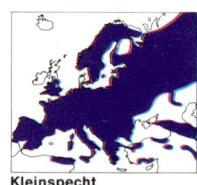
Kleinspecht

188

juv.

♀

Buntspecht

♂

Blutspecht

imm.

♀

♂

♂

Mittelspecht

♀

♂

♂

♂

Kleinspecht

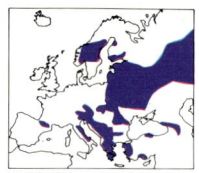

Weißrückenspecht

Weißrückenspecht *Dendrocopos leucotos* L 25. Seltener Brutvogel in Laub- und Mischwäldern mit hohem Totholzanteil, überwiegend im Bergland, bei uns nur im Bayerischen Wald und in den Alpen. Oft wenig scheu, sucht Nahrung gern in Bodennähe, auf umgestürzten Bäumen und Baumstümpfen. Schlägt mit dem langen kraftvollen Schnabel tiefe Krater in morsches Holz. Größte Art der Buntspecht-Gattung. Viel Weiß auf Hinterrücken und Bürzel, *breite weiße Querbinden über Schwungfedern und Flügeldecken* (kein ovales Schulterfeld), äußere Steuerfedern weiß mit schmalen schwarzen Binden. *Unterschwanzdecken rosarot*, langsam in die gelbliche Bauchfärbung übergehend, *Flanken gestrichelt*. Scheitel bei Männchen rot, Weibchen schwarz und Jungvogel weniger ausgedehnt rot. Bürzel der südeuropäischen Unterart *lilfordi* schwarz quergebändert, Flanken und äußere Steuerfedern kräftiger dunkel gestreift. 'Kik'-Ruf leiser und tiefer als beim Buntspecht, eher 'köck' und 'kock' ähnlich Amsel. Trommelt ähnlich Dreizehenspecht kräftig und ca. 1,7 Sekunden lang, aber *zum Ende schneller und schwächer* werdend (wie aushüpfender Tischtennisball). BJ

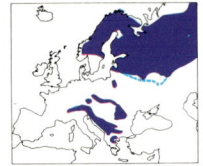

Dreizehenspecht

Dreizehenspecht *Picoides tridactylus* L 22. In der nördlichen Taigazone recht verbreitet, daneben auch seltener in subalpinen Wäldern Mittel- und Südost-Europas. Bei uns in Alpen und Bayerischem Wald. Recht vertraut, sucht gern in Bodennähe nach Nahrung und schlägt ringförmig Löcher in Nadelbäume („Ringeln"), um an den austretenden Sirup zu gelangen. Kopf überwiegend dunkel mit weißer Kehle, *Scheitel des Männchens messinggelb*, des Weibchens schwarzweiß meliert. Flanken kräftig grau gebändert. *Rücken weiß*, von *schwarzen Flügeln* umrahmt. *Kein Rot im Gefieder*. Ruft manchmal wie Buntspecht 'kik', meist aber weicher 'kjük'. Trommelt kraftvoll, länger (ca. 1,3 Sekunden) und langsamer als Buntspecht, die einzelnen Schläge deutlich voneinander getrennt, „wohlartikuliert" wie beim Schwarzspecht. Wirbel beginnen manchmal in etwas höherer Lautstärke. BJ

Schwarzspecht

Schwarzspecht *Dryocopus martius* L 45. Weit verbreitet in alten Laub- und Nadelwäldern. Sucht in Baumstümpfen und äußerlich gesund aussehendem Holz nach Insekten, oft Ameisen, und hinterläßt dabei gewaltige Krater. Nisthöhle mit ovalem Einflugloch (bei anderen Spechten kreisrund). *Größter europäischer Specht*, am *einfarbig schwarzen Gefieder* leicht zu erkennen. *Männchen mit feuerrot leuchtendem Scheitel, Weibchen mit rotem Genickfleck*. Flug unstet, im Vergleich zu anderen Spechten aber kraftvoll und *nicht wellenförmig*, ähnlich Tannenhäher. Flugruf ein durchdringendes 'krrii-krrii-krrii-...', dient auch als Alarmruf. Sitzend ein typisches, langgezogenes und klares 'klii-ööh'. Im Frühjahr ein dem Grünspecht ähnliches Lachen, jedoch auf einer Tonhöhe und sehr wild klingend 'KOI-KOlkwikwikwikwikwikwi ...'. Bei Erregung nasales Glucksen. Trommelt häufig, Wirbel knapp 2 bis gut 3 Sekunden *lang* (Weibchen kürzer), kräftig und nicht besonders schnell, zum Schluß hin leicht beschleunigt. BJ

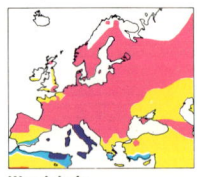

Wendehals

Wendehals *Jynx torquilla* L 17. Bewohnt offene Wälder, Parks und Obstgärten in fast ganz Europa, Bestand stark abnehmend. Weicht in vielen Punkten von den echten Spechten ab: zieht im September nach Afrika, um erst im April zurückzukehren, zimmert keine Nisthöhle, klettert kaum an Bäumen und schlägt keine Löcher ins Holz, trommelt nicht, sitzt gern versteckt in Laubbaumkronen und sucht fast ausschließlich auf kurzrasigen Wiesen hüpfend nach Ameisen. Bedrängt dreht und wendet er den Hals schlangenartig. Gefieder *rinden- oder flechtenartig gemustert mit dunklen Bändern* an Kopf, Rücken und Schwanz. Schnabel kurz, Schwanz relativ lang. *Erinnert* auf den ersten Blick stark *an einen Singvogel*, im niedrigen Flug besonders an ein Neuntöter-Weibchen. Das Auffallendste am Wendehals ist die häufig zu hörende Stimme, ein lautes, nasales, quäkendes 'wäähd-wäähd-wäähd-wäähd-...', an kleinen Falken oder Mittelspecht erinnernd. Bettelruf der Jungen ein hohes, schnell tickendes 'xixixixixi ...'. BZ

Wendehals

♂

♀

imm.

Buntspecht
zum Vergleich

**Weißrücken-
specht**

♂

♀ ♂

Dreizehenspecht

♂ ♀

Schwarzspecht

♀ ♂

Wendehals

Rabenkrähe zum
Vergleich

Singvögel

Singvögel (Ordnung Passeriformes), manchmal auch als Sperlingsvögel bezeichnet, bilden hinsichtlich der Zahl der Familien, Arten und Individuen die mit Abstand größte Vogelordnung. Alle Mitglieder haben drei Vorderzehen und eine Hinterzehe. Da so unterschiedliche Arten wie das winzige Sommergoldhähnchen und der mächtige Kolkrabe in diese Ordnung gehören, erleichtert es die Bestimmung, wenn man sich mit den Merkmalen der Familien vertraut macht. Die Schnabelform läßt Rückschlüsse auf die Art der Nahrung zu: Insektenfresser haben dünne und schwache, Körnerfresser dagegen kräftige, kegelförmige Schnäbel. Gestalt, Verhalten und Lebensraum geben oft nützliche Hinweise auf die Artzugehörigkeit. Da viele Arten versteckt leben, ist die Kenntnis ihrer Rufe und Gesänge sehr nützlich. Im folgenden Überblick ist für jede Familie die Zahl der in Europa brütenden Arten angegeben.

LERCHEN (Alaudidae) sind überwiegend braun gefärbte, kleine bis mittelgroße Sperlingsvögel, die offene Landschaften bewohnen und sich außerhalb der Brutzeit oft zu Trupps zusammenschließen. Kräftiger gebaut als die ähnlich gefärbten Pieper. Nest am Boden. 12 Arten. S. 194

SCHWALBEN (Hirundinidae) sind klein, langflügelig und haben gegabelte Schwänze. Exzellente Flieger, die Insekten in der Luft fangen. Einige sind Koloniebrüter. Nester charakteristisch. 5 Arten. S. 200

STELZEN und Pieper (Motacillidae) leben wie Lerchen überwiegend am Boden, Pieper sind auch ähnlich braun gestreift, aber schlanker und langschwänziger. Stelzen sind hell gefärbt, sehr langschwänzig und gern in Gewässernähe. Zur Zugzeit auch in Trupps. 12 Arten. S. 202

WÜRGER (Laniidae) sind mittelgroß, auffallend gefärbt, recht langschwänzig und haben falkenähnliche Schnäbel. Sitzen oft exponiert auf Warten und brüten in Büschen oder Bäumen in halboffenem Gelände. 5 Arten. S. 210

PIROLE (Oriolidae) sind bei uns nur durch eine Art vertreten. Amselgroß, Männchen gelb und schwarz, Weibchen gelbgrün. Bewohnt Laubwälder und Parks, offenes Nest in Astgabel. S. 212

STARE (Sturnidae) sind mittelgroße, kurzschwänzige und sehr soziale Vögel, die in lichten Wäldern und offener Landschaft in Höhlen brüten. Gefieder schwarz glänzend oder bunt. 3 Arten. S. 212

SEIDENSCHWÄNZE (Bombycillidae) sind mittelgroße, braune, insekten- und beerenfressende Waldvögel mit auffallender Haube. Nester in Bäumen, nur 1 Art in Europa. S. 212

KRÄHEN (Corvidae) sind große, oft dunkel gefärbte, rundflügelige Vögel, die in fast allen Lebensräumen vorkommen, fast alles fressen, auf Bäumen oder an Felsen brüten und oft sehr gesellig sind. 11 Arten. S. 214

WASSERAMSELN (Cinclidae) sind mittelgroße, plumpe Vögel, die tauchen können und am Wasser brüten. In Europa 1 Art. S. 220

ZAUNKÖNIGE (Troglodytidae) sind sehr kleine, braune und kompakte Vögel, die Gebüsch bewohnen und ein backofenförmiges Nest bauen. In Europa nur 1 Art. S. 220

BRAUNELLEN (Prunellidae) sind klein, braun und grau gefärbt, sperlingsähnlich, aber dünnschnäbelig. Bewohnen verbuschtes Gelände und Gebirge, Nest in Büschen oder am Boden. 5 Arten. S. 220

GRASMÜCKEN (Sylviidae), auch Zweigsänger genannt, sind kleine, schlanke Vögel mit feinen Schnäbeln, die dichte Vegetation bewohnen und darin oder am Boden brüten. Zu ihnen gehören neben den eigentlichen Grasmücken u. a. auch Schwirle, Rohrsänger, Spötter, Laubsänger und Goldhähnchen. Oft braun, grau oder grünlich gefärbt und einander sehr ähnlich. Gesänge meist schön und für die Bestimmung oft unerläßlich. 43 Arten. S. 222

FLIEGENSCHNÄPPER (Muscicapidae) sind kleine Vögel mit schlanken Schnäbeln, die vorbeifliegende Insekten fangen und überwiegend in Höhlen in offenem Waldland brüten. 5 Arten. S. 248

DROSSELN (Turdidae) sind eine große Familie mit mittelgroßen bis kleinen, oft recht bunt gefärbten Arten, zu der Rotschwänze, Steinschmätzer, Nachtigallen, Rotkehlchen, Drosseln und viele weitere Arten gehören. Überwiegend Insektenfresser, die meisten viel am Boden. Nester am Boden, in Büschen, Bäumen oder Höhlen, Jungvögel mit stark geflecktem Gefieder. Gesänge oft laut und schön. 29 Arten. S. 250

MEISEN (Paridae) sind kleine, sehr agile, kurzschnäbelige Vögel mit charakteristischer Kopfzeichnung, die in Höhlen in baumbestandenem Gelände brüten. 9 Arten. S. 266

SCHWANZMEISEN (Aegithalidae) sind klein, hell und langschwänzig. Kunstvolles, backofenförmiges Nest in Astgabeln. 1 Art. S. 270

DROSSELMEISEN (Timaliidae) sind eine vielgestaltige Familie, die bei uns nur durch die zu den Rohrmeisen gehörende Bartmeise vertreten ist, einen kleinen, braunen und recht langschwänzigen meisenähnlichen Schilfbewohner. 1 Art. S. 270

BEUTELMEISEN (Remizidae) sind kleine, meisenähnliche Vögel, die hängende Nester bauen. 1 Art. S. 270

KLEIBER (Sittidae) sind klein, kurzschwänzig, aber kräftig gebaut, haben einen starken Schnabel und können mit dem Kopf nach unten an Baumstämmen und Felswänden klettern. Höhlenbrüter. 4 Arten. S. 272

MAUERLÄUFER (Tichodromadidae) leben an steilen Felswänden. Nur eine Art, rundflügelig mit rotem Flügelfeld. S. 274

BAUMLÄUFER (Certhiidae) sind sehr klein, braunrückig und mit langem, sanft abwärtsgebogenem Schnabel. Klettern an Baumstämmen, brüten unter Rindenspalten. 2 Arten. S. 274

PRACHTFINKEN (Estrildidae) sind kleine, sozial lebende Vögel, die eigentlich in Südasien, Australien und Afrika beheimatet sind. 2 Arten haben in Südwest-Europa auf Gefangenschaftsflüchtlinge zurückgehende freifliegende Populationen etabliert. S. 274

SPERLINGE (Passeridae) sind kleine braun, grau und schwarz gefärbte Körnerfresser, die oft in Trupps zu sehen sind. Brüten in Höhlen oder überdachten Nestern in Bäumen. 6 Arten. S. 276

FINKEN (Fringillidae) sind klein bis mittelgroß mit kräftigen, für Körnerfresser typischen kegelförmigen Schnäbeln. Bewohnen baumbestandenes Gelände und schließen sich außerhalb der Brutzeit gern zu Trupps zusammen. Gefieder oft bunt, Geschlechter meist verschieden. 22 Arten. S. 278

AMMERN (Emberizidae) sind mittelgroße, oft braun, gelblich, grau und schwärzlich gezeichnete Vögel mit kräftigen kurzen Schnäbeln. Bewohnen meist offenes Gelände und brüten am Boden oder in Büschen. Außerhalb der Brutzeit meist gesellig. 18 Arten. S. 288

Lerchen

(Familie Alaudidae) sind kleine bis mittelgroße, recht einfarbige und überwiegend braune Bodenvögel, von denen die meisten Arten offenes Gelände in Südeuropa bewohnen. Ähnlich Piepern, aber kräftiger, mit breiteren Flügeln und kürzeren Schwänzen. Männchen tragen meist wohlklingenden Gesang im Flug vor. Bodenbrüter, 3–5 Eier.

Dupontlerche

Dupontlerche *Chersophilus duponti* L 18. Seit einigen Jahren ein kleiner Brutbestand in Zentralspanien, sonst in Nordafrika in trockenen Steppen mit einzelnen Büschen. Recht *langer, schlanker und leicht abwärtsgebogener Schnabel. Ohne Weiß im Flügel* und ohne Andeutung einer Haube. Überaugenstreif hell, Schwanzkanten weiß. *Sehr langbeinig,* läuft schnell und *steht aufrechter* als andere Lerchen. Unauffällig, verbirgt sich oft in niedriger Vegetation. Der im Flug langsam vorgetragene Gesang besteht aus klaren Flötentönen und kratzenden, gepreßten Lauten.

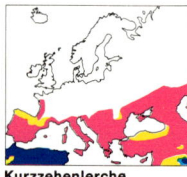

Kurzzehenlerche

Kurzzehenlerche *Calandrella brachydactyla* L 14. Bewohnt offenes, trockenes Gelände in Südeuropa, gern an ausgetrockneten Schlammflächen. Wie eine kleine, helle Feldlerche mit proportional etwas kräftigerem Schnabel. Deutlicher *heller Überaugenstreif,* Scheitel im frischen Gefieder rostfarben. Ungezeichnete helle Kleine und dunkle Mittlere Armdecken. *Unterseite ungestreift,* nur im Jugendkleid (bis August/September) wenige undeutliche Brustflecken. Dunkler Fleck an den Halsseiten der Altvögel oft schwer zu sehen und manchmal fehlend. Altvögel können von der sehr ähnlichen Stummellerche durch fehlende deutliche Bruststrichelung, blasseres und etwas rötlicheres Gefieder, dunklen Halsseitenfleck und *längere Schirmfedern* (bedecken die Flügelspitze!) unterschieden werden. Ruft ähnlich Feldlerche, aber eher *trocken zwitschernd* 'drrüt-üt-üt' oder 'drrie'. Gesang besteht aus in schneller Reihenfolge *wiederholten kurzen, einfachen Phrasen,* vorwiegend aus einem dem Ruf ähnlichen *Zwitschern* zusammengesetzt und zögernd beginnend 'tschüt, tschüt, tschüll-tschill-ill-ill-ill … drro drri düüe tschüllüllüll…'. Imitiert in wechselndem Umfang andere Arten (Schafstelze, Waldwasserläufer, Bluthänfling), aber nie so deutlich wie Stummellerche. Manchmal lange feldlerchenähnliche Strophen mit mehr Imitationen. Planlos wirkender Singflug in großer Höhe, oft *in Bögen und mit schnell flatternden Flügelschlägen* wie Feldlerche.   A

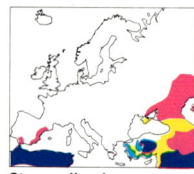

Stummellerche

Stummellerche *Calandrella rufescens* L 14. Brütet lokal in Südost- und Südwest-Europa in trockenem, offenem Gelände, aber auch auf feuchten Wiesen als die sehr ähnliche Kurzzehenlerche. Altvögel haben im Gegensatz zu dieser eine *deutliche Bruststrichelung* (schwach auch auf den Flanken), ein etwas dunkleres und mehr *graubraunes Gefieder* und *kürzere Schirmfedern,* die *nicht* bis zur Flügelspitze reichen. Ruft kurz surrend 'drrrr-drr' oder einfach 'drrrrd'. Gesang kann schwer von Kurzzehenlerche zu unterscheiden sein, ist aber meist *lang, abwechslungsreich, schön und reich an guten Nachahmungen.* Beginnt oft wie eine gut imitierte Haubenlerche, geht in der Kalanderlerche ähnliches Trillern über, angereichert mit Rufen von Flußuferläufer, Waldwasserläufer und Bluthänfling und eingestreuten arteigenen Rufen. Während des kreisenden Singfluges gelegentlich *langsame Flügelschläge* wie balzfliegender Grünling (und Kalanderlerche).   −

Kalanderlerche

Kalanderlerche *Melanocorypha calandra* L 20. Brutvogel der trockenen, offenen Landschaft Südeuropas. Sehr groß und relativ kurzschwänzig, *Schnabel dick. Flügel lang, breit, mit weißer Hinterkante und typischer dunkler Unterseite.* Große schwarze Halsseitenflecken nicht immer leicht zu sehen und beim Weibchen schwächer. Flug meist niedrig, wellenförmig und mit recht langsamen Flügelschlägen (kann an Limikole erinnern). Ruft kraftvoll, *rauh und trocken rollend* 'tschrrit' (wie streitende Stare). Der Gesang, melodisch wie Feldlerche, aber kräftiger und reicher an Imitationen, wird aus kreisendem Singflug in großer Höhe vorgetragen, Flügelschläge dabei zeitweise langsam und rudernd.   −

Kalanderlerche,
Singflug

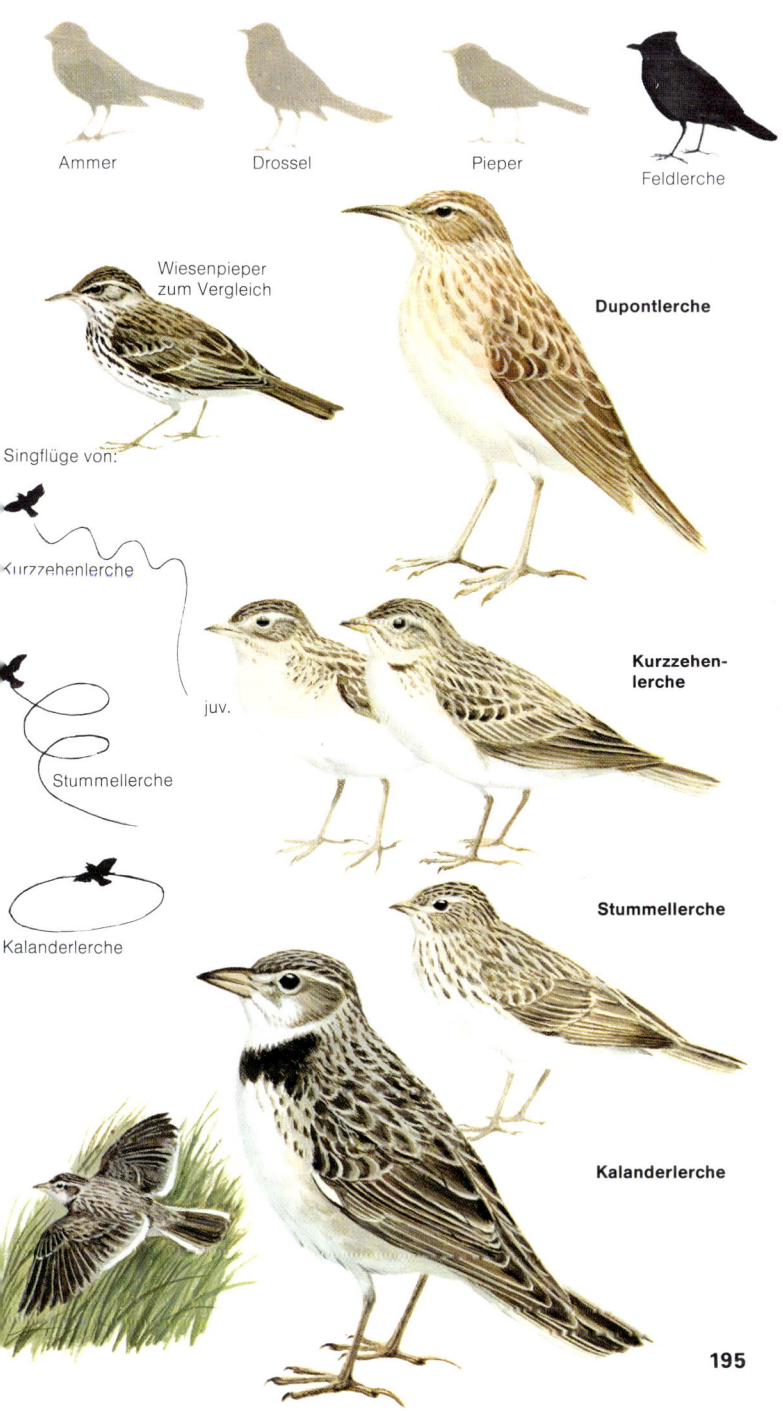

Ammer

Drossel

Pieper

Feldlerche

Wiesenpieper
zum Vergleich

Dupontlerche

Singflüge von:

Kurzzehenlerche

**Kurzzehen-
lerche**

juv.

Stummellerche

Stummellerche

Kalanderlerche

Kalanderlerche

195

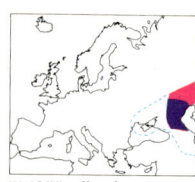
Weißflügellerche

Weißflügellerche *Melanocorypha leucoptera* L 19. Brütet in den Steppen Kasachstans westwärts bis zum Schwarzen Meer. Etwas größer als Feldlerche mit charakteristischem *dreifarbigem Flügelmuster*: brauner Vorderrand, schwarzes Mittelfeld und *breite weiße Hinterkante*. Wirkt durch weißen Flügelhinterrand sehr *schmalflügelig*. Scheitel, Flügelbug und Oberschwanzdecken beim Männchen rotbraun, beim Weibchen blasser und gestreift. Beine hellbraun. Singt wie Feldlerche, aber etwas trockener und härter, ohne klare Töne.   —

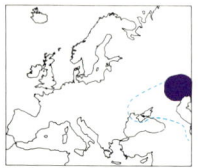
Mohrenlerche

Mohrenlerche *Melanocorypha yeltoniensis* L ♂ 21, ♀ 19. Brutvogel kasachischer Steppen westwärts bis zur Wolga, gern bei Feuchtgebieten. Zieht nicht. Groß und kräftig. Männchen im Prachtkleid *ganz schwarz*. Färbung im Schlichtkleid durch breite *beige Federränder* weitgehend verdeckt. *Weibchen so viel kleiner*, daß es für eine andere Art gehalten werden könnte, zumal es der Kalanderlerche sehr ähnlich ist: Halsseiten mit dunklem Fleck, dunkle Unterflügel, aber Beine dunkel und *kein weißer Flügelhinterrand*. Männchen balzt ähnlich Haussperling, umhüpft Weibchen, plustert Kopf- und Halsgefieder auf, spreizt Flügelbug ab und stelzt Schwanz. Verfolgungsflug führt mit unsicher wirkenden, unglaublich langsamen Schlägen der breiten, runden Flügel niedrig über den Boden. Balzflug etwas höher, mit schmetterlingsartigen, sehr langsamen Flügelschlägen manchmal fast auf der Stelle stehend. Gesang dagegen recht primitiv und meist vom Boden aus vorgetragen.   —

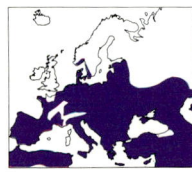
Haubenlerche

Haubenlerche *Galerida cristata* L 17. In Mittel- und Südeuropa weit verbreitet in offenem, trockenem Gelände, an Landstraßen und selbst in Städten. Von allen anderen Lerchen (außer Theklalerche) durch die *auffallende spitze Haube* unterschieden (Feldlerche kann Scheitelfedern bei Erregung auch erstaunlich weit aufstellen). *Flügel breit und rund, ohne weiße Hinterkante. Schwanz relativ kurz*, Schwanzkanten ockerfarben. Schnabel hell, lang und kräftig. Gefieder blaß braun mit undeutlicher Rückenstreifung. Jungvögel mit kürzerer Haube und hell geschuppter Oberseite. Oft sehr furchtlos. Läuft schnell. Ruft klar, etwas melancholisch und schmachtend 'di di düh'. Ferner rauhes, fast miauendes 'dwui' und piepsendes, rollendes 'drrÜih'. Gesang teilweise einfach mit einer Kombination klarer Einzelrufe, meist mit Pausen von Sitzwarte aus vorgetragen, teilweise flüssiger, mit Nachahmungen und ähnlich den *Calandrella*-Arten im Flug gesungen.   BJ

Theklalerche *Galerida theklae* L 16. Brütet in trockenem, offenem und spärlich bewachsenem Gelände Südwest-Europas, oft in höheren und steinigeren Gegenden als die Haubenlerche. Sehr schwer von dieser zu unterscheiden, aber etwas kleiner, *Schnabel etwas kürzer, dunkler und mit konvexem Unterschnabel* (Haubenlerche gerade). Oberseite grauer, Unterseite heller mit *deutlicher abgesetzter Bruststreifung* und graubraunen Unterflügeln (Haubenlerche hell braunrosa). Oberschwanzdecken meist rostfarben getönt, mit graueren Steuer- und Bürzelfedern kontrastierend (bei Haubenlerche nur schwacher Rostton und Kontrast). Fliegt in Bäume, was Haubenlerche selten tut. Ruft meist fünfsilbig 'di-dede-ü-i', oft kürzer und immer schwächer als Haubenlerche. Gesang *weicher, melodischer* und abwechslungsreicher als bei Haubenlerche.

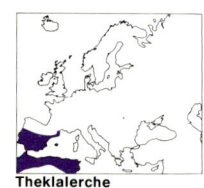
Theklalerche

Bergkalanderlerche *Melanocorypha bimaculata* L 17. Brutvogel trockener Hochebenen Südwest-Asiens einschließlich Kaukasus, Türkei und Nordisrael. In Gestalt und Färbung ähnlich Kalanderlerche, also mit *dunklem Halsseitenfleck*, aber mit noch kräftigerem Schnabel, *kürzerem Schwanz*, etwas *spitzeren Flügeln* (im Flug ähnlich Star). *Schwanz mit weißer Endbinde*, aber ohne weiße Kanten. Unterflügel braun (nicht so dunkel) mit nur angedeutetem weißem Hinterrand. Ruft wie Feldlerche, aber etwas rauher. Gesang sehr ähnlich Kalanderlerche. Flügelschläge während des Singflugs oft schnell wie bei Feldlerche, manchmal sehr langsam, was zusammen mit dem kurzen, dabei im Gegensatz zur Kalanderlerche oft gespreizten Schwanz einen fledermausartigen Eindruck vermittelt. (Nicht abgebildet)   —

196

Weißflügellerche

Mohrenlerche

♀

♂

rennende
Haubenlerchen

Haubenlerche

Theklalerche

197

Feldlerche

Feldlerche *Alauda arvensis* L 18. Häufigste Lerche Europas, fast überall in jeder Art von offenem Gelände. Ziemlich *hell mit braunen Flecken, weißem Flügelhinterrand* und mittellangem Schwanz mit weißen Außenkanten. Angedeutete Haube (bei der Haubenlerche viel länger und spitzer. Vergleiche auch mit den ähnlichen Arten Heidelerche; Kalanderlerche und Grauammer). Im Jugendkleid ist das Gefieder bis in den Spätsommer hinein geschuppt, die helle Hinterkante des Flügels fehlt noch. Häufigster Ruf ein trockenes, voll zwitscherndes 'prrlü' oder 'prrit'. Im Winter aus Trupps auch ein hoher, langgezogener Ton, der mit Ohrenlerche verwechselt werden kann. Gesang ein *endloses Jubilieren,* überwiegend aus hoch rollenden Tönen, in die Imitationen (z.B. Flußregenpfeifer, Rotschenkel) eingeflochten werden. Beginnt im Morgengrauen, wenn oft alle Vögel eines Gebietes fast gleichzeitig aufsteigen, und hält den ganzen Tag über an. Anfangs am Boden oder von einem Zaunpfahl aus, dann aufsteigend und für 10–15 Minuten aus größter Höhe vorgetragen. Dabei steht die Lerche mit flatternden Flügeln am Himmel, oft schwer zu entdecken. Im Herbst lockere Trupps auf Stoppelfeldern. Bei plötzlichen Kälteeinbrüchen manchmal gewaltige Scharen auf der „Winterflucht''. BZW

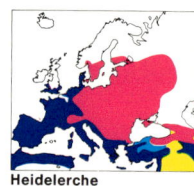

Heidelerche

Heidelerche *Lullula arborea* L 15. Verbreiteter, aber nirgendwo häufiger Brutvogel auf Heideflächen, Waldlichtungen oder Waldbrandflächen. Ähnlich Feldlerche, aber viel *kurzschwänziger.* Deutlicher heller *Überaugenstreif, der am Hinterkopf zusammenläuft.* Haube kaum auffallend und nur selten aufgerichtet. Kennzeichnend der *schwarze, beidseitig bräunlichweiß eingefaßte Fleck an der Vorderkante des Handflügels.* Wellenflug ausgeprägter als bei Feldlerche (kann an Kleinspecht erinnern). Erscheint von unten durch die breiten, runden Flügel und den kurzen Schwanz fast fledermausartig. Schwanz ohne weiße Außenkanten, aber mit heller Endbinde. Nahrungssuche am Boden, setzt sich aber gerne exponiert auf Büsche und Bäume. Der Gesang besteht aus weichen, klingenden Tonläufen, langsam beginnend und sich beschleunigend, dabei lauter, aber tiefer werdend 'li li li lilililülülülülulu, llü llü llüllü …'. Am häufigsten früh morgens und abends zu hören, im Juni (zweite Brut) auch um Mitternacht – dann oft als einziger Vogelgesang. Singt meist im hoch kreisenden Flug, sich dabei manchmal aus Hörweite entfernend, aber auch von Buschspitzen aus oder sogar am Boden. Ruft weich, leise und melodisch 'düdloll' oder 'tlUi-tlUi'. Kehrt sehr zeitig im Frühjahr zurück. Wegzug in kleinen, artreinen Trupps im September/Oktober. BZ

Ohrenlerche

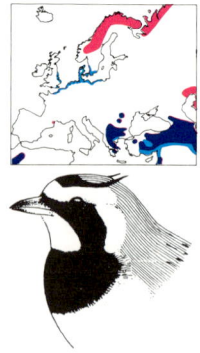

Ohrenlerche, ♂ad.
Unterart *penicillata*

Ohrenlerche *Eremophila alpestris* L 17. In Europa eine alpine Art, die in Skandinavien Fjells bewohnt (Unterart *flava*), auf dem Balkan (Unterart *penicillata*) hohe Gebirge. Überwintert an der norddeutschen Küste, oft gemeinsam mit Schneeammern, seltener im Binnenland und hier manchmal mit Feldlerchen auf Stoppelfeldern vergesellschaftet. Altvögel leicht an der *schwarz-gelben Kopfzeichnung* zu bestimmen. Im Jugendkleid jedoch Scheitel, Wangen und Rücken dunkelbraun mit gelblichweißen Flecken, Überaugenstreif und Kehle cremefarben, Brust mit braunfleckigem Querband. *Beine schwarz.* Brutvögel Griechenlands und der Türkei mit mehr Schwarz am Kopf und grauem, gleichmäßiger gefärbtem Rücken. Flug wie Feldlerche, kann aber an dem deutlicheren Kontrast zwischen weißem Bauch und schwärzlichem Unterschwanz erkannt werden. Fliegt meist jedoch nicht hoch auf, sondern schlüpft niedrig wie ein Strandpieper davon. Ruft dünn 'llh dudu', ein durchdringender Ton und zwei weichere, leisere in kurzer Folge. Im Flug oft auch nur ein hohes, langgezogenes 'piih' (Feldlerchen können im Winter ähnlich rufen!). Gesang kurz, klingelnd und unregelmäßig, ähnlich Spornammer, aber stotternd wie Grauammer einsetzend. Meist von einem Felsen aus singend, aber auch aus größerer Höhe im Kreisflug, Flügel dabei gestreckt und Schwanz ungewöhnlich lang wirkend. W

Feldlerche

Trupp

Feldlerche
Singflug

Heidelerche

Singflug

Heidelerche,
auf Pfosten singend

Ohrenlerche

juv.

Schwalben

(Familie Hirundinidae) haben lange, spitze Flügel und leicht bis sehr stark gegabelte Schwänze. Beine (selten am Boden sitzend) und Schnäbel kurz, Rachen breit. Fangen Insekten in der Luft, Flug schnell und elegant, Flügelschläge flüssiger als bei den ähnlichen, aber nicht verwandten Seglern. Langstreckenzieher, zur Zugzeit oft in großen, auch gemischten Trupps auf Stromleitungen und über Schilfgebieten (Schlafplatz). Viele Arten Koloniebrüter, Nester typisch. 4–7 weiße oder gefleckte Eier.

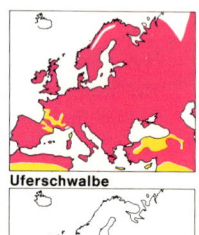

Uferschwalbe

Uferschwalbe *Riparia riparia* L 13. Weit verbreiteter Koloniebrüter an Steilufern von Flüssen, Sand- und Kiesgruben, in die waagerechte Brutröhren gegraben werden. Zur Zugzeit große Schlafgemeinschaften im Schilf. Kleinste Schwalbe. *Oberseite ganz braun*, ohne Weiß, Unterseite weiß mit kennzeichnendem *braunem Brustband* (vergl. Felsenschwalbe). Mehr am Wasser als andere Schwalben. Ruf recht tief und tonlos kratzend 'krsch', warnt hell 'tjir'. BZ

Felsenschwalbe

Felsenschwalbe *Ptyonoprogne rupestris* L 15. Lokaler Koloniebrüter an Klippen der Bergregionen und Felsküsten Südeuropas. Brutvögel der Alpen ziehen, spanische Felsenschwalben überwintern im Brutgebiet. Größer und kräftiger als Uferschwalbe, *ohne Brustband. Unterflügeldecken sehr dunkel* und zur übrigen Unterseite kontrastierend. Flügel breiter als bei Uferschwalbe und Schwanz nur schwach gegabelt. Flug ruheloser, agiler und akrobatischer als bei anderen Schwalben. Beim Wenden gespreizte Schwanz zeigt *weiße Flecken*. Ruft sehr leise 'tschri'. BZ

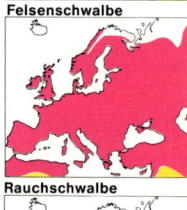

Rauchschwalbe

Rauchschwalbe *Hirundo rustica* L 19. Häufiger Brutvogel in offenem Gelände, einzeln oder in kleinen, lockeren Kolonien. Offenes Nest aus Schlamm und Stroh meist innerhalb von Gebäuden (Scheunen, Ställen etc.) an Balken oder in Nischen. Im Spätsommer gewaltige Schlafplätze in Schilfgebieten. *Äußere Steuerfedern schmal und sehr verlängert.* Stirn und Kinn rostrot, aber aus der Entfernung schwer zu sehen. Besseres Artkennzeichen ist dann die *dunkel wirkende Kehle. Kein Weiß auf Oberschwanzdecken.* Huschender, ruckartiger Flug, Gleitstrecken auf gestreckten Flügeln anders als bei Mehlschwalbe schnell und elegant. Ruft kurz 'witt' oder 'vitt-vitt'. Ein volleres 'glitt-glitt' kündigt Sperber oder Baumfalken an, auf den dann mit scharfem 'si-FLITT' „gehaßt" wird. Gesang ein hastiges Plaudern mit eingeschobenen kratzenden Lauten. BZ

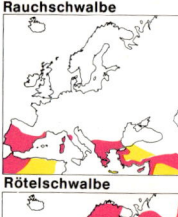

Rötelschwalbe

Rötelschwalbe *Hirundo daurica* L 18. Brutvogel in offenem, meist felsigem Gelände Südeuropas. Nest mit röhrenförmigem Eingang ganz aus Schlamm gebaut und unter überhängende Felsen, Brücken, in Höhlen und auch in Häusern plaziert. Brütet in Einzelpaaren oder lockeren, kleinen Kolonien. Erinnert an Rauchschwalbe, hat aber *rotbraunes Nackenband* und hellen, *rostfarbenen Bürzel. Kehle hell,* Schwanzspieße nicht ganz so lang, *Unterschwanzdecken schwarz* (bei Rauchschwalbe weiß). Gelegentlich auftretende Hybriden zwischen Rauch- und Mehlschwalbe werden oft für Rötelschwalben gehalten! Fliegt wie Mehlschwalbe mit häufigen Gleitstrecken auf gestreckten Flügeln. Flugruf nasal und gequetscht 'tveit', ähnlich Feldsperling. Warnruf scharf 'kir'. Gesang langsamer, rauher und mit kürzeren Strophen als Rauchschwalbe. A

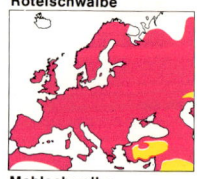

Mehlschwalbe

Mehlschwalbe *Delichon urbica* L 14. Brütet überall häufig, meist in Kolonien an Häusern in Dörfern und Städten, auch an Felsen. Klebt das kugelförmige Schlammnest unter Vorsprünge. Übernachtet im Nest oder in Bäumen (nicht im Schilf). An der *metallisch blau schimmernden schwarzen Oberseite* mit dem *weiß leuchtenden Bürzel* und der weißen Unterseite leicht zu erkennen. Schwanz kurz und leicht gegabelt. Flug flatternder als Rauchschwalbe, aber mit langen, ruhigen Gleitstrecken auf gestreckten Flügeln (nicht ruckartig schlagend). Ruft kurz zwitschernd 'prrit', nicht kratzend wie Uferschwalbe. Alarmruf ein wiederholtes, helles 'tjierr' (bei Greifvögeln, Falken oder häufigen inneren Streitereien). Gesang zwitschernd und in derselben Tonlage wie der Ruf. BZ

Uferschwalbe

Felsenschwalbe auf Fels-brocken

Rauchschwalbe

Rötelschwalbe

Mehlschwalbe

Mauersegler

Rauchschwalbe

Uferschwalbenkolonie

Uferschwalbe

Nest unter Überhang

Felsenschwalbe

Rauchschwalbe am Nest

Rauchschwalbe

Nest der Rötelschwalbe

Rötelschwalbe

Mehlschwalbe

Nest der Mehlschwalbe

Schwalben-ansammlung auf Telegrafendrähten

Stelzen und Pieper

(Familie Motacillidae) sind knapp sperlingsgroß, schlank gebaut, mit schmalen, spitzen Schnäbeln, langen Schwänzen mit weißen Außenkanten und langen Schirmfedern. Insektenjagd am Boden. Stelzen auffallend gefärbt, Pieper braun gestreift, aber schlanker und langschwänziger als Lerchen. Nester am Boden oder in Halbhöhlen (Bach- und Gebirgsstelze), 4–7 Eier.

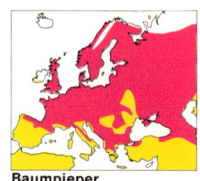

Baumpieper

Waldpieper

Baumpieper *Anthus trivialis* L 15. Brütet in fast ganz Europa an Waldrändern, auf Lichtungen und in locker baumbestandenem Gelände. Am häufigsten mit Wiesenpieper verwechselt, aber *Grundton eher gelbbraun* als graugrün, *Unterseite weißer*, weniger gelblich, Flanken feiner gestrichelt, *dunkler Kinnstreif deutlicher*, Bürzel fast ungestrichelt, Kralle der Hinterzehe kürzer und stärker gebogen. Bestes Kennzeichen der *charakteristische Ruf*, ein rauhes 'spiiz' oder 'psii'. Bei Alarm ein langsam wiederholtes 'sit'. Singt auf einer Baumspitze oder im kurzen Singflug, bei dem er auf steifen Flügeln und mit hängenden Beinen wie an einem Fallschirm hinabgleitet. Gesang laute Wiederholung verschiedener Tonfolgen in unterschiedlichem Tempo mit charakteristischem abfallendem Schluß während des Hinabgleitens: 'tja-tja-tja-tja vivivi trrrrrr vui vui vui vuii, vuuii ZIA-Zla-Zla Zla zia'. BZ

Waldpieper *Anthus hodgsoni* L 14,5. Häufiger Brutvogel der sibirischen Taiga (bis ins nordöstlichste Europa), seltener Herbstgast in Westeuropa. Kaum kleiner als der ähnliche Baumpieper, aber deutlich *olivbraune Oberseite mit kaum sichtbarer, feiner Strichelung*, dafür aber kräftigere Bruststreifung. *Kopfzeichnung charakteristisch: deutlicher Überaugenstreif vor dem Auge gelblich, dahinter weißlich.* Am Hinterrand der Ohrdecken ein *weißer Fleck*, der wie ein abgerutschtes Stück des Überaugenstreifs aussieht und direkt über einem kleinen schwarzen Fleck liegt. *Häufiges Schwanzpumpen.* Ruft fein 'tsiit', etwas heller als Baumpieper und an kräftigen, kurzen Rotkehlpieperruf erinnernd. Gesang ähnlich Baumpieper, aber meist von Sitzwarte aus, mit großer Geschwindigkeit beginnend, ohne die langgezogenen Schlußtöne, mit trockeneren und härteren Trillern, insgesamt schneller und kürzer und in Sibirien eher mit Goldhähnchen-Laubsänger zu verwechseln. A

Waldpieper

Petschorapieper

Petschorapieper *Anthus gustavi* L 14,5. Brütet vom Fluß Petschora an ostwärts in der sibirischen Tundra, sehr seltener Herbstgast in Westeuropa. Hält sich oft wie ein Schwirl in dichter Bodenvegetation auf und ist kaum aufzuscheuchen. Etwas *dunkler* als Baumpieper, *längere Kralle* an der Hinterzehe, *kräftigerer und hellerer Schnabel.* Nur undeutlicher dunkler Kinn- und heller Überaugenstreif. Kinn und Kehle auffallend weißlich. *Bürzel* kräftig *gestrichelt.* Äußere Steuerfedern mit beigen Kanten. Helle Spitzen der Großen und Mittleren Flügeldecken formen *deutliche Flügelbinde.* Auf dem Rücken zwei auffallende *weißliche Längsstreifen* (diese sonst nur beim Rotkehlpieper, dessen *Schirmfedern* bis zur Flügelspitze reichen, beim Petschorapieper aber *kurz* sind). *Ruft* ziehend selten, aber *typisch* hart und wiederholt 'tsip', keinem anderen Pieperruf ähnlich. Gesang von Warte aus oder im Singflug, einfache guttural summende Wiederholungen weniger Motive. —

Spornpieper *Anthus richardi* L 18. Alljährlicher, aber seltener Gast aus Sibirien im September/Oktober an westeuropäischen Küsten. *Groß und langbeinig, Haltung aufrecht,* Oberseite kräftig gestreift, Brustband aus kurzer Strichelreihe, *Hinterkralle extrem lang, Schnabel lang und kräftig* (manchmal schwächer). Kann nur mit jungem Brachpieper (s. dort) oder Feldlerche (!) verwechselt werden. Rüttelt oft vor dem Landen. *Ruf* laut, explosiv und *rauh* 'schrrüp', klingt aus der Entfernung zischend 'psch!'. G

Steppenpieper *Anthus godlewskii* L 17. Sehr seltener Gast aus Asien, etwas kleiner als Spornpieper und nur in der Hand an Schwanzzeichnung, Krallen- und Beinlänge sicher von diesem zu unterscheiden. Ruf ähnlich Schafstelze 'pschiio'. —
(Nicht abgebildet)

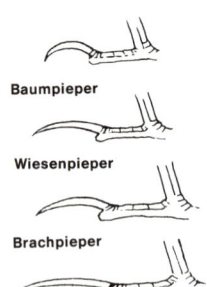

Baumpieper

Wiesenpieper

Brachpieper

Spornpieper

Hinterzehen
(Originalgröße)

Ammer Drossel Feldlerche Pieper Bachstelze

Singflug

Baumpieper

Wiesenpieper zum Vergleich

Waldpieper

(Kopfmuster
siehe Schwarzweiß-
Zeichnung)

Petschorapieper

Spornpieper

203

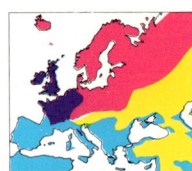

Wiesenpieper

Brachpieper *Anthus campestris*

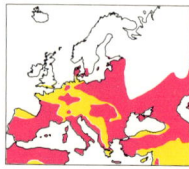

Brachpieper

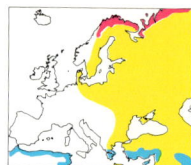

Rotkehlpieper

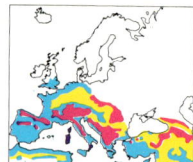

Bergpieper

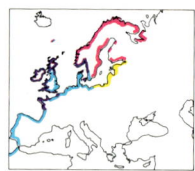

Strandpieper

Wiesenpieper *Anthus pratensis* L 14,5. Häufiger Brutvogel in offenem, oft feuchtem Gelände. Erinnert an Baumpieper, ist aber etwas kleiner, *oberseits mehr graugrün*, hat *schwächeren dunklen Kinnstreif*, fein gestrichelten Bürzel (schwächer als Rücken) und längere, weniger gebogene Kralle der Hinterzehe. *Ruft kennzeichnend* zwei- oder dreisilbig hoch und dünn 'ist-ist'. Warnt zweisilbig zitternd 'tirrl'. Singflug kurz, Gesang einfach und aus einer Serie schneller und scharfer Tonfolgen zusammengesetzt, z.B. 'zi zi zi zi zi zü zü zürrrrr sia sia sia sia'. BZW

Brachpieper *Anthus campestris* L 16,5. Lokaler Brutvogel offenen, trockenen, wenig bewachsenen und oft sandigen Geländes, in Südeuropa in verkarsteten Gebirgen. *Groß und langschwänzig, insgesamt blaß* (sandfarben) und sowohl ober- als auch unterseits *kaum gestrichelt*. Im frischen Gefieder deutlicher heller Überaugenstreif und *schwärzliche Mittlere Armdecken* mit weißen Spitzen. Jungvögel wie Spornpieper mit gestreifter Oberseite und gefleckter Brust, aber an dunklerem Zügel, kürzeren Beinen und Hinterkrallen, meist schwächerem Schnabel und Stimme zu unterscheiden. *Ruft dem Haussperling ähnlich* in verschiedenen Variationen 'tschilp'. Gesang ein langsam gereihtes 'tsirLl', auch zu einem vibrierend trillerndem 'sr-r-rii-u' gereiht. Auch Weibchen singen. BZ

Rotkehlpieper *Anthus cervinus* L 14,4. Spärlicher Brutvogel nordskandinavischer Fjells mit dichtem Weidengestrüpp. Bei uns regelmäßiger Durchzügler im Mai und September, gern in Feuchtwiesen. Im Prachtkleid durch *ziegelrote Färbung von Brust, Kehle und Wangen* unverwechselbar. Jungvögel können von Wiesenpiepern an rötlichbraunem Grundton des Rückengefieders, *kräftig gestreiftem Bürzel*, deutlichem Kinnstreif und zwei markanten *weißlichen Längsstreifen* auf dem Rücken unterschieden werden. *Ruf* ein dünnes, hohes, langgezogenes 'psiih', ganz anders als bei Baum- und Wiesenpieper. Warnt ähnlich Ortolan 'tjÜpp'. Singt 'svü-svü-svü-svÜ svü-svü-svü-svÜ (rhythmisch klingelnd) psiiü-psiiiü psiiiiÜh (ähnlich langgezogen wie Artruf) sürrrrrrrrrr (trillernd wie Birkenzeisig)'. Z

Bergpieper *Anthus spinoletta* L 16. Nah mit dem Strandpieper verwandt und bisher meist mit diesem unter der Bezeichnung „Wasserpieper" zusammengefaßt. Brütet oberhalb der Baumgrenze in Gebirgen Mittel- und Südeuropas, gern an Wasserläufen. Im Winter auf Feuchtwiesen und an Wasserflächen des Flachlandes bis zur Nordsee. *Schwanzaußenkanten weiß, Beine dunkelbraun bis schwärzlich*. Im Prachtkleid *Scheitel und Nacken grau, Rücken und Flügel warm braun mit feiner Strichelung, auffallender weißer Überaugenstreif, ungezeichnete Unterseite* (manchmal feine Strichel) mit mehr oder weniger starkem *rosa Anflug*. Deutliche Flügelbinde. Im Schlichtkleid oberseits *düster bräunlich*, unterseits weißlich mit *wenigen, aber kräftigen Strichen* besonders auf der Brust. Stimme wie Strandpieper. BZW

Strandpieper *Anthus petrosus* L 16. Brütet an Felsküsten Großbritanniens und Nordwest-Frankreichs (Unterart *petrosus*) und Skandinaviens (*littoralis*). Bei uns im Winterhalbjahr regelmäßig an der Nordseeküste, selten tief im Binnenland. Im Prachtkleid *Oberseite recht einheitlich grauoliv* (mit nur leichtem bräunlichem Stich; wird durch Abnutzung grauer) mit schwach gestricheltem Rücken. *Überaugenstreif und Flügelbinde undeutlich*, Brust und Flanken auf schmutziggelbem Grund verwaschen, aber breit und deutlich gestrichelt, *äußere Steuerfedern mit grauen Außenkanten*. Im Schlicht- und Jugendkleid von Baum- und Wiesenpieper an *dunklen Beinen* (bei Jungvögeln rötlichbraun), kräftigerem Schnabel, *düster graubrauner Oberseite und breiterem Bruststreifen auf verwaschen dunklem Grund* zu unterscheiden. Ruft ähnlich Wiesenpieper, aber nicht so kurz und nervös, sondern nachdrücklicher und *heiserer* 'wiisst, wiisst', meist nur ein- oder zweisilbig. Warnt wie Wiesenpieper 'sit, sit', auch Gesang ähnlich, oft mit längeren Strophen. ZW

Singflug

Wiesenpieper

Baumpieper zum Vergleich

juv.
(vor
August)

Brachpieper

Singflug

Rotkehlpieper

imm.

ad.

Bergpieper

Schlichtkleid

Prachtkleid

Strandpieper

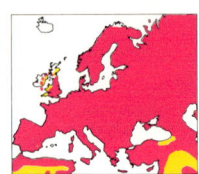

Schafstelze

Schafstelze *Motacilla flava* L 16,5. Brütet in ganz Europa in mehr oder weniger feuchtem Wiesengelände und auf anderen offenen Flächen. Während des Zuges in Trupps oft bei grasendem Vieh, dabei auch direkt neben den Hufen auf Insektenjagd. Im Herbst große Schlafgemeinschaften in Schilfgebieten. Flug wellenförmig. *Schwanz lang, Unterseite gelb* und *Rücken* meist *grünlich*. Kopfzeichnung der Männchen im Prachtkleid je nach Unterart verschieden (s. Tabelle). Weibchen aller Regionen einander sehr ähnlich. Einige Weibchen sind im ersten Winterkleid auf der Unterseite verwirrend hell, zeigen aber gewöhnlich doch etwas Gelb am Steiß. Jugendkleid wird vor dem Wegzug ins erste Winterkleid gemausert und ist oberseits graubraun, unterseits schmutzig weiß, zeigt einen dunkel eingefaßten hellen Überaugenstreif und eine von Kinnstreif und Brustband schwarzbraun begrenzte Kehle. Ruft hoch 'psiit' und voller 'tslle' (die Unterart *feldegg* vom Balkan, auch „Maskenstelze" genannt, rauher 'psrrit' mit deutlichem r). Singt meist von einer Sitzwarte aus etwas kunstlos 'srrü-srrlT', auch dreisilbig, mit scharf kratzendem Ton. BZ

Unterarten der Schafstelze

Motacilla f. flava	Kopf blaugrau, Kehle gelb, Überaugenstreif weiß	Südskandinavien, Westeuropa außer GB und Iberien
M. f. thunbergi	Kopf dunkelgrau, Ohrdecken schwarz, Kehle gelb, kein Überaugenstreif	Nordskandinavien, Rußland
M. f. flavissima	Kopf grünlichgelb, Kehle gelb, gelber Überaugenstreif	Großbritannien, lokal kontinentale Nordseeküste
M. f. iberiae	Kopf grau, Kehle weiß, schmaler weißer Überaugenstreif	Iberische Halbinsel, Südfrankreich, Balearen
M. f. cinereocapilla	Kopf grau, Kehle weiß, meist kein Überaugenstreif	Italien, zentrale Mittelmeerinseln, Albanien
M. f. feldegg	Kopf schwarz, Kehle gelb, kein Überaugenstreif	Balkan und Schwarzmeerküste
M. f. beema	Kopf hellgrau, Kehle und Überaugenstreif weiß	Südost-Rußland
M. f. lutea	Kopf gelb, Kehle gelb, hell gelbgrüne Ohrdecken	äußerster Südosten Rußlands

Die Unterarten der Schafstelze sind eines der schwersten Probleme ornithologischer Systematiker. Selbst innerhalb einer Unterart sehen die Männchen nicht immer gleich aus und die vor allem in Grenzbereichen nicht seltenen Hybriden verschiedener Unterarten können wieder ganz anders aussehen. Daher sollte man bei der Bestimmung von Unterarten sehr zurückhaltend sein. Bei uns brütet *flava*, die „Nördliche Schafstelze" *thunbergi* zieht regelmäßig durch und die britische Unterart *flavissima* erscheint selten, hat aber an der Nordseeküste gebrütet.

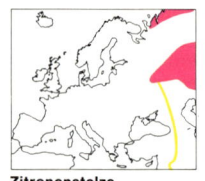

Zitronenstelze

Zitronenstelze *Motacilla citreola* L 18. Nächste Brutplätze im westlichen Rußland. Erscheint selten in Westeuropa. Männchen *mit gelbem Kopf, schwarzem Nackenband, grauem Rücken und zwei breiten, rein weißen Flügelbinden* (auch im Flug sichtbar) unverwechselbar. Weibchen auf Scheitel, Nacken und Wangen graubraun, Nackenband höchstens angedeutet. Vögel im ersten Winter, bisher am häufigsten in Westeuropa festgestellt (Herbst), haben graue Oberseite (mit leichtem Braunstich; nicht grünlich), breite weiße Flügelbinden, schwärzliche Oberschwanzdecken und manchmal etwas hellere, leicht bräunliche Stirn. Unterseite weißlich mit leicht bräunlich getönter Brust (manchmal fleckig), *Unterschwanzdecken und Steiß weiß* (bei jungen Schafstelzen fast immer hellgelb), Flanken oft grau wie bei jungen Bachstelzen. Schwanz länger als bei Schafstelze, etwa so lang wie bei Bachstelze. Ruft während des Zuges *durchdringender* als Schafstelze, etwas heller und *rauher* (mit anklingendem r) 'tsriip'. Kann an Spornpieper erinnern, aber eher an von singenden Schafstelzen gebrachte Laute. Einige Vögel (Unterart?) rufen aber auch genau wie Schafstelzen. A

Unterarten der Schafstelze, *Motacilla flava*

M. f. flavissima ♂

M. f. flava ♂

M. f. iberiae ♂

M. f. cinereocapilla ♂

M. f. beema ♂

M. f. thunbergi ♂

M. f. feldegg ♂

♀

♂

„Englische Schafstelze"
M. f. flavissima

Schafstelze
M. f. flava

juv.

♂

♀

Singflug

Zitronenstelze

♀

♂

1er Winter

207

Gebirgsstelze

**Gebirgs-
stelze**

Gebirgsstelze *Motacilla cinerea* L 18. In Süd- und Westeuropa weit verbreitet, vorwiegend an schneller fließenden Bergbächen, aber auch an trägen Flüssen und sogar Teichen im Flachland. Nester oft in Mauernischen unter Brücken. Außerhalb der Brutzeit auch weit abseits von Fließgewässern, selbst am Meer. *Schwanz sehr lang,* länger als bei Bachstelze. *Unterseite gelb, besonders am Steiß, Oberseite grau* (Schirmfedern mit weißen Rändern). Kehle im Prachtkleid beim Männchen schwarz, beim Weibchen oft schwärzlich gestrichelt, im Schlichtkleid immer weißlich. Im Wegfliegen *gelblicher Bürzel* und von den weißen Basen der Schwungfedern gebildeter *Flügelstreif* auffallend, diese von unten sogar noch deutlicher und im Gegenlicht durchscheinend. Bei Jungvögeln nur Steiß und Bürzel gelb, Brust rahmfarben; von jungen Schafstelzen am Bürzelfärbung, Flügelstreif, viel längerem Schwanz und braunrosa Beinen (bei allen anderen Stelzen schwärzlich) unterschieden. Der lange Schwanz prägt alle Bewegungen der Gebirgsstelze: Flug noch ausgeprägter wellenförmig als bei Bachstelze, Bewegung am Boden noch ruckartiger und wippender. Hüpft auf Felsbrocken in reißendem Wasser umher, fängt auch rüttelnd Insekten in den Luft und setzt sich eher auf Bäume als andere Stelzen. Ruf erinnert an Bachstelze, ist aber ein deutlich schärferes, höheres, metallischer klingendes 'ziss-ziss'. Daran läßt sich die Gebirgsstelze auch im Überflug (neben Flügelstreif, Schwanzlänge und Wellenflug) sofort bestimmen. Bei Alarm 'sÜÜit', verbunden mit erregten schrillen Artrufen. Gesang eine kurze Folge scharfer Töne.   BJ

Bachstelze

Bachstelze *Motacilla alba alba* L 18. Brütet häufig in ganz Europa in offenem Gelände, selbst in Ortschaften und gern in der Nähe von Wasser. Nest in Mauernischen, unter Dachziegeln oder in anderen halbhöhlenartigen Öffnungen. Unterscheidet sich von allen anderen Vogelarten durch die *schwarz-grau-weiße Färbung* und den *langen, ständig wippenden Schwanz.* Im Prachtkleid Männchen mit scharfer Trennung zwischen grauem Rücken und schwarzem Nakken, Weibchen mit fließendem Übergang vom grauen Rücken zum schwarzen Scheitel. Im Schlichtkleid beide Geschlechter mit hellerem Kopf, weißer Kehle und deutlichem schwarzem, breit halbmondförmigem Brustring. Jugendkleid mit grauem Kopf und grauem Brustfleck. Nach der im Spätsommer erfolgenden Mauser ins erste Winterkleid zeigt der Kopf einen gelblichen Ton und auf der Brust entsteht ein *scharf abgesetzter schwarzer Halbmond.* Von den ähnlichen jungen Gebirgsstelzen an Brustfleck und weißen (nicht gelben) Unterschwanzdecken zu unterscheiden. Flug tief wellenförmig. Außerhalb der Brutzeit meist in kleinen Trupps, abends oft große Schwärme an Schlafplätzen im Schilf, auf Bäumen und sogar inmitten von Städten. Ernährt sich von Insekten, die rennend am Boden oder in kurzen, fliegenschnäpperartigen Jagdflügen erbeutet werden. Kehrt sehr zeitig im Frühjahr zurück, einzelne Vögel überwintern auch bei uns. Ruf zweisilbig 'tsi-LITT'. Jungvögel rufen etwas höher, metallischer, schneller und oft drei -oder viersilbig 'ziziLITT', 'zizizilITT'. Gesang zwitschernd, vorwiegend aus den Rufen zusammengesetzt, immer sehr lebendig und etwas erregt klingend, auch zu hören, wenn die Stelze einen Kuckuck oder Falken verfolgt.   BZ

„Trauerbachstelze" *Motacilla alba yarrellii* L 18,5. Auf den Britischen Inseln vorkommende Unterart der Bachstelze, die vereinzelt und lokal auch an der Nordseeküste zwischen Norwegen und Nordwest-Frankreich brütet, bei uns z.B. manchmal auf Helgoland. Altvögel lassen sich von unserer Bachstelze am *ganz schwarzen* (Männchen) *oder grauschwarzen* (Weibchen) *Rücken* unterscheiden. Vögel im ersten Winterkleid und Weibchen im ersten Sommer der Bachstelze sehr ähnlich, aber *Bürzel fast schwarz* (nicht grau) und *Flanken dunkelgrau* mit grünlichem Ton (nicht hell aschgrau). Im Jugendkleid nicht von der Bachstelze zu unterscheiden. Verhalten und Stimme wie Bachstelze. Weitere Unterarten mit anderer Kopf- und Rückenfärbung brüten in Nordafrika und Asien.

Schafstelze
zum Vergleich

♀ (und ♂
Winter)

Gebirgsstelze

♂ Prachtkleid

imm.

Schlichtkleid

♂ Prachtkleid

Bachstelze

juv.

Schlichtkleid

„Trauer-
bachstelze"
M. a. yarrellii

Schlichtkleid

♂ Prachtkleid

Würger

(Familie Laniidae) sind mittelgroße Singvögel mit relativ großen Köpfen, langen Schwänzen, kräftigen Hakenschnäbeln und oft auffallenden Farben. Sitzen gerne auf erhöhten Punkten und bewohnen offenes, mit Büschen, Hecken oder einzelnen Bäumen bestandenes Gelände. Insekten, Kleinvögel und Kleinsäuger bilden die oft auf Dornensträucher oder Stacheldrähte aufgespießte Beute. Flug wellenförmig und meist niedrig. Nest mit 4–6 Eiern in Büschen.

Neuntöter

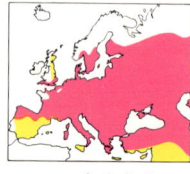

Neuntöter *Lanius collurio* L 18. Brütet verbreitet in offenen Heckenlandschaften, auch auf Waldlichtungen. Männchen mit *rotbraunem Rücken, hellgrauem Scheitel und Nacken*, schwarzweißem Schwanz und ungebänderter, rosa überhauchter Unterseite. Weibchen und Jungvögel braun mit *dichter wellenförmiger Brustbänderung.* Einzelne Weibchen fast so kontrastreich wie Männchen gefärbt, aber immer mit quergewellter Unterseite und dunkelbraunem Schwanz mit nur wenig Weiß an der Basis der Außenkanten. Ruft kurz 'wäw', warnt mit heiser schmatzender Tonfolge. Gesang ein leises, angenehmes Plaudern mit vielen Imitationen. BZ

Isabellwürger, ♂

Isabellwürger *Lanius isabellinus* L 18. Seltener Gast aus Asien. Dem Neuntöter nah verwandt und sehr ähnlich, aber *deutlich heller* und mit etwas längerem Schwanz. Geschlechter sehr ähnlich: Oberseite rötlich sandfarben oder hell braungrau, Unterseite beige, *Schwanz rotbraun* und *Maske* bei Männchen schwärzlich, bei Weibchen braun. Weibchen ferner mit feiner Wellung an Hals- und Brustseiten. Im Flug weißer Handschwingenfleck. (Der ähnliche nah verwandte sibirische **Rotschwanzwürger** *Lanius cristatus* hat weniger leuchtenden rotbraunen Schwanz mit schmaleren, fein quergebänderten Steuerfedern und niemals weißen Flügelfleck.) A

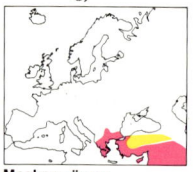

Maskenwürger

Maskenwürger *Lanius nubicus* L 18. Brütet selten auf dem südlichen Balkan. *Langer, schlanker Schwanz* und *große weiße Flügelfelder* im Flug auffallend (auch bestes Kennzeichen der Jungvögel). Stirn und Überaugenstreif weiß, Männchen mit schwarzer, Weibchen mit grauer Oberseite. *Jungvögel* quergebändert, *nur schwarz, weiß und grau* gefärbt, ohne gelblichbraune Tönung der Unterseite. Gesang ungleichmäßig und kratzend, ziemlich monoton und langsam. –

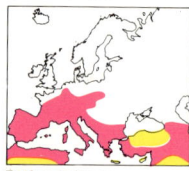

Rotkopfwürger

Rotkopfwürger *Lanius senator* L 19. Häufiger Brutvogel in Südeuropa, seltener im südlichen Mitteleuropa. Unverkennbar durch dunkle Oberseite mit *großen weißen Schulterflecken, weißem Bürzel* und *rotbraunem Scheitel und Nacken*. Im Jugendkleid oberseits heller als junger Neuntöter, mit hellerem Bürzel, angedeutetem hellem Schulterstreif, weißem Handschwingenfeld und größerem Kopf. Unterart *badius* (z.B. auf Mallorca) im Jugend- und Alterskleid ohne weißes Handschwingenfeld und mit schwachem weißem Schulterfleck. Gesang attraktiv und voller Imitationen, ähnlich Gelbspötter, aber rauher, kratzender. Motive 2–5 mal wiederholt BZ

Schwarzstirnwürger *Lanius minor* L 20. Vorwiegend in Südost-Europa verbreitet, in Süddeutschland fast ausgestorben. Etwas kleiner als Raubwürger, mit kürzerem Schwanz, längeren und spitzeren Flügeln und aufrechterer Sitzhaltung. Weißes Handschwingenfeld kurz und breit. Jungvögel ohne die kennzeichnende *schwarze Stirn* und mit feiner Querwellung der Oberseite. Gesang ähnlich Rotkopfwürger, vielleicht im Ton etwas härter und im Tempo etwas ruhiger. BZ

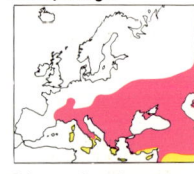

Schwarzstirnwürger

Raubwürger *Lanius excubitor* L 24. Bewohnt trockenes, halboffenes Gelände in Südeuropa, im Norden auch z.B. Moore und Lichtungen. Im Winter unser einziger Würger. *Sitzt exponiert* auf erhöhten Punkten, *leuchtet* schon aus der Entfernung *weiß* und ist durch die Größe unverwechselbar (außer mit Schwarzstirnwürger; s. dort). *Kräftiger Wellenflug*, dabei weißes Flügelfeld auffallend (auch auf Armschwingen). Rüttelt oft, ergreift Beutetiere bis zur Maulwurfsgröße und verfolgt Kleinvögel im scheidigen Flug. Warnt mit kräftigem, rauhem 'vääch'. Ruft oft hart, rollend und klingend 'dirrrrp'. Der gedämpfte, langsame Gesang besteht aus mehrfach wiederholten rauhen und melodischen Tönen. BZW

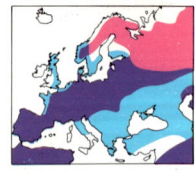

Raubwürger

Drossel
Turmfalke
Fliegenschnäpper
Würger

juv.
♀
♂
Neuntöter

♀
♂
Maskenwürger

♀
♂
Rotkopfwürger

juv.

Schwarzstirn-
würger

Raubwürger

juv.
♂
Schwarzstirnwürger

juv.
Raubwürger

Pirole

(Familie Oriolidae) sind drosselgroße, gelb leuchtende, aber heimliche Vögel offener Laubwälder und alter Parklandschaften. Das hoch in einer Astgabel hängende Nest enthält 3–5 Eier.

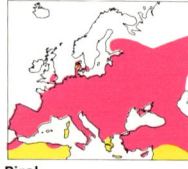

Pirol *Oriolus oriolus* L 24. Verbreitet in Mittel- und Südeuropa, lokal selten. Hält sich meist in Baumkronen auf, wo er sich rastlos bewegt, aber kaum einmal zu sehen ist. Männchen *leuchtend gelb und schwarz*, Weibchen und vorjährige Männchen oben grünlich, unten gelblichweiß und gestrichelt. Flugweise ähnlich Wacholderdrossel. Gesang ein volles, weiches, jodelndes 'düdllO' oder 'dudlüo-DÜ diOO', in verschiedenen Variationen, manchmal nur als leises, eher sinnierendes 'fiO'. Ferner besonders bei Erregung ein
Pirol nasal krächzendes 'kvä-kväÄk' oder 'chräÄ'. BZ

Stare

(Familie Sturnidae) sind mittelgroß, kurzschwänzig, gesellig, mit glänzendem Gefieder und legen 4–6 weiße Eier in Höhlen.

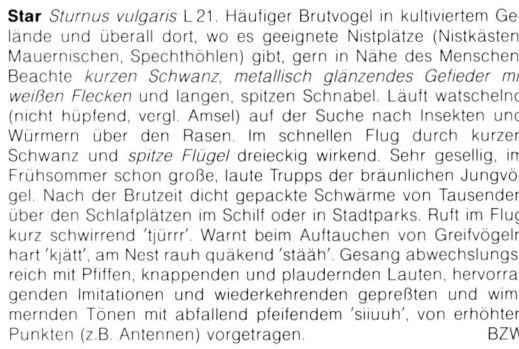

Rosenstar *Sturnus roseus* L 21. Brütet unregelmäßig in offenem Gelände in Südost-Europa. Folgt Heuschreckenschwärmen und kann in einem Gebiet ein oder zwei Jahre in großer Zahl brüten und dann für Jahre verschwinden. Altvögel unverkennbar (Verwechslungsgefahr nur mit teilalbinotischen Staren oder der viel größeren Nebelkrähe). Jungvögel viel *blasser* als junge Stare, *Bürzel und Zügel hell* (Star dunkel). *Schnabel gelblich*, kürzer, höher und stumpfer, Beine derber. Gesellig, oft gemeinsam mit Staren und diesen in Verhalten und Stimme ähnlich. A

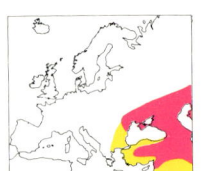

Rosenstar

Star *Sturnus vulgaris* L 21. Häufiger Brutvogel in kultiviertem Gelände und überall dort, wo es geeignete Nistplätze (Nistkästen, Mauernischen, Spechthöhlen) gibt, gern in Nähe des Menschen. Beachte *kurzen Schwanz, metallisch glänzendes Gefieder mit weißen Flecken* und langen, spitzen Schnabel. Läuft watschelnd (nicht hüpfend, vergl. Amsel) auf der Suche nach Insekten und Würmern über den Rasen. Im schnellen Flug durch kurzen Schwanz und *spitze Flügel* dreieckig wirkend. Sehr gesellig, im Frühsommer schon große, laute Trupps der bräunlichen Jungvögel. Nach der Brutzeit dicht gepackte Schwärme von Tausenden über den Schlafplätzen im Schilf oder in Stadtparks. Ruft im Flug kurz schwirrend 'tjürrr'. Warnt beim Auftauchen von Greifvögeln hart 'kjätt', am Nest rauh quäkend 'stääh'. Gesang abwechslungsreich mit Pfiffen, knappenden und plaudernden Lauten, hervorragenden Imitationen und wiederkehrenden gepreßten und wimmernden Tönen mit abfallend pfeifendem 'siiuuh', von erhöhten Punkten (z.B. Antennen) vorgetragen. BZW

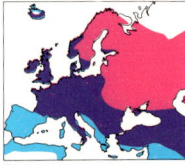

Star

Einfarbstar *Sturnus unicolor* L 21. Ersetzt den Star als Brutvogel in Spanien und Portugal und unterscheidet sich im Prachtkleid durch die *fehlenden weißen Flecken*. Im Schlichtkleid sind diese viel kleiner als beim Star. Ferner ist der metallische Gefiederglanz schwächer. Brütet in Kolonien, Stimme wie Star. –

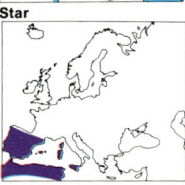

Einfarbstar

Seidenschwänze

(Familie Bombycillidae) sind starengroße Vögel mit Haube. Nahrung im Winter Beeren, im Sommer nach Fliegenschnäpperart gefangene Insekten. Offenes Nest mit 3–5 Eiern in Bäumen.

Seidenschwanz

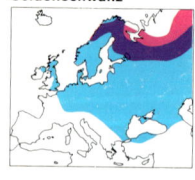

Seidenschwanz *Bombycilla garrulus* L 18. Brütet vereinzelt in Nadelwäldern Lapplands und weiter im Osten. Erscheint in manchen Wintern invasionsartig in Mitteleuropa, dann auch in Städten an beerentragenden Sträuchern und Bäumen, in anderen Jahren nur vereinzelt. Leicht zu erkennen an der *Haube* und dem *kakaobraunen Gefieder* mit haselnußbraunen und grauen Tönen (wie schlecht gerührter Kakao). Altvögel mit gelb und weiß gezeichnetem Winkel auf den Handschwingenspitzen, Jungvögel ohne den weißen Haken. Flug ähnlich Star, aber in regelmäßigeren Bögen und mit etwas schlankerer Silhouette (keine „Schultern", daher noch dreieckiger wirkend). Unterflügel hell (Star dunkel), Schwanz gerade abgeschnitten (Star leicht gekerbt). Ruf ein silberhell klingelndes 'sirrr' (wie Schlüsselbund). Gesang einfach, langsam und leise, aus klingelndem Triller und rauheren Tönen bestehend. W

Seidenschwanz, juv.

Drossel   Seidenschwanz   Star   Pirol

Pirol

♂

♀
(und
imm. ♂)

Rosenstar

juv.

ad.

Star

juv.

Prachtkleid

Einfarb-star

Schlichtkleid

Prachtkleid

Staren-
schwarm

Schlichtkleid

ad.

Seidenschwanz

Krähen

(Familie Corvidae) sind eine sehr erfolgreiche, ziemlich hoch entwickelte, gesellige und fast weltweit verbreitete Vogelgruppe. Sie sind mittelgroß bis groß mit kräftigen Schnäbeln und Beinen, gerundeten Flügeln, oft viel Schwarz im Gefieder und meist krächzenden Rufen. Geschlechter gleich. Fressen fast alles und plündern auch Nester anderer Vögel. 3–7 Eier, meist blaugrün und gefleckt.

Unglückshäher

Unglückshäher *Perisoreus infaustus* L 28. Spärlicher bis mäßig häufiger Brutvogel nördlicher Nadelwälder, die er auch außerhalb der Brutzeit fast nie verläßt. *Lockeres, graubraunes Gefieder mit* besonders im Flug auffallender *rostbrauner Färbung auf Schwanz, Bürzel und Flügeln.* Furchtlos und neugierig, aber aufmerksam. Kommt lautlos an die Lagerplätze von Wanderern geflogen und beobachtet sie interessiert aus der Nähe. Klettert und hängt wie eine riesige Meise in den Zweigen. Im Flug wechseln Serien schneller Flügelschläge mit Gleitstrecken ab. Meist schweigsam, gelegentlich jedoch regelrechte Stimmausbrüche mit reichhaltigem Repertoire, z.B. miauendes 'geeah', kurzes, heiseres· 'tjäh' und gellendes 'kij, kij'. —

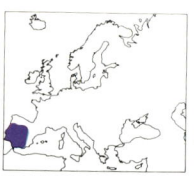

Eichelhäher

Eichelhäher *Garrulus glandarius* L 35. Häufig in Nadel- und Mischwäldern in menschlichen Siedlungen (Parks), aber meist aufmerksam und schwer frei sitzend zu sehen. Wird oft fliegend über Schneisen oder zwischen Waldstücken gesehen, wobei der schwerfällige Flug mit unregelmäßigen Schlägen der breiten, runden Flügel auffällt. Bei besserer Sicht *Weiß auf Bürzel und Flügeln* kennzeichnend, blaues Flügelfeld kaum sichtbar. Im Herbst und Winter erscheinen osteuropäische Eichelhäher bei uns, manchmal fast invasionsartig. Kündigt sich meist durch die Stimme an, ein plötzliches, rätschendes 'kschäh' oder ein miauendes 'hiäh' wie Mäusebussard. Imitiert auch das 'kjäkjäkjä…' des Habichts und macht klickende und blubbernde Laute. BJZW

Blauelster *Cyanopica cyana* L 35. Brütet lokal vorwiegend in Pinienwäldern in kleinen Kolonien mit offenen Nestern auf der Iberischen Halbinsel (und in Südost-Asien). An *schwarzer Kappe* (bei Jungvögeln weiß meliert), *blauen Flügeln* und *langem, blauem Schwanz* leicht zu erkennen. Unterseite graubeige, nur *Kehle weiß.* Meist in kleinen Gruppen, die scheu und ruhelos durch die Baumwipfel hüpfen und in Bögen wie azurblaue Papierflugzeuge zwischen den Ästen gleiten. Ruft unter anderem eichelhäherähnlich rauh und hoch 'vrül' mit leicht ansteigendem Diphthong, hart rollend 'krrree' und hell 'kui'. —

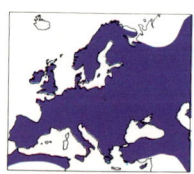

Blauelster

Elster *Pica pica* L 45 (wovon die Hälfte auf den Schwanz entfällt). In ganz Europa häufiger Brutvogel in jeder Art von halbwegs offenem Gelände, selbst in Städten. Das in die Mitte einer Baumkrone gebaute überdachte Nest sieht wie eine große dunkle Kugel aus und wird jedes Jahr neu gebaut. Das *schwarze und weiße Muster* und der *extrem lange schwarze,* metallisch grün schimmernde *Schwanz* machen die Elster zu einer der am leichtesten bestimmbaren Vogelarten. Jungvögel matter und mit noch nicht ganz so langem Schwanz. Flug charakteristisch mit schnellen, flatternden Schlägen und kurzen Gleitstrecken. Lebt paarweise, vor allem im Winter an Schlafplätzen oder nahrungsreichen Stellen aber auch größere Trupps. Neben dem bekannten rauhen Schackern bringt die Elster auch schmatzende und klagende Töne und einen leisen Gesang mit zwitschernden und zirpenden Lauten. BJ

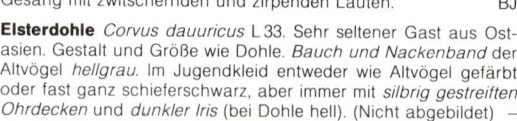

Elster

Elsterdohle *Corvus dauuricus* L 33. Sehr seltener Gast aus Ostasien. Gestalt und Größe wie Dohle. *Bauch und Nackenband* der Altvögel *hellgrau.* Im Jugendkleid entweder wie Altvögel gefärbt oder fast ganz schieferschwarz, aber immer mit *silbrig gestreiften Ohrdecken* und *dunkler Iris* (bei Dohle hell). (Nicht abgebildet) —

Unglückshäher

Kopffedern gesträubt

Eichelhäher

Blauelster

Elster

juv.

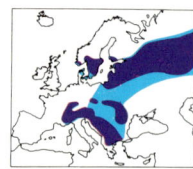

Tannenhäher

Tannenhäher *Nucifraga caryocatactes* L 33. Spärlicher Brutvogel in Bergwäldern Mittel- und Südost-Europas, in Südskandinavien und der Sowjetunion auch in Nadelwäldern des Flachlandes. Bevorzugt als Nahrung Samen der Zirbelkiefer und Haselnüsse, versteckt diese auch im Boden. Am Brutplatz heimlich. Kommt im Herbst bei uns in tiefere Lagen, auch in Ortschaften. In manchen Jahren Einflüge nach Westeuropa, an denen auch die schlankschnäbelige sibirische Unterart *macrorhynchos* beteiligt ist. Dann oft in kleinen Trupps und sehr vertraut. *Dunkelbraunes, weiß geflecktes Gefieder* und charakteristische Flugsilhouette mit runden Flügeln und *kurzem Schwanz, der dunkel zu weißer Spitze und weißem Steiß kontrastiert.* Flug unstet und flatternd wie Eichelhäher. Ruft hart und hölzern 'rrrah'. Warnruf etwas langgezogener 'arrrrr'. BJW

Alpenkrähe *Pyrrhocorax pyrrhocorax* L 40. Brütet in Felsgebirgen und an Steilklippen Süd- und Westeuropas. Aus Deutschland verschwunden, in den Süd- und Westalpen sehr selten. Brütet auch an der britischen und irischen Westküste. *Glänzend schwarz mit langem, abwärtsgebogenem, rotem Schnabel* (bei Jungvögeln braungelb). Flügel mit kurzem Arm- und langem Handflügel, breit und mit *6 deutlich sichtbaren langen „Fingern"* an der Flügelspitze. Schwanz ziemlich kurz, gerade abgeschnitten. Schwarze Unterflügeldecken dunkler als Schwungfedern. Hervorragender Luftakrobat, oft kreisen Gruppen spielerisch vor Felswänden. Stürzt sich halsbrecherisch mit zusammengelegten Flügeln in die Tiefe. Ruft typisch 'kiach', peitschender, rauher und voller als Dohle. Ferner hohe, unmusikalische Rufe wie 'kriio'. A

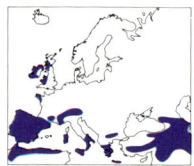

Alpenkrähe

Alpendohle *Pyrrhocorax graculus* L 38. Brütet bis zur Schneegrenze hinauf in Gebirgen Südeuropas, bei uns in den Alpen. Fällt an Berggasthäusern und Skiliften durch aufdringliche Frechheit auf, kommt im Winter auch in die Täler. Ähnlich Alpenkrähe, aber mit *kürzerem gelbem Schnabel,* nicht so glänzendem Gefieder, *weniger weit hervorstehenden „Fingern"* der Flügelspitze und *längerem Schwanz.* Jungvögel mit dunkleren Beinen und schwefelgelbem Schnabel (bei jungen Alpenkrähen braungelb). Von Dohle auch aus großer Entfernung sofort an deutlicher gefingerter Flügelspitze, etwas längerem Schwanz mit schmalerer Basis, schlankerem Kopf und Hals und, bei gutem Licht, an den schwarzen Unterflügeldecken, die deutlich dunkler als die grauen Schwungfedern sind (bei Dohle gleichmäßig grau), zu unterscheiden. Typische Rufe sind ein helles, durchdringendes 'zi-äh' (scharf beginnend, winselnd), rollend 'krrrü' oder klirrend 'tschrirr' (ähnlich einem lauten jungen Star in der Höhle), alle mit einer gewissen „elektrischen" Qualität und an den Ton erinnernd, der entsteht, wenn man einen Stein auf frisches Eis wirft. Andere Rufe ähnlich Alpenkrähe. BJ

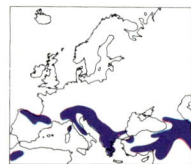

Alpendohle

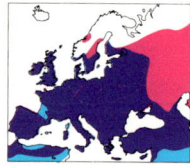

Dohle

Dohle *Corvus monedula* L 33. Verbreiteter Brutvogel in Kulturland, alten Laubwäldern, Städten, Ruinen und an Felsen. Nistet in Baumhöhlen, Schornsteinen, Mauer- und Felsnischen, oft in lockeren Kolonien. *Schwärzlich mit grauem Nacken, Iris hellgrau.* Flug kräftig und schnell, immer mit schnelleren und tieferen Flügelschlägen als Rabenkrähe und somit etwas an Taube erinnernd. Sehr gesellig, fast immer in Paaren oder Trupps (und selbst dort paarweise zusammenhaltend). Trupps dichter als bei anderen Krähen, oft bei der Nahrungssuche an Feldern mit Krähen oder Staren vergesellschaftet. Gern in großer Höhe kreisend und sich akrobatisch jagend. Im Herbst in einigen Städten große Sammelplätze, wo die Vögel abends hoch kreisen und laut rufen. Von Alpenkrähe und Alpendohle auch aus großer Entfernung an *breiterem Kopf und Hals, weniger gefingerter Flügelspitze, breiterer Schwanzbasis und gleichmäßig gräulichen Unterflügeln* zu unterscheiden. Im Winter tauchen auch nord- und osteuropäische Vögel (Unterarten *monedula* und *soemmeringii*) mit hellerem Nacken oder weißlichem Halsseitenfleck auf. Häufigster Ruf ein lautes, nasal schnarrendes 'kja' oder 'kjak', auch langgezogen 'kjaar'. Warnt vor Greifvögeln mit heiserem 'tjäähr' BZW

Tannenhäher

Tannenhäher

juv.

Alpenkrähe

Alpenkrähe

Alpendohle

Alpendohle

Dohlenschwarm

Dohle

Dohle

217

Saatkrähe

Saatkrähe,
juv.

Rabenkrähe,
juv.

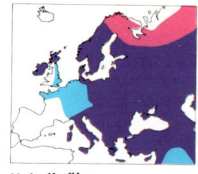

Rabenkrähe

Nebelkrähe

Kolkrabe

Kolkrabe

Saatkrähe *Corvus frugilegus* L 46. Typischer Brutvogel der Kultur-landschaft. Koloniebrüter, dessen Nester dicht beieinander in den Kronen von Baumgruppen oder in Feldgehölzen stehen. Bei uns stellenweise brütend, aber im Winter große Trupps aus Osteuropa auf Feldern. *Schwarzes Gefieder mit violettem Schimmer,* vergleichs-weise langer und sich gleichmäßig verjüngender Schnabel und, bei Altvögeln, *unbefiederte helle Hautpartie am Schnabelgrund.* Spit-zer Scheitel und buschige „Hosen" am Unterschenkel meist deut-lich. Flügel etwas länger und schmaler als bei Rabenkrähe, fliegt eleganter mit etwas tieferen, elastischeren Flügelschlägen und se-gelt öfter. Jungvögel haben matteres Gefieder und noch nackte Hautpartie am Schnabelgrund (bis zum Alter von einem Jahr), äh-neln also der Rabenkrähe. Dennoch an *Schnabelstruktur* (s. SW-Abb.), *hellem Schnabelwinkel* und Ruf unterscheidbar. Das andere Flugbild ist bei Einzelvögeln dagegen ohne große Erfahrung kaum einzuschätzen. Stimme 'gah', nasaler und heiserer, oft hölzerner und nicht so offen, rauh und rollend wie bei der Aaskrähe.   BZW

Aaskrähe *Corvus corone* L 46, S 85. Kommt in verschieden gefärb-ten Unterarten vor. Bei uns und in Westeuropa die Rabenkrähe, in Nord-, Ost- und Südost-Europa die Nebelkrähe. Im Grenzgebiet (z.B. an der Elbe) Hybriden mit unterschiedlichem Grauanteil.

„Rabenkrähe" *Corvus corone corone.* Baut ein offenes Nest aus Zweigen in Baumkronen versteckt, nicht exponiert wie Elsternnest. Zur Brutzeit territorial, also kein Koloniebrüter. Sonst in Trupps, die aber selten so groß sind wie bei Saatkrähen. *Gefieder ganz schwarz mit schwachem blauem Glanz.* Von der Saatkrähe am besten durch schwarze Befiederung des Schnabelgrundes (vergl. aber junge Saatkrähe), *kräftigeren, an der Spitze deutlicher ab-wärtsgebogenen Schnabel* und rauheres, nicht so nasales Kräch-zen zu unterscheiden. *Schnabelwinkel immer dunkel,* Beine ohne „Hosen", runder Kopf. *Schwanz* etwas *kürzer* und *nicht so gerun-det* wie bei Saatkrähe, Handflügel etwas kürzer (Saatkrähe kann in der Silhouette an Kolkraben erinnern, Rabenkrähe kaum). Flügel-schläge ferner langsamer und träger, recht gleichmäßig und flach. Kleiner als Kolkrabe, mit schwächerem Schnabel und gerade abge-schnittenem Schwanz. Stimme ein auch wiederholtes rauh kräch-zendes 'krah'. Bei Streitereien oder gegenüber ungefährlichen Greifvögeln guttural 'krrrr', bei überlegenen Greifvögeln vehement 'kraa'.   BJ

„Nebelkrähe" *Corvus corone cornix.* Brütet in meist scheuen Einzel-paaren in Kulturland. Erscheint im Winter bei uns vorwiegend an der Küste, fliegt einzeln oder im lockeren Verband. An *grauen und schwarzen Gefieder* leicht zu erkennen. Gestalt, Flugbild, Verhalten und Stimme wie Rabenkrähe. Brutvögel Südost-Europas (Unterart *sardonius*) mit Braunstich im grauen Gefieder.   W

Kolkrabe *Corvus corax* L 65, S 125. Recht verbreitet in Gebirgsre-gionen und ausgedehnten Waldgebieten ganz Europas. Zur Zeit Wiederbesiedlung ehemaliger Brutgebiete. Lebt in lebenslanger Partnerschaft, daher auch außerhalb der Brutzeit meist in Paaren: zwei schwarze Punkte über einem Gebirgskamm sind meist Kolkra-ben. Kann an günstigen Nahrungsplätzen aber auch in kleinen Gesellschaften erscheinen. Brütet schon ab Februar, Nest in Fels-wänden oder auf alten Bäumen. Lebt von Kleintieren, Aas und Abfall und fliegt über größere Entfernungen zu Müllplätzen und Schlachthöfen. Größter Singvogel (!), deutlich größer als Mäuse-bussard. *Ganz schwarzes Gefieder, gewaltiger Schnabel und lan-ger, keilförmiger Schwanz* unterscheiden ihn von den kleineren Krähenarten. Fliegt mit gemessenen, aber stark beschleunigenden Flügelschlägen, kreist und segelt viel. Daher manchmal nicht leicht von Greifvogel zu unterscheiden, hebt jedoch beim Kreisen die Flügel nie an. Im Flug oft spielerische Halbrollen. Scheu und auf-merksam. Ruft tief und hallend 'korrk', auch gereiht 'korrp korrp korrp', warnt mit rascherem 'krack-krack-krack'. Im Frühjahr auch glucksende und klickende Laute und ein schallendes 'klong'.   BJ

Kolonie

Saatkrähe

imm.

Rabenkrähe

Nebelkrähe

Kolrabe

219

Wasseramseln

(Familie Cinclidae) sind mit kräftigen Beinen, massivem Knochenbau und besonderer Öldrüse an das Wasserleben angepaßt. 4–6 weiße Eier in großem, backofenförmigem Moosnest in Ufernähe.

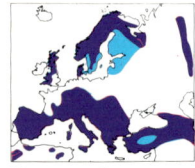

Wasseramsel

Wasseramsel *Cinclus cinclus* L 18. Brütet überwiegend im Bergland an Fließgewässern, wo sie auch im Winter aushart, bis diese fast ganz zugefroren sind. Sitzt gern wippend und mit gestelztem Schwanz auf Felsen im Wasser, um sich von dort in die Strömung zu stürzen, mit den Flügeln unter Wasser zu schwimmen, auf dem Gewässergrund zu laufen und Kleintiere zu erbeuten. *Weiße Brust* auffallend, Bauch bei mitteleuropäischen Vögeln rotbraun (Unterart *aquaticus*), bei skandinavischen schwarzbraun (Unterart *cinclus*, erscheint im Winter gelegentlich in Norddeutschland). Folgt im niedrigen, schnell schwirrenden Flug meist dem Gewässerlauf und ruft dabei kurz und durchdringend 'ztrettz'. Singt selbst mitten im Winter langsam und rauh zwitschernd. BJ

Zaunkönige

(Familie Troglodytidae) sind kleine, sehr lebendige braune Vögel, die den kleinen, fein quergebänderten Schwanz oft stelzen. 5–7 Eier in großem, kugelförmigem Laubnest.

Zaunkönig

Zaunkönig *Troglodytes troglodytes* L 10. Verbreiteter Brutvogel in jeder Art von dichter Vegetation, gern in Gewässernähe. *Winzig*, durch *rostbraunes Gefieder* und *gestelzten Schwanz* gut gekennzeichnet. Huscht meist gut versteckt in Bodennähe. Ruft trocken schwirrend 'zerrr', warnt laut und metallisch 'zäck, zäck, ...'. Gesang wohltönend und überraschend laut aus einer Serie hoher, klarer Töne und Triller, z.B. 'ti lü ti-ti-ti-ti-ti türr-ju-tü-lü zell-zell-zell-zell-zell ju terrrrrrrrrr-zill'. BJ

Braunellen

(Familie Prunellidae) sind kleine, graubraune, dünnschnäbelige und versteckt lebende Vögel. Nahrungssuche am Boden, meist einzeln. Moosnest mit 4–6 blaugrünen Eiern in Büschen.

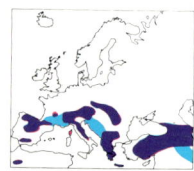

Alpenbraunelle

Alpenbraunelle *Prunella collaris* L 18. Brütet oberhalb der Baumgrenze in mittel- und südeuropäischen Gebirgen. Lerchengroß, sieht aus der Entfernung braungrau und ähnlich Bergpieper aus. Zuerst fällt das *dunkle Band der Großen Armdecken* auf, dann die *grobe rostbraune Flankenfleckung*. Kehlzeichnung nur aus der Nähe erkennbar, Unterschnabelbasis gelb. Ruft kräftig rollend und lerchenähnlich 'drrrüp-drrrüp-...' und drosselähnlich 'tjepp-tjepp- ...'. Gesang sitzend und im Flug melodisch und etwas zwitschernd, wie Mischung aus Heckenbraunelle und Ohrenlerche. BJ

Bergbraunelle *Prunella montanella* L 16. Sehr seltener Besucher Westeuropas aus Sibirien und dem Ural. Beachte die *ockergelbe Färbung* von Unterseite und deutlichem Überaugenstreif. –

Schwarzkehlbraunelle

Schwarzkehlbraunelle *Prunella atrogularis* L 15. Brütet in Birken- und Nadelwäldern des Ural und in Zentralasien. Ähnlich Bergbraunelle, aber mit *schwarzem Kehllatz* und gestreiften Flanken. –

Steinbraunelle *Prunella ocularis* L 16. Brütet im Kaukasus in Wacholderbeständen. Scheitel dunkel, Rücken graubraun, Brust ockergelb, *Kehle hell*, Brustseiten und Flanken unscharf gestrichelt. –

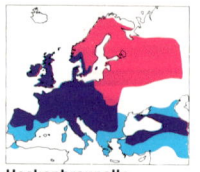

Heckenbraunelle

Heckenbraunelle *Prunella modularis* L 15. Häufiger Brutvogel in jeder Art von niedriger, dichter Vegetation, von Bergwäldern bis zu Gärten, bevorzugt Koniferen. Kommt auch an Futterhäuser und wird manchmal mit weiblichem Haussperling verwechselt. Beachte unterschiedliche Gestalt, feinen Schnabel, *blaugraue Kopf- und Brustfärbung* und gestreifte Oberseite. Ruft metallisch, aber gebrochen pfeifend 'tih'. Während des Zuges im Flug dünn und spröde klingend 'sissississ'. Singt von Busch- oder niedrigen Baumspitzen aus hoch und klingelnd, etwas quietschend, mit wiederkehrendem Rhythmus kurz 'tütelliTlltelleTlltüteliTUtelliTll'. BJZW

Wasseramsel

juv.

schwimmend

Zaunkönig

Alpenbraunelle

Bergbraunelle

Steinbraunelle

Heckenbraunelle

221

Grasmücken, Fliegenschnäpper und Drosseln
sind drei nah miteinander verwandte Familien.

Grasmücke:
Mönchsgrasmücke ♂

Grasmücken (Familie Sylviidae) sind kleine, überwiegend unauffällig gefärbte und sehr aktive Vögel. S. 222–247

Fliegenschnäpper (Familie Muscicapidae) sind Kleinvögel, die Insekten im Flug erhaschen. S. 248

Drosseln (Familie Turdidae) sind klein bis mittelgroß und weichen in der Erscheinung stark voneinander ab. Bei allen Arten sind die Jungen jedoch mehr oder weniger stark gefleckt. In viele kleinere Gattungen aufgeteilt: Steinschmätzer (S. 250–253) sind grau, schwarz und weiß gefärbt und bewohnen offenes, meist trockenes Gelände. Wiesenschmätzer (S. 254) leben in offenen Wiesengelände. Steinmerlen (S. 254) sind recht große und bunte Gebirgsvögel. Rotschwänze (S. 256) sind grasmückenähnlich, bewohnen Wälder und Gärten und zeichnen sich durch ständig schlagende rote Schwänze aus. Blaukehlchen, Rotkehlchen und Blauschwanz (S. 256–259) sind klein, bunt gefärbt und in verbuschtem oder bewaldetem Gelände zu finden. Die Nachtigallen (S. 258) sind hervorragende Sänger in feuchten Dickichten, aber meist unscheinbar braun gefärbt. Der Heckensänger (S. 240) ist nah mit ihnen verwandt. Die echten Drosseln (S. 260–265) sind mittelgroß, unterseits meist gefleckt, bewohnen baumbestandenes Gelände und sind für ihre schönen Gesänge bekannt. Außerhalb der Brutzeit sind sie meist gesellig.

Fliegenschnäpper:
Trauerschnäpper ♂

Grasmücken
(Familie Sylviidae), manchmal auch Zweigsänger genannt, sind kleine und zierliche Vögel, die ständig in Bewegung und auf der Suche nach Insekten sind. Schnäbel daher schlank, gerade und spitz. Bei den meisten Arten sind die Geschlechter gleich und unauffällig gefärbt. Gesänge und Rufe sind wichtige Kennzeichen und selbst bei sehr nah verwandten und ähnlichen Arten sehr unterschiedlich. Einige Arten am besten am Gesang oder in der Hand an der Schwingenformel zu bestimmen (relative Länge und Form der Handschwingen). Nicht gesellig lebend und überwiegend Nachtzieher. Zur Brut- und Zugzeit meist in dichter Vegetation. Grasmücken werden in verschiedene Gattungen aufgeteilt, für die in der folgenden Zusammenstellung die wichtigsten Merkmale und die Zahl der in Europa brütenden Arten angegeben werden. Die Arten innerhalb einer Gattung sind einander in Gestalt, Färbung, Lebensweise

Drossel: Singdrossel

und Lebensraumansprüchen meist sehr ähnlich.

Gattung *Cettia* (1 Art). Der Seidensänger hat einen charakteristischen langen, abgerundeten Schwanz und ähnelt sonst den Rohrsängern.

Gattung *Cisticola* (1 Art). Die Halmsänger sind in Europa durch den winzigen Cistensänger mit kurzem, abgerundetem Schwanz und braun gestreifter Oberseite vertreten. Bewohnt offenes Gelände.

Gattung *Locustella* (4 Arten). Schwirle sind oberseits braun, gestreift und haben breite, an der Spitze abgerundete Schwänze. Leben in offenem, meist feuchtem Gelände mit Schilf, Büschen oder Dickichten. Huschen oft dicht über dem Boden in undurchdringlicher Vegetation. Singen überwiegend nachts, meist mit mechanischem Schwirren.

Gattung *Acrocephalus* (8 Arten). Alle Rohrsänger sind oberseits braun, gestreift oder ungestreift. Kopfform mit abfallender Stirn und langem Schnabel charakteristisch. Meist in Wassernähe oder im Schilf. Gesänge laut und mit Wiederholungen, oft rauh, bei einigen Arten mit hervorragenden Imitationen.

Gattung *Hippolais* (5 Arten). Die Spötter stehen den Rohrsängern sehr nahe. Oberseite graugrün oder braun, Unterseite gelb oder weiß. Schnabel lang mit breiter Basis, Scheitel spitz mit abfallender Stirn. In Gärten, Parks und Wäldern. Gesang bei vielen Arten sehr melodisch und voller perfekter Imitationen.

Gattung *Sylvia* (14 Arten). Die echten Grasmücken haben oft ein bunteres Gefieder als die anderen Familienangehörigen, die Geschlechter sind meist verschieden gefärbt. Kopfform gerundet, Schnäbel kurz und für Insektenfresser recht kräftig (viele Arten fressen im Herbst Beeren und im Frühjahr Blütenknospen). Recht scheu. Meist in verbuschtem Gelände, Parks und offenen Wäldern. Gesänge melodisch und manchmal drosselähnlich flötend.

Gattung *Phylloscopus* (8 Arten). Laubsänger sind klein und oberseits meist grünlich, unterseits weißlich oder gelblich. Kurze, feine Schnäbel. Stimme, Beinfarbe, Ausprägung von Überaugenstreif und hellen Flügelbinden (keine, eine oder zwei) für Bestimmung wichtig. Bewohnen überwiegend Waldland.

Gattung *Regulus* (2 Arten). Goldhähnchen sind winzig klein und grün. Altvögel mit schwarz gefaßtem gelbem Scheitelstreifen. Bewohnen dichte Wälder.

Teichrohrsänger:
(Acrocephalus)

Gelbspötter
(Hippolais)

Dorngrasmücke
(Sylvia)

Fitis
(Phylloscopus)

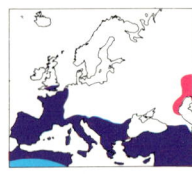

Seidensänger

Grasmücken (Familie Sylviidae), manchmal auch

Zweigsänger genannt, sind zierliche Insektenfresser, bei denen die Geschlechter oft gleich und recht unauffällig gefärbt sind. Viele Arten leben versteckt in dichter Vegetation und verraten sich durch meist schöne, immer kennzeichnende Gesänge. Sie ziehen nachts und sind ungesellig. Von der sehr vielgestaltigen Familie kommen in Europa acht Gattungen vor: Seidensänger *(Cettia)*, Halmsänger *(Cisticola)*, Schwirle *(Locustella)*, Rohrsänger *(Acrocephalus)*, Spötter *(Hippolais)*, eigentliche Grasmücken *(Sylvia)*, Laubsänger *(Phylloscopus)* und Goldhähnchen *(Regulus)*.

Seidensänger *Cettia cetti* L 14. Brütet in Süd- und Westeuropa in dichter, niedriger Vegetation in Sümpfen und an Gewässern. Hat sich neuerdings nach Nordwesten ausgebreitet und ausnahmsweise schon bei uns gebrütet. Beachte die *ungestreifte dunkel rotbraune Oberseite*, grauweiße Unterseite und den *weißen Überaugenstreif. Schwanz breit, gerundet*, wird oft zur Seite und abwärts geschlagen. Flügel kurz und gerundet, Schnabel dünn und spitz. Immer in Deckung, öfter zu hören als zu sehen. Ruft explosiv schmatzend und knicksend 'pex', warnt giftig 'tett-ett-ett-....', ähnlich Zaunkönig. Singt von gut versteckter Warte aus, *plötzlich beginnend* und abrupt endend, *sehr laut und explosiv* 'tsi-tsitjütt ! TJÜtti-TJÜtti-TJÜtti-TJÜttitjutt tjött'. A

Rohrschwirl

Rohrschwirl *Locustella luscinioides* L 14. Brutvogel ausgedehnter Schilfgebiete in Mittel- und Südeuropa. *Ungestreift, Oberseite rötlich graubraun, Unterseite hell mit hell rotbrauner Brust, Flanken und Steiß rotbraun.* Unterschwanzdecken hell rotbraun, manchmal mit undeutlichen weißen Spitzen. Schwacher Überaugenstreif. Schwanz lang, breit und gerundet. Beine dunkel rötlichbraun. Ruft der Kohlmeise überraschend ähnlich 'tschlngtschlng'. Singt ähnlich Feldschwirl, aber in tieferer Tonlage und schneller, ohne die schwirrende, klingelnde Qualität des Feldschwirls (mit mitschwingendem tiefem O statt hohem E), eher *hart surrend* 'sörrrrrrrr' (Verwechslungsgefahr mit Maulwurfsgrille). Gesang beginnt oft mit einigen sich beschleunigenden tickenden Tönen und bekommt erst nach einigen Sekunden Fahrt. Singt von exponierter Warte aus, überwiegend in der Dämmerung, aber auch tagsüber. BZ

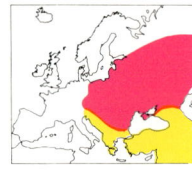

Schlagschwirl

Schlagschwirl *Locustella fluviatilis* L 13,5. Eine osteuropäische Art, die sich langsam nach Westen ausbreitet und stellenweise auch schon in Deutschland brütet. Bewohnt feuchte Dickichte, in denen er sich versteckt hält. *Ungestreifte olivbraune Oberseite*, helle Unterseite mit sparsamer *diffuser Strichelung auf Kehle und Brust.* Schwacher heller Überaugenstreif. Schwanz breit und gerundet, Unterschwanzdecken hellbraun mit weißlichen Spitzen. Ruf rauh. Singt vorwiegend in der Dämmerung aus einem Busch oder kleineren Baum einen typischen Schwirlgesang mit maschinenartig mechanischem Charakter. Im Gegensatz zu Feld- und Rohrschwirl sind die einzelnen Silben jedoch deutlich getrennt und klingen *wetzend* wie 'dzedzedzedzedzedze...' („Nähmaschine" oder „Sensemann"). Aus der Nähe metallisches Hintergrundgeräusch. BZ

Feldrohrsänger

Feldrohrsänger *Acrocephalus agricola* L 12. Ersetzt den Teichrohrsänger in Schilfgebieten vom Schwarzen Meer an ostwärts. In Westeuropa sehr seltener Gast. Erinnert an Teichrohrsänger, ist aber *kleiner* und hat *deutlicheren*, durch dunklen Scheitelrand betonten *Überaugenstreif. Schnabel kleiner* und vergleichsweise kurz, meist mit dunklem Ober-, blaß gelbbraunem Unterschnabel und dunkler Spitze. Oberseite gewöhnlich *heller.* Kann mit Buschspötter (s. dort) verwechselt werden, hat aber runderen Schwanz ohne Weiß und immer rostbraun getönten Bürzel. Flügel stark gerundet. Ruft 'tschik'. Gesang schnell und hüpfend, reich an Imitationen, recht leise und sofort an Sumpfrohrsänger erinnernd, aber ohne dessen Tempiwechsel, Triller, Crescendi und ohne 'ti-zääh'. —

singt in dichter
Vegetation

Seidensänger

schlägt Schwanz abwärts

Rohrschwirl

singt auf Schilfstengel

Schlagschwirl

singt von Buschspitze (unter Baum)

Teichrohrsänger
zum Vergleich
(kleinerer Maß-
stab)

Feldrohrsänger

2   6
Feldrohrsänger

Streifenschwirl
Schwanz von oben

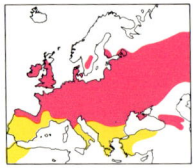

Feldschwirl

Strichelschwirl

Riesenschwirl

Streifenschwirl *Locustella certhiola* L 13,5. Sehr seltener Herbstgast aus Sibirien. Brütet in Feuchtgebieten mit dichter Vegetation. Erinnert durch Gesamtfärbung und beigen Überaugenstreif an Feldschwirl und Schilfrohrsänger, hat gewöhnlich aber *ungestreiften rostbraunen Bürzel,* der zur kräftigen Streifung von Rücken und Oberschwanzdecken kontrastiert (ausnahmsweise Bürzel auch gestreift). *Steuerfedern quergebändert, zur Spitze hin dunkler werdend,* bis auf das mittlere Paar alle *mit weißem Spitzenfleck* (manchmal schwer zu sehen). Jungvögel meist mit gelbbraunem Ton auf Kehle und ganzer Unterseite und gepunkteter oberer Brust. Ruft scharf und zweisilbig. Charakteristischer Gesang kurz und zweiteilig, beginnt mit zögernden, klickenden Lauten, wird schneller und lauter und endet mit drei schnellen, scharfen Tönen, die auch aus großer Entfernung zu hören sind: 'tick, tschuck, tett-tett srisri-sri tschuck-tschuck-tschuck sri-sri svi-svi-svi', eher an Rohrsänger als an Schwirl erinnernd. —

Feldschwirl *Locustella naevia* L 13. Außer in Nordeuropa und im äußersten Süden weit verbreitet, bei uns der häufigste Schwirl. Bewohnt feuchtes, offenes Gelände mit dichter Bodenvegetation und einzelnen Büschen. Kann aber auch aus Schilf singen und ist oft in trockenen Lebensräumen zu finden, z.B. Fichtenschonungen und Getreidefeldern. Hält sich meist in dichter Bodenvegetation versteckt, fliegt auch bei Störungen nur zögernd auf und legt dann die kürzestmögliche Strecke dicht über dem Gras zurück. Gefiederfärbung variabel, aber charakteristisch sind *kräftig gestreifte olivbraune Oberseite, undeutlicher Überaugenstreif* und helle Unterseite, oft mit wenigen, undeutlichen Brustflecken. Stark gestreifte Oberseite in Verbindung mit dem schwachen Überaugenstreif neben der Stimme beste Kennzeichen (vergl. Schilfrohrsänger). Ruft kurz 'tschik'. Singt von niedriger, oft versteckter Warte aus, besonders in der Dämmerung, aber auch tagsüber und nachts. Der Gesang ist ein *schnelles, trockenes, „endloses" Schwirren,* für lange Zeit ohne Unterbrechung gebracht und eher an eine Heuschrecke oder einen gedämpften kleinen Wecker erinnernd: 'sirrrrrrrrrrrrr...' (in dem schwirrenden R scheint ein hohes E mitzuklingen). Die Lautstärke ändert sich bei Kopfdrehung. Der ähnliche Gesang des Rohrschwirls (s. dort) ist tiefer, härter und meist kürzer, der Schlagschwirl „wetzt". BZ

Strichelschwirl *Locustella lanceolata* L 12. Brütet im östlichsten Europa und in Sibirien, in Westeuropa sehr seltener Gast zu den Zugzeiten. Heimlicher Bewohner dichter Vegetation von Sümpfen, Feuchtgebieten und Seeufern. Schwer vom Feldschwirl (Färbung gleichfalls variabel) zu unterscheiden, ist aber *kleiner,* auf der gesamten *Oberseite klar gestreift* (Streifen dunkler und deutlicher) und hat *kräftige Bruststreifung,* oft auch einige auffallende Streifen auf den Flanken und manchmal auf der Kehle. (Die am kräftigsten gestreiften Feldschwirle sind ähnlich, haben die Streifen aber vorwiegend an der Kehle, und eventuell vorhandene Flankenstreifen sind diffus, nicht schmal und scharf wie beim Strichelschwirl.) Schirmfedern fast schwarz mit deutlichem, schmalem, hellem Rand (beim Feldschwirl braungrau mit etwas breiterem und undeutlicherem Rand). Schnabel dunkler, Überaugenstreif schwach. Ruf kurz und scharf 'tschik'. Gesang mit Erfahrung von dem des Feldschwirls daran zu unterscheiden, daß er eine Ahnung schärfer, höher und metallischer klingt, manchmal mit schwacher Andeutung des vom Schlagschwirl bekannten Wetzens. A

Riesenschwirl *Locustella fasciolata* L 18. Sehr seltener Gast aus Asien, wo er in üppiger Buschvegetation lebt, gern in Wassernähe. *Groß* wie Drosselrohrsänger, gefärbt wie Schlagschwirl, jedoch *einfarbig rostgelbe Unterschwanzdecken ohne weiße Spitzen.* Erreicht das Brutgebiet erst Ende Mai. Der nachts vorgetragene Gesang erinnert eher an Bülbül als an Schwirl, beginnt *sehr laut* und explosiv und beschleunigt sich 'TÜcko, TIcko TSCHIcko-tuckTSCHIcko-tückll', ständig wiederholt.

Streifenschwirl

imm.

Feldschwirl

mit weißlicher Unterseite

mit gelblicher Unterseite

Schilfrohrsänger
zum Vergleich (kleinerer
Maßstab)

Strichelschwirl

Mariskensänger

Mariskensänger *Acrocephalus melanopogon* L 12,5. Brütet in Südeuropa in Schilfgebieten und Sümpfen mit dichter Vegetation, oft mit Binsenbeständen, kehrt im zeitigen Frühjahr zurück. Dem Schilfrohrsänger sehr ähnlich, aber *Rücken mehr rotbraun, Scheitel und Ohrdecken dunkler* und die *breiten, abrupt rechteckig endenden, sehr hell weißlichen Überaugenstreif* und die weiße Kehle betonend. *Flanken und Brustseiten rostbraun getönt,* Unterschwanzdecken weißlich. Flügel kürzer, Schwanz stärker gerundet. Warnt 'drrrt'. Singt oft von erhöhtem Punkt ähnlich Teichrohrsänger, aber etwas weicher, lebendiger und verrät sich früher oder später durch eine *Serie langgezogener, ansteigender,* nachtigallen- oder brachvogelähnlicher *Flötentöne,* wie 'wü wü wüü wüü'. A

Seggenrohrsänger *Acrocephalus paludicola* L 12,5. Seltener und lokaler Brutvogel von Feuchtwiesen mit hohen Seggenbeständen in Ost- und Südost-Europa. Vom ähnlichen Schilfrohrsänger durch *heller gelbbraunes Gefieder* und *hellen Längsstreif in der Scheitelmitte* (kann bei jungen Schilfrohrsängern angedeutet sein!) unterschieden. Deutlicher gelblichweißer Überaugenstreif, *kräftig gestreifter Rücken mit hellbeigen Längsstreifen* des Mantels und mäßig gestreifter Bürzel. Spärliche, undeutliche Streifen auf Brust und Flanken. Schwanz wirkt spitz. Singt wie ein schläfriger Schilfrohrsänger mit kürzeren, ohne Elan vorgetragenen Strophen, auch in kurzem Singflug. Wichtigster Unterschied sind wohl die fehlenden Tempiwechsel: trockenen, flachen Trillern folgen durch kurze Pausen getrennt pfeifende Töne, etwa 'trrrrr...pi-pi-pi-pi-pi...tscherrrr...kji-kji-kjikji ...trrrrr...'. A

Seggenrohrsänger

Schilfrohrsänger *Acrocephalus schoenobaenus* L 12,5. Brütet in Schilf- und Sumpfgebiete und dichter Vegetation an Gewässern, bei uns stark abnehmend. Oberseite undeutlich gestreift und im abgetragenen Gefieder fast einfarbig graubraun. *Überaugenstreif deutlich und lang, beige oder schmutzigweiß.* Vergl. mit ähnlich gefärbtem Marisken- und Seggenrohrsänger. Bürzel ungestreift gelbbraun. Von Feldschwirl an Überaugenstreif und weniger gerundetem Schwanz zu unterscheiden. Jungvögel können leicht gestrichelte Brust und schwachen Scheitelstreif haben, doch nie so deutlich wie beim bedeutend helleren und gelberen Seggenrohrsänger. Ruft 'tsäck', 'rrrrp', 'kerr' und ähnlich. Singt auch nachts, zeigt tagsüber manchmal kurzen, senkrechten Singflug. Gesang abwechslungsreich, *mit vielen Imitationen* und rauhen, knarrenden Lauten. Zwar an Teichrohrsänger erinnernd, aber *schneller, hektischer,* variabler und wie im Fieber (Merksatz: *Sch*ilfrohrsänger *sch*wungvoll, *T*eichrohrsänger *t*räge). Oft an sich schnell beschleunigendem Crescendo erregter Laute zu erkennen, die in melodisches Flöten übergehen, z.B. 'zrüzrü trett zrüzrüzrü psit trutrupürrrrrrr-urrrrr wi-wi-wi lülülü zetre zetre...'. BZ

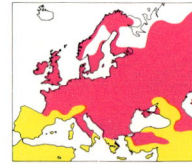

Schilfrohrsänger

Cistensänger *Cisticola juncidis* L 10. Bewohnt offenes Gelände in Südeuropa, z.B. Brachflächen, Getreidefelder, auch feuchtere Wiesen. *Winzig,* Scheitel und Oberseite deutlich längsgestreift, *Schwanz kurz, rund* und mit schwarzen und weißen Spitzen, Schnabel relativ lang. In der Vegetation heimlich und unauffällig, steigt aber selbst in der Mittagshitze des Hochsommers noch zu häufigen, in ca. 10 m Höhe durchgeführten wellenförmigen Singflügen auf, bei jedem Bogen einmal 'zrip' rufend und so zu einer durchdringenden Serie gereiht: 'zrip...zrip...zrip...'. A

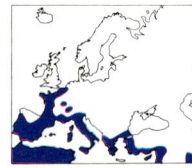

Cistensänger

Dickschnabel-Rohrsänger *Acrocephalus aedon* L 18. Sehr seltener asiatischer Gast in Westeuropa. Nicht so ans Wasser gebunden, meidet es aber auch nicht. Bewohnt offenes Gelände mit Büschen und Bäumen, Waldränder, auch Sümpfe. *Groß* wie Drosselrohrsänger, aber mit *kurzem, dickem Schnabel, hellen Zügeln und ohne Überaugenstreif.* Flügel und *langer Schwanz* stark gerundet. Warnt laut 'tschok-tschok'. Gesang ähnlich Sumpf- und Schilfrohrsänger mit hervorragenden Imitationen, aber ohne rauhe Töne. Zu Beginn oft schneller werdende Serie tickender Laute. –

Dickschnabel-Rohrsänger

Mariskensänger

schwanzstelzend

Seggenrohrsänger

Schilfrohrsänger

Singflug und Gesang
vom Schilfstengel

Cistensänger

Singflug

229

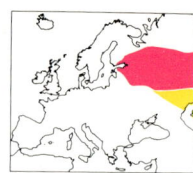

Buschrohrsänger

Buschrohrsänger *Acrocephalus dumetorum* L 12,5. Brütet von Südost-Finnland ostwärts bis Asien in buschreichen Sumpfgebieten, Dickichten und an feuchten Waldrändern. Sehr seltener Sommergast in Westeuropa. Kaum vom Sumpfrohrsänger zu unterscheiden, aber Bürzel etwas rötlicher getönt und Flügel runder, die Handschwingen überragen die Armschwingen also weniger (Schwingenformel: 2. Handschwinge von Außen kürzer als 5., nur am gefangenen Vogel sichtbar). Schnabel etwas länger als bei Sumpfrohrsänger. Überaugenstreif (nicht immer) kurz und undeutlich. Schirmfedern und Alula blaß braun, Flügel daher noch kontrastärmer als bei verwandten Arten, Beine durchschnittlich dunkler und grauer, Kopf spitzer. Singt vorwiegend nachts, meist hoch aus einem Busch, mit brillanten Imitationen. Gesang durch *langsameres Tempo* und fünf- bis sechs-, manchmal zehnmalige *Wiederholung der Motive* deutlich anders als Sumpfrohrsänger, wie eine Schallplatte mit Sprung. Viele Vögel bringen die „Leiter", ein klares, in großen Tonschritten ansteigendes 'lo-lü-Lla'. Zwischen die Motive wird fast immer das *typische, schnalzende* 'tscheck tscheck' geschoben. –

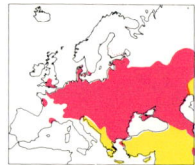

Sumpfrohrsänger

Sumpfrohrsänger *Acrocephalus palustris* L 13. Brütet in verbuschtem, oft feuchtem Gelände, gerne in Brennesseln, auch in Getreidefeldern und nicht unbedingt am Wasser. Vom fast identisch aussehenden Teichrohrsänger am besten durch Stimme und anderen Aufenthaltsort (kaum in dichten Schilfbeständen im Wasser) zu unterscheiden. Hinweise geben *olivbraune Oberseite*, etwas kürzerer Schnabel, längere, bis zu den Spitzen der Oberschwanzdecken reichende Flügel, blaßrosa Beine, flacherer Scheitel und, in der Hand, Schwingenformel. Jungvögel oberseits wärmer braun und oft ununterscheidbar. Gesang, oft nachts und aus Büschen vorgetragen, *wechselt im Tempo*, wird manchmal langsam und beschränkt sich dabei auf wenige wiederholte, nachgeahmte Laute (vergl. Buschrohrsänger), gibt seine Identität dann aber durch eine *Beschleunigung* und eine *Explosion meisterhafter Imitationen* preis (darunter Rufe von Blaumeise, Elster, Rauchschwalbe, Stieglitz, Amsel). Dazwischen eingewoben Serien eher unmelodischer trockener Schwirrlaute (oft Imitationen afrikanischer Arten!). Vergl. mit Gesang des Gelbspötters. Ruft häufig rauh 'ti-zÄÄ ti-ZÄÄ'.   BZ

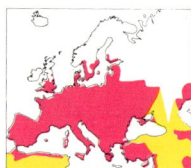

Teichrohrsänger

Teichrohrsänger *Acrocephalus scirpaceus* L 12,5. Häufiger Brutvogel in Schilfbeständen, wo er sein korbförmiges Nest kunstvoll zwischen Halme webt (häufig Kuckuckswirt). Hat im Gegensatz zum im gleichen Lebensraum vorkommenden Schilfrohrsänger *ungestreifte Oberseite* und nur *schwachen Überaugenstreif*. Außer am Gesang kaum vom Sumpfrohrsänger zu unterscheiden, aber Oberseite wärmer braun, Bürzel immer rostfarben, Flanken dunkler gelbbraun, Beine graubraun, Schnabel etwas länger, Flügel etwas kürzer, nicht bis zur Spitze der Oberschwanzdecken reichend. Junge Sumpfrohrsänger jedoch ebenfalls warm braun und manchmal selbst in der Hand nicht unterscheidbar. Singt meist in der Dämmerung, nicht so schnell und abwechslungsreich wie Schilfrohrsänger, an den er sonst erinnert. In geschäftig plauderndem Tempo *reiht* er überwiegend *rauhe Töne zwei- bis dreimal aneinander*, z.B. 'trett trett trett tirri tirri trü trü …'. Imitiert auch andere Arten, aber seltener.   BZ

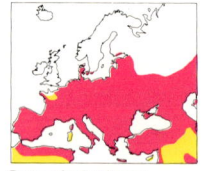

Drosselrohrsänger

Drosselrohrsänger *Acrocephalus arundinaceus* L 19. Brütet sowohl in ausgedehnten Schilfgebieten, als auch in schmalen Riedstreifen an Teich- und Kanalufern. Bei uns seit einigen Jahren dramatische Abnahme. *Sehr groß mit langem, kräftigem Schnabel.* Sieht aus wie gewaltiger Teichrohrsänger mit deutlichem Überaugenstreif. Fein gestrichelte Kehle nur aus der Nähe sichtbar. Weniger heimlich als andere Rohrsänger, sitzt oft weit oben auf Schilfhalmen, besonders beim Singen. Singt in der Dämmerung und tagsüber, fällt dabei durch seine *enorme Lautstärke* auf. Gesang ähnlich Teichrohrsänger, aber *kraftvoller, härter, lauter*, krächzender und rhythmischer, z.B. 'trr trr trr karre-karre-karre KRIITKRIIT-KRIIT trr-trr-KII-KII …'.   BZ

Schwingenformeln:

Buschrohrsänger

2 5 6
Buschrohrsänger

2 3 7 8
Sumpfrohrsänger

Sumpfrohrsänger

2 4 8 10
Teichrohrsänger

Teichrohrsänger singt auf Schilfstengel

Teichrohrsänger

**Drossel-
rohrsänger**

Nest

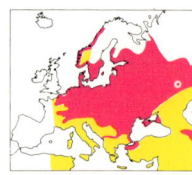

Gelbspötter

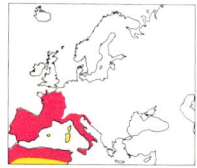

Orpheusspötter

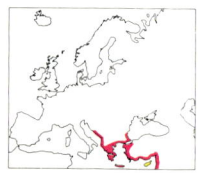

Olivenspötter

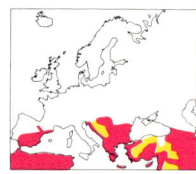

Blaßspötter

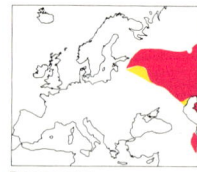

Buschspötter

Gelbspötter *Hippolais icterina* L 13. Brütet in Mitteleuropa häufig in offenen Laubwäldern, Parks, alten Gärten. Oberseite graugrün, *Unterseite hell gelb* (manchmal nur schwach gelblich). Im frischen Gefieder bilden helle Kanten der Armschwingen *blasses Feld auf zusammengelegtem Flügel. Beine blaugrau.* Kann mit gelbbäuchigen jungen Laubsängern verwechselt werden, ist aber größer, langschnäbeliger, weniger hektisch, sitzt aufrechter und sträubt oft die Scheitelfedern. Gesicht recht einfarbig, kein dunkler Zügel und nur schwach angedeuteter gelber Überaugenstreif. Insgesamt rohrsängerähnlich. Siehe auch Orpheusspötter. Warnruf ein rauhes Schnalzen in hitzigem, unregelmäßigem Rhythmus: 'tätätä ...'. Dieses ist auch im kurzen, melodischen Ruf 'tätä-lÜit' enthalten. Singt von hochgelegenem Sitzplatz laut, abwechslungsreich, voller hervorragender Imitationen, eingestreuter kratzender Laute, auch mit Wiederholungen. Manche Vögel streuen ein 'tett' ein, dann Verwechslungsgefahr mit Buschrohrsänger, sonst auch mit Sumpfrohrsänger, singt aber normalerweise nicht nachts. Typisch ein im Gesang immer wiederkehrendes *nasales, gedehntes und etwas miauendes* 'gllää'. BZ

Orpheusspötter *Hippolais polyglotta* L 13. Vertritt den Gelbspötter in Westeuropa, neuerdings Brutvogel in Südwestdeutschland. Im Vergleich zum Gelbspötter etwas kleiner, Schwanz kürzer, Kopfprofil runder, *helle Armschwingenkanten undeutlicher, meist braune Beine und gelblichere Unterseite* (nicht immer auffallend, manchmal cremefarben). *Flügel kürzer* (erreichen nicht die Spitzen der Oberschwanzdecken wie beim Gelbspötter), sichtbare Länge der zusammengelegten Handschwingen macht nur 1/4 der Gesamtflügellänge aus (beim Gelbspötter 1/3). *Ruft ähnlich Haussperling schmetternd* 'krrrrrr', das auch in den Gesang eingebaut wird, *der schneller,* schwatzender und ärmer an Imitationen ist als der des Gelbspötters und dessen typisches 'gllää' nicht enthält. (Verwechslungsgefahr: ekstatisch singende Weißbart-Grasmücke.) BZ

Olivenspötter *Hippolais olivetorum* L 15,5. Brütet in offenen Eichenwäldern, Mandel- und Olivenhainen des Balkan. *Groß,* oberseits braungrau, unterseits blaß, *weißkantige Armschwingen* (außer Altvögel im Herbst). *Schnabel und Flügel lang.* Kurzer, undeutlicher Überaugenstreif. Ruf hart schnalzend. Kurze Gesangsstrophen laut, hart, rauchig, wie überschwenglicher Drosselrohrsänger. A

Blaßspötter *Hippolais pallida* L 13. Brutvogel Südeuropas in offenen Wäldern, Parks und Gärten. *Braungraue Oberseite leicht grün überhaucht,* Flügel und Schwanz etwas dunkler, *Unterseite hell.* Durch typische Spöttergestalt, *langen, spitzen Schnabel* mit breiter Basis und spitzes Scheitelprofil von ähnlich gefärbter Gartengrasmücke unterschieden. Schlägt oft den Schwanz nervös abwärts. Warnt mit Serie tiefer, harter, schnalzender Töne, „dicker", unreiner und etwas nasaler als Klapper- und Weißbart-Grasmücke. Ruft auch ratternd 'krrrt'. Gesang ähnlich Teichrohrsänger, genauso *langsam, aber monotoner, rauher, schwatzender,* oft mit hellen, fast erstickenden Tönen. –

Buschspötter *Hippolais caligata* L 11,5. Brütet in der westlichen Sowjetunion, erscheint aber selten in Westeuropa. Bewohnt verkrautetes Gelände, Steppengestrüpp und niedrige Baumgruppen. Versteckt sich oft am Boden. *Klein* und schlicht bräunlichgrau, unterseits schmutzig weiß. *Schnabel proportional schwächer* als bei anderen Spöttern, nicht rohrsänger-, sondern *eher laubsängerähnlich.* Erscheinungsbild zwischen Blaßspötter und Zilpzalp, wo zu auch ein dunkler Zügelstreif beiträgt. *Beine braungrau.* Aus der Nähe *gräulichweiße Kanten des gerade abgeschnittenen Schwanzes* sichtbar. Bürzel nicht auffallend rotbraun (vergl. Feldrohrsänger). Ruft wie Klappergrasmücke 'tett', warnt wie Blaukehlchen 'trak' und schwirrend 'zerrr'. Gesang *schnell, wirr schwatzend und ziemlich leise,* wie überhitzter Grasmückengesang mit brodelndem Ton und vor Energie überschäumend. A

Kopfprofile von

Spötter

Laubsänger

Gelbspötter

Orpheusspötter

Olivenspötter

Blaßspötter

Blaßspötter
schwanzschlagend

Buschspötter

233

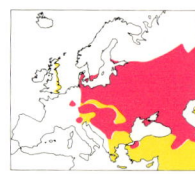

Sperbergrasmücke

Sperbergrasmücke *Sylvia nisoria* L 15,5. Bewohnt offenes Gelände mit Dickichten und Hecken in der östlichen Hälfte Europas, oft im selben Lebensraum wie Neuntöter. Altvögel mit *blaß gelber Iris und feiner Querwellung der Unterseite*, diese „Sperberung" aber nicht immer gut sichtbar. Schirmfedern, Flügeldecken und Oberschwanzdecken mit weißen Spitzen, recht *langer Schwanz mit weißen Ecken*. Jungvögel mit dunkelbrauner oder grauer Iris und ungesperberter rahmfarbener Unterseite, aber im Gegensatz zur ähnlichen kleineren Gartengrasmücke mit *hellen Rändern der Schirmfedern und Großen Armdecken* und längerem Schwanz. Hält sich oft versteckt. Kann, da Lebensraum, Größe und Flugweise ähnlich, im Abflug mit Neuntöter verwechselt werden, aber Rücken grauer und Schwanzzeichnung anders. *Ruft ratternd* 'trrrrr-t-t-t', am Ende stotternd und ähnlich erregtem Haussperling. Gesang härter, kratzender und mit meist kürzeren Strophen als Gartengrasmücke, unter häufiger Verwendung des typischen ratternden Rufs. Kann mit ekstatischer Gesangsvariante der Dorngrasmücke verwechselt werden; häufig Singflug wie diese. BZ

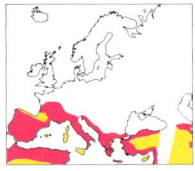

Orpheusgrasmücke

Orpheusgrasmücke *Sylvia hortensis* L 15. Brütet in Südeuropa in offenem Waldland, Gehölzen und Parks. *Groß mit dunkler Kappe, schmaler heller Iris* (manchmal Ausnahmen), weißen äußeren Steuerfedern und weißlicher Unterseite. Die ähnlich gefärbte Samtkopf-Grasmücke ist deutlich kleiner und hat (als Altvogel) einen roten Lidring. Jungvögel mit dunklem Auge, ähnlich einer großen Klappergrasmücke. Ruft scharf 'tack'. Gesang laut, aus Folgen wiederholter Motive zusammengesetzt, aber bei den Unterarten sehr verschieden. Unterart *crassirostris* in Südost-Europa singt fast so voll wie Amsel, abwechslungsreich und mit langen Strophen, z.B. 'trü trü trü schiwü schiwü, jo-jo-jo-brütriüh ...', überraschenderweise am ehesten mit Nachtigall zu verwechseln. Der Gesang der südwest-europäischen Unterart *hortensis* ist eine eher einförmige Folge höherer und tieferer Töne, im Tonfall ähnlich Ringdrossel, wobei 'TÜro TÜro TÜro' ein häufiges Motiv ist. A

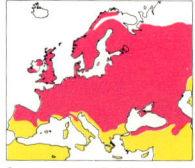

Gartengrasmücke

Gartengrasmücke *Sylvia borin* L 14. Bewohnt unterholzreiches, offenes Waldland, Parks und naturnahe Gärten in fast ganz Europa. *Oberseite bräunlichgrau mit leichtem Olivton, Unterseite grauweiß*, Beine graubraun, aber insgesamt keine auffallenden Merkmale im Gefieder. Kann mit Blaßspötter, Buschspötter, Sumpfrohrsänger oder junger Sperbergrasmücke verwechselt werden. Beachte das runde Kopfprofil, den *kurzen* und recht *kräftigen grauen Schnabel* und das fast völlige Fehlen eines Überaugenstreifs. Nacken und Halsseiten manchmal grau getönt. Hält sich auch beim Singen meist im Laub versteckt. Warnt heiser, etwas nasal und lang gereiht 'tschäck-tschäck-tschäck-...'. Fällt meist erst durch den Gesang auf, dem eine klare Melodie fehlt: ein lautes, aber behaglich murmelndes Lallen, mit längeren Strophen als bei der Mönchsgrasmücke und ohne deren klare Schlußtöne. Singt bis weit in den Sommer hinein. BZ

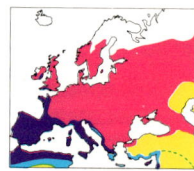

Mönchsgrasmücke

Mönchsgrasmücke *Sylvia atricapilla* L 14. Häufiger Brutvogel in Wäldern, Parks und Gärten fast ganz Europas. Eine mittelgroße graue Grasmücke, Männchen durch *schwarze*, Weibchen und Jungvögel durch *rotbraune Kopfplatte* gekennzeichnet. Öfter zu sehen als Gartengrasmücke, hält sich aber dennoch gewöhnlich gut versteckt. Sehr robust, kann Kälteperioden problemlos überstehen und überwintert bei uns sogar regelmäßig in einzelnen Individuen (häufiger in Südengland, wo sie auch Futterhäuser besucht). Ernährt sich im Spätsommer und Herbst viel von Beeren. Warnt mit einer Serie von harten, lauten, schnellen Schnalzlauten 'tättätt-ätt-ätt- ...'. Singt von versteckter Warte aus bis tief in den Sommer. Gesang ähnlich Gartengrasmücke, ein wohltönendes Flöten, aber mit kürzeren Strophen. Das murmelnde Geschwätz geht zum Ende hin in einige *charakteristische klare und laute, langgezogene Flötentöne* mit wehmütigem Klang über. BZ

234

Singflug

imm.

Sperbergrasmücke

Orpheusgrasmücke

singt aus
Buschmitte

♂

♀

Gartengrasmücke

singt im Unterholz

♂

♀
(und juv.)

Mönchsgrasmücke

singt aus
Buschmitte

235

Dorngrasmücke

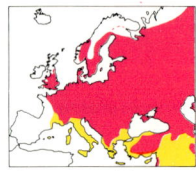

Klappergrasmücke

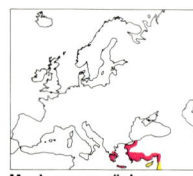

Maskengrasmücke

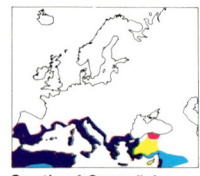

Samtkopf-Grasmücke

Dorngrasmücke *Sylvia communis* L 14. Brütet in fast ganz Europa in offenem Gelände mit Büschen und Gestrüpp, gern auch in Hekken an Wegrändern und zwischen Feldern. Liebt dichte Vegetation, oft mit Dornen, und geht in freieres Gelände als Klappergrasmücke. *Kehle weiß*, Brust beige (bei alten Männchen rosa getönt), Kopf braungrau (bei alten Männchen deutlich grau), *Flügel hell rotbraun*, Schwanz lang mit hellen Außenkanten. Von Klappergrasmücke am besten an *hellen Beinen* und rotbraunen Flügeln unterschieden. Sehr aktiv, ständig in Büschen und Gestrüpp in Bewegung. Ruft harsch 'wädd wädd wädd', warnt mit rauhem, langgezogenem 'tjähr'. Gesang von Buschspitzen oder Leitungsdrähten schnell und ziemlich *kurz, rauh zwitschernd* und mit hüpfendem Tonfall, im Rhythmus etwa wie 'Wanderer, wo willst Du hin?'. Regelmäßig ein mehrere Meter langer Singflug mit an Sperbergrasmücke erinnerndem Gesang. BZ

Klappergrasmücke *Sylvia curruca* L 13. Häufiger Brutvogel in dichtem Gebüsch, Hecken in Gärten, Parks und Schonungen. Etwas kleiner und kurzschwänziger als die ähnliche Dorngrasmücke, mit graubrauner Oberseite, *graubraunen Flügeln* und *dunkelgrauen Ohrdecken*. *Gesamte Unterseite sehr hell*, fast rein weiß, Brust ohne beigen Ton wie z.B. bei weiblicher Weißbart-Grasmücke (im Mittelmeerraum Verwechslungsgefahr). Iris grau, *Beine dunkelgrau*. Hält sich versteckt. Ruft kurz schnalzend 'tett'. Die zahlreich in Vorderasien, z.B. Israel, durchziehenden Populationen (oder Unterarten) haben jedoch einen ganz anderen Ruf, ein blaumeisenähnliches, aber schnelleres, heiser scheltendes 'tjädä-dä-dä '. Der vom versteckten Sitzplatz aus vorgetragene Gesang ist zweiteilig: erst ein kurzes, gedämpftes Plaudern, dann ein *lautes, schnelles Klappern* 'tellellellellellell'. BZ

Maskengrasmücke *Sylvia rueppelli* L 14. Brütet lokal in Südgriechenland in felsigen Gebieten mit Dornengestrüpp. Männchen leicht an *durch dünnen weißen Bartstreif voneinander getrennter schwarzer Kappe und Kehle* und grauem Rücken zu erkennen. Weibchen mit mehr dunkelgrauer Kappe, aber oft *dunkel geflecktem Kinn* und weißem Bartstreif; oberseits ganz grau mit hellen Rändern der Schirmfedern und einiger Großer Armdecken. Bei beiden Geschlechtern Lidring und *Beine rötlichbraun*. Ruf sowohl ein sperlingsähnliches Rattern, weicher als Sperbergrasmücke und nicht langsamer werdend, als auch eine Serie harter Schnalzlaute, härter als Weißbart-Grasmücke, aber nicht so mechanisch ratternd wie Samtkopf-Grasmücke. Singt ähnlich Samtkopf-Grasmücke, aber nicht ganz so hart und mit pulsierendem Rattern, z.B. 'prr-trrtrr prr-trr-trr si-tri-vi-prr'. Singflug mit langsamen Schlägen ähnlich Grünling und gelegentlichem Gleiten auf hochgewinkelten Flügeln. —

Samtkopf-Grasmücke *Sylvia melanocephala* L 13. Häufiger Brutvogel Südeuropas in Gebüsch und Gestrüpp in offenem oder felsigem Gelände, auch in unterholzreichen Wäldern. Charakteristisch für das Männchen ist die bis über die Ohrdecken herabgezogene *schwarze Kapuze* mit dem gut sichtbaren *rotbraunen Lidring*. Weibchen und Jungvögel schwerer zu bestimmen, beachte aber recht *dunkle Oberseite, graubraune Flanken, langen, gerundeten Schwanz* und zur weißen Kehle kontrastierende schmutzig aussehende Unterseite. Lidring des Weibchens gleichfalls deutlich rotbraun, des Jungvogels undeutlich braun. Kann im äußersten Südosten mit Tamariskengrasmücke verwechselt werden (s. dort). Der viel größeren Orpheusgrasmücke fehlt der rote Lidring. Ruf sowohl ein explosiv schmetterndes und mechanisch ratterndes 'terETT trett trett trett trett' oder etwas schneller 'trr-trr-trr', als auch bei Erregung mehr schnalzende Laute und ein lautes, hartes 'tseck'. Gesang ein typisches Grasmückengeplauder, das Beobachter unbedingt schnell lernen sollten, da es zu Vergleichszwecken bei der Bestimmung anderer, seltenerer Mittelmeer-Grasmücken unerläßlich ist. Gesang schnell, Strophenlänge schwankt zwischen 2 und 5 Sekunden, aus harten 'trr trr'-Rufen und sehr kurzen Flötentönen zusammengesetzt. Manchmal Singflug wie Dorngrasmücke. A

Singflug

on Buschspitze singend

singt im Gebüsch

Gesang im Flug
und von Warte

Gesang im Flug
und von Warte

juv.

♂

♀

Dorngrasmücke

Klappergrasmücke

♂

♀

Maskengrasmücke

♂

♀

Samtkopf-Grasmücke

237

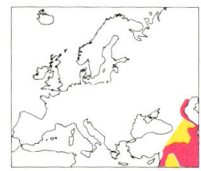

Tamariskengrasmücke

Tamariskengrasmücke *Sylvia mystacea* L 13. Brütet im südöstlichsten Europa in Tamariskengestrüpp, oft in felsigen Gegenden, z.B. trockenen Flußbetten. Sehr ähnlich der nahe verwandten Samtkopf-Grasmücke. *Schwarze Kappe des Männchens geht allmählich in braunstichige dunkelgraue Oberseite über.* Lidring rotbraun. Bei vielen (nicht allen) Männchen *Kehle, Brust und Flanken rosa oder rostfarben getönt.* Schwanz kürzer und schwächer gerundet als bei Samtkopf-Grasmücke. Weibchen oberseits heller und brauner mit *kontrastierender dunkler Schwanzoberseite, Schirmfedern recht einfarbig* (bei weiblicher Samtkopf-Grasmücke mit hellen Rändern), *Unterseite weißlich* (nicht schmutzig), Unterschnabelbasis rosa (nicht grau). Ruft gereiht scharf 'tack' und ratternd wie Maskengrasmücke. Gesang wie Samtkopf-Grasmücke, aber etwas musikalischer, abwechslungsreicher, langsamer, mit längeren Strophen.   –

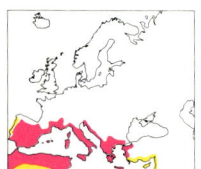

Weißbart-Grasmücke

Weißbart-Grasmücke *Sylvia cantillans* L 12,5. In Südeuropa häufiger Brutvogel in niedrigen Büschen, trockenem Gestrüpp und auf verbuschten Waldlichtungen. Männchen oberseits blaugrau mit dunkler grauen Flügelfedern, *unterseits orange bis rostfarben an Kinn, Kehle, Brust und Flanken; auffallender weißer Bartstreif* und roter Lidring. Weibchen blasser gefärbt, weniger blaugrau und rötlich, aber meist mit noch gut sichtbarem Bartstreif; Lidring undeutlich rotbraun, aber von klarem *weißlichem Augenring* umgeben. Weibchen und Jungvögel lassen sich von Brillengrasmücken an den *graubraunen* (nicht rotbraunen) *Flügeln*, von jungen Samtkopf-Grasmücken an hellerer und bräunlicherer Färbung und von Klappergrasmücken an *hellbraunen Beinen*, hellem Augenring, *beige getönter Unterseite* und fehlenden dunklen Ohrdecken unterscheiden. Bringt sowohl Einzelrufe, die wie das 'tett' der Klappergrasmücke klingen (nicht ganz so laut), als auch eine Serie schnalzender Rufe, 'trett-tett-tett-tett-tett-tett', gedämpfter und trockener als bei der Samtkopf-Grasmücke, oft ein oder zwei einzelne 'tett'-Rufe am Schluß angehängt. Bei großer Erregung auch ein entfernt an Haubenmeise erinnerndes klingelnd ratterndes 'prrrrt'. Gesang kann mit Samtkopf- und Maskengrasmücke verwechselt werden, ist aber klarer und abwechslungsreicher, oft wie Bluthänfling zwitschernd und mit längeren Strophen. Wird von Buschspitze oder im kurzen Singflug vorgetragen.   A

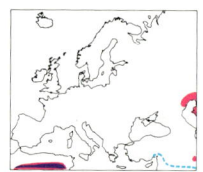

Wüstengrasmücke

Wüstengrasmücke *Sylvia nana* L 11,5. Brütet in buschigen Steppen und Wüsten Nordafrikas und Zentralasiens und gerade noch im südöstlichsten Europa. Die asiatische Unterart *nana* sieht wie eine kleine, blasse Dorngrasmücke aus. Oberseite hell graubraun mit ockerfarbenem Ton, besonders an den Rändern der Schirmfedern. *Schwanz rostbraun getönt*, Unterseite hell, *Iris hellgelb*. Geschlechter gleich. Die nordafrikanische Unterart *deserti* ist auffallend hell und kontrastlos. Hält sich im Gebüsch versteckt und fliegt niedrig über dem Boden von einem Strauch zum nächsten, hüpft sogar auf dem Boden. Ruf ein kurzer Triller. Singt ähnlich Dorngrasmücke kurz (1–2 Sekunden), aber klarer und schneller. Einige Töne meist am Schluß hell wie bei Mönchsgrasmücke.   A

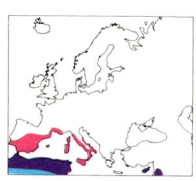

Brillengrasmücke

Brillengrasmücke *Sylvia conspicillata* L 12,5. Bewohnt offenes, trockenes, oft hochgelegenes Gelände mit Gebüsch in Südwest-Europa. Erinnert sehr an Dorngrasmücke, ist aber *kleiner*, hat *feineren Schnabel* mit gelblichweißer Basis und proportional *kürzeren Schwanz*. Alte Männchen haben dunkler graue Stirn, *schwärzliche Zügel und Augenpartie, deutlicheren weißen Augenring* und dunkelrosa gefärbte Brust, die zur weißen Kehle hin gräulich wird. Weibchen ähnlich, aber ohne Schwarz am Kopf. Von weiblicher Weißbart-Grasmücke an *rötlichbraunen Flügeln* zu unterscheiden (einzelne Individuen aber weniger rötlich und schwer zu bestimmen). Ruft sehr trocken, hell und klapperschlangenähnlich 'zerrrrr'. Gesang ein typisches Grasmückengeplauder in schnellem Tempo, mit kurzen Phrasen und in *hoher Tonlage*, oft mit einigen an Haubenlerche erinnernden klaren Tönen beginnend. Singt frei auf einem Zweig sitzend oder im häufigen Singflug.   A

Tamariskengrasmücke

♀

Weißbart-Grasmücke

♂

♀

Wüstengrasmücke

Brillengrasmücke

♀

Gesang im Flug
und von Warte

239

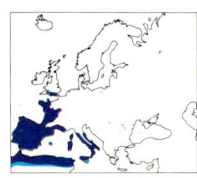

Provencegrasmücke

Provencegrasmücke *Sylvia undata* L 13. Brütet in Südwest-Europa (einschließlich Südengland) in trockenen, verbuschten Gebieten, auf Heiden mit Gestrüpp, gerne in Ginster und Dornenbüschen. Harrt meist auch in harten Wintern im Brutgebiet aus, was zu starken Bestandsschwankungen führt. *Langschwänzig*, Oberseite sehr dunkel graubraun, *Unterseite dunkelrot getönt*. Weibchen mit weniger Braun, kann bei kurzer Betrachtung ganz grau wirken. Dunkler als alle anderen Grasmücken mit Ausnahme der Sardengrasmücke, die aber graue (nicht rotbraune) Brust hat. Weißer Bauch oft klar abgegrenzt, *Schnabelbasis gelblich, Kehle mit weißen Flecken*. Meist ein kleiner weißer Fleck am Flügelbug neben der Alula. Stelzt den Schwanz gerne und zuckt damit. Flug niedrig und weich mit charakteristischem Schwanzpendeln. Meist gut versteckt im Gestrüpp, im Winter auch in kleinen Trupps, die meisenartig umherziehen. Ruf ein rauhes, langgezogenes, leicht moduliertes 'tjäh-er', in leierndem Tempo gereiht, und ein 'tack', das auch in schmetternder, schneller Serie gebracht werden kann. Gesang eher kümmerlich und sehr hart, wie ein kurzes, schnelles Fragment aus dem Gesang der Sperbergrasmücke, etwa 2–3 Sekunden lang. Singt das ganze Jahr über, auch im Singflug.   A

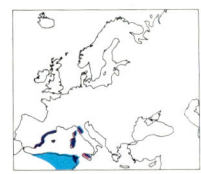

Sardengrasmücke

Sardengrasmücke *Sylvia sarda* L 13. Kommt lokal im westlichen Mittelmeerraum in trockenen, verbuschten, oft felsigen Landschaften vor. Von der ähnlichen Provencegrasmücke an der *hellgrauen* (nicht rotbraunen) *Unterseite* unterschieden. Weibchen oberseits brauner und unterseits heller. Jungvögel wie Weibchen, aber mit noch hellerer Unterseite. Von Provencegrasmücke ferner durch *rötliche oder orangefarbene Schnabelbasis* und das Fehlen von weißen Kehlflecken, weißem Fleck am Flügelbug und scharfer Abgrenzung des weißen Bauches unterschieden. Durch *langen Schwanz* und *ganz dunkle Färbung* mit keiner anderen Grasmücke zu verwechseln. Verhalten wie Provencegrasmücke. Häufigster Ruf ein gedämpftes, kurzes, leicht brodelndes zweisilbiges 'tjuru' (ähnlich dem schwachen Ruf einer auffliegenden Bekassine). Warnt sanft 'drrru'. Gesang deutlich anders als bei Provencegrasmücke, etwas tiefer, aus einer zyklisch wiederholten einfachen Serie bestehend und aus der Entfernung an ratternden Ruf der Samtkopf-Grasmücke erinnernd, aber etwas unregelmäßiger und in Details variiert. Beginnt oft mit einem klaren Ton, z.B. 'hiit, TJUrriTJUrri-TJUrri-TJUrreri'. Strophen kurz, aber während des Singfluges wie bei allen Grasmücken oft verlängert.

Drosseln (Familie Turdidae) werden erst weiter hinten behandelt. Nur der Heckensänger wurde zum Vergleich hier eingefügt.

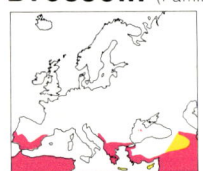

Heckensänger

Heckensänger *Cercotrichas galactotes* L 15,5. Brütet vereinzelt in Südeuropa in trockenen, verbuschten Gebieten, Weingärten, Heckenreihen, besonders gern in dornentragender Vegetation und Feigenkaktushecken. Besetzt die Brutgebiete nicht vor Mai. Erinnert sehr an die Nachtigall. Zwei sehr verschiedene Unterarten in Europa: *galactotes* im Südwesten zeigt rotbraunen Scheitel und Rücken, *syriacus* im Südosten ist heller und eher graubraun. Für beide Unterarten charakteristisch sind der *schwarze Augen- und weiße Überaugenstreif* sowie der *lange Schwanz mit auffallender schwarz-weißer Spitzenzeichnung*. Zeigt sich oft ganz frei (außer beim Singen), sitzt auf Kakteenspitzen, hüpft am Boden und spreizt dabei den gestelzten Schwanz. Dieser wird schnell aufgerichtet und dann langsam abgesenkt. Manchmal auch Flügelzucken. Ruft hart 'tack' und bemerkenswert summend insektenartig 'bzzzzz'. Gesang eilig, mit kurzen, drosselähnlichen Strophen und kurzen Pausen, im Klang recht wehmütig, an Misteldrossel erinnernd, aber in der höheren Tonlage einer Singdrossel und insgesamt eher zwitschernd als erzählend. Singt entweder von verstecktem Sitzplatz oder in pieperähnlichem fallschirmartigem Balzflug. Singt oft.   A

Singflug

juv.

auf Zweig
singend

Provencegrasmücke

♂

Sardengrasmücke

juv.

♂

Heckensänger

galactotes

Singflug

syriacus

auf Telefondraht singend

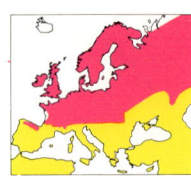

Fitis

Zilpzalp *Phylloscopus collybita*

Fitis *Phylloscopus trochilus* L 11,5. Brütet häufig in ganz Europa überall in Wäldern, Parks, selbst in kleinsten Buschgruppen. Klein und unauffällig, Oberseite einfarbig graugrün. *Brust mit gelbem Ton*, bei Jungvögeln ganze Unterseite stark gelblich. Nördliche und nordöstliche Populationen mehr graubraun. Dem Zilpzalp sehr ähnlich, aber weniger braun getönt, mit deutlicherem Überaugenstreif und *helleren Beinen* (manchmal dunkelbraun). Hastet auf Insektensuche rastlos durch das Laubwerk. Ruft und warnt mit weichem, sanftem 'huit'. Gesang etwas melancholisch. Beginnt mit einigen hohen, klaren, schnellen Tönen, fällt in der Höhe und wird langsamer, beschleunigt kurz wieder, um das Lied mit einigen weichen, schmachtenden Tönen gleichsam absterben zu lassen. BZ

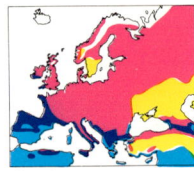

Zilpzalp *Phylloscopus collybita* L 11. Häufiger Brutvogel in Wäldern, Parks, Gärten und Buschgruppen. Robust, kehrt früh zurück, zieht spät ab, Einzelvögel überwintern sogar bei uns. Dem Fitis sehr ähnlich, aber *mehr graubraun*, nicht so gelbgrün, mit undeutlicherem Überaugenstreif und meist *dunklen Beinen* (selten auch mittelbraun). Zeigt manchmal Andeutung einer hellen Flügelbinde. (Sibirische Unterart *tristis*, seltener Durchzügler im Herbst, ohne Gelb an Kopf und Unterseite, Überaugenstreif und Brust beige, Scheitel und Rücken braun ohne grünen Ton, Beine und Schnabel schwarz.) Ruft 'hüit', weniger deutlich zweisilbig als Fitis, mehr am Schluß betont, etwas lauter, rauher, nicht so sanft und weich; östliche Populationen rufen noch einsilbiger 'hl(ü)t', wie ängstliches Küken. Singt 'zilp zilp zalpa zilp zalp zilp ...', am Brutplatz mit eingeschobenem gedämpftem 'perre, perre'. BZ

Waldlaubsänger *Phylloscopus sibilatrix* L 12. Recht häufiger Brutvogel in alten Laubwäldern. *Kehle und Brust deutlich gelb, Bauch rein weiß, Oberseite lebhaft gelblichgrün.* Auffallender langer Überaugenstreif. Ruft scharf 'zipp', warnt mit einzelnem, wehmütigem 'tüh'. Gesang eine sich beschleunigende Serie von 'zipp'-Rufen, die in einen silberhellen Triller übergeht, 'zipp, zipp zipp-zipp-zipp-zvirrrrrrrrr'. Alternativer Gesang ein intensiver werdendes, melancholisches 'düh-düh-düh-...'. Kurze, horizontale Singflüge in den Baumkronen. BZ

Waldlaubsänger

Wacholderlaubsänger *Phylloscopus nitidus* L 11,5. Bewohnt Bergwälder des Kaukasus (Laub-, Misch-, auch Birkenwälder). Nur eine Unterart des Grünlaubsängers? Schmale, *gelblichweiße Flügelbinde* (manchmal Andeutung einer zweiten), *Überaugenstreif, Wange und Brust schwach gelblich.* Stimme ähnlich Grünlaubsänger. –

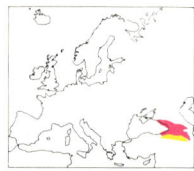

Wacholderlaubsänger

Dunkellaubsänger *Phylloscopus fuscatus* L 11. Sehr seltener asiatischer Herbstgast. Ähnlich Bartlaubsänger, aber *Beine* (mittelbraun) *und Schnabel dünner*, Oberseite etwas dunkler (rötlichbraun), *Überaugenstreif über dem Zügel immer schmal* und nach hinten oft rostfarben (kann ganz weißlich sein). *Kein Gelb auf der Unterseite*, Brust und Flanken beigebraun. Vom Zilpzalp der Unterart *tristis* an Schnabel- und Beinfarbe, deutlicherem und längerem Überaugenstreif und dunklerer Oberseite unterschieden. Oft nah am Boden, brütet in feuchten Dickichten. Ruft ähnlich Mönchsgrasmücke *hart schnalzend* 'tschack'. Gesang ähnlich Bartlaubsänger, eine Serie klarer Töne, aber simpler, langsamer und leiser. A

Bartlaubsänger *Phylloscopus schwarzi* L 12. Erscheint sehr selten im Herbst aus Asien. Oberseite olivbraun, Unterseite weißlich mit gelbbraunem Ton auf Brust und Flanken und rostig getönten Unterschwanzdecken. *Beine* (gelblich fleischfarben) *und Schnabel sehr kräftig.* Markanter Überaugenstreif beige, nach hinten weißlicher werdend, *vor dem Auge oft am breitesten und etwas undeutlich.* Dunkler Augenstreif. Viel in Büschen in Bodennähe, brütet an Waldrändern auf meist trockenerem Untergrund als Dunkellaubsänger. Ruft *leise, nasal und schnalzend* 'tschett' oder 'tschrepp'. Gesang plötzlich einsetzende, erstaunlich laute und klare kurze Strophe, z.B. 'twi-twi-twi-sirrrrrr', 'pjuuk tüül-ülül-ül '. A

Fitis

2 5 6

Zilpzalp

7 8

Fitis

Zilpzalp

Waldlaubsänger

Wacholder-
laubsänger

Dunkellaubsänger

Bartlaubsänger

243

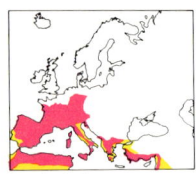

Berglaubsänger

Berglaubsänger *Phylloscopus bonelli* L 11. Bewohnt bevorzugt mit Korkeiche oder Kiefer bestandene Bergregionen Mittel- und Südeuropas, stellenweise auch tiefere Lagen. Blaß olivbraune Oberseite mit *grüngelben Rändern der Schwung- und Steuerfedern, grüngelb getönter Bürzel* (bei Altvögeln), *weiße Unterseite* und *helle Ohrdecken* sind typische Kennzeichen. Kontrast zwischen Bürzel und Rücken bei Jungvögeln meist schwächer. Ruf ein lautes, aber sanftes und etwas gepreßtes 'hü-lf', auf beiden deutlich getrennten Silben gleich stark betont. Als Variante auch ähnlich Grünling 'djui'. Gesang ein zarter, klarer, fast lachender, etwa eine Sekunde währender Triller auf einem Ton, wie der Schluß des Waldlaubsänger-Liedes, aber langsamer, 'svi-vi-vi-vi-vi-vi'. Manchmal auch etwas schnellere Variante. Die südost-europäische Unterart *orientalis*, oberseits mehr graubraun, ruft ähnlich Haussperling 'tschiff', auch zwischen Gesangsstrophen eingefügt. BZ

Gelbbrauen-Laubsänger *Phylloscopus inornatus* L 10. Brütet im nordöstlichsten Europa und vor allem in Asien, erscheint selten, aber regelmäßig im Oktober in Nordwest-Europa (z.B. Helgoland). *Sehr klein mit grünlicher Oberseite,* weißlicher Unterseite, hellgelbem Überaugenstreif, *zwei deutlichen Flügelbinden* und *hellen Rändern der Schirmfedern.* Manchmal leichte Andeutung eines hellen Längsstreifens in der Scheitelmitte, besonders im hinteren Teil. Ruft oft hell 'tsUIST', ähnlich Tannenmeise, aber höher und deutlich ansteigend, manchmal doppelt. Gesang sehr hoch und dünn, etwa 'tsii tsiuu-tsiih', wie Mischung aus Haselhuhn und Wintergoldhähnchen. In zentralasiatischen Gebirgen brütet der oft als eigene Art abgetrennte Tienschan-Laubsänger *P. (inornatus?) humei,* inzwischen ebenfalls mehrfach in Westeuropa festgestellt. Er ist weniger grünlich, zeigt auf Kopf und Brust einen beigen Ton, hat schmalere Flügelbinden (die vordere kann fehlen) und ganz andere Stimme: Ruft meist zweimal hintereinander 'tsilÜ', deutlich abfallend, und singt hoch, langgezogen und leicht abfallend 'tziiiüü', ähnlich dem Flugruf der Rotdrossel. G

Wanderlaubsänger *Phylloscopus borealis* L 12,5. Seltener Brutvogel an birkenbestandenen Berghängen Nordeuropas, erscheint sehr selten in Westeuropa. Trifft erst zur Sommermitte am Brutplatz ein, da er in Südost-Asien überwintert und trotz eines Gewichts von nur 10 Gramm jährlich die Rekordstrecke von 25000 Kilometern zurücklegt. Ein recht großer und schlanker Laubsänger mit *einer Flügelbinde* (zweite manchmal angedeutet), *deutlich abgesetztem, langem, schmalem Überaugenstreif,* der *vor dem Stirnansatz endet, dunklem Augenstreif,* der *bis zum Schnabelgrund reicht,* olivgrau getönten Brustseiten und Flanken und hellbraunen Beinen. Schnabel kräftig. Siehe auch Grünlaubsänger. Hält sich gut in Baumkronen versteckt. Ruft kurz und durchdringend 'tzrl', ähnlich Wasseramsel. Gesang ein kurz schwirrender Triller, 'sresresresresre ...', wie singende Zaunammer oder Teil aus Baumpieperlied. A

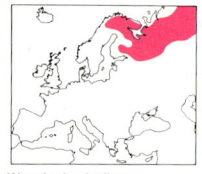

Wanderlaubsänger

Grünlaubsänger *Phylloscopus trochiloides* L 11. Ein osteuropäischer und asiatischer Brutvogel, der selten, aber regelmäßig im östlichen Mitteleuropa erscheint (z.B. DDR), meist Monatswende Mai/Juni und Frühherbst. Bewohnt Laub- oder Kiefernwälder mit reichem Unterholz. Erinnert an Fitis und Zilpzalp, hat aber *deutlicheren und längeren Überaugenstreif* und *schmale Flügelbinde* (manchmal fehlend). Vom Wanderlaubsänger an geringerer Größe, anderem Ruf, bis zum Stirnansatz reichendem Überaugenstreif, aber vor der Schnabelbasis endendem Augenstreif, ungetönten Brustseiten und Flanken und meist dunkleren Beinen unterschieden. Ruft laut 'sri-Lll', ähnlich Bachstelze. Gesang kurz, laut, hoch, schnell, haspelnd und etwas an erregt singende Bachstelze erinnernd. Ferner eine etwas längere und mehr trillernde Strophe, leicht mit Zaunkönig zu verwechseln, die von einigen Vögeln fast ausschließlich gebracht wird. Östliche Populationen singen teilweise eher wie Tannenmeisen. Ostsibirische Unterart *plumbeitarsus* mit zwei Flügelbinden, ähnlich großem Gelbbrauen-Laubsänger, erst sehr selten in Europa beobachtet und manchmal als eigene Art (Middendorfflaubsänger) betrachtet. A

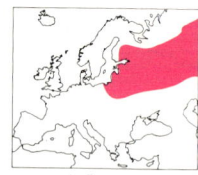

Grünlaubsänger

Berglaubsänger

Fitis
zum Vergleich
(kleinerer Maßstab)

Gelbbrauen-
Laubsänger

Wanderlaubsänger

Grünlaubsänger

245

Goldhähnchen-Laubsänger *Phylloscopus proregulus* L 9,5. Erscheint im Spätherbst sehr selten, aber regelmäßig aus Asien in Westeuropa. Brütet in Nadel- und Mischwald, zur Zugzeit aber meist in Laubwald und Gebüsch, oft zusammen mit nahrungssuchenden Wintergoldhähnchen oder Meisentrupps. *Sehr klein* und stark an Goldhähnchen erinnernd, hat aber ins Auge springenden *leuchtend gelben Bürzel* (selten weißlich, ausnahmsweise undeutlich). Dieser besonders im Flug und beim Rütteln vor Zweigen auffallend. Oberseite grün mit *hellgelber doppelter Flügelbinde* und breiten *blassen Rändern der Schirmfedern. Scheitel* sehr *dunkel grüngrau mit hellgelbem Längsstreif* und langem Überaugenstreif. Kräftig ausgebildeter dunkler Augenstreif am Ende leicht abwärts geknickt. Erscheint großköpfig. Vom ähnlichen Gelbbrauen-Laubsänger leicht am gelben Bürzel und deutlichen Scheitelstreif zu unterscheiden (kann beim Gelbbrauen-Laubsänger manchmal undeutlich vorhanden sein), ferner am meisenartigen Turnen und Hängen an Zweigen, das dieser nie vorführt. Ruft hoch, dünn, langgezogen und zweisilbig 'tvoit', eher wie ein gedämpfter Grünling oder eine Variante des Zilpzalp-Rufs, aber selten während des Zuges zu hören. Der Gesang ist *erstaunlich laut und abwechslungsreich*, dadurch etwas an Zaunkönig erinnernd, schön und klar 'tsi ju-ju-ju-tsrri, vidja vidja sivü sivü sivü sitt, tjütt tjütt tjütt tsi', leicht mit dem etwas längeren und schnelleren Lied des Waldpiepers zu verwechseln.   A

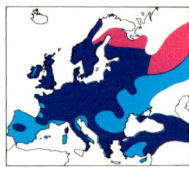

Wintergoldhähnchen

Wintergoldhähnchen *Regulus regulus* L 9. Brütet häufig in Nadel-, aber auch Mischwäldern und sogar Gärten. Zwar kann man die hohe, dünne Stimme in fast allen Nadelwäldern aus den Wipfeln hören, die Vögel auch zu sehen, ist jedoch viel schwerer. Sie klettern unruhig an den Zweigen entlang, flattern kurz an die Spitze und verschwinden wieder im dunklen Tann. Das Wintergoldhähnchen ist *Europas kleinster Vogel.* Das unauffällig graugrüne Gefieder ist mit einem *schwarz eingefaßten breiten, gelben Scheitelstreif* geziert, der beim Männchen (ausnahmsweise auch Weibchen) zudem noch einen orangefarbenen Stich hat. Dieser Scheitelstreif fehlt im Jugendkleid noch, was man aber kaum einmal sieht, da juvenile Wintergoldhähnchen im Sommer selten einen Grund haben, auf das Sichtniveau eines Menschen hinabzusteigen. Bis zum Herbst haben auch sie durch Mauser ihre Krone erworben. Außerhalb der Brutzeit ziehen Wintergoldhähnchen in lockeren Gruppen umher, oft gemeinsam mit Meisen, und sind dann in niedrigen Büschen gut zu sehen, da sie wenig scheu sind. Einige ziehen im Winter, die hier ausharrenden erleiden manchmal große Verluste. Durch jährlich zwei Gelege mit bis zu 10 Eiern können diese jedoch schnell wieder ausgeglichen werden. Der Ruf ist ein sehr dünnes und hohes 'sri-sri-sri-sri'. Warnruf dünn, aber direkt und nachdrücklich wie ein Nadelstich 'tsit'. Auch der Gesang ist sehr hoch, auf zwei Tönen immer auf und ab wippend 'sislsislsislsisl...', meist mit kurzem Schnörkel endend.   BJZW

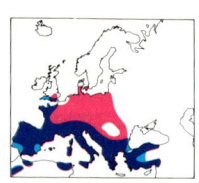

Sommergoldhähnchen

Sommergoldhähnchen *Regulus ignicapillus* L 9. In Mittel- und Südeuropa verbreiteter Brutvogel in Nadel-, Misch- und Laubwäldern, auch Parks. Ähnlich Wintergoldhähnchen, aber in allen Kleidern von diesem durch auffallenden *weißen Überaugenstreif und schwarzen Augenstreif* unterschieden (Merksatz: *S*ommergoldhähnchen *S*trich, *W*intergoldhähnchen *w*eiß). Die *Schultern* sind auffallend *bronzegrün*, beim Wintergoldhähnchen matt braungrün wie der Rücken. Hat im Gegensatz zum Goldhähnchen-Laubsänger keinen scharf abgegrenzten leuchtend gelben Bürzel. Lebensweise wie Wintergoldhähnchen, zieht im Winter jedoch fort. Ruf hoch wie beim Wintergoldhähnchen und kaum zu unterscheiden, bei mehreren gereihten Rufen steigt der letzte in der Höhe jedoch an. Hat außerdem an Tannenmeise erinnernde Rufe. Gesang eine Reihe sehr hoher, sich beschleunigender und *leicht ansteigender* Töne, nicht so gut artikuliert wie Wintergoldhähnchen und schneller 'si si-si-sislslsl' (Merksatz: *S*ommergoldhähnchen *s*teigt, *W*intergoldhähnchen *w*ankt).   BZ

Goldhähnchen-Laubsänger

Wintergoldhähnchen

Nest von Wintergoldhähnchen

♂

♀

juv.

Sommergoldhähnchen

♂

♀

juv.

Fliegenschnäpper

(Familie Muscicapidae) fangen von einer Sitzwarte aus Insekten im Flug. Brüten in Höhlen und Halbhöhlen, 4–9 Eier.

Trauerschnäpper *Ficedula hypoleuca* L 13. Brütet häufig in Wäldern mit wenigstens einigen Laubbäumen, Parks und Gärten, gern in Nistkästen. Nicht so sehr auf Fang von Fluginsekten spezialisiert wie Grauschnäpper. Zuckt auf der Sitzwarte mit den Flügeln und stelzt den Schwanz. Männchen im Süden und Osten des Verbreitungsgebietes nicht so tief schwarz, sondern brauner, haben aber stets *weißen Stirnfleck*, der Weibchen immer fehlt. Weibchen manchmal schwer vom Halsbandschnäpper (s. dort) zu unterscheiden. Warnruf kurz, metallisch und durchdringend 'pick, pick, pick...' und dünn schnalzend 'tett'. Gesang kraftvoll, schneidig und rhythmisch, z.B. 'si tsivri tsivri tsivri ju li li tsiblü tsiblü tsiblü'.   BZ

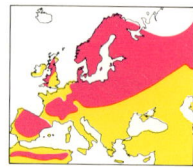

Trauerschnäpper

Halbringschnäpper *Ficedula semitorquata* L 13. Spärlicher Brutvogel von Balkan, Krim und Kaukasus. Dem Halsbandschnäpper nah verwandt und Weibchen im Freiland ununterscheidbar. Männchen dagegen ähnlich schwarzen Trauerschnäppern, aber mit *mehr Weiß im Flügel* (vor allem Mittlere Flügeldecken mit weißen Spitzen!) und oft *ausgedehnteren weißen Halsseiten* („Halbring"). Ruft 'ihj(e)b', schärfer als Halsbandschnäpper. Gesang ähnlich Halsbandschnäpper, aber schneller, mit dünnerer und spitzerer Stimme.   –

Halsbandschnäpper *Ficedula albicollis* L 13. Vorwiegend in Südost-Europa häufig in Laubwäldern und Gärten, bei uns nur in Süddeutschland. Männchen unterscheidet sich vom Trauerschnäpper an *breitem weißem Halsring, größerem weißem Stirnfleck,* auffallend viel Weiß im Flügel und *grauweißem Bürzel*. Ist nie bräunlich. Weibchen unter guten Bedingungen vom weiblichen Trauerschnäpper an grauerer Oberseite, hellgrauem Nacken und mehr sichtbarem Weiß auf dem zusammengelegten Flügel zu unterscheiden (*Basen der Handschwingen rein weiß*, beim Trauerschnäpper kein oder nur wenig Beige auf inneren Handschwingen). Warnt mit gereihtem, hartem 'ihlp', auch dünnes Schnalzen. Singt ganz anders als Trauerschnäpper mit langgezogenen, quietschenden Tönen, gleichsam herausgepumpt und herausgepreßt.   BZ

Halsbandschnäpper und Halbringschnäpper

Zwergschnäpper *Ficedula parva* L 11,5. Bewohnt alte Laubwälder in Osteuropa, bei uns sehr seltener Brutvogel. Trifft Ende Mai ein und brütet in Baumspalten. Verhält sich eher wie Fitis, stets in dichten Baumkronen verborgen. Schwanzstelzen typisch, dabei *weiße Außenflecken an der Schwanzbasis* erkennbar. Alte Männchen mit rostig *orangefarbener Kehle*. Kinn und Kehle der Weibchen beige, der schon singenden und brütenden vorjährigen Männchen ebenso. Ruft 'serrrt', weicher als Zaunkönig. Bei Alarm und Erregung klar 'Tllü, Tllü ...' und ähnlich Klappergrasmücke 'teck'. Gesang beginnt rhythmisch wie beim Trauerschnäpper und endet mit typischer Reihe fallender (aber nicht absterbender) Töne 'sri ... sri, sri sivutt sivutt sivutt vitt vi vi vü vü vüh'.   BZ

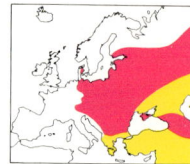

Zwergschnäpper

Grauschnäpper *Muscicapa striata* L 14. Häufiger Brutvogel in offenen Wäldern, Parks, Gärten, sogar Städten. Brütet in Halbhöhlen, oft an ungewöhnlichen Plätzen. Sitzt exponiert an Sitzwarten, aufrecht und unter gelegentlichem Flügelzucken, um von dort im kurzen Flug Insekten zu erhaschen. Gefieder *unauffällig graubraun mit Strichelung auf Brust und* (kennzeichnend) *Stirn*. Geschlechter gleich. Ruft scharf und hoch 'zrit', warnt 'isst-täk'. Das einfache Lied besteht nur aus 3–4 aneinandergereihten Rufen.   BZ

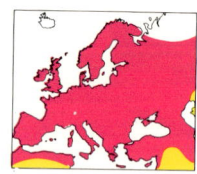

Grauschnäpper

Braunschnäpper *Muscicapa latirostris* L 12. Asiatischer Brutvogel. Oberseits graubraun, Armschwingen mit schmalen hellen Rändern. Stirn undeutlich braungrau, Unterseite hell. *Schmaler Augenring und breite Zügel hell. Schnabel* flach, *mit breiter Basis, relativ lang,* dunkel und mit *gelblicher Unterschnabelbasis.* Geschlechter gleich. Ruft dünn 'zii', singt mit hohem, dünnem Triller, ähnlich erregtem Rotkehlchen.   (A)

Pieper

Würger

Grasmücke

Fliegen-
schnäpper

bei der
Insekten-
jagd

♂

♂

♀

Halbring-
schnäpper

...schwanzschlagend

Halsband-
schnäpper

♂

Trauer-
schnäpper

♀

Zwergschnäpper

♂

♀ (und imm.
♂)

Zwergschnäpper
bei der
Insektenjagd

Braunschnäpper

Grauschnäpper

Drosseln

Drosseln (Familie Turdidae) sind eine sehr vielgestaltige Familie. Die eigentlichen Drosseln werden zehn Seiten weiter hinten behandelt, der Heckensänger bei den Grasmücken. Die hier folgenden Arten sind meist kleiner und gehören verschiedenen Gattungen an. Den Steinschmätzern (Gattung *Oenanthe*) nah verwandt und im Verhalten ähnlich sind die Wiesenschmätzer (Gattung *Saxicola*). Steinmerlen (Gattung *Monticola*) sind recht groß, blau schillernd und in südeuropäischen Bergen zu finden. Rotschwänze (Gattung *Phoenicurus*) ernähren sich ähnlich den Fliegenschnäppern viel von fliegenden Insekten. Die übrigen Drosselartigen werden zusammenfassend als „Erdsänger" bezeichnet, bewohnen mehr oder weniger feuchte Dickichte und haben oft besonders schöne, laute und flötende Gesänge.

Steinschmätzer

Steinschmätzer sind Kleinvögel, die offenes Gelände bewohnen und überwiegend am Boden Insekten fangen. Gern sitzen sie auf Steinen oder erhöhten Punkten, häufig mit dem Schwanz schlagend. Männchen meist bunter gefärbt als Weibchen. Schwanz dunkel mit arttypischem Muster. Nester in Höhlen am Boden oder zwischen Steinen, 4–6 bläuliche Eier. Europäische Steinschmätzer können schwer zu bestimmen sein, besonders die Weibchen und Jungvögel. Einen ersten Hinweis gibt oft die Breite der schwarzen Endbinde im Verhältnis zur Gesamtlänge des Schwanzes.

Steinschmätzer *Oenanthe oenanthe* L 14,5. In ganz Europa in offenem, steinigem, spärlich bewachsenem Gelände. Während des Heimzuges im April/Mai rasten sie oft in kleinen Gruppen auf Feldern. *Schwanz in allen Kleidern mit charakteristischem schwarzem Muster, wie auf dem Kopf stehendes T, auf weißem Grund.* Die schwarze Endbinde nimmt etwa 1/3, maximal die Hälfte der Schwanzlänge ein. Beim Männchen im Prachtkleid *Scheitel und Rücken aschgrau*, Augenstreif breit und schwarz, in die schwarzen Ohrdecken übergehend. Überaugenstreif rein weiß. Der schwache rosabeige Ton der Unterseite verbleicht im Sommer zu Weiß. Weibchen und Vögel im Herbst oberseits brauner, Überaugenstreif deutlich, aber schwächer, vor dem Auge oft gelblich und schmaler, Ohrdecken braungrau. Jungvögel wie Weibchen, aber mit heller wellenförmiger Bänderung. Die vor allem an der Küste durchziehende grönländische und isländische Unterart *leucorhoa* ist etwas größer und in allen Kleidern bräunlicher, vor allem unterseits kräftig rostbeige gefärbt. Ruft scharf pfeifend 'hit' und hart 'tschack'. Singt von einem Stein oder in kurzem Singflug, oft auch nachts, eine kurze, knirschende, murmelnde und schnelle Strophe, immer mit eingewobenem 'hit'. BZ

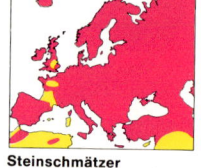

Steinschmätzer

Isabellsteinschmätzer *Oenanthe isabellina* L 16. Brütet im äußersten Südosten Europas auf Steppen, kahlen, flachen Berghängen und in Halbwüsten. In Westeuropa extrem seltener Gast. Oft nur schwer vom Steinschmätzer unterscheidbar. Groß, ganz sandfarben, mit besonders im Flug auffallenden *helleren Flügeln* als alle anderen Steinschmätzer (halb durchscheinend wirkend). Handdecken, Kleine und Mittlere Armdecken hellbeige, so daß die *schwarzbraune Alula* deutlich hervorsticht. Im Herbst oft ähnlich blasse Steinschmätzer haben dunkle Federzentren der Flügeldecken, zu denen die Alula nicht kontrastiert. Schnabel länger, *Schwanz* meist mit *mehr Schwarz* als beim Steinschmätzer (die Hälfte bis 2/3 der Länge einnehmend). Geschlechter sehr ähnlich, Männchen meist etwas kontrastreicher und oft mit schwarzem Zügel. Überaugenstreif weißlich, besonders *vor dem Auge* (dort bei Steinschmätzern im Herbst meist beige und schmaler). *Sitzt meist aufrechter* als Steinschmätzer, *Tarsus etwas länger*, daher im Sitzen *Schwanz kürzer erscheinend.* Der Kopf wirkt runder, der Hals dicker als beim Steinschmätzer. Ruft hoch und metallisch flötend 'huit'. Gesang durch seine *Länge* (bis 15 Sekunden), den plaudernden Charakter und die Imitationen ganz anders als andere Steinschmätzer. Singt gern von sehr erhöhten Punkten, z.B. Telegrafenleitungen, oft mit eingeschlossenen, klaren 'vüj-vüjvüj-vüj '-Serien.

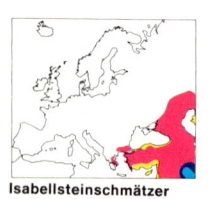

Isabellsteinschmätzer

Bachstelze

Pieper

Braunkehlchen

Steinschmätzer

Steinschmätzer
♂

♀

juv.

Stein-
schmätzer
er Winter

Isabellsteinschmätzer

Nonnensteinschmätzer

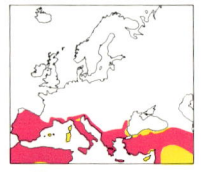

Mittelmeer-Steinschmätzer

Felsensteinschmätzer

Rostbürzel-Steinschmätzer

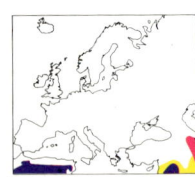

Wüstensteinschmätzer

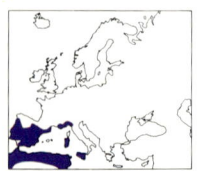

Trauersteinschmätzer

Nonnensteinschmätzer *Oenanthe pleschanka* L 14,5. Bewohnt steinige, karge Hänge vom Schwarzen Meer an ostwärts. Männchen hat *schwarzen Rücken*, der *an den Halsseiten mit dem großen schwarzen Kehllatz verbunden* ist. Schwanzzeichnung ähnlich Steinschmätzer, schwarze *Endbinde aber meist schmaler* oder aufgebrochen. Weibchen ähnlich ,weiblichem östlichem Mittelmeer-Steinschmätzer , aber oberseits eher *schmutzig graubraun* (nicht sandbraun); im Schlichtkleid meist mit *grauem Kehllatz*, oft bis zur Brust reichend, darunter warm braunes Brustband (Mittelmeer-Steinschmätzer meist mit hellerer, grauweißer Kehle und mehr orangebeige getönter Brust). Vom oft hohen Sitzplatz würgerartiger Flug zwei Insektenfang auf den Boden. Ruft hart 'tschack' und charakteristisch gebrochen surrend 'brrzü'. Gesang ähnlich Mittelmeer-Steinschmätzer mit kurzen, zwitschernden Strophen, aber auch Imitationen. A

Mittelmeer-Steinschmätzer *Oenanthe hispanica* L 14,5. Im Mittelmeerraum häufig in offener, steiniger oder bergiger Landschaft, auch in Macchie und Weingärten, meist in niedrigeren Lagen als Steinschmätzer. Schwanz wie Nonnensteinschmätzer. Männchen tritt in zwei Farbmorphen auf, mit schwarzer und weißer Kehle. Schwarzkehlige Morphe vom Nonnensteinschmätzer an *beigem*, nicht schwarzem *Rücken* unterschieden, vom Wüstensteinschmätzer an Schwanzzeichnung. Weibchen zeigt im Gegensatz zu weiblichem Steinschmätzer undeutlichen Überaugenstreif, meist eher *braunen*, weniger grauen *Rücken*, oft *hellere Zügel* und deutlich orangebeiges Brustband, manchmal mehr Weiß im Schwanz und gelegentlich grau gefleckte Kehle. Weibchen der östlichen Unterart *melanoleuca* mit graubraunem Rücken (beigebraun bei westlicher Unterart *hispanica*) und kaum von weiblichen Nonnensteinschmätzern (s. dort) zu unterscheiden. Ruft hart 'tack', oft von flötenden Tönen gefolgt. Singt im Flug (öfter als Steinschmätzer) oder von Sitzwarte. Gesang ähnlich Steinschmätzer, aber individuell variabel, manchmal trocken zwitschernd, manchmal klar und drosselähnlich. A

Felsensteinschmätzer *Oenanthe finschii* L 15. Brütet von der Osttürkei und dem Kaukasus an ostwärts. Kann mit dem schwarzkehligen Männchen des Mittelmeer-Steinschmätzers verwechselt werden, aber Schnabel und Füße etwas kräftiger, Männchen mit *ausgedehnter schwarzer Kehle*, die *mit dem Schwarz der Flügel verbunden* ist (beim Mittelmeer-Steinschmätzer nur ausnahmsweise bei stark eingezogenem Hals), heller Bereich des Rückens schmaler und im frischen Gefieder bräunlich. Unterflügeldecken schwarz. Weibchen oberseits hellgrau, Wangen und Große Armdecken braun getönt, Kinn und Kehle variabel grau gefleckt, Brust ohne Braunton. –

Rostbürzel-Steinschmätzer *Oenanthe xanthoprymna* L 15. Brutvogel in felsigem Gelände vom Westufer des Kaspischen Meeres an ostwärts, zieht über den Mittleren Osten nach Afrika. *Scheitel und Rücken braun, Bürzel rostrot, schmaler weißer Überaugenstreif*, äußere Steuerfedern nur an der Basis weiß. –

Wüstensteinschmätzer *Oenanthe deserti* L 15. Sehr seltener Herbstgast aus Afrika und Asien. Männchen ähnlich schwarzkehligen Mittelmeer-Steinschmätzern, aber *Schwanz ganz schwarz*, nur Bürzel weiß. *Flügelfedern* im frischen Gefieder *mit breiten hellen Rändern, Schulterfedern hellbeige*. Oft einige dunkle Federn im Nacken. Weibchen matter gefärbt, meist mit heller Kehle, im Prachtkleid aber oft dunkel. Ruf schrill pfeifend. Gesang ein kurzer, abfallender Triller in klagendem Ton. A

Trauersteinschmätzer *Oenanthe leucura* L 18. Bewohnt trockenes, felsiges Bergland in Südwest-Europa. Gefieder in allen Kleidern *ganz schwarz* (Weibchen braunschwarz, Junge mattschwarz), nur Bürzel und Basis der äußeren Steuerfedern weiß. Ferner *deutlich größer und kräftiger* als andere Steinschmätzer. Ruf 'tscheck tscheck' und ein abfallender, schriller Pfiff 'piie'. Gesang ein variierter, kurzer Triller, ähnlich Blaumerle.

Nonnensteinschmätzer

♂

♀

Mittelmeer-
Steinschmätzer

♀

♂

weißkehlige Morphe

schwarzkehlige Morphe

♂

Wüsten-
steinschmätzer

♀

♂

Trauer-
steinschmätzer

♂

♀

253

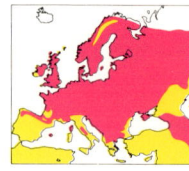

Braunkehlchen

Braunkehlchen *Saxicola rubetra* L 12,5. Brütet in offenem Gelände wie Feuchtwiesen, Heiden und Brachflächen. Männchen mit deutli-chem *weißem Überaugenstreif, weiß begrenzter orangefarbener Kehle* und sehr dunklen Kopfseiten. Weißes Flügelfeld. Weibchen und Jungvögel matter gefärbt. Vom Schwarzkehlchen ferner immer an *weißer Basis der äußeren Steuerfedern* und stets *braun gefleckten Oberschwanzdecken* zu unterscheiden. Sitzt aufrecht auf er-höhten Punkten (Zäunen, Disteln), schlägt oft mit dem Schwanz. Warnt 'ju teck, ju teck-teck', also mit weichem Pfiff und reinem Schnalzen. Gesang kurz und schnell, plötzlich beginnend und endend, aus klaren Tönen und gepreßten Lauten bestehend. Strophen variabel und oft mit Imitationen; eine Variante ähnlich dem Lied der Grauammer. Singt oft nachts. BZ

Schwarzkehlchen

Schwarzkehlchen *Saxicola torquata* L 12. Bewohnt Heide und Brachflächen mit Büschen in Mittel- und Südeuropa, bei uns stark abnehmend. *Schwarze Färbung von Kopf* und Kehle beim Männ-chen typisch. Weibchen haben matteren, düster braunen Kopf. Bei-de Geschlechter mit *Weiß im Flügel*, Männchen auch auf dem Bür-zel. Europäische Vögel zeigen *kein Weiß im Schwanz*. Die östliche Unterart *maura*, auch als „Sibirisches Schwarzkehlchen" bezeich-net, erscheint selten im Herbst in Westeuropa. Ihr Bürzel ist immer *ungestreift hellbeige*, das frische Gefieder im Herbst fast so blaß wie beim Braunkehlchen, der Überaugenstreif undeutlicher als bei die-sem; bei Weibchen und Jungen kontrastiert die weißliche Kehle zur dunkler beigen Brust. Sitzt aufrecht, Kopf wirkt dabei kurz und rund. Warnt 'wiist track track', also mit schrillem Pfiff und unreinem Schnalzen. Gesang kurz, mit an Heckenbraunelle (quietschende Stimme) und Dorngrasmücke (Ausdruck) erinnernden Komponen-ten. BZ

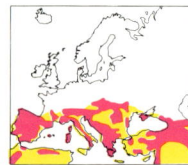

Steinrötel

Steinrötel *Monticola saxatilis* L 19. In Südeuropa Brutvogel in felsi-gen und bergigen Gebieten mit oder ohne eingestreute Bäume, meist in großer Höhe, stellenweise auch niedriger. Überwintert in Afrika. Männchen im Prachtkleid am schönen, bunten Gefieder leicht zu erkennen. Weibchen bräunlich mit halbmondförmiger Fleckung und Bänderung. Männchen im Schlichtkleid ähnlich Weibchen, aber aus der Nähe am Kopf blaugraue und dem Rücken weiße Federn angedeutet. *Kurzer, orangeroter Schwanz* in allen Kleidern charakteristisch. Kann wie ein Rotschwanz mit dem Schwanz zittern. Heimlich, versteckt sich oft hinter Felsen. Ruft kurz 'tack'. Singt von einem Stein oder seltener im Singflug (segelt dann am Schluß) ein melodisch flötendes, sehr abwechslungsreiches Lied. Klingt aus größerer Entfernung etwas wie Amsel, ist aus der Nähe jedoch schneller, abwechslungsreicher und mehr ausge-schmückt, jedoch ohne tiefe Flötentöne. Klingt nicht so wehmütig wie der sonst ähnliche Gesang der Blaumerle. A

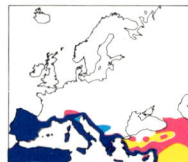

Blaumerle

Blaumerle *Monticola solitarius* L 20,5. Lebt auf sonnenexponierten Berghängen Südeuropas, gerne bei Ruinen und meist in tieferen Lagen als Steinrötel. Zieht meist nicht. Männchen im Prachtkleid sofort am *dunkelblauen Gefieder* zu bestimmen, das im Schlicht-kleid mehr gräulich schwarz wird. *Schnabel auffallend lang*. Weib-chen ähnlich weiblichem Steinrötel mit halbmondförmiger Flek-kung, aber leicht an *dunkel graubraunem Schwanz* (nicht rostbraun) zu erkennen. Sitzt gerne frei auf Felsbrocken, ist aber sehr scheu und heimlich und kann daher meist nur aus großer Entfernung bewundert werden. Verschwindet bei Störungen wie ein Steinrötel schnell zwischen den Felsen. Ruft hart 'tick' und tiefer 'tjuck'. Gesang ähnlich Steinrötel klar und laut, aber eher melan-cholisch und an ein mit der Stimme einer Misteldrossel vorgetrage-nes Lied der Haubenlerche erinnernd. Oft daran zu erkennen, daß die Töne etwas zittern. Singt von einer Warte oder seltener im Flug. A

Schwarzkehlchen
sibirische Unterart
maura, 1er Winter

juv.

Braunkehlchen

♀

♂

Schwarzkehlchen

♂

♀

juv.

♂

Steinrötel

♀

♂

Blaumerle

♀

255

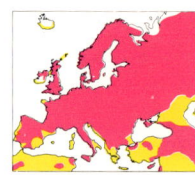

Gartenrotschwanz

Riesenrot-
schwanz, ♂

Gartenrotschwanz *Phoenicurus phoenicurus* L 14. In ganz Europa Brutvogel in offenen Wäldern, Parks und Gärten, gern in Nistkästen. *Zittert* ständig mit dem in allen Kleidern *rostroten Schwanz.* Männchen im Prachtkleid schwarz, weiß, hellgrau und rostrot gezeichnet. Farben nach Mauser im August durch helle Federränder weitgehend verdeckt. Weibchen hell bräunlich und weiblichem Hausrotschwanz sehr ähnlich, aber *unterseits heller* (beige und gräulich weiß), insgesamt wärmer getönt. Sehr agil, fängt Insekten wie Fliegenschnäpper. Warnt ähnlich Fitis, aber mit angehängten tickenden Lauten 'huit tick-tick'. Singt kurz, wehmütig klingelnd und schon im ersten Morgengrauen 'SIIH trÜitrÜi-trÜi si si siwöj', Strophen ständig in Details ändernd. BZ

Riesenrotschwanz *Phoenicurus erythrogaster* L 18. Brütet nahe der Schneegrenze im Kaukasus und in Mittelasien. Ähnlich Gartenrotschwanz, aber bedeutend *größer*, Männchen mit *schwarzem Rücken, weißem Flügelfleck* und *ausgedehnter weißlicher Kopfplatte*, Weibchen gleichmäßiger gelblichbraun als weiblicher Gartenrotschwanz. —

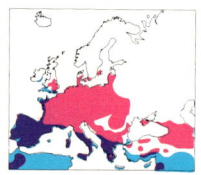

Hausrotschwanz

Hausrotschwanz *Phoenicurus ochruros* L 15. In Mitteleuropa häufiger Brutvogel in bebautem Gelände, in Südeuropa auch in Felsen. Alte Männchen *schwärzlich mit rostrotem Schwanz* und *weißem Flügelfeld.* (Asiatische Unterarten aber mit orangerotem Bauch.) Weibchen besonders unterseits etwas dunkler und schmutziger als Gartenrotschwanz-Weibchen. Einjährige Männchen wie Weibchen, oft mit etwas Schwarz an Kehle und Weiß auf Flügel. Überwintert gelegentlich bei uns. Warnt trocken 'vit, tick-tick- …'. Singt meist nachts und in der Morgendämmerung von erhöhtem Sitzplatz (oft Antenne) ein kurzes, schnelles und lautes Lied mit Pausen und eingeschobenen langsam *knirschenden Lauten* 'ti ti srrü TILL-TILL-TILL…(krschknirsch)…SRII-vi-vi-vi…(chrrkrrr)…'. BZ

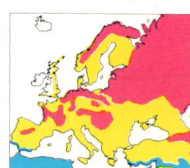

Blaukehlchen

Blaukehlchen *Luscinia svecica* L 14. Die Nominatform *svecica* („Rotsterniges Blaukehlchen") brütet häufig in feuchten Weidendickichten und subalpinen Birkenwäldern Skandinaviens, der Sowjetunion und sehr selten auch in den Alpen; bei uns seltener Durchzügler. Südliche Unterart *cyanecula* („Weißsterniges Blaukehlchen") bewohnt Sumpf- und Schilfgebiete Mitteleuropas; bei uns seltener Brutvogel. Hüpft oft schwanzschlagend auf langen Beinen am Boden. In allen Kleidern *rostrote Felder an der Schwanzbasis* und *deutlicher weißlicher Überaugenstreif. Kehle* des Männchens im Prachtkleid *kornblumenblau* mit Metallglanz, zum Bauch hin mit schwarzem und rostrotem Band begrenzt. Kehlfleck verschieden groß, bei weißsternigen Männchen oft klein und kaum sichtbar. Weibchen mit schwärzlich begrenzter cremefarbener Kehle und wechselndem Anteil blauer und rostroter Federn. Jugendkleid erdbraun mit rostgelber Fleckung; wird vor dem Abzug im Spätsommer in das dem Weibchenkleid ähnliche erste Winterkleid gemausert. Unterart nur bei Männchen im Prachtkleid sicher bestimmbar. Ruft 'track' (wie kleine Wacholderdrossel), warnt mit Imitationen der Rufe von Steinschmätzer ('hiit') und Fitis ('huit'), im Herbst auch rauh und rissig 'brzüh'. Gesang meisterlich, aufgebaut aus Imitationen und arteigenen, metallischen Glockentönen, sich wie eine Balalaika in Lautstärke und Geschwindigkeit steigernd. BZ

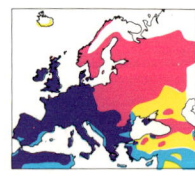

Rotkehlchen

Rotkehlchen *Erithacus rubecula* L 14. Häufiger Brutvogel in Wäldern und Gärten, nicht scheu, aber unauffällig. Hüpft viel am Boden, steht aufrecht mit herausgestreckter Brust und „knickst". Im Alterskleid (Jungvögel ab Spätsommer) *Stirn, Wangen und gesamte Brust* rostig orangefarben. Jugendkleid braun mit großen gelbbraunen Flecken und dunklem Wellenmuster. Schwanz immer einfarbig dunkelbraun. Ruft und warnt kräftig, laut und tickend 'tick-ick-ick-…'. Ruft auch dünn 'tsiih' (ähnlich Amsel) und beim nächtlichen Zug dünn, weich und leicht angerauht 'tslle'. Gesang von versteckter Warte oder Buschspitze silberhell, beginnt mit hohen Tönen, stürzt sich in blitzschnelle Serie ungestüm plaudernder Laute, mäßigt sich kurz und tänzelt mit süß perlendem Triller weiter. Singt im Winterhalbjahr leiser und trauriger. BJZW

bei der
Insekten-
jagd

Gartenrotschwanz

♂

♀

Schwanz-
zittern

Hausrotschwanz

♂

♀

(und juv. ♂)

Blaukehlchen

cyanecula ♂

svecica ♂

♀

juv.

Rotkehlchen

juv.

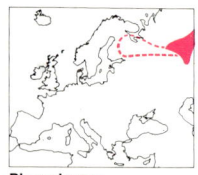

Blauschwanz

Blauschwanz *Tarsiger cyanurus* L 14. Bewohnt Asien und Nord-ost-Europa, in manchen Jahren westwärts bis Finnland, besonders in hügeligen, dichten Nadelwäldern. Hat leuchtend blaue (altes Männchen) oder graublaue Oberschwanzdecken und Steuerfeder-kanten und in allen Kleidern *orangefarbene Flanken*. Weibchen, Jungvögel und einjährige Männchen (die schon Reviere besetzen) sind unscheinbar blaß bräunlich ähnlich weiblichen Fliegen-schnäppern, zumal das Blau des Schwanzes meist einfach dunkel wirkt. *Schmales weißes Kehlfeld auffallend und grau eingerahmt.* Oberseite olivbraun, bei alten Männchen dunkel graublau mit ko-baltblauem Flügelbug. Lebensweise ähnlich Rotschwänzen, schlägt aber mit dem Schwanz, statt zu zittern und ist öfter am Boden. Lebt scheu und versteckt. Warnruf kurz 'vit' und hart 'track'. Singt von Baumspitze, oft hoch an einem steilen Hang, mit lautem, klarem Zwitschern, durch den feinen, wehmütigen Ton etwas an Gartenrotschwanz erinnernd 'itjÜrrtsU-tjirtsi', vier- oder fünfsilbig und oft mit Triller endend 'itjÜrtrU-tritlrrr'. A

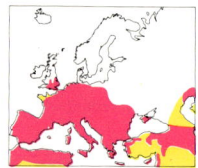

Nachtigall

Nachtigall *Luscinia megarhynchos* L 16,5. In Mitteleuropa in feuch-ten Dickichten, Wäldern und Parks, in Südeuropa auch in trocke-nerem, verbuschtem Gelände. Recht groß und einfarbig braun, immer mit *rotbraunem Schwanz*. Jugendkleid gelblich gefleckt, ähnlich jungem Rotkehlchen. Kann nur mit Sprosser verwechselt werden (s. dort). Scheu, hält sich im Dickicht versteckt, daher öfter zu hören als zu sehen. Warnruf ein langgezogenes, schrilles 'ulHp', leicht ansteigend, ferner tiefes, rauhes, hartes 'karrr' und lautes 'tek tek'. Singt tagsüber und nachts aus dichtem Gebüsch laut und schön flötend mit *ansteigendem, schluchzendem Crescendo* sanf-ter Pfeiftöne, vollen, tiefen Schlägen und wiederholtem Flöten 'diu-düt diu-düt djürrdjürrdjürr diudi dü düü-dÜÜ-dÜÜ-dlll diudüt…'. Vergl. BZ BZ

Sprosser

Sprosser *Luscinia luscinia* L 16,5. Brütet in Osteuropa westwärts bis Schleswig-Holstein. Der Nachtigall zum Verwechseln ähnlich, aber Rücken etwas grauer, *Schwanz weniger lebendig rostbraun* und *Brust undeutlich grau gewölkt*. Bevorzugt feuchtere Gebiete als Nachtigall und singt wie diese Tag und Nacht von versteckter Warte. Ruft ständig wiederholt hart, schrill, langgezogen und nicht ansteigend 'ihp' (wie Halsbandschnäpper) und steinhart rollend 'errrr'. Gesang ähnlich Nachtigall, aber nicht so schmachtend, weich und melodisch, sondern *kraftvoller, tiefer,* mit längeren Stro-phen und statt des schluchzenden Crescendos eine laute (bis zu 1 Kilometer weit hörbare) und schnelle Serie tiefer 'tschuck-tschuck'-Laute. BZ

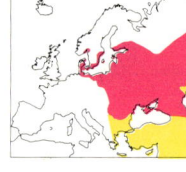

Weißkehlsänger, ♂

Weißkehlsänger *Irania gutturalis* L 16. Brütet vom Kaukasus und der Osttürkei an ostwärts an verbuschten Berghängen. Sehr selte-ner Gast in Westeuropa. Männchen oberseits dunkel bleigrau, *weiße Kehle von schwarzen Halsseiten eingefaßt, unterseits apfelsi-nengelb*. Weibchen oberseits brauner und insgesamt blasser. Beide Geschlechter mit *ganz dunklem Schwanz*. Ruf ähnlich Bachstelze 'tji-litt'. Gesang *schnell,* zwitschernd und knirschend. Flötentöne und eingemischte rauhe Rachenlaute scheinen dem Vogel im Halse steckenzubleiben. —

Rubinkehlchen

Rubinkehlchen *Luscinia calliope* L 15. Bewohnt Nadelwälder mit dichtem Unterholz, verwilderte Parks und ähnliche Gebiete Asiens vom Ural an ostwärts. Sehr seltener Gast in Westeuropa. Männchen mit *rubinroter Kehle, weißem Überaugen- und Bartstreif* und *ganz dunklem Schwanz* unverkennbar. Weibchen von jungen und weibli-chen Blaukehlchen an ganz dunklem Schwanz und fehlendem schwarzem Brustband unterschieden; manchmal Kehle etwas röt-lich. Scheu und versteckt lebend. Ruft laut flötend 'Il-lu' und (wie kleine Wacholderdrossel) 'tschack'. Gesang kräftig und melodisch, *gelassen* plaudernd wie Gartengrasmücke, aber aus klareren und härteren Tönen aufgebaut und mit hervorragenden Imitationen durchsetzt. —

258

♀ (und imm. ♂)

♂

Blauschwanz

juv.

2 5 6

Nachtigall

Nachtigall

Sprosser

2 4

Sprosser

♀

♂

Rubinkehlchen

259

Drosseln

bilden eine recht homogene Gruppe innerhalb der Familie Turdidae und treten bei uns in drei Gattungen auf: *Turdus* ist die größte Gattung, zu der auch alle europäischen Brutvögel gehören, *Zoothera* wird durch zwei seltene Gäste aus Asien vertreten und zu *Catharus* werden vier ausnahmsweise erscheinende nordamerikanische Arten gestellt. Die echten Drosseln sind mittelgroße Vögel mit schmalen, aber nicht gerade kleinen Schnäbeln, langen Flügeln und mittellangen Schwänzen. Alle Arten sind im Jugendkleid kräftig gelbbraun gefleckt, viele haben als Altvögel eine Fleckung oder Tropfung auf der Unterseite. Sind viel am Boden und ernähren sich von Würmern, Schnecken, Insekten und Beeren. Gesänge laut und flötend. Überwiegend Nachtzieher. Außerhalb der Brutzeit meist gesellig. Nester mit 3–6 Eiern offen und napfförmig in Büschen oder Bäumen.

Grauwangendrossel *Catharus minimus* L 19. Sehr seltener Herbstgast aus Nordamerika, der Zwergdrossel sehr ähnlich. Klein, oberseits braungrau, unterseits grauweiß mit kräftig gefleckter Brust. *Ohrdecken grau meliert. Kein deutlicher heller Augenring.* Flügelunterseite mit breiter weißer Längsbinde. Ruft schrill pfeifend, langgezogen und leicht abfallend 'kiip'. –

Zwergdrossel *Catharus ustulatus* L 18. Erscheint im Herbst sehr selten aus Nordamerika. Sehr klein, oberseits graubraun mit olivbraunem Ton, unterseits schmutzig weiß mit auf gelblichbeigem Grund kräftig gefleckter Brust. *Ohrdecken fein grau und gelblich gestrichelt.* Meist mit *weißlichem Augenring* und von der Stirn zum Auge reichendem *Streif.* Unterflügel mit breitem weißem Band. Ruft weich und leicht ansteigend 'wüjt', nachts ziehend hoch 'pii'. –

Einsiedlerdrossel

Einsiedlerdrossel *Catharus guttatus* L 17,5. Sehr seltener nordamerikanischer Gast. Ähnlich Zwergdrossel, aber *Schwanz und Oberschwanzdecken deutlich rostbraun.* Brust noch *kräftiger gefleckt* als bei Grauwangen- und Zwergdrossel, Flügel stumpfer. Unterflügel mit breiter heller Binde. Sitzende Vögel heben und senken den Schwanz langsam. Ruf schnalzendes 'tjack' und Miauen. –

Wilsondrossel *Catharus fuscescens* L 19. Im Herbst sehr seltener Gast aus Nordamerika, aber *gesamte Oberseite blaß rostfarben* (nicht nur Schwanz wie bei Einsiedlerdrossel), *kein deutlicher heller Augenring* und *nur diffuse Brustfleckung.* Breite weiße Binde auf Unterflügel. Kann den Schwanz heben und senken. Ruf 'pijo', ein leicht zu imitierendes, abfallendes Pfeifen. –

Wilsondrossel

Weißbrauendrossel *Turdus obscurus* L 19. Erscheint sehr selten im Herbst aus Asien. *Kopf, Hals und Brust* des Männchens *grau, Überaugenstreif weiß,* Rücken olivbraun und *Flanken rostgelb.* Weibchen und junge Männchen brauner mit *weißer, gefleckter Kehle.* Ruft dünn und langgezogen 'ziii', bei Alarm schackernd wie Amsel.
A

Naumanndrossel *Turdus naumanni* L 24. Kommt in zwei sehr verschieden aussehenden Unterarten vor. Die Rostflügeldrossel besiedelt das nördliche, die Rostschwanzdrossel das südliche Sibirien. Beide sind sehr seltene Herbstgäste in Westeuropa.
A

„Rostflügeldrossel" *Turdus naumanni eunomus.* Scheitel und Rücken düster braun geschuppt, auffallender *weißer Überaugenstreif,* Unterseite hell, *Brustband, Brust- und Flankenfleckung schwärzlich. Großes Flügelfeld* (auch unterseits) und Bürzel *rostrot, Schwanz dunkel.* Weibchen lediglich etwas kontrastärmer. Ruf ähnlich dem plärrenden 'gih' der Wacholderdrossel, oft zweimal, und 'tjack-tjack'.

„Rostschwanzdrossel" *Turdus naumanni naumanni.* Männchen oberseits graubraun, Überaugenstreif beige, *Brust und Schwanz hell rostbraun.* Weibchen brauner mit stärker gefleckter Brust.

Würger   Feldlerche   Star   Drossel

Grauwangendrossel

Zwergdrossel

♀   ♂

Weißbrauendrossel

„Rostflügeldrossel"

Naumanndrossel

„Rostschwanzdrossel"

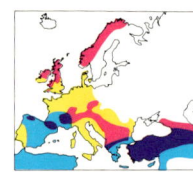

Ringdrossel

Amsel

Bechsteindrossel

Ringdrossel *Turdus torquatus* L 24. Nördliche Unterart *torquatus* bewohnt Bergmoore und Heiden Skandinaviens und Großbritanniens, südliche Unterart *alpestris* höhere Gebirge Mittel- und Südeuropas. Altvögel wie Amseln, aber mit *halbmondförmigem weißen Brustschild*. Männchen nicht so tief schwarz wie Amsel, helle Federränder bilden *graues Flügelfeld*. Weibchen brauner, Brustschild meist mit bräunlicher Wellenzeichnung. Jugendkleid weniger einheitlich als bei Amsel, mit beiger Kehle und stärker gefleckter Brust, wird im Spätsommer ins erste Winterkleid gemausert. Weibchen dann manchmal mit kaum erkennbarem Halbmond, aber helleren Flügeln als Amsel. Unterart *alpestris* durch breite, helle Federränder auf Rücken und vor allem Bauch stark geschuppt. Sehr scheu und aufmerksam. Ruft steinhart schnalzend 'teck-teckteck' und ähnlich Wacholderdrossel schrill schackernd. Gesang mit mehreren Dialekten, aber immer einfach und melancholisch, z.B. 'trünk-trünk-trünk' oder 'tilÜ-tilÜ-tilÜ', gefolgt von leisem Zwitschern.   BZ

Amsel *Turdus merula* L 24. Häufiger Brutvogel in Gärten, Parks und Wäldern. Männchen *ganz schwarz* mit leuchtend *gelbem Schnabel* und Lidring, Weibchen fast einfarbig dunkelbraun. Jugendkleid etwas blasser und wärmer getönt, oberseits helle gelbliche Strichel. Zur Nahrungssuche auf Rasenflächen und dort vom Star am hüpfenden (nicht watschelnder) Fortbewegung, *langem Schwanz* und fehlender weißlicher Fleckung unterschieden. Rufe u.a. ein erschrockenes, schnalzendes 'tschack-ack-ack-ack', das vor dem Flug zum Schlafplatz oder bei Begegnung mit Eule zu heftigem, schrillem 'pli-pli-pli-pli-…' gesteigert werden kann, ein lockendes, langsam gereihtes 'kock', bei Luftalarm ein dünnes, hohes, durchdringendes und schwer zu ortendes 'tsiiih' sowie meist im Flug und von nächtlich ziehenden Vögeln ein langgezogenes, leicht rauh klingelndes 'srri'. Gesang sehr melodisch und schön, manchmal etwas traurig klingend, aus klaren Flötentönen, abwechselnden hohen und tiefen, gleitenden Lauten und meist mit leisem, kurzem Zwitschern endend. Beginnt in der Dämmerung, meist von hoher Warte.   BJZW

Bechsteindrossel *Turdus ruficollis* L 23. Sehr seltener Herbst- und Wintergast aus Asien mit zwei Unterarten. Die Schwarzkehldrossel bewohnt offene Taigawälder zwischen Ural und Altai, die Rotkehldrossel südöstlich davon lichte Gebirgswälder.   A

„Schwarzkehldrossel" *Turdus ruficollis atrogularis*. Rücken hell graubraun, Bauch weiß, *Schwanz braunschwarz*, Unterflügeldecken rostrot, Beine dunkel. Bei Männchen Kopfseiten, *Kehle und Brust schwarz*. Weibchen und junge Männchen mit fein dunkel gestrichelter weißlicher Kehle und gefleckter Brust. Undeutlicher grauer Überaugenstreif. Gesang ähnlich Singdrossel, warnt etwas härter und trockener als Amsel und ähnlich Wacholderdrossel.

„Rotkehldrossel" *Turdus ruficollis ruficollis*. Wie Schwarzkehldrossel, aber *äußere Steuerfedern rotbraun* und Beine gelblichbraun. Männchen mit *rostbrauner Färbung von Überaugenstreif*, Kopfseiten, *Kehle und Brust*. Weibchen und junge Männchen mit deutlicherem und gelbem Überaugenstreif und schwächerer Brustfleckung als Schwarzkehldrosseln, oft mit rötlichem Anflug.

Schieferdrossel *Zoothera sibirica* L 23. Sehr seltener Herbstgast aus Asien. Männchen *schieferschwarz mit auffallendem weißen Überaugenstreif*, Weibchen wie unterseits dunkel gewölkte Singdrossel mit starkem Überaugenstreif. Beide Geschlechter zeigen im Flug von unten *Flügelbänderung wie Erddrossel* (s. dort) und weiße Flecken an der Schwanzspitze. Ruft wie Singdrossel 'zip'.   —

Wanderdrossel *Turdus migratorius* L 25. Aus Nordamerika stammender sehr seltener Gast im Herbst und Winter. An *rostroter Brust, dunkelgrauer Oberseite* und *weißem Augenring* leicht zu erkennen. Weibchen etwas blasser, Jungvögel mit gefleckter, noch nicht uniform gefärbter Brust. Verhalten und Rufe ähnlich Amsel.   —

juv.

Ringdrossel

♂

♀

juv.

Amsel

♀

♂

Bechstein-
drossel

"Rotkehldrossel"

♂

♀

"Schwarzkehldrossel"

♀

Schieferdrossel

♂

Wanderdrossel

263

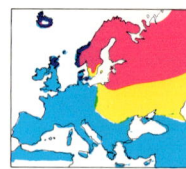

Rotdrossel

Rotdrossel *Turdus iliacus* L 20. Häufiger Brutvogel nordeuropäischer Wälder. Bei uns ausnahmsweise brütend, aber häufiger Durchzügler auf kurzgrasigen Wiesen und in Beerensträuchern, selten auch im Winter. Ähnlich Singdrossel, aber *rahmfarbener Überaugenstreif* sehr auffallend, *Flanken und Unterflügeldecken rostrot.* Zugruf ein hohes, dünnes, saugendes, etwas rauhes 'tziiih', oft in Oktobernächten zu hören. Lockruf 'gack', Warnruf 'trett-trett-trett-…'. Singt in vielen lokalen Dialekten, aber immer mit einer kurzen, meist abfallenden Serie wehmütiger Töne, gefolgt von leisem, plauderndem Gezwitscher. Häufige Versionen sind 'dri drü dru dro', 'tjlrre-tjÜrre-tjÖi', sehr schnell 'tüllüllüllüllüll', 'tidjü-tidÜe' (ähnlich Karmingimpel!) oder einfach 'trüi-trai'. Im Frühjahr oft Chorgesang heimziehender Trupps. Z

Singdrossel

Singdrossel *Turdus philomelos* L 22. In fast ganz Europa häufiger Brutvogel in Wäldern, Parks und Gärten. Gleichmäßig *blaßbraune Oberseite* (manchmal mit olivbraunem Ton), auf rahmfarbenem Grund dunkel *gefleckte Unterseite, gelblichbraune Unterflügeldecken.* Zur Zugzeit weniger gesellig als Rotdrossel. Ruft *kurz und scharf* 'zip', auch beim Nachtzug. Warnruf heftig und scharf scheltend 'xellxellxellxell …'. Gesang laut und kraftvoll mit reinen Flötentönen und schrillen Lauten. Typisch ist, daß viele Elemente zwei- oder dreimal wiederholt werden, z.B. 'dIUdut-dIUdut-dIUdut küklivl küklivl … tanja tanja tanja … krÜÜ krÜÜ … plo plo … kvi-kvi-kvi …'. Imitiert auch. BZ

Misteldrossel

Misteldrossel *Turdus viscivorus* L 28. Bewohnt in fast ganz Europa Wälder, Parks, auch Kulturland. Im Winter oft mit anderen Drosseln vergesellschaftet in kleinen Trupps auf Feldern und gern in Gebieten mit vielen Misteln. Scheu und aufmerksam. Steht aufrechter als andere Drosseln. *Groß,* auf der Unterseite kräftig gefleckt, Oberseite graubraun, *Unterflügel weiß, Schwanz* relativ lang *mit weißen Flecken* an den Spitzen *der äußeren Steuerfedern.* Ruf ein charakteristisches, *trocken schnurrendes* 'zerrrrr'. Alarmruf hart schmetternd, *hölzerner* als der ähnliche Ruf der Wacholderdrossel. Gesang dem der Amsel ähnlich, aber mit eher einsamem Klang, kürzeren Strophen in schnellerem Tempo und kürzeren Pausen. Ferner fehlen langsam gleitende Tonhöhenwechsel und zwitschernde Endlaute. Singt z.B. 'trulltrüvu … tjuRlltjuRUU … tjüWUtru … tjuruvüTRU …'. Stimmt nicht in den allgemeinen Drosselchor der Morgen- und Abenddämmerung ein, singt lieber allein dominierend an einem sonnigen Morgen oder Nachmittag. BJZW

Wacholderdrossel

Wacholderdrossel *Turdus pilaris* L 25. Brütet in offenen Wäldern und Parks, einzeln oder in lockeren Kolonien. Hat bei uns in den letzten Jahren stark zugenommen. Robuster als andere Drosseln und in großer Zahl überwinternd, oft in Schwärmen auf Feldern, Wiesen und in Beerensträuchern. Zieht tagsüber in lockeren Trupps. Groß, *Kopf und Bürzel grau,* langer *Schwanz dunkel, Rükken kastanienbraun. Gelblichbraune Brust gefleckt,* Bauch hell. Grau der Oberseite im Jugendkleid nur angedeutet. Leicht angedeuteter Wellenflug, Unterflügeldecken weiß. Ruft laut 'schack-schackschack' und dünn, nasal und gepreßt 'gih'. Krähen werden unter hartem Schnarren attackiert. Der Gesang, ein unmusikalisches Zwitschern und Plappern, wird vorgetragen, während der Vogel ständig unruhig zwischen den Ästen umherfliegt. BJZW

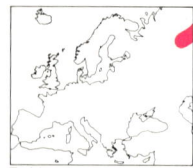

Erddrossel

Erddrossel *Zoothera dauma* L 28. Brutvogel unterholzreicher Wälder des Ural und Sibiriens, seltener Wintergast in Westeuropa. *Kräftiger* als Misteldrossel, sehr scheu und aufmerksam, versteckt sich bei geringster Gefahr in der Vegetation. Wird daher selten fliegend gesehen, zeigt dann aber kennzeichnende *schwarz-weiße Längsbänderung der Unterflügel.* Kann auch in eingefrorener Pose in Baumkrone verharren, wo sie durch das den ganzen Körper bedeckende Muster der *halbmondförmigen schwärzlichen Flecken auf gelblichem Grund* fast unsichtbar wird. Ruft nicht, Gesang ein schwermütiges, monoton wiederholtes, langgezogenes, hohes Pfeifen. A

Rotdrossel

Singdrossel

Singdrossel
an der
„Schnecken-
Schmiede"

Wacholder-
drossel-
Schwarm

Misteldrossel

**Wacholder-
drossel**

Erddrossel

265

Meisen

(Familie Paridae) sind kleine Vögel mit kurzen Schnäbeln und Flügeln, die munter im Gezweig turnen und oft furchtlos sind. Die Geschlechter sind gleich und die Jungen schon wie die Altvögel gefärbt. Ziehen normalerweise kaum, in manchen Jahren aber starke Bewegungen nach Süden und Westen. Außerhalb der Brutzeit oft in gemischten Trupps umherstreifend („Meisenschulen") und an Futterhäusern. Meist Höhlenbrüter, die gern Nistkästen annehmen und 5–16 rot gepunktete weiße Eier in Moosnester legen.

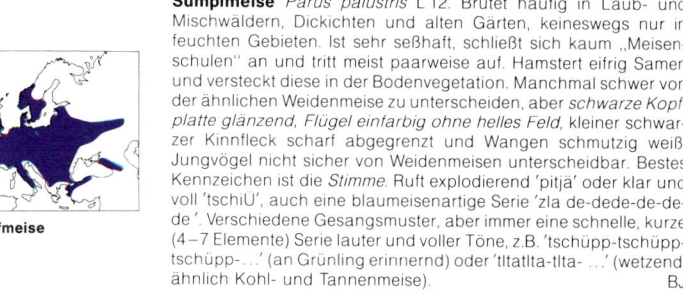

Sumpfmeise

Sumpfmeise *Parus palustris* L 12. Brütet häufig in Laub- und Mischwäldern, Dickichten und alten Gärten, keineswegs nur in feuchten Gebieten. Ist sehr seßhaft, schließt sich kaum „Meisenschulen" an und tritt meist paarweise auf. Hamstert eifrig Samen und versteckt diese in der Bodenvegetation. Manchmal schwer von der ähnlichen Weidenmeise zu unterscheiden, aber *schwarze Kopfplatte glänzend, Flügel einfarbig ohne helles Feld,* kleiner schwarzer Kinnfleck scharf abgegrenzt und Wangen schmutzig weiß. Jungvögel nicht sicher von Weidenmeisen unterscheidbar. Bestes Kennzeichen ist die *Stimme.* Ruft explodierend 'pitjä' oder klar und voll 'tschiÜ', auch eine blaumeisenartige Serie 'zIa de-dede-de-de '. Verschiedene Gesangmuster, aber immer eine schnelle, kurze (4–7 Elemente) Serie lauter und voller Töne, z.B. 'tschüpp-tschüpp-tschüpp-…' (an Grünling erinnernd) oder 'tItatIta-tIta- …' (wetzend, ähnlich Kohl- und Tannenmeise). BJ

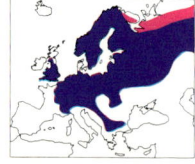

Weidenmeise

Weidenmeise *Parus montanus* L 12. Bewohnt in verschiedenen Unterarten Nadel-, Misch- und Birkenwälder, Bergregionen und Auwälder in fast ganz Europa (außer Südwesten). Kann sich die Nisthöhle in verrotteten Baumstümpfen selbst zimmern. Schließt sich im Winter „Meisenschulen" an. Von der Sumpfmeise am besten durch *Stimme* (s. unten) unterschieden, ferner durch *mattschwarze Kopfplatte,* von den weißlichen Kanten der Armschwingen gebildetes *helles Flügelfeld,* diffuseren Kinnfleck, dunklere Flanken, größeren Kopf und kräftigeren Hals. Nordeuropäische Vögel (Unterart *borealis*) mit ausgedehnteren und reiner weißen Wangen, britische (*kleinschmidti*) mit gelblichen Flanken. Kennzeichnender Ruf 'zi-zi DÄAH DÄAH', die beiden letzten Töne *langgezogen,* rauh und gequetscht. Gesang regional verschieden, z.B. wohlartikuliert und nachdenklich klingend 'tiU tiU tiU …' (ähnlich Waldlaubsänger) oder 'tih tih tih …' (oft beide Strophen vom selben Vogel). Bei der Alpen-Unterart *montanus* Töne meist auf gleicher Höhe bleibend, im Flachland (u.a. *rhenanus, salicarius*) absinkend. Manchmal auch eine kurze Trillerstrophe. BJ

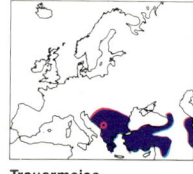

Trauermeise

Trauermeise *Parus lugubris* L 13,5. Kommt auf dem Balkan in Laub- (gern Eichen) und Mischwäldern, auch im Bergland, vor. Groß, mit *schäbig* wirkendem Gefieder, *grobem Schnabel* und weit *ausgedehntem Kinnlatz.* Kopfplatte und Kinnfleck matt braunschwarz (beim Weibchen bräunlich). Nicht gesellig und scheuer als andere Meisen. Ruft ähnlich Schwanzmeise 'zrih-zrih-zrih' mit scharfem, kratzendem Ton und ähnlich Haussperling ratternd 'tscheR R R R R'. Singt ähnlich Sumpfmeise, aber langsamer, mit rauher und derber Stimme 'tschiEV-tschiEV-tschiEV-…'. –

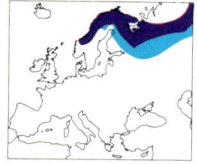

Lapplandmeise

Lapplandmeise *Parus cinctus* L 13. Brütet spärlich in den nördlichsten Nadelwäldern Skandinaviens bis zur Fjellbirkenzone. An den *rostgelben Flanken* (im Sommer weniger auffällig), der mattbraunen Kopfplatte und dem *großen, schwarzen Kinnlatz* leicht zu erkennen. Gefieder flauschiger als bei anderen Meisen. Häufigster Ruf ein schnelles 'ti-ti tÄi tÄi', wobei die letzten Silben nicht so rauh und langgezogen sind, wie die entsprechenden Laute der Weidenmeise. Gesang ein dünnes und schnell schwirrendes 'tschi-ÜRRR tschi-ÜRRR tschi-ÜRRR tschi-ÜRRR tschi-ÜRRR'. Außerdem ein sumpfmeisenähnliches 'tsche tsche tsche …' und ein glucksendes 'si si dschütVUJ'. –

Fliegenschnäpper Fink Grasmücke Meise

Kohlmeise
am Nistkasten

Sumpf-, Kohl- und Blaumeise
am Futterbrett

Sumpfmeise

Weidenmeise

borealis

montanus

Trauermeise

**Lappland-
meise**

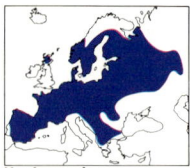

Haubenmeise

Blaumeise

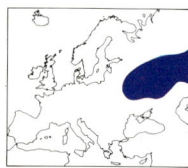

Lasurmeise

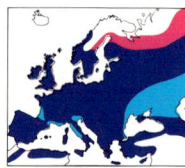

Tannenmeise

Kohlmeise

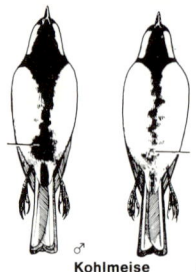

Kohlmeise ♂   ♀

Haubenmeise *Parus cristatus* L 12. Bewohnt Nadel- und Mischwälder in fast ganz Europa. Extremer Standvogel. Brütet in Baumstümpfen und kann Höhle selbst zimmern. An der in allen Kleidern vorhandenen auffälligen *Haube* und der *schwarz-weißen Kopfzeichnung* leicht erkennbar. Manchmal mit Tannenmeisen vergesellschaftet, hält sich aber oft in Bodennähe auf. Ruf charakteristisch gurrend 'burrurrIT' oder 'gürrr' (ähnlich Schneeammer) und dünn 'Sll-si-li'. Singt 'zi zi gürr, zi-ziGÜRRR'.   BJ

Blaumeise *Parus caeruleus* L 12. Häufiger Brutvogel in Wäldern, Parks und Gärten, außerhalb der Brutzeit gern in Schilfgebieten. Kleiner als Kohlmeise, mit weiß umrahmtem *leuchtend blauem Scheitel*. Schwanz und Flügel blau, *Bauch gelb* (nur mit schwachem dunklem Längsband in der Mitte). Jungvögel im Sommer noch mit gelblichen Wangen und graugrünem Scheitel. Akrobatische Nahrungssuche in typischer kletternder Weise im Gezweig, oft hoch in der Laubkrone und seltener am Boden als Kohlmeise. Ziemlich aggressiv, tritt im Winter sehr selbstsicher an Futterhäusern auf und vertreibt sogar die größere Kohlmeise. Hat viele Rufe, am häufigsten ein helles 'sisisidu' und ein streitlustig surrendes '(sih si) tscherrrrrr-err-err-ett'. Der Gesang besteht aus zwei feinen, langgezogenen Tönen, gefolgt von einem silberhellen Triller 'zih zih sirrrrr'. Eine Variante mit zwei kurzen Strophen ist 'zi-zi-serr zi-zi-serr', im Sommer auch oft ein 'tittittlltschä'.   BJZW

Lasurmeise *Parus cyanus* L 13. Brütet von der europäischen Sowjetunion bis Ostasien in Laub- und Mischwäldern, meist nahe am Wasser. Im Winter gern im Schilf, in Westeuropa sehr seltener Besucher. Auffallend weiß leuchtend, *Kehle ganz weiß*, Gefieder flauschig. *Schwanz* relativ lang *mit breiten weißen Kanten.* Zwei besonders im Flug auffallende *breite weiße Flügelbinden.* Helle junge Blaumeisen werden oft als Lasurmeisen bestimmt. Ruft 'tsirr' und 'tsi-tsi-biz-biz', singt 'zih zih titititi' (ähnlich Blaumeise) oder 'twuita twuita, twita-tschita' (ähnlich Kohlmeise).   –

Tannenmeise *Parus ater* L 11. In fast ganz Europa häufiger Brutvogel in Nadelwäldern, stellenweise auch Laubwäldern und Gärten. Außerhalb der Brutzeit mit anderen Meisen vergesellschaftet. In Jahren mit wenig Fichtensamen Massenauswanderung aus Nordeuropa. Schwarzer Kopf mit weißen Wangen und *weißem Nakkenfleck* in Verbindung mit leicht beige getönter Unterseite ohne dunklen Längsstrich kennzeichnend. Nackenfleck der Jungen gelblich. Recht kurzschwänzig. Scheitelfedern können zu kleiner Haube aufgerichtet werden. Ruft fein, klar und sehr melancholisch 'TllH-e, tüh', deutlich verschieden von anderen Meisenrufen. Oft auch feines, goldhähnchenähnliches Wispern. Singt kurz und flink 'wllze-wllzewllze- …' oder, weniger typisch und an Kohlmeise erinnernd, 'sitschu sitschu sitschu …', gern von hoher Baumspitze.   BJW

Kohlmeise *Parus major* L 14. Häufigste und bekannteste Meise Europas, brütet in Wäldern, Parks, Gärten und Städten, gern in Nistkästen. Nördliche Vögel fliegen in manchen Jahren in Massen nach Süden. Größe, *schwarz glänzender Scheitel*, weiße Wangen und *schwarzes Längsband auf der gelben Unterseite* machen sie leicht bestimmbar. Längsband beim Männchen breiter und tiefer schwarz als beim Weibchen, besonders auf dem Bauch. Jungvögel im Sommer noch mit gelblichen Wangen ohne untere schwarze Begrenzung. Im Winter oft mit anderen Meisen in einem Trupp, dann auf den ersten Blick durch die Größe auffallend. Nahrungssuche oft in niedrigen Büschen und am Boden. Viele verschiedene Rufe, die meisten kräftiger als bei anderen Meisen, z.B. ähnlich Buchfink 'pingping ', etwas traurig fragend 'ti tü tüh' (Herbstruf) oder schnell und patzig 'si-JUtti-JUtti'. Gesang eine sehr charakteristische, weit zu hörende, rhythmische Reihe, z.B. läutend 'TI-ta TI-ta TIta …' oder dreisilbig 'ti-ti-DÜ ti-ti-DÜ ti-ti-DÜ', diese Variante mit Ausnahme des letzten Tons nach der Melodie aus Mozarts Hochzeit des Figaro: „Nun vergiß leises Fleh'n, süßes Kosen".   BJZW

am Brutplatz
im Baumstumpf

Haubenmeise

Blaumeise

Lasurmeise

Tannenmeise

„Meisenschule" mit
Kleiber

Kohlmeise

Schwanzmeisen

(Familie Aegithalidae) sind mit den echten Meisen sehr nahe verwandt, unterscheiden sich aber durch die langen Schwänze und die kunstvoll gebauten Freinester. 8–12 rot gepunktete weiße Eier.

Schwanzmeise

Schwanzmeise, Spanien

Schwanzmeise *Aegithalos caudatus* L 16. Brütet in Laub- und Mischwäldern, gern mit Haselsträuchern oder dichtem Gebüsch. Das kugelförmige, überdachte und mit Flechten getarnte Nest wird in Büsche oder Astgabeln gebaut. Im Winter manchmal mit Meisen vergesellschaftet, aber auch dann in kleinem, artreinem Trupp zusammenhaltend. *Sehr langer Schwanz* charakteristisch. Kommt in verschiedenen Unterarten in ganz Europa vor. Nordöstliche Vögel (*caudatus*) sehr hell und mit *ganz weißem Kopf*, im übrigen Europa (*europaeus, rosaceus* u.a.) mit breitem *dunklem Scheitelseitenstreif*, in Spanien recht dunkel mit fast schwarzem Rücken, weinroten Flanken, gestrichelten Kopfseiten und kürzerem Schwanz. Weißköpfige Schwanzmeisen (als Junge mit Kopfstreifen) tauchen gelegentlich im Winter bei uns auf und brüten manchmal sogar. Unsere Vögel sind auf Schultern, Bürzel und Steiß hübsch altrosa gezeichnet. Verhalten wie Meisen, besuchen aber selten Futterhäuser. Ruf trocken surrend 'tsrrr', auch kurz 'tett' und dreisilbig fein 'srih-srih-srih'. Gesang ein dünner, metallischer Triller auf einem Ton, ähnlich Blaumeise 'sih-wiwiwiwiwi'. BJW

Drosselmeisen

(Familie Timaliidae) sind eine überwiegend südasiatische Familie, deren Angehörige sich durch dichtes Gefieder, kräftige Beine, lange Schwänze, kurze, runde Flügel, vor allem jedoch durch ein ausgeprägtes Sozialverhalten auszeichnen. Die systematische Zusammengehörigkeit ist kompliziert, neben den Droßlingen gehören neuerdings die Rohrmeisen in diese Familie, deren einziger europäischer Vertreter die Bartmeise ist. 5–7 Eier in offenem Nest niedrig im Schilf, manchmal 4 Bruten im Jahr.

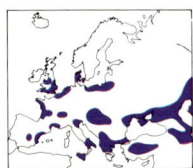

Bartmeise

Bartmeise *Panurus biarmicus* L 16,5. Sehr lückenhafte Verbreitung in ausgedehnten Schilfgebieten, bei uns sehr selten. An *langem Schwanz* und *zimtbrauner Färbung* leicht zu erkennen. Männchen mit breitem schwarzem „Bart", schwarzen Unterschwanzdecken und orangegelbem Schnabel. Weibchen ohne diese Abzeichen, Schnabel matt gräulich gelbbraun (dieser Unterschied bereits bei Jungvögeln deutlich). Jungvögel im Gegensatz zu Weibchen mit schwarzer Färbung von Zügel, Rückenstreif und Schwanzkanten. Fast immer in Trupps, die niedrig im dichten Schilf nach Nahrung suchen, im Sommer Insekten, im Winter Schilfsamen. Flug weich, mit schnellen Flügelschlägen, meist niedrig über dem Schilf. Im Herbst oft Höhenflüge von dichten Trupps. Ruft charakteristisch nasal 'dsching dsching', im Ton wie wenn man einen Stein auf Eis wirft (wird vom Teichrohrsänger perfekt imitiert!). Kontaktruf in Gruppen 'plett plett', Gesang leise zwitschernd. BJZ

Beutelmeisen

(Familie Remizidae) sind klein und meisenähnlich mit feinen, spitzen Schnäbeln. Geschlechter ähnlich. Fein gewebtes beutelförmiges Nest mit seitlicher Eingangsröhre an dünnem Zweig oft über Wasser hängend, 6–8 Eier.

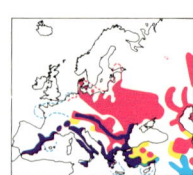

Beutelmeise

Beutelmeise *Remiz pendulinus* L 11. Brütet vorwiegend in Süd- und Osteuropa in verbuschten Sumpfgebieten und Gehölzen an Gewässern. Breitet sich stark nach Nordwesten aus und brütet inzwischen in weiten Teilen Deutschlands. Kleiner als Blaumeise, Altvögel durch grauen Kopf mit *schwarzer Maske* unverkennbar. Rücken des Männchens kastanienbraun, des Weibchens eher gelbbraun. Jungvögel mit sandfarbenem Kopf ohne dunkle Maske. Turnt meisenähnlich im Schilf und Gezweig. *Ruft hoch, dünn und langgezogen* 'ziiiiiiiu', *zum Ende abfallend* und leiser werdend, als würde die Luft herausgelassen. (Fein wie Rotkehlpieper, abfallend wie Rotkehlchen. Will man das 'tsiih' des Rotkehlchens als spitz und wachsam bezeichnen, klingt die Beutelmeise gutmütig und verträumt.) Singt leise und kurz mit hohen, tannenmeisenähnlichen und langgezogenen Tönen 'ziiu-sivutt ziiu-sivutt ziiu-siwutt' und ähnlich. BZ

Schwanzmeise

rosaceus

Nest

caudatus

Bartmeise

♂

♀

juv.

Nest

juv.

Beutelmeise

♂

Nest

271

Kleiber

Kleiber (Familie Sittidae) haben kräftige Füße, große Köpfe und kurze Schwänze. Sie klettern sehr agil an Bäumen und Felsen und picken mit dem recht langen, geraden und kräftigen Schnabel Insekten aus Spalten. Können im Gegensatz zu Spechten und Baumläufern auch mit dem Kopf nach unten klettern, indem sie sich mit einem Fuß etwas höher am Stamm festklammern und daher gewissermaßen an diesem hängen. Außerhalb der Brutzeit oft in „Meisenschulen". Stimmen laut und charakteristisch. Flug ruckartig und wellenförmig. Geschlechter ähnlich. 5–7 weiße, rot gepunktete Eier.

Kleiber

Kleiber *Sitta europaea* L 14. In fast ganz Europa häufiger Brutvogel in alten Laub- und Mischwäldern, Parks und Gärten. Im Winter regelmäßig an Futterhäusern. Nest aus Rindenstücken in Höhlen, deren Einflugloch mit Lehm auf die Taillenweite des Kleibers verkleinert wird. Einzigartiges Profil mit langem, spitzem Schnabel, kurzem Schwanz und kauernder Körperhaltung. *Klettert mit dem Kopf nach unten* an Baumstämmen. Rücken· blaugrau, *langer schwarzer Augenstreif*, Kehle weißlich und übrige Unterseite hell rostfarben. Flanken im hinteren Bereich beim Männchen scharf abgegrenzt kräftig kastanienbraun, beim Weibchen diffus rostbraun (Unterschied schon bei Jungvögeln deutlich). Im Gegensatz zu unserer westeuropäischen Unterart *caesia* sind skandinavische und sowjetische Vögel der Unterart *europaea* unterseits weiß. Trommelt nicht wie Spechte, klopft aber am Stamm und hämmert Nüsse und Samen auf. Hat mehrere charakteristische, sehr laute Rufe. Lockt mit hohem, nachdrücklichem 'slt, slt'. Bei Alarm ein erregtes 'twätt-twätt-twätt-…', in ruhiger Stimmung 'tschwltt, tschwltt, …'. Gesang laut, voll und klar pfeifend, entweder schleppend 'wull wull wull …', 'tlu tlu tlu …' oder schnell 'quiquiquiqui…'. Eine oft zu hörende Variante ist 'djudjudjU djudjudjU …'. BJ

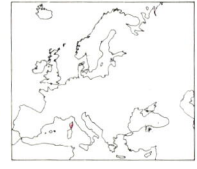

Korsenkleiber

Korsenkleiber *Sitta whiteheadi* L 12. Brütet nur in Nadelwäldern der Berge Korsikas. Sieht aus wie ein *kleiner* Kleiber und benimmt sich auch so, ist aber scheuer und zimmert sich eine Nisthöhle selbst. *Scheitel und Nacken schwarz*, langer weißer Überaugenstreif. Einzige Kleiberart auf Korsika, verläßt die Insel nicht. Weibchen und Jungvögel genauso gezeichnet, aber insgesamt dunkler. Ruft rauh scheltend 'tschä-tschä-tschä-…'. Der Gesang besteht aus klaren Tönen in schneller, sich beschleunigender Serie 'düdüdüdüdüdidididi'. –

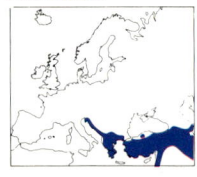

Felsenkleiber

Felsenkleiber *Sitta neumayer* L 15. Bewohnt felsige Hänge und Berge mit einzelnen Büschen auf dem Balkan, auch gerne an antiken Ruinen. Sieht wie ein *großer, blasser Kleiber* aus, hat aber einen proportional *größeren Schnabel* und keine weißen Flecken an der Schwanzspitze. In Erscheinung und Verhalten wie Kleiber, klettert aber an Felsen statt an Bäumen. Plaziert sein voluminöses Nest aus Lehm an Klippen. Sehr stimmfreudig mit hohen und lauten Rufen. Gesang manchmal ähnlich Sumpfmeise 'tjü tjü tjü tjü …', manchmal hell trillernd und komplizierter. Beginnt wie Waldlaubsänger, fällt in Tonhöhe und Tempo und endet fast mit einem Buchfinkenschlag ohne Schlußschnörkel. –

Türkenkleiber ♂

Türkenkleiber *Sitta krueperi* L 12. Lebt in montanen Nadelwäldern des Kaukasus, auf Lesbos und in der Türkei. Nah mit dem Korsenkleiber verwandt und wie dieser *kleinwüchsig*. Nur auf *Stirn und Scheitel schwarz* (nicht im Nacken) und Kopf insgesamt heller. Sofort am *rotbraunen Brustfleck* zu erkennen. Stimme der des Korsenkleibers sehr ähnlich. Ruft ähnlich Grünling 'djüi' und rauh 'tschä-tschä-…', im Flug ähnlich Bergfink 'jäck'. Der Gesang besteht aus einem schrillen, jodelnden, etwas an Blaumeise erinnernden Triller.

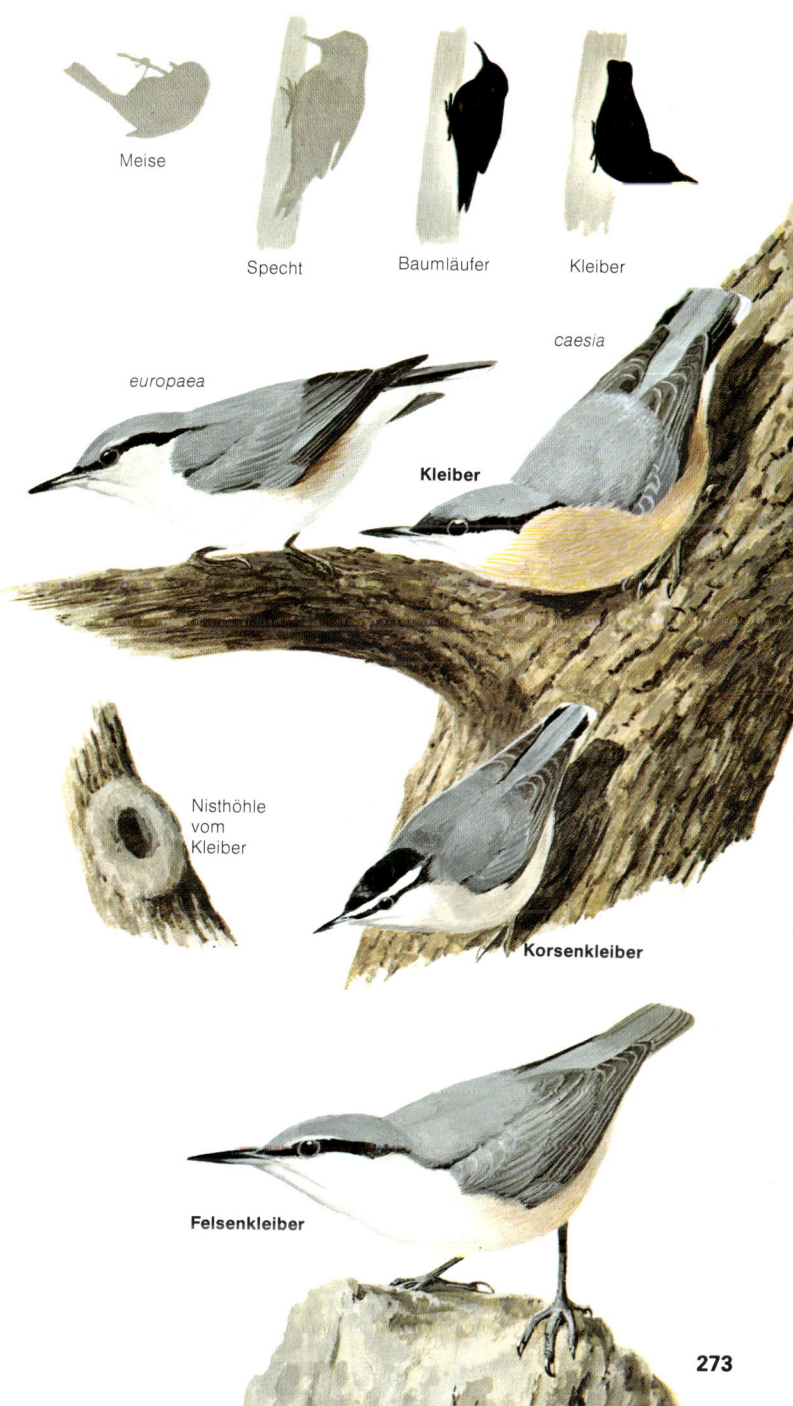

Meise

Specht

Baumläufer

Kleiber

europaea

caesia

Kleiber

Nisthöhle
vom
Kleiber

Korsenkleiber

Felsenkleiber

273

Mauerläufer

(Familie Tichodromadidae) sind mit Kleibern verwandt, haben aber lange, abwärtsgebogene Schnäbel und baumläuferartiges Verhalten. Umfangreiches Nest mit 4–5 rot gefleckten weißen Eiern in Felsspalten.

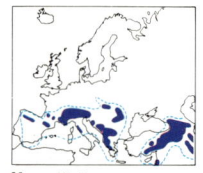

Mauerläufer

Mauerläufer *Tichodroma muraria* L 16. Bewohnt hohe Gebirge bis zur Schneegrenze, in den Alpen zwischen 1000 und 2500 Metern, in Südeuropa auch bis 350 Meter abwärts. Spärlich, im östlichen Verbreitungsgebiet etwas häufiger. Weicht im Winter in tiefere Lagen aus, kann dann an Kirchtürmen, Schloßmauern etc. auftauchen, unternimmt aber sehr selten weitere Wanderungen. Unverwechselbar, *Schnabel lang und abwärtsgebogen*, Oberseite grau, Unterseite im Schlichtkleid hell, im Prachtkleid beim Männchen schwarz, beim Weibchen mit schwarzem Kehlfleck. *Breite, runde Flügel mit großem rotem Feld und weißen Flecken.* Diese leuchten beim ständigen Flügelzucken während der Insektensuche an Felswänden auf. Der Schwanz wird dabei nicht baumläuferartig zum Abstützen benutzt. Flug flatternd. Ruf dünn pfeifend 'tih'. Gesang besteht teilweise aus unbestimmt zwitschernden Serien, teilweise aus arttypischen eigenartig gepreßten, langgezogenen Tönen mit Glissando, 'tu, rruuü ziiiiuh', mehrfach in gleicher Weise wiederholt.   BJ

Baumläufer

(Familie Certhiidae) sind kleine, kurzbeinige Vögel mit feinen, abwärtsgebogenen Schnäbeln und rindenartiger Oberseitenfärbung. Suchen in Baumrinde nach Insekten, klettern dabei spiralförmig am Fuß beginnend um Stämme. Nest mit 5–7 weißen, rot gepunkteten Eiern in Höhlen, oft hinter abstehender Rinde.

Waldbaumläufer

Waldbaumläufer *Certhia familiaris* L 13. Brütet in alten Wäldern, Parks und Gärten, eher in höheren Lagen und an Nadelbäumen als der sehr ähnliche Gartenbaumläufer. Hat im Gegensatz zu diesem oft deutlicheren hellen Überaugenstreif, der auf der Stirn über dem Schnabel sogar zusammenlaufen kann, hellere, reiner *weiße Unterseite* ohne blaßbräunliche Flankenfärbung, stärker rötlich getönten Bürzel, insgesamt *helleres, kontrastreicheres Gefieder* und im Durchschnitt etwas kürzeren Schnabel. Ruf ein wiederholtes, sehr dünnes und scharfes, leicht rollendes 'srri, srrri, ...', ferner reines, gerades 'tiih', nicht so rasch gereiht wie beim Gartenbaumläufer und mit anderer Stimme. Gesang scharf, dünn, recht leise und klar, sich beschleunigend, wieder abfallend und mit blaumeisenähnlichem Triller endend.   BJ

Gartenbaumläufer

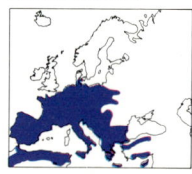

Gartenbaumläufer *Certhia brachydactyla* L 13. Brütet in Mittel- und Südeuropa in Wäldern, Parks und Gärten, eher im Flachland, mehr in Gärten und lieber an Laubbäumen als Waldbaumläufer. Etwas *dunkler* als dieser, oberseits weniger rostbraun, *unterseits* eher *schmutzig weiß mit graubräunlichen Flanken*, Überaugenstreif undeutlicher, Schnabel im Durchschnitt etwas länger und in der Hand an kürzerer Kralle der Hinterzehe zu unterscheiden. Ruft kräftig, klar und ähnlich Tannenmeise 'tyt' und 'ti-tyt'. Oft in schneller werdender heller Tropfenserie wiederholtes 'tyt'. Ferner ähnlich Waldbaumläufer 'srri'. Singt in klagenderem Tonfall und kürzer als Waldbaumläufer eine klare Strophe mit etwas holperigem Rhythmus und leicht ansteigenden Schlußtönen, 'ti ti titeroiTIT'.   BJ

Prachtfinken

(Familie Estrildidae) sind klein, gesellig und weben Grasnester.

Tigerfink *Amandava amandava* L 9. Asiatische Art, die frei in der Extremadura in Spanien brütet. Population geht auf die in den 1970er Jahren entkommene Gefangenschaftsflüchtlinge zurück. *Klein* mit *feuerrotem Finkenschnabel*, Männchen rot mit dunklen Flügeln und Zügeln, mit *weißen Punkten* übersät, Weibchen braungrau. Bewohnt Schilf und Felder, Brutzeit Juli bis Oktober.

(A) (Nicht abgebildet)

Wellenastrild *Estrilda astrild* L 10. Afrikanische Art, in Portugal (bei Obidos) eingeführt und in großen Schwärmen im Schilf und auf Feldern. *Klein*, braun, *schwärzlich gewellt*, Schnabel, Zügel und Bauchmitte *rot*, Wangen weißlich.   (A) (Nicht abgebildet)

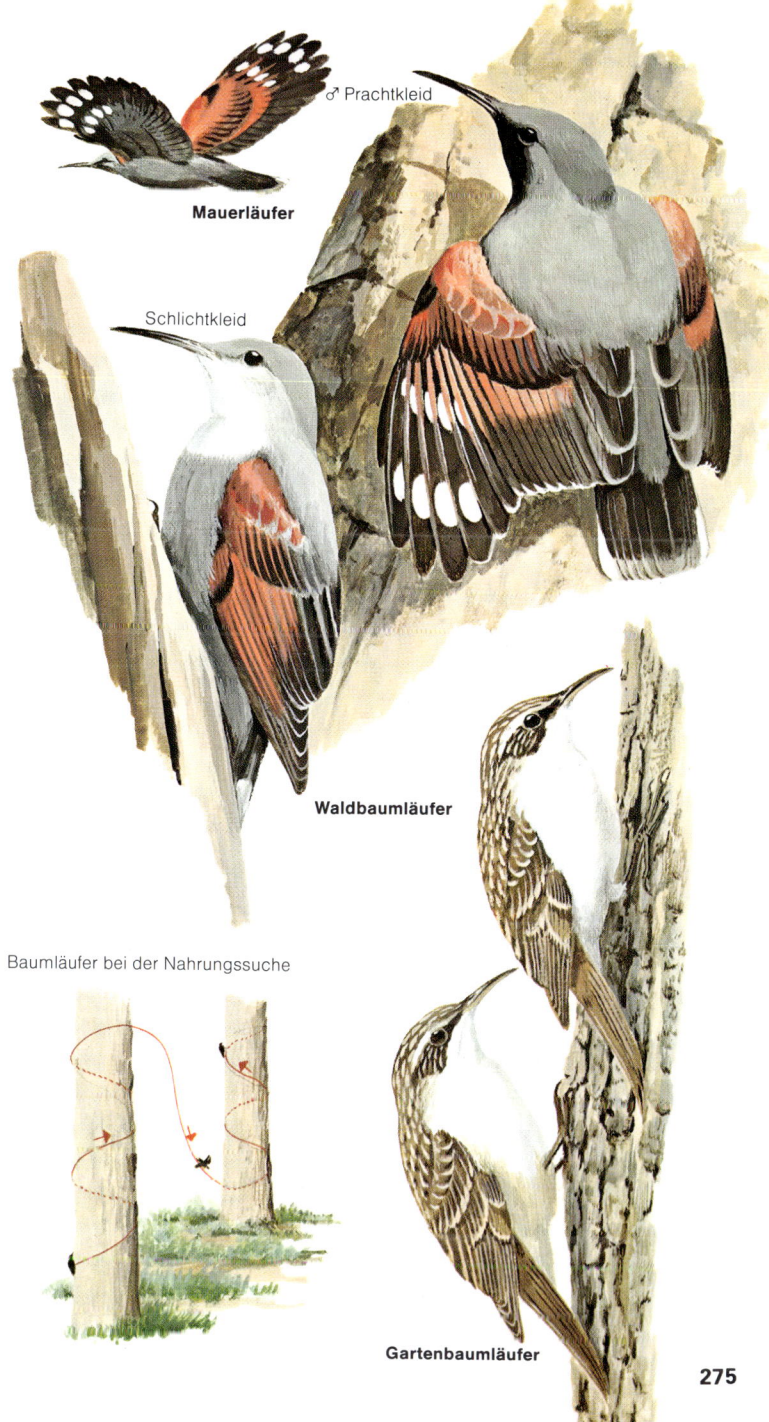

♂ Prachtkleid

Mauerläufer

Schlichtkleid

Waldbaumläufer

Baumläufer bei der Nahrungssuche

Gartenbaumläufer

Sperlinge

(Familie Passeridae) sind kleine, dickschnäbelige, recht kurzbeinige Vögel, die etwas plumper als andere Kleinvögel sind und ihre Nahrung überwiegend am Boden suchen. Sehr gesellig, teilweise Koloniebrüter. Kein besonders entwickeltes Gesangsvermögen. Der zum besseren Vergleich neben der Schneeammer abgebildete Schneefink gehört gleichfalls in diese Familie.

Haussperling

Haussperling *Passer domesticus* L 14,5. Häufiger Brutvogel in Siedlungen aller Art und in Kulturland, eng an den Menschen gebunden. Nest unter Dachziegeln, in Nistkästen und Nischen, manchmal auch freistehendes, großes, überdachtes Halmnest. Sehr gesellig. Sammelt sich in Hecken in lärmenden Schwärmen, die dicht gedrängt und scheinbar mit Anstrengung fliegen. Recht ausgeprägter Standvogel. Männchen bei näherer Betrachtung sehr hübsch mit *grauem Scheitel, rotbraunen Schläfen, großem schwarzem Kehllatz* und grauem Bürzel. Weibchen und Jungvögel eher schäbig graubraun mit auffallendem gelbbraunem Streif hinter dem Auge. (Männchen der als „Italiensperling" bezeichneten Unterart *italiae* von Italien, Korsika und Kreta mit *kastanienbraunem Scheitel* und weißlichen Wangen wie Weidensperling, mit dem er in Süditalien hybridisiert.) Rufe einfach und rollend oder unrein, z.B. 'tschilp', 'trilp', 'tschef' und rauh ratternd 'tscherrr-r-r-r'. Gesang aus aneinandergereihten 'trilp'-Lauten in unterschiedlicher Höhe. BJ

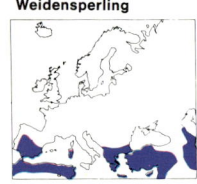

Weidensperling

Weidensperling *Passer hispaniolensis* L 14,5. Brütet im Mittelmeerraum (selten in Spanien und Süditalien, häufiger in Südost-Europa) in Kulturland und steppenartigem Gelände, oft weit von menschlichen Siedlungen entfernt, in *großen Kolonien* in Baumgruppen, manchmal auch in Ortschaften in Storchennestern. Nach der Brutzeit große Schwärme, die im Norden auch ziehen. Trupps fliegen sehr dicht und bewegen sich in charakteristischer Weise starenähnlich in flachen Bögen vorwärts. Männchen im Gegensatz zum Haussperling mit *kastanienbrauner Kopfplatte, weißlichen Wangen, ausgedehntem schwarzem Kehllatz, der in kräftige schwarze Brust- und Flankenstrichelung übergeht* und selbst auf dem Rücken schwarzen Strichen. Einzelne Männchen (Hybriden?) weniger schwarz und „Italiensperlingen" ähnlich. Weibchen und Jungvögel kaum vom Haussperling zu unterscheiden, aber Tendenz zu etwas kräftigerem Schnabel, weißerem Bauch und stärkerer Bruststrichelung. Stimme kräftiger und etwas tiefer als Haussperling. –

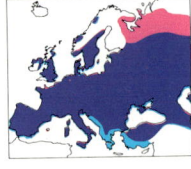

Feldsperling

Feldsperling *Passer montanus* L 14. Häufig in Kulturland mit Bäumen, Parks, Gärten und Waldrändern, weniger an Menschen gebunden als Haussperling. Brütet in Baumhöhlen, auch Nistkästen. Fliegt in dichten Trupps. *Kleiner* und schlanker als Haussperling, durch *kastanienbraune Kopfplatte, weißliche Wangen mit kleinem, schwarzem Fleck, Andeutung eines hellen Halsbandes, kleineren Kehllatz und braunen Bürzel* unterschieden. Geschlechter gleich. Rufe an Haussperling erinnernd, aber härter und klarer. Typisch ein etwas nasales 'tsovitt', im Flug 'tett-ett-ett-ett' und hell 'ditt, ditt'. Gesang aneinandergereihte 'tsvit'-Laute. BJ

Steinsperling *Petronia petronia* L 14. Bewohnt lokal felsiges Gelände in Südeuropa, sowohl in Kulturland als auch in Bergen. Brütet in Felsspalten, Baumhöhlen, Ruinen, sogar Hausmauern. Oft in lockeren Trupps, auch mit Haussperlingen vergesellschaftet. Ähnlich weiblichem Haussperling, aber mit *dunkel eingefaßtem breitem, hellem Überaugenstreif, dunklem Scheitel mit breitem, hellem Längsstreif* und *weißlichen Spitzen der Steuerfedern* (im Flug auffallend). Gelber Kehlfleck unauffällig, bei aufgeplustertem Gefieder zu sehen. Geschlechter gleich. Hat verschiedene kurze Rufe, z.B. 'oitt' oder 'dlio', aber auch ein charakteristisches, sehr süßliches 'piÜÜ-i'. –

Steinsperling

Fahlsperling *Petronia brachydactyla* L 14. Brütet im Kaukasus und in Kleinasien in wüstenartigem Gelände. Wie ein heller weiblicher Haussperling mit *weißen Flecken an der Schwanzspitze*. Überaugenstreif undeutlicher als beim Steinsperling, *Kopf einfarbiger*. (Nicht abgebildet)

Fahlsperling

Heckenbraunelle Ammer Fink Sperling

Haussperling

♀ ♂

Weidensperling

♂

♂ „Italien-
sperling"

Weiden-
sperling
♀

Haussperlinge

Feldsperling

juv.

Steinsperling

277

Finken
(Familie Fringillidae) sind kleine bis mittelgroße Körnerfresser mit kurzen, kräftigen Schnäbeln. Meist bunt gefärbt. Napfförmige Nester mit 3–6 Eiern in Bäumen oder Büschen.

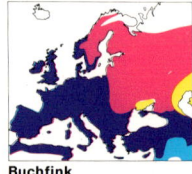

Buchfink

Buchfink *Fringilla coelebs* L 15,5. Einer der häufigsten Vögel Europas, brütet in Laub- und Nadelwäldern, Parks und Gärten. Kunstvoll gebautes Nest aus Moos und Flechten meist in Astgabeln. Nordöstliche Populationen ziehen Anfang Oktober. Im Winter oft große Trupps auf Feldern, meist in Waldnähe, gern bei Buchen (Name!). Dann häufig mit Bergfinken vergesellschaftet. Leicht kenntlich an deutlichen *weißen Flügelbinden,* weißen Schwanzkanten und grünem Bürzel. Männchen mit *blaugrauem und rotbraunem,* Weibchen und Jungvögel mit graugrünem Gefieder. Ruft im Flug kurz 'jupp, jupp', ferner laut pfeifend 'huitt, huitt, …' (in Südost-Europa stattdessen 'hiip' wie Nachtigall) und wiederholt rollend 'rrrhü' (als „Rülschen" oder „Regenruf" bezeichnet, nur lokal zu hören). Typisch auch ein metallisches 'pink' oder 'fink' (Name!). Einer der fleißigsten Sänger, singt von gut sichtbarer Warte aus laut, melodisch, kurz und schmetternd, etwas abfallend und mit abschließendem Schnörkel 'zitt-zitt-zitt-zitt-sett-settsett-tschitterRlldia', lokal mit angehängtem buntspechtähnlichem 'kick'. Flügge Jungvögel betteln mit lautem 'tripp'.   BJZW

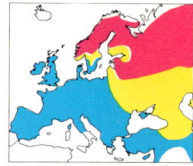

Bergfink

Bergfink *Fringilla montifringilla* L 15,5. Im Norden häufiger Brutvogel der Taiga und subalpiner Birkenwälder (ausnahmsweise auch schon bei uns). Häufiger Wintergast auf Feldern, in manchen Jahren Millionenschwärme in Buchenwäldern. Besucht Futterhäuser. Zieht in dichteren Trupps als Buchfink, aber oft mit diesem vergesellschaftet. Männchen im Prachtkleid kontrastreich *schwarz und rostorange,* das im Winter noch teilweise durch beige Federränder verdeckt ist. Weibchen mehr graubraun. Im Flug *weißer Bürzel* auffallend. Kennzeichnend der Ruf ein quäkendes 'täh-äp', ferner im Flug 'jäck, jäck', nasaler und härter als beim Buchfink. Warnt am Brutplatz mit hart klingelndem 'slitt, slitt, …'. Gesang von exponierter Warte ein ödes, monoton aufgereihtes, rollendes und quäkendes 'rrrhü', wie entfernte Säge.   W

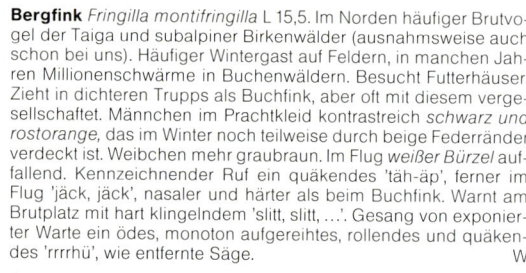

Gimpel

Gimpel *Pyrrhula pyrrhula* L 16. Häufiger Brutvogel in Wäldern, Parks und Gärten. Im Winter oft in lockeren Gesellschaften, auch an Futterhäusern, im Sommer unauffällig und zurückgezogen. Ernährt sich von Knospen, Beeren und Samen. Nordöstliche Populationen (Unterart *pyrrhula;* etwas größer, mit tieferer Stimme) überwintern teilweise bei uns. Durch *weißen Bürzel,* schwarze Kappe, blaugrauen Rücken und sehr *kurzen, schwarzen Schnabel* unverkennbar. Männchen *unterseits rot,* Weibchen braungrau. Jungvögel wie Weibchen, aber außer dem wie ein Pfefferkorn hervorstechenden Auge kein Schwarz am Kopf. Leise quietschender, unmelodischer Gesang. Ruft sanft, angenehm und sehr traurig 'pjü'.   BJW

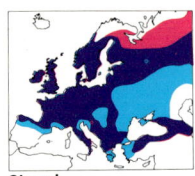

Gimpel, juv.

Kernbeißer *Coccothraustes coccothraustes* L 18. Brütet spärlich in unterholzreichen Laub- und Mischwäldern, auch alten Parks. Kirschkerne, die dem kolossalen Schnabel geknackt werden, um an den Inhalt zu gelangen, sind das Leibgericht; das Fruchtfleisch wird fallengelassen. Nimmt auch Samen von Buche, Hainbuche und Schlehe. Im Winter in kleinen Trupps, auch an Futterhäusern. Im Sommer meist in Baumkronen, schwer zu sehen und scheu. Durch *großen Kopf,* „Stiernacken", *kurzen Schwanz* mit weißer Spitze und *kolossalen Schnabel* (im Sommer blaugrau, im Winter gelblichweiß) unverkennbar. Im Flug *große weiße Flügelfelder.* Im Jugendkleid (bis Sommer) gelbbraun gescheckt und ohne die markante Gesichtszeichnung. Weibchen mit grünbraunem, Männchen mit gelbbraunem Farbstich, Armschwingenfeld der Weibchen hellgrau. Häufigster Ruf ein stahlhartes, lautes 'pix!'. Ruft auch ähnlich Amsel 'srri' (meist im Flug) und ähnlich Grauschnäpper 'tjl'. Gesang eine leise, stotternde Folge hoher und unreiner Töne.   BJW

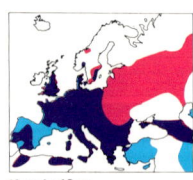

Kernbeißer

Grasmücke

Ammer

Sperling

Fink

♂ Schlichtkleid

♀

Buchfink
♂ Prachtkleid

♀

Bergfink
♂ Prachtkleid

♂ Schlicht kleid

♀

♂

Gimpel

♀

♂

juv.

♂

ad.

Kernbeißer

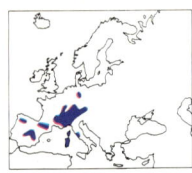

Zitronengirlitz

Zitronengirlitz *Serinus citrinella* L 11,5. Bewohnt Nadelwälder der Gebirge Mittel- und Südwest-Europas. Auf Sardinien und Korsika (Unterart *corsicana*) nicht so an Wald gebunden, sondern auch auf Ginster- und Heideflächen. Ernährt sich hauptsächlich von Nadelbaumsamen, auf Alpenwiesen aber z.B. auch Löwenzahn. Kommt im Winter in niedrigere Lagen. Bei Altvögeln *Unterseite und Bürzel ungestreift grüngelb*, Flügelbinden gelb und *Nacken asch-grau*. Jungvögel brauner und kräftig gestreift. Rücken der Unterart *corsicana* warm braun. Meist in Trupps. Ruf ein schnelles, charakteristisches 'pirriti' mit hübsch klingeldem Ton, ähnlich Rotstirngirlitz. Ferner 'puütt' und 'ptuii'. Gesang schnell und zwitschernd, oft im Singflug und an Erlenzeisig oder Stieglitz erinnernd.   BJ

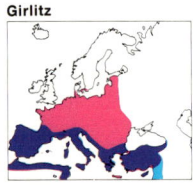

Girlitz

Girlitz *Serinus serinus* L 11. Häufiger Brutvogel in Mittel- und Südeuropa in Parks, Gärten und Alleen. Gefieder gestreift, *Unterseite und Bürzel gelb*. Jungvögel ohne Gelb und stark gestreift, aber an der *geringen Größe* und dem *winzigen Schnabel* zu erkennen. Im Sommer kann der Kopf durch Abnutzung der graugrünen Federränder leuchtend gelb werden (sehr naher Verwandter des Kanarienvogels!). Nahrungssuche (Wildkrautsamen) oft am Boden. Einzelne Vögel überwintern bei uns. Ruft silberhell klingelnd 'gr-r-rlitt'. Singt von erhöhter Warte (z.B. Fernsehantenne) und in schmetterlingsartigem Balzflug mit langsamen Flügelschlägen ein klingelndes, zwitscherndes, trillerndes, hohes und schnelles Lied, schwer zu beschreiben, aber am ehesten an ungeölten Kinderwagen erinnernd.   BZ

Rotstirngirlitz, ♂

Rotstirngirlitz *Serinus pusillus* L 11. Gebirgsvogel des Kaukasus, der Türkei und Mittelasiens. Wie ein Girlitz mit *schwarzem Vorderkörper und leuchtend rotem Fleck auf Stirn und Vorderscheitel*. Weibchen weniger kontrastreich mit kleinerem Stirnfleck. Jungvögel mit rostig *gelbbraunem Gesicht*, ohne Schwarz und Rot. Ruft weicher, nasaler und singender als Girlitz 'derrerrEtt'.   –

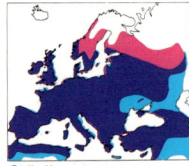

Grünling

Grünling *Carduelis chloris* L 14,5. Brütet häufig in offenem, verbuschtem Kulturland und Gärten, Stammgast an Futterhäusern. Geht im Spätsommer auch in großen Schwärmen auf Felder. Kräftig gebaut, mit recht *großem Kopf und derbem Schnabel*. Gesichtsausdruck immer grimmig. Alte Männchen mit gelbgrüner Unterseite und olivgrüner Oberseite attraktiv gefärbt, am schönsten im Sommer, da die dunklen Federränder dann abgenutzt sind. Weibchen blasser und eher graugrün, Jungvögel im ersten Kleid stark bräunlich und gestreift. In allen Kleidern *leuchtend grüne Kanten der Handschwingen und Steuerfedern*. Schneller Flug mit ausgeprägteren Wellen als z.B. Buchfink. Ruft im Flug schnell rollend 'djürürUtt' oder kurz 'djüpp', nachdrücklicher als Buchfink. Im Sitzen oft ein kanarienvogelähnliches rauhes 'dschüi'. Singt von erhöhtem Sitzplatz oder im schmetterlingsartigen Balzflug mit rudernden Flügelschlägen ein kraftvoll trillerndes Lied. Darin kommt oft ein manchmal auch alleine vorgetragenes, an Bergfink erinnerndes, langgezogen quäkendes 'djüüsch' vor.   BJ

Erlenzeisig

Erlenzeisig *Carduelis spinus* L 12. Weit verbreiteter, aber lokaler Brutvogel in alten Nadelwäldern, bei uns vorwiegend im Bergland. Häufigkeit hängt von Samenproduktion ab. Im Winterhalbjahr in großen Schwärmen an Birken, Erlen und sogar Meisenknödeln, oft gemeinsam mit Birkenzeisigen. Bei der Nahrungssuche meist still, dann plötzlich laut rufend im Schwarm auffliegend im nächsten Baum einfallend. Ein *kleiner Fink, grünlich und gestreift*, mit gelben Flügelbinden und Schwanzseiten und grüngelbem Bürzel. Männchen mit schwarzem Scheitel und Kinnfleck, Weibchen blasser und stärker gestreift. *Schnabel relativ lang*. Ruft langgezogen klar und wehmütig 'düi, dlüh' und trocken 'kettekETT'. Gesang schnell plaudernd und zwitschernd, mit schwachem Quäken endend, manchmal in grünlingsartigem Singflug.   BJZW

juv.

♂

Zitronengirlitz

♂ ad.

Girlitz
bei der
Futtersuche

♂

♀ ♂

Girlitz

♂

♀ ♂

Grünling

Balzflug des
Grünlings

♂ ♂

♀

Erlenzeisig

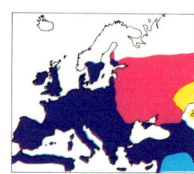

Stieglitz

Bluthänfling

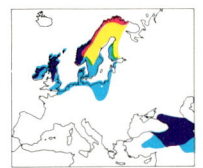

Berghänfling

Stieglitz *Carduelis carduelis* L 14. Brütet häufig in offenem Gelände, an Waldrändern, in Parks und Gärten, kann aber zur Brutzeit leicht übersehen werden. Altvögel können an *rotem Gesicht* und sonst *schwarz-weiß gezeichnetem Kopf* leicht erkannt werden. Flügel schwarz mit *breiter gelber Binde*, besonders im Flug aufblitzend. Bürzel weiß. Jungvögel haben bereits Schwanz- und Flügelzeichnung der Altvögel, sind sonst aber nichtssagend graubraun mit dunkler Streifung. Da das Kopfgefieder zuletzt gemausert wird, sieht man im Frühherbst junge Stieglitze, die schon wie Altvögel aussehen, aber noch einen blaß grauen Kopf haben. Brütet manchmal in lockeren Kolonien und ist außerhalb der Brutzeit sehr gesellig. Auf Distelsamen spezialisiert und daher oft auf Brachflächen zu finden. Ruft charakteristisch scharf und hoch 'stige-LITT', im Flug oft nur 'Iltt, Iltt'. Aus größeren Trupps auch oft uferschwalbenähnliche raspelnde Laute. Gesang erinnert sowohl an Grünling, als auch an Erlenzeisig, kann aber an den eingestreuten namengebenden 'Stieglit'-Rufen sowie attraktiv miauenden und einigen heiser kratzenden Tönen erkannt werden. BJZ

Bluthänfling *Carduelis cannabina* L 13. Häufiger Brutvogel in offenem Gelände mit Hecken und Büschen, auf Heideflächen, in Parks und Gärten. Tritt oft paarweise auf. Im Spätsommer große Trupps auf Brachflächen, oft gemeinsam mit Grünlingen. Bluthänflinge sind recht kleine Finken, die man meist nur rufend fliegen und in mit Wildkräutern bestandenen Flächen verschwinden sieht. Männchen an *grauem Kopf, himbeerroter Stirn und Brust, nußbraunem Rükken* und weißen Kanten der Handschwingen und Steuerfedern sofort zu bestimmen. Schnabel grau. Im Herbst ist das Rot durch helle Federränder etwas gedämpft. Weibchen und Jungvögel ohne Rot, mit gestreifter Brust, weniger reinen Farben und daher leicht mit Berghänfling zu verwechseln. Da diese Gefahr vorwiegend im Winter besteht, liefert die Schnabelfarbe (beim Berghänfling gelb) ein gutes Unterscheidungsmerkmal. Ferner sind die *weißen Handschwingenkanten* viel auffallender, während gleichzeitig Flügelbinden fast völlig fehlen, Rücken und Brust schwächer gestrichelt sind und die *Kehle gräulich weiß mit feiner Streifung in der Mitte* ist, statt wie beim Berghänfling ungestreift beigegelb. Außerdem zeigen Bluthänflinge einen besonderen Gesichtsausdruck, der durch helle Bereiche über und unter dem Auge und auf den Wangen hervorgerufen wird. Sehr stimmbegabt. Im Flug etwas nasal 'knettETT' oder nur 'tett', manchmal mit kurzem Triller oder weichem Pfeifen kombiniert, z.B. 'piuu', 'trrrü' oder 'tokijüü'. Singt von gut sichtbarer Warte aus ein abwechslungsreich zwitscherndes Lied. BJZW

Berghänfling *Carduelis flavirostris* L 13. Brütet auf hochgelegenen Heideflächen Nordeuropas, vorwiegend entlang der Atlantikküste, sowie in Bergland und Steppen Asiens. Erscheint im Winter bei uns im Flachland auf Brachflächen, im Deichvorland und entlang größerer Flüsse, vorwiegend in Norddeutschland. Meist in Trupps, kommt auch an Futterhäuser und ist recht furchtlos. Oft mit Birkenzeisigen und Bluthänflingen vergesellschaftet, an die sein Aussehen auch am ehesten erinnert. Im Vergleich zum Birkenzeisig langschwänziger, mehr *gelblichbraun* getönt und *ohne schwarze und rote Markierungen an Stirn und Kehle*. Im Gegensatz zum weiblichen Bluthänfling mit *wachsgelbem Schnabel* (nur im Sommer graubraun), gelblicherem Braun auf Wangen und Brust, *ungestreifter beigegelber Kehle* (nicht weißlich und gestrichelt), von den Spitzen der Großen Armdecken gebildeter heller Flügelbinde, weniger auffallendem Weiß an den Kanten der Handschwingen und schwarzen Beinen. Rosa Bürzel des Männchens schwer zu sehen, besonders im Winter, wenn er durch braune Federränder teilweise verdeckt ist. Typischer Ruf ein nasales, heiseres, dünnes 'TJEeit', das aus großen Trupps ständig zu hören ist, ferner ein unspezifisches 'tschek, dschät'. Gesang zwitschernd, mit eingestreuten Artrufen. W

juv.

Stieglitz

ad.

wellenförmiger Flug

♂

Bluthänfling

♀

Hänflingsschwarm
auf winterlichem Feld

♂

♂ Schlichtkleid

♂ Prachtkleid

♂

♀

Berghänfling

283

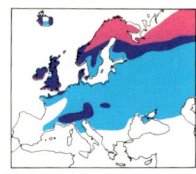

Birkenzeisig

Birkenzeisig *Carduelis flammea* L 12,5. Brütet in verschiedenen Unterarten in Mittel-und Nordeuropa in Bergregionen, Birkenwäldern, Parks und Gärten, bei uns früher nur in den Alpen, inzwischen aber selbst im norddeutschen Flachland stark zunehmend. Nördliche Populationen ziehen im Winter südwärts, manchmal invasionsartig. Durch *roten Fleck auf Stirn und Vorderscheitel* (bei Jungvögeln jedoch nicht vor August) und *schwarzen Kinnfleck* von allen anderen Arten unterschieden (außer Polarbirkenzeisig, s. dort). Alte Männchen rot auf Brust und oft ungestreiftem Bürzel. Unterart *flammea* (Skandinavien, Rußland) mittelgroß, ziemlich hell und grau. Unterart *cabaret* (Großbritannien, Alpen, zunehmend fast ganz Deutschland) kleiner, dunkler und mehr braun. Unterart *rostrata* (Grönland) groß, dunkel, kräftig gestreift. Gesellig, brütet oft in lockeren Kolonien und tritt im Winter in großen Trupps, oft mit Erlenzeisigen, an Birken und Erlen auf. Ruft metallisch 'tschött, tschött-tschött' und rauh 'dschüi'. Gesang im Flug aus Ruf und trockenem Schwirren zusammengesetzt 'dschött dschött dschött serrrrr...'. BJZW

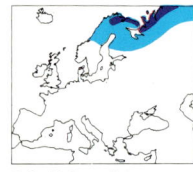

Polarbirkenzeisig

Polarbirkenzeisig *Carduelis hornemanni* L 12,5. Brütet verstreut im äußersten Norden Europas in niedrigen Weidendickichten, weicht im Winter kaum nach Süden aus. Dem Birkenzeisig extrem ähnlich (dieselbe Art?), aber *insgesamt heller* auf Kopf und Rücken (im Winter beige, im Sommer hellgrau), mit heller Zone zwischen Schnabel und roter Stirn (bei Birkenzeisig meist dunkel) und nur wenigen feinen Flankenstricheln. Alte Männchen mit rosa Brust (rot beim Birkenzeisig). Wichtigstes Kennzeichen ist der bei alten Männchen immer, bei Weibchen meist vorhandene *ungestreifte rein weiße Bürzel.* Einzelne Weibchen und Jungvögel mit feiner Bürzelstrichelung sind kaum zu bestimmen. Sofern der Bürzel bei Birkenzeisigen ungestrichelt ist, zeigt er immer eine rötliche Färbung! Im Durchschnitt kürzerer Schnabel und lockerer getragenes Gefieder als Birkenzeisig, Rufe diesem ähnlich. A

Wüstengimpel *Bucanetes githagineus* L 14. Nordafrikanische und westasiatische Art, lokal in Spanien (bei Almeria). *Schnabel typisch kurz* und „bullig" (wie der ganze Vogel). Prachtkleid des Männchens braungrau mit *rosa Anflug, Schnabel hell rot.* Im Winter mehr wie das matter gefärbte Weibchen. Ruf und Gesang eigentümlich nasal und sehr laut trompetend („Kindertrompete"). A

Karmingimpel

Karmingimpel *Carpodacus erythrinus* L 14. Asiatische Art, die sich momentan westwärts ausbreitet und an verschiedenen Stellen in Deutschland schon brütet. Trifft erst im Mai ein, bewohnt dichtes Gestrüpp. Alte Männchen an *Kopf, Brust und Bürzel himbeerrot.* Weibchen und Jungvögel unscheinbar graubraun mit leichter Strichelung und *angedeuteter Flügelbinde. Gestauchter Schnabel.* Fällt meist durch den Gesang auf, der variabel, aber immer laut und pirolartig flötend ist, z.B. 'tü-te hÜTja', 'vldje-vü vldja'. Ruft frisch und rein 'üit', warnt ähnlich Grünling 'djÄ-i'. BZ

Berggimpel

Rosengimpel *Carpodacus roseus* L 15. Sehr seltener asiatischer Gast in Westeuropa. Männchen *blasser rot* als Karmingimpel mit *weißlicher Stirn- und Kinnstrichelung.* – (Nicht abgebildet).

Berggimpel *Carpodacus rubicilla* L 20. Brütet auf hohen Bergen im Kaukasus und in Zentralasien. *Groß*, ganze Unterseite des Männchens *dunkelrosa mit hellen Flecken.* – (Nicht abgebildet).

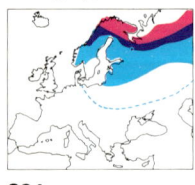

Hakengimpel

Hakengimpel *Pinicola enucleator* L 20. Spärlicher Brutvogel der nördlichen Taiga. Ernährt sich von Knospen und Beeren. Still, leicht zu übersehen. *Groß und kräftig, auffallend langschwänzig und mit zwei deutlichen weißen Flügelbinden.* Männchen kalt rot, Weibchen und Jungvögel graugelb und orange. Ruft hell und kräftig flötend 'pilidjlh, pilidjÜh' und leise 'bütt, bütt'. Der kristallklare Gesang erinnert an Waldwasserläufer. A

Birkenzeisig-Schwarm

rostrata ♂

♂

flammea ♂

Birkenzeisig

cabaret ♂

♀

♂ **Polar-birkenzeisig**

♂ Schlichtkleid

♀

Wüstengimpel
♂ Prachtkleid

♀

(und imm. ♂)

♂

Karmingimpel

♀ (und imm. ♂)

Hakengimpel

♂

Kreuzschnäbel

(Familie Fringillidae, Gattung Loxia) leben vorwiegend von Nadelbaumsamen und sind mit den kräftigen, gekreuzten Schnäbeln auf das Aufschneiden der Zapfen spezialisiert, jede Art auf eine bestimmte Sorte. Meist brüten sie im Spätwinter, da die Samen (Nahrung der Jungen) dann reif sind. Kreuzschnabelpopulationen führen kein seßhaftes Dasein, sondern tauchen dort auf, wo das Nahrungsangebot gerade günstig ist. In schlechten Zapfenjahren Massenemigrationen.

Fichtenkreuzschnabel

Fichtenkreuzschnabel *Loxia curvirostra* L 16,5. Spezialist für Fichtenzapfen, Charaktervogel der Nadelwaldzone. Starken Häufigkeitsschwankungen unterworfen. Brut zur Zeit der größten Kälte im Februar/März. Invasionen können daher schon im Sommer beginnen. Außerhalb der Brutzeit ziehen Fichtenkreuzschnäbel in kleinen Trupps von 5–30 Individuen umher, ständig ihr charakteristisches metallisches 'glipp-glipp-...' rufend (Kiefernkreuzschnabel klingt sehr ähnlich, s. dort). Während der Nahrungsaufnahme unauffälliger. Hängen geschickt an Fichtenzapfen (ausnahmsweise Kiefern), flattern mit aus dem Schnabel hängenden großen Zapfen umher und arbeiten fleißig und schweigsam die Samen heraus. Nur ein gedämpftes 'tschück-tschück' und das Herabprasseln geleerter Zapfen sind zu hören. Männchen rot, Weibchen graugrün mit gelbgrünem Bürzel, Jungvögel gräulich und stark gestreift. Männchen mit gelben Gefiederpartien nicht zwangsläufig immatur. *Gekreuzter Schnabel schwächer* als bei Kiefernkreuzschnabel. Singt (manchmal im segelnden Flug) zwar laut, aber etwas zögernd und mit eingestreuten Rufen 'tschiritschiri tschüff glipp-glipp-glipp, tschiri'.   BZW

Schottischer Kreuzschnabel *Loxia scotica* L 16,5. Nicht umherziehender Brutvogel schottischer Kiefernwälder. Größe und Rufe zwischen Fichten- und Kiefernkreuzschnabel.   –

Kiefernkreuzschnabel *Loxia pytyopsittacus* L 17. Spezialist für Kiefernzapfen. Brütet in nordeuropäischer Taiga und neigt weniger zu Massenemigrationen als Fichtenkreuzschnabel. Wie dieser gefärbt, aber *Schnabel kräftiger und höher*, besonders *Unterschnabel* größer und *mit deutlicherer S-förmiger Kontur*, wirkt daher kopflastig. Stimme der des Fichtenkreuzschnabels problematisch ähnlich, da die Rufe je nach Stimmung in verschiedener Tonhöhe, Stärke und Klangfarbe ausgestoßen werden, so daß es bei beiden Arten ein weites Spektrum mit sehr großem Überschneidungsbereich gibt. Im Durchschnitt ruft der Kiefernkreuzschnabel jedoch *kräftiger und tiefer*. Ein am Extrem der Skala liegendes 'tschock', tief wie bei der Amsel und bei der Nahrungsaufnahme ausgestoßen, ist arttypisch. Nur mit großer Erfahrung können fliegende Kreuzschnäbel am Ruf unterschieden werden. Charakteristische Warnrufe (in Nordeuropa durch Imitieren von Sperlingskauzrufen provozierbar): Fichtenkreuzschnabel warnt 'tschück-tschück' (tief genug), Kiefernkreuzschnabel 'tschöcktschöck' (tiefer und steinhart). Gesang mit vielleicht arttypischem 'tschiiLIR-tschiiLIR'.   A

Kiefernkreuzschnabel

Bindenkreuzschnabel *Loxia leucoptera* L 15,5. Spezialist für Lärchenzapfen. In Westeuropa sehr seltener Gast aus dem Nordosten. Furchtlos, gelegentlich auch in Ebereschen. In allen Kleidern *breite weiße Flügelbinden*. Fichtenkreuzschnäbel können jedoch gelegentlich ebenfalls schmale Flügelbinden zeigen, haben aber nicht die *breiten weißen Spitzen der Flügeldecken und Schirmfedern*, sondern nur schmale Ränder der Außenfahnen und Spitzen. Bindenkreuzschnabel ist ferner kleiner, hat schwächeren Schnabel und ist als Männchen leuchtend rosenrot gefärbt. Weibchen gelblicher als Fichtenkreuzschnabel, mit gelbem Bürzel und deutlicherer Streifung auf Kopf und Rücken. *Ruf deutlich anders* als das metallische 'glipp' des Fichtenkreuzschnabels, trocken und recht klanglos 'tjäck-tjäck'. Sitzende Vögel rufen voller, aber leise 'kipp'. Von Trupps bei der Nahrungsaufnahme, manchmal im Flug, ein arttypisches zartes, gebrochenes, nasal piepsendes 'äähng', der sogenannte „Trompetenlaut" (auch als Warnruf). Gesang vergleichsweise lang und abwechslungsreich, ähnlich Erlenzeisig.   A

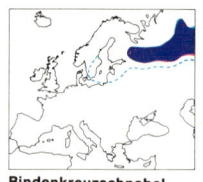

Bindenkreuzschnabel

♀

♂

juv.

**Fichten-
kreuzschnabel**

Fichtenkreuzschnabel

Schottischer Kreuzschnabel

Kiefernkreuzschnabel

♂

Kiefernkreuzschnabel

♀

♂

**Binden-
kreuzschnabel**

juv.

Ammern

Ammern (Familie Emberizidae) sind recht kleine Vögel, deren kurze, dicke Schnäbel S-förmige Schneidekanten besitzen. Sie bewohnen offenes Gelände mit Büschen, Hecken, Alleen, auch Waldränder, Moore, Schilf und feuchte Dickichte. Nur Wald- und teilweise Zwergammer gehen in geschlossene Waldgebiete (sowie einige asiatische Arten). Fallen oft durch die typischen Gesänge auf. Weibchen und Jungvögel meist einfarbiger als Männchen. Außerhalb der Brutzeit oft in Trupps bei der Samensuche am Boden. Junge werden mit Insekten gefüttert. Nest am Boden oder in niedrigen Büschen, 3–6 Eier mit Flecken und Schnörkeln.

Grauammer *Miliaria calandra* L 18. Bewohnt offenes Kulturland, Wiesen und trockene Flächen Mittel- und Südeuropas. Männchen manchmal polygam. Außerhalb der Brutzeit in kleinen Trupps. Geschlechter gleich. *Graubraun gefärbt, kräftig gestreift und ohne auffallende Merkmale. Schnabel dick,* hell graubraun mit stark geschwungenen Schneidekanten. Wirkt kräftig. Im schweren Flug von Feldlerche an fehlender weißer Hinterkante des Armflügels zu unterscheiden. Männchen fliegt mit herabhängenden Beinen zum und vom Singplatz. Ruft hart, scharf, leicht klickend 'zick'. Männchen singt von erhöhten Warten (gern Stromleitungen) metallisch, monoton, am Schluß wie ein Schlüsselbund klingelnd 'tik tik-zick-zickzirrrsss'. BZW

Grauammer

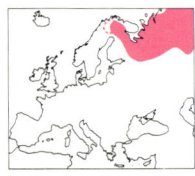

Zwergammer

Zwergammer *Emberiza pusilla* L 13. Seltener Brutvogel im äußersten Nordosten Europas in offenem, feuchtem Wald und Weidendickichten. Zieht nach Südosten, daher kaum einmal in Westeuropa zu sehen. Im Prachtkleid an *rotbraunem Kopf* (bei alten Männchen auch Kehle) mit schwarzem Längsband an den Scheitelseiten, *hell rotbraunem Längsstreif in der Scheitelmitte* und einfarbig rostbraunen, teilweise schwarz begrenzten Wangen kenntlich. Wird trotz der geringeren Größe oft mit jungen Rohrammern im Herbst verwechselt, zeigt aber im Vergleich folgende Kennzeichen: *Wangenfleck einfarbig rostbraun* (bei Rohrammer dunkel und schwarz-braun-beige gemustert) und unten mit schwarzem Strich begrenzt, der *nicht* (wie bei Rohrammer) bis zum Schnabelansatz reicht, proportional *längerer Schnabel mit geradem* oder gar *konkavem First* (bei Rohrammer konvex), *mattbraune* (nicht rotbraune) *Kleine Oberflügeldecken,* hellere Beine und gewöhnlich schmalere, kürzere und dunklere Streifen auf der Unterseite. Meist deutlicher *heller Augenring* und helle Flügelbinde. Ruft hart, *scharf und kurz* 'zick' (wie ein kleiner Kernbeißer). Gesang recht leise, abwechslungsreich und mit z.B. an Ortolan und Rohrammer erinnernden Motiven. A

Zwergammer

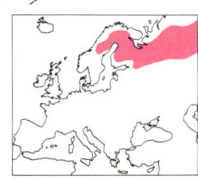

Waldammer

Waldammer *Emberiza rustica* L 14,5. Recht häufiger Brutvogel feuchter Nadel-, manchmal auch Birkenwälder, die an kleine Sümpfe oder Flüsse grenzen. Zieht nach Südosten und erscheint daher nur ausnahmsweise bei uns. Männchen im Prachtkleid mit charakteristischer schwarz-weißer Kopfzeichnung, *weißem Bauch und rötlichbrauner Färbung von Brustband und Flanken.* Weibchen und Vögel im Herbst können mit Rohrammern verwechselt werden, die jedoch auf Brust und Flanken dunkel gestreift und nicht rotbraun sind und die braungrauen statt wie die Waldammer *rostbraunen, ungestreiften Bürzel* haben. Schnabel der Waldammer mit geradem, der Rohrammer mit konvex gebogenem First. Ferner Flügelbinden deutlich und Beine hell (rosa). Ruf ähnlich Singdrossel, etwas höher und deutlicher 'zitt' (Goldammer kann ähnlich rufen). Gesang klar, melodisch, kurz, mit klagendem Klang der Spornammer und zögernd wie Heckenbraunelle, mit weichem Ton 'DUdelü dll-do deLUU-deli'. A

Gelbbrauenammer *Emberiza chrysophrys* L 14. Sehr seltener Gast aus Asien. Etwas kleiner als Waldammer. Männchen hat *schwarzen Kopf mit weißem Scheitelstreif, gelbem Überaugenstreif,* der zum Ende hin weiß wird, weißen Bartstreif und schwarzen Kinnstreif. Gesamte Unterseite weiß, an Brust und Flanken dunkel gestrichelt. Weibchen blasser. Schnabelwurzel rosa. Ruft ähnlich Waldammer, singt ähnlich Rötelammer. –

Gelbbrauenammer, ♂

Pieper

Fink

Sperling

Ammer

Spornammer-Trupp

Grauammer

ingende Goldammer

Zwergammer

♂ Schlichtkleid

♂ Prachtkleid

Waldammer

♀

289

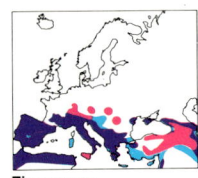

Zippammer

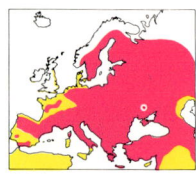

Ortolan

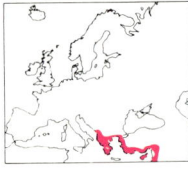

Grauortolan

Steinortolan, ♂

Steinortolan

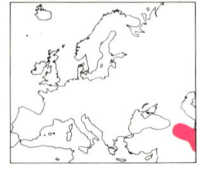

Zippammer *Emberiza cia* L 16. Vorwiegend in Südeuropa an kahlen oder baumbestandenen Felshängen. In Süddeutschland selten in Weinbergen. Männchen mit *schwarz gestreiftem, aschgrauem Kopf*, Weibchen mehr diffus gezeichnet. Beide haben ungestreifte Kehle und *kastanienbraunen Bürzel* (im Abflug auffallend). Weiße Spitzen der Mittleren Armdecken bilden schmale Flügelbinde. Im Jugendkleid unterseits gestreift und durch kastanienbraunen Bürzel und weiße Kanten der äußeren Steuerfedern jungen Goldammern ähnlich, aber an der *rötlichen Unterseite* bestimmbar. Von jungen Ortolanen und Grauortolanen an Bürzelfärbung und *grauem Schnabel* unterschieden. Oft am Boden, setzt sich aber auch gerne in Bäume. Ruft dünn und weich 'zit' oder sehr hoch saugend 'siii', nur ganz leicht oder gar nicht abfallend. Singt von hoher und freier Warte schnell und abwechslungsreich ähnlich Zaunkönig, aber mit piepsiger Stimme 'süt witt tell-tell witt drrr viä sitt siä'. BJ

Ortolan *Emberiza hortulana* L 16,5. Brütet sehr verstreut in fast ganz Europa, im Norden in offenem Kulturland mit Baumgruppen, gern auf Sandboden, im Süden in kargem Bergland. Alte Männchen von anderen Ammern durch *grünlichgraue Färbung von ungeflecktem Kopf und Brustband* und *hellgelbe Kehle* unterschieden. Aus der Nähe deutlicher, schmaler, *gelblichweißer Augenring. Beine und Schnabel rosa.* Äußere Steuerfedern mit weißen Kanten. Vergleiche in Südost-Europa auch mit Grauortolan. Weibchen ähnlich Männchen, aber mit Braunstich in der Färbung des dunkel gestrichelten grünlichgrauen Kopfes und auffallend gestricheltem grauem Brustband. Jugendkleid unauffällig bräunlich und gestreift, mit graubraunem, gestricheltem Bürzel (nicht rotbraun wie Gold- und Zippammer), grauem Schnabel und weißlichem Augenring. Ruft klar und metallisch 'sliie', auch von nächtlichen Durchzüglern im August langsam gereiht zu hören (3–5 Rufe pro Überflug). Kontaktruf, auch von tagsüber ziehenden Vögeln, trocken und gedämpft 'plett'. Bei Beunruhigung kurz 'tjU' oder im Abstand von 2 Sekunden abwechselnd 'tiU' und 'slle'. Gesang individuell und regional verschieden (Dialekte), aber klingelnder Tonfall und gewöhnlich niedrigere Tonlage im zweiten Teil des Liedes typisch, wie auch der schwermütige Klang: 'swi swi swi swi drü drü' oder 'drü drü drü sia sia'. Im Süden wird der zweite Teil meist durch einen einzigen tieferen, gebrochenen Ton ersetzt, ähnlich Grauortolan. BZ

Grauortolan *Emberiza caesia* L 16,5. Bewohnt trockenes, felsiges Gelände mit einzelnen Büschen in Südost-Europa. Grundmuster und rosa Schnabel wie beim Ortolan, aber *Kopf und Brustband blaugrau* (nicht grüngrau) und *Kehle hell orange* (nicht blaß gelb). Weibchen vom Männchen durch deutlich gestreiften Scheitel mit schwächerem Blauton und leicht gestricheltes Brustband unterschieden. Jungvögel von jungen Ortolanen nur in der Hand an der Färbung der Unterflügel zu unterscheiden: Grauortolan weiß mit Rostton, Ortolan gelblichweiß. Von jungen Zippammern an mehr *grau getönten braunen Bürzel* unterschieden (nicht rotbraun). Meist am Boden. Ruft metallisch 'spitt', schärfer als Ortolan. Der Gesang klingt wehmütig und wie ein defektes oder primitives Ortolanlied, ohne den schön klingelnden Klang und immer nur mit einem Schlußton, nie zwei oder drei. Der Schlußton ist langgezogen und bleibt auf einer Tonhöhe, ohne Klingeln oder Doppellaut. Zwei Gesangstypen werden abwechselnd benutzt, eine stärkere und tiefere, 'dji dji dji djüü', eine höhere und fast quäkende, 'vi vi vi vüh'. —

Steinortolan *Emberiza buchanani* L 16,5. Brütet vom südlichen Kaukasus an ostwärts an kargen Berghängen, oft über 2000, manchmal nur 400 Meter hoch. Altvögel mit blaugrauem Kopf wie Grauortolan, aber *Unterseite ziegelrot* (die meisten Federn mit weißen Spitzen, daher etwas unsauber aussehend), *kein dunkles Brustband*, Kinn und Kehle weißlich, nur rotbraun überhaucht, und Steiß heller. Geschlechter ähnlich, Weibchen nur etwas blasser. Im Jugendkleid wie Ortolan und Grauortolan, *Rücken* lediglich eine Ahnung *schwächer gestreift*. Gesang ähnlich Ortolan. —

♀
♂
Zippammer

♀
♂
Ortolan

juv.

♀
Grauortolan

♂

juv.

291

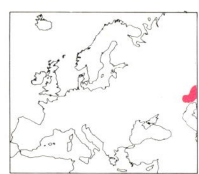

Braunkopfammer

Rötelammer, ♂

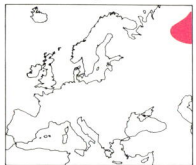

Fichtenammer

Braunkopfammer *Emberiza bruniceps* L 16. Bewohnt Steppen, Berge, offenes und trockenes Gelände mit einzelnen Bäumen zwischen Kaspischem Meer und Altai-Gebirge. Sehr seltener Gast in Westeuropa, wahrscheinlich meist entflogene Käfigvögel. Steht der Kappenammer sehr nahe und hybridisiert gelegentlich mit ihr im Grenzbereich. *Kopf und Brust* des unverkennbaren Männchens *rotbraun, Unterseite gelb.* Weibchen denen der Kappenammer so ähnlich, daß es nur manchmal an leicht rotbrauner Kehlfärbung und etwas grünlichem (nicht rotbraunem) Ton des Rückens erkannt werden kann. Jungvögel beider Arten zwar nicht voneinander, aber von anderen Ammern durch gelblichweiße Unterschwanzdecken und *fehlendes Weiß an den äußeren Steuerfedern* unterscheidbar. Ruft ähnlich Goldammer 'tjüh' und 'tjipp', auch mehr metallisch 'ziff'. Singt wie Kappenammer.   (A)

Rötelammer *Emberiza rutila* L 14,5. Sehr seltener Gast aus Ostasiens Wäldern. Klein. *Kopf, Brust und Oberseite* des Männchens *kastanienbraun, Bauch gelb.* Weibchen und Junge der größeren Goldammer durch rotbraunen Bürzel, graubraune Oberseite und gelbliche Unterseite ähnlich, aber *ohne Weiß am Schwanz.* Ruf ähnlich Zwergammer 'zick'. Gesang angenehm und kurz, beginnt wie Baumpieper und endet wie Gartenrotschwanz.   —

Fichtenammer *Emberiza leucocephalos* L 16,5. Sehr seltener Gast aus Sibirien, brütet vom europäischen Ural bis zum Ochotskischen Meer. Bewohnt ähnliche Habitate wie Goldammer und kann als ihr östliches Gegenstück bezeichnet werden. (In großen Teilen Westsibiriens brüten beide nebeneinander und bringen gelegentlich Hybriden hervor, weshalb einige Systematiker sie als Unterarten derselben Art betrachten.) Ausgeprägter Zugvogel. Männchen mit *markanter brauner und weißer Kopfzeichnung.* Weibchen und Jungvögel mit rostbraunem Bürzel wie Goldammern, aber mit *weißer* statt mehr oder weniger gelber *Grundfärbung der Unterseite.* Bei manchen Weibchen etwas Weiß am Scheitel. Stimme wie Goldammer.   A

Türkenammer *Emberiza cineracea* L 16,5. Bewohnt steinige Hänge mit einzelnen Büschen in der Türkei und dem Iran, in Europa nur auf Lesbos und Chios. Trifft dort im April aus dem nordostafrikanischen Winterquartier ein und zieht im August/September wieder ab. *Oberseits hell braungrau,* viel Weiß an Schwanzecken. *Kopf* des Männchens *einfarbig graugelblich,* des Weibchens graubraun und gestreift, nur an der Kehle gelblich. Jungvögel brauner und deutlicher gestreift, etwas Gelb. Ruft 'klüpp' und 'chiff'. Gesang eine einfache, klingelnde Serie, 'dür dür dür-dür drl-do'.   —

Türkenammer

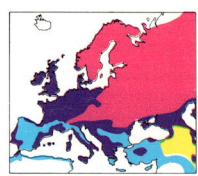

Rohrammer

Rohrammer *Emberiza schoeniclus* L 15. Häufiger Brutvogel in Schilfgebieten fast ganz Europas, auch in anderen Feuchtgebieten und sogar auf trockenem Untergrund. Zur Zugzeit auch auf Feldern, oft gemeinsam mit anderen Ammern. Prachtkleid des Männchens mit *schwarzem Kopf* und *weißem Halsring* unverkennbar. Weibchen auf *Scheitel und Wangen braunschwarz gemustert,* Kinnstreif breit und dunkel. Weibchen und Junge im Herbst am Kopf sehr rotbraun und beige, leicht mit Zwergammer zu verwechseln (s. dort und bei Waldammer). Schlägt oft nervös mit dem Schwanz (weiße Außenkanten leuchten dann). Ruft langgezogen und nachdrücklich hoch 'tsiU' und rauher 'bzü'. Singt von Schilfhalm oder Weidenzweig einfach, klappernd und stotternd 'srlpp, srlpp, sriA srislRr'.   BJZW

292   Pallasammer   ♂

Pallasammer *Emberiza pallasi* L 13,5. Sehr seltener Gast aus Sibirien (neuerdings Brutvogel des nordöstlichsten Europa). Unterscheidet sich von der braunrückigen Rohrammer außer an der Größe durch *helleren, gelblichgrauen Rücken, gräulichweißen Bürzel, graue oder graubraune Kleine Armdecken, geraden Schnabelfirst und rosa Unterschnabelbasis.* (Sibirische Rohrammern haben ähnliches Gefieder, aber immer rotbraune Kleine Armdecken und gröberen Schnabel.) *Halsband* des Männchens im frischen Gefieder *gelblich.* Weibchen mit *feiner Zeichnung der Halsseiten,* oft zu schmalem Brustband vereint, und sehr *schwach* gestrichelter Unterseite.   —

Braunkopfammer

Fichtenammer

Türkenammer

Rohrammer

♂ Schlichtkleid

♀

♂ Prachtkleid

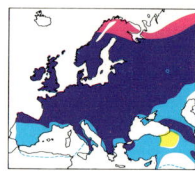

Goldammer

Weidenammer

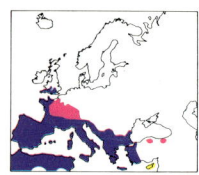

Zaunammer

Kappenammer

Goldammer *Emberiza citrinella* L 16,5. Häufiger Brutvogel in fast ganz Europa in offenem Gelände mit einzelnen Büschen, an Waldrändern und auf Lichtungen, selbst in der Kultursteppe. Im Winter in Trupps, die auf Stoppelfeldern und Brachflächen Nahrung suchen und gern in dichten Feldhecken rasten. Groß und langschwänzig, in allen Kleidern mit *rotbraunem Bürzel, Weiß an den äußeren Steuerfedern* und viel Goldgelb im Gefieder (bei Jungvögeln natürlich weniger). Bei alten Männchen im Prachtkleid *Kehle und ungeflecktes Scheitelfeld leuchtend gelb* (im Winter durch graubraune Federränder teilweise verdeckt). Weibchen und Jungvögel weniger golden und meist mehr gestreift, von Zaunammern im gleichen Kleid an rotbraunem, nicht gräulich braunem Bürzel unterschieden. Ruft unrein 'stüff', im Flug 'pr-r-rrt', 'pt, pt', 'zickÜRR' und scharf 'stix' (manchmal so hoch wie Waldammer). Singt von erhöhten Punkten, z.B. Stromleitungen, sogar während der Mittagshitze. Gesang charakteristisch und bekannt („Ach, wie hab' ich-Dich-so liiiieb"), variiert individuell, aber lautet oft 'si-si-si-si-si-si-süüü'. Vorletzter Ton oft höher als die übrigen, langgezogener Schlußton manchmal fehlend. Manche Vögel singen in wetzendem, an Schlagschwirl erinnerndem Tonfall 'dzedze-dze- …'.   BJZW

Weidenammer *Emberiza aureola* L 15. Bewohnt feuchte Dickichte und Birkenwälder im Nordosten Europas, zieht nach Südosten und erscheint daher nur ausnahmsweise in Westeuropa. Männchen an *schwarzem Gesicht, kastanienbraunem Scheitel und Brustband, gelber Unterseite und weißer Flügelbinde* sofort zu erkennen. Vorjährige Männchen noch etwas weniger prächtig, aber Färbung selbst im Schlichtkleid zu erkennen. Weibchen ähnlich weiblicher Goldammer, ist aber matter braun (nicht rotbraun), hat gestreiften Bürzel, angedeuteten hellen Scheitelstreif, *hellen Überaugenstreif*; weiße Spitzen der Mittleren Armdecken bilden deutliche Flügelbinde, *Unterseite fast einfarbig gelblichbeige*, nur an den Flanken und manchmal schmal auf der Brust gestrichelt. Jungvögel etwas undeutlicher als Weibchen gezeichnet. In allen Kleidern wenig Weiß auf den äußeren Steuerfedern. Ruft kurz 'zick'. Gesang vom Klang her ähnlich Ortolan, aber etwas weicher, leise klingelnd wie Spornammer und etwas hüpfend wie Rohrammer, manchmal angenehm flötend, z.B. 'triU-triU-triUhuhuhu trla-trla tripp-triih'. Tonhöhe zum Schluß ansteigend.   A

Zaunammer *Emberiza cirlus* L 16,5. Brütet in West- und Südeuropa in offener Landschaft mit Hecken und Büschen, auch in Weinbergen. Nur noch selten in Südwestdeutschland. Im Winter mit anderen Ammern auch auf Feldern. Männchen durch Kopfzeichnung unverwechselbar. Sonst von Goldammer durch *braungrauen*, nicht rotbraunen *Bürzel*, von Weidenammer durch völliges oder weitgehendes *Fehlen von Streifen auf Bürzel* und Oberschwanzdecken und vom Ortolan neben der Kopfzeichnung durch *grauen*, nicht rosafarbenen *Schnabel* unterschieden. Ruft ähnlich Singdrossel 'zitt', dünn und abfallend 'siu' und elektrisch knisternd 'zirrr'. Gesang nicht an andere Ammern, sondern an Wanderlaubsänger erinnernd, ein schneller, eintöniger, etwas rauher Triller, 'zezezezeze…'.   BJZ

Kappenammer *Emberiza melanocephala* L 16,5. Brutvogel Südost-Europas in offener, locker mit Büschen oder Bäumen bestandener Landschaft. Männchen gibt sich sofort durch *schwarzen Kopf, gelbe oder gelblichweiße Unterseite und fehlende weiße Schwanzzeichnung* zu erkennen. Weibchen am Kopf matt braun, unterseits gelblich getönt und ungestrichelt, wie weibliche Braunkopfammer, aber mit *rotbraunem*, nicht graugrünem Ton auf dem *Rücken* und nie rotbraunem Anflug an der Kehle. Jungvögel im Freiland nicht von jungen Braunkopfammern unterscheidbar (s. dort). Die Braunkopfammer wird von einigen Autoren nur als östliche Unterart der Kappenammer betrachtet. Ruft ähnlich Goldammer 'tschüh' oder 'stjüh' und ähnlich Ortolan 'plütt'. Gesang kurz, hat etwas vom einsamen Klang der Spornammer, ist aber nicht ganz so klirrend: 'sitt, sütt sütt sütt sütterl-sütt-sütteräh'.   (A)

juv.

Goldammer

♂

♀

♀

Weidenammer

♂

Zaunammer

♂

♀

♀

Kappenammer

♂

♀

295

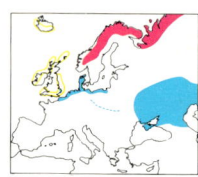

Spornammer

Spornammer *Calcarius lapponicus* L 15,5. Häufiger Brutvogel der Fjells und offenen Tundra Nordeuropas, gern in der Nähe von Weiden und feuchten Senken. Zur Zugzeit und im Winterhalbjahr einzeln oder in kleinen Gruppen an der deutschen Küste, meist im Deichvorland, selten tiefer im Binnenland. Läuft schnell und behende wie eine Lerche am Boden. Männchen im Prachtkleid sehr hübsch: *Brust und Kopf schwarz, rostroter Nacken durch gelblichweißes Zickzackband davon getrennt*, Schnabel maisgelb. Weibchen diffuser gezeichnet, aber auch mit rostigem Nacken und zusätzlich hellem Scheitelstreif. Dieses Muster im Schlichtkleid bei beiden Geschlechtern durch helle Federränder aufgelöst, aber *Nackenfärbung* noch sichtbar. Jungvögel durch *Rostrot auf den Großen Armdecken* ausgezeichnet, außerdem breiter heller Scheitelstreif (fehlt Rohrammern). Kralle der Hinterzehe sehr lang und fast gerade. Schwanz relativ kurz, *Flügel relativ lang*. Ruft *trocken* 'prrr-rrt', oft von kurzem 'tju' gefolgt (selten ein der Schneeammer sehr ähnliches 'piü'). Ferner rauh 'djüb', auch von Nachtziehern zu hören. Häufigster Ruf am Brutplatz metallisch 'Tlhü' (Warnruf?). Gesang kurz und klingelnd, ähnlich Ohrenlerche (wenn nur in kurzen Strophen vorgetragen) oder Schneeammer, aber klingelnde Elemente charakteristisch und Strophen recht konstant aufgereiht, nicht so variabel, z.B. 'kretle-krlll-trr kritlekretle-trü '. Beim Singflug Hinabgleiten auf ausgebreiteten Flügeln.   W

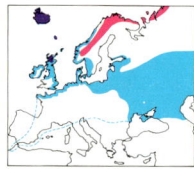

Schneeammer

Schneeammer *Plectrophenax nivalis* L 16. Brütet recht häufig in nordeuropäischen Fjells zwischen Felsen und Schneeflecken. Im Winter gern in sehr spärlich bewachsenem Gelände an der Küste, z.B. Dünen, sogar auf Flugplätzen. Im Binnenland bei uns seltener. Männchen im Prachtkleid *weiß und schwarz*, besonders *Flügel* (Armschwingen und Flügeldecken) *weiß leuchtend*. Weibchen am Kopf schmutzig graubraun, auf Rücken und Flügeldecken gräulich schwarz, hat aber *weiße Armschwingen*. Beide Geschlechter im Herbst und Winter mit *breiten beigen Federrändern* auf der Oberseite und Rostfärbung auf Scheitel, Wangen und Brust. Das Weiß der Flügel bleibt jedoch erhalten und glitzert im Flug auf große Entfernung – ein fliegender Trupp sieht wie ein kleines Schneegestöber aus. Im Jugendkleid (Juli-August) Kopf grau und Brust braun gefleckt. Flügel junger Männchen im ersten Winter wie bei alten Weibchen, junge Weibchen jedoch nur mit Weiß an der Basis der Armschwingen, das ein breites, durchscheinendes Flügelband bildet. Flug schnell und ausgeprägt wellenförmig. Lockt kurz und nachdrücklich pfeifend 'piü', weit zu hören (meist von einsamem, kontaktsuchendem Vogel) und sanft klingelnd, ähnlich Haubenmeise, 'dirrirrlTT' (Gruppenzusammenhalt). Aus großen Trupps auch an Uferschwalbe erinnernde kratzende Rufe (bei Zank). Singt von Steinblock oder in hinabgleitendem Flug kurz und klar, an Wald- und Spornammer erinnernd (ohne deren klingelnden Ton) und oft variiert 'svllto-süvÄÄ-vitüta-süvAÄ'.   W

Schneeammer, juv. ♀

Sperlinge (Familie Passeridae) sind mit Ausnahme des Schneefinken schon beschrieben, der zum Vergleich mit der Schneeammer hier eingefügt ist.

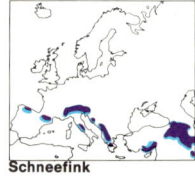

Schneefink

Schneefink *Montifringilla nivalis* L 18. Brutvogel der Alpen und hoher Gebirge Südeuropas, zwischen Baumgrenze und Schneefeldern. Furchtlos, gern bei Bergrestaurants, außerhalb der Brutzeit auch in Trupps, die im Winter in tiefere Lagen ausweichen, aber unvermeidlich bei Skilifts auftreten. Brüten in Felsspalten, unter Steinen, sogar in Gebäuden. Hat *großes weißes Flügelfeld* (bei Weibchen etwas kleiner) wie männliche Schneeammer, aber leicht an *grauem Kopf* und *braunem Rücken* zu unterscheiden (obwohl sich beide kaum einmal begegnen). Junge Schneeammern haben nur im Juli und August gleichfalls einen grauen Kopf). Kleiner dunkler Kehlfleck beim Männchen deutlicher. Schnabel im Sommer schwarz, im Winter gelb. Ruft heiser 'zjiih', kurz 'pitch' und leicht schnurrend 'prrrt'. Der Gesang, von einem Felsen oder im spiralförmigen Gleitflug vorgetragen, hat den Ton einer Ammer, ist abwechslungsreich, holperig und stotternd und enthält einige wiederholte Motive.   BJ

♂ Schlichtkleid

Spornammer

♀

♂ Prachtkleid

juv.

♂ Prachtkleid

♂ Schlichtkleid

♂

Schneeammer

♀

Schneeammer
♀

♂

♀

♂

Schneefink

Grauammer
♂, ♀ und
juv.

Zwergammer ♀ und
juv. ♂

Ortolan
juv.

Grauortolan
juv.

Goldammer
juv.

Rohrammer ♀
und juv.

Kappenammer ♀

Zaunammer ♀

Waldammer ♀ und juv.

Zippammer juv.

Braunkopfammer ♀

Fichtenammer ♀

Türkenammer ♀

Weidenammer ♀

Spornammer juv.

Schneeammer ♀

Seltene nordamerikanische Sperlingsvögel

Rotaugenvireo

**Meisenwald-
sänger ♀**

**Schnäpper-
waldsänger ♂**

**Streifenwald-
sänger imm.**

**Kronwald-
sänger ♀**

**Drossel-
waldsänger**

Gestiegenes Interesse und größere Fertig-
keit in der Vogelbestimmung haben dazu
geführt, daß eine wachsende Zahl nordamerikanischer Singvögel in Westeuropa
nachgewiesen werden kann. Meist tauchen
sie nach Herbststürmen in Großbritannien
und Irland auf. Eine Auswahl der am
häufigsten erscheinenden Arten folgt hier.
Amerikanische Drosseln wurden bereits auf
S. 260 vorgestellt.

Rotaugenvireo *Vireo olivaceus* L 15. Erinnert an Grasmücke, hat aber kräftigeren
Schnabel mit abwärtsgebogener Spitze
und behäbigere Bewegungen. Starker
*weißer Überaugenstreif oben schwarz be-
grenzt,* Scheitel grau. Iris bei Altvögeln rötlich, bei Jungen braun.   A

Meisenwaldsänger *Parula americana*
L 11. Doppelte Flügelbinde, weißer Augenring, gelbe Brust und *gelbgrüner Rückenfleck* auf sonst *bläulicher Oberseite.*   −

Schnäpperwaldsänger *Setophaga ruti-
cilla* L 13. Hat die Angewohnheit, den
Schwanz zu spreizen und die Flügel hän-
genzulassen. Fängt wie Fliegenschnäpper
Insekten. Männchen unverwechselbar,
Weibchen und Jungvögel oberseits gräulich grünbraun, unterseits weiß und mit *gelber Schwanzzeichnung.*   −

Streifenwaldsänger *Dendroica striata*
L 13. Zeigt gestreiften Rücken, *doppelte
Flügelbinde* und rein weiße Unterschwanzdecken. *Steuerfedern mit großen weißen
Flecken.* Beine meist bräunlich rosa. Männchen im Prachtkleid mit weißen Wangen,
schwarzer Kappe, dunklem Kinnstreif und
gestreifter Brust, im Herbst wie Weibchen
und Jungvögel kontrastärmer.   −

Kronwaldsänger *Dendroica coronata*
L 14. In allen Kleidern heller Augenring, *gelber Bürzel* und etwas Gelb auf den Flanken.
Altvögel mit gelbem Scheitelfleck und auffallend gelben Seiten. Nördliche Unterart
mit weißer, westliche mit gelber Kehle,
scharf von dunklen Ohrdecken abgesetzt.

Drosselwaldsänger *Seiurus novebora-
censis* L 15. Zur Zugzeit in Feuchtgebieten,
z.B. Schilf. Oberflächlich *einem Pieper ähnlich,* Bewegung wie Flußuferläufer. Beachte
dünnen Schnabel, gelblichweißen Überaugenstreif und gestrichelte Kehle. Ruf
explosiv, scharf und leicht metallisch.   −

Bobolink *Dolichonyx oryzivorus* L 19. Männchen im Herbst ähnlich Weibchen, nämlich *matt beigegelb* mit deutlicher Rükken- und schwacher Unterseitenstreifung. Heller Seitenstreif entlang dunkel begrenztem Scheitel. *Schnabel kräftig* Spitzen der Steuerfedern schmal und zugespitzt. Bewohnt Schilfgebiete. Ruft charakteristisch metallisch 'pink'. –

Baltimoretrupial *Icterus galbula* L 19. Weibchen und Jungvögel der in Europa erscheinenden östlichen Unterart sind auf *Unterseite und Bürzel blaß orangebeige* gefärbt, haben graubraunen Kopf und olivbraunen Rücken. Pfeift voll flötend 'piuli'. –

Weißkehlammer *Zonotrichia albicollis* L 16. Altvögel mit scharf begrenzter weißer Kehle und *orangegelbem Zügelfleck*. Beachte *markant gestreiften Kopf*. Jungvögel blasser, unterseits schmutzig gelblichweiß mit kräftigen, diffusen Streifen außer auf Kehle und Bauch. Häufigster Ruf ein dünnes, langgezogenes 'tsiit'.

Fuchsammer *Zonotrichia iliaca* L 18. Beachte große, dreieckige, *rotbraune Flecken* der Unterseite, in der Brustmitte zu großem Fleck zusammenlaufend, Rotbraun auf Flügeln und Schwanz und graue Tönung an Nacken und Scheitelseiten. (A)

Singammer *Zonotrichia melodia* L 15. Am besten an schmalem, deutlichem, *hellem Scheitelstreif, kräftig gestreifter Unterseite* (einschließlich Kehle) und meist deutlichem Kehlseitenfleck zu erkennen. Hervorspringender Überaugenstreif graubeige. Im Flug langer, abgerundeter Schwanz ohne Weiß auffallend. Ruft charakteristisch 'tschimp'. –

Junko *Junco hyemalis* L 15. Beachte *schiefergraue Färbung* mit blaß rosa Schnabel und viel Weiß auf äußeren Steuerfedern. Verschiedene sich in der Färbung unterscheidende Unterarten. –

Rosenbrust-Kernknacker *Pheucticus ludovicianus* L 20. Alte rotbrüstige Männchen unverwechselbar. Weibchen und Jungvögel haben gestreiften Scheitel, breiten weißen Überaugenstreif, kraftvollen Schnabel, auffallende doppelte weiße Flügelbinde und kennzeichnende orangegelbe Unterflügeldecken. –

Bobolink

Baltimoretrupial ♂

Weißkehlammer

Fuchsammer

Singammer

Junko

Rosenbrust-Kernknacker ♂ Schlichtkleid

Sehr seltene Gäste in Europa

Einige weitere Vogelarten fremder Kontinente wurden bisher erst sehr selten in einigen Ländern Europas festgestellt und sind hier nur namentlich aufgeführt, ohne weiter behandelt zu werden. Das Vorkommen der in Klammern aufgeführten Arten ist nicht ausreichend dokumentiert oder geht auf wahrscheinliche Gefangenschaftsflüchtlinge zurück (Stand: Juni 1989). Mit „Südmeere" sind hier alle südlich des Äquators gelegenen Meeresteile gemeint. „Amerika" bezieht sich ausschließlich auf Nordamerika. Die Ländernamen sind durch Nationalitätskennzeichen für Kraftfahrzeuge abgekürzt.

Deutscher Name	Wissenschaftlicher Name	Herkunft	Festgestellt in
Riesensturmvogel	*Macronectes giganteus*	Südmeere	F
Teufelssturmvogel	*Pterodroma hasitata*	Amerika	GB
Weißbauchtölpel	*Sula leucogaster*	Afrika	E
Rotfußtölpel	*Sula sula*	Afrika	N
Ohrenscharbe	*Phalacrocorax auritus*	Amerika	GB
Prachtfregattvogel	*Fregata magnificens*	Südmeere	DK, F, GB, NL
Amerikanische Zwergdommel	*Ixobrychus exilis*	Amerika	IS
Mandschurenzwergdommel	*Ixobrychus eurhythmus*	Asien	DDR, I
Mangrovereiher	*Butorides striatus*	Amerika	GB
Bacchusreiher	*Ardeola bacchus*	Asien	N
Küstenreiher	*Egretta gularis*	Afrika	E, F, YU, (D)
Zwergflamingo	*Phoenicopterus minor*	Afrika	E, (D)
Gelbbrust-Pfeifgans	*Dendrocygna bicolor*	Afrika	E,F
Witwenpfeifgans	*Dendrocygna viduata*	Afrika	E
Dunkelente	*Anas rubripes*	Amerika	GB, IRL, N, S
Ohrengeier	*Torgos tracheliotus*	Afrika	F
Graubürzel-Singhabicht	*Melierax metabates*	Afrika	E
Schikra	*Accipiter badius*	Asien	SU
Präriebussard	*Buteo swainsoni*	Amerika	N
Buntfalke	*Falco sparverius*	Amerika	DK, GB, M
Schieferfalke	*Falco concolor*	Afrika	M
Wüstenfalke	*Falco pelegrinoides*	Afrika	M
Carolinasumpfhuhn	*Porzana carolina*	Amerika	E, F, GB, IRL, S
Zwergsultanshuhn	*Porphyrula martinica*	Amerika	CH, GB, N, , (D)
Amerikanisches Bläßhuhn	*Fulica americana*	Amerika	IS
Kanadakranich	*Grus canadensis*	Amerika	GB, IRL
Orientbrachschwalbe	*Glareola maldivarum*	Asien	GB
Amerik. Sandregenpfeifer	*Charadrius semipalmatus*	Amerika	GB
Hirtenregenpfeifer	*Charadrius pecuarius*	Afrika	N
Großer Knutt	*Calidris tenuirostris*	Asien	DDR, DK, E, F
Waldbekassine	*Gallinago megala*	Asien	SU
Hudsonschnepfe	*Limosa haemastica*	Amerika	GB
Zwergbrachvogel	*Numenius minutus*	Asien	GB, N
Eskimobrachvogel	*Numenius borealis*	Amerika	GB, IRL
Grauschwanz-Wasserläufer	*Heteroscelus brevipes*	Amerika	GB
Schlammtreter	*Catoptrophorus semipalmatus*	Amerika	F
Weißaugenmöwe	*Larus leucophthalmus*	Afrika	GR
Graukopfmöwe	*Larus cirrocephalus*	Afrika	E
Thayermöwe	*Larus thayeri*	Amerika	IRL, S
Königsseeschwalbe	*Sterna maxima*	Afrika	E, GB, IRL, N
Rüppellseeschwalbe	*Sterna bengalensis*	Afrika	A, CH, E, F, GR, I
Schmuckseeschwalbe	*Sterna elegans*	Amerika	B, F, IRL
Aleutenseeschwalbe	*Sterna aleutica*	Amerika	GB
Forsterseeschwalbe	*Sterna forsteri*	Amerika	GB, IRL, ISL, NL
Zügelseeschwalbe	*Sterna anaethetus*	Afrika	DK, F, GB, IRL, NL

Noddiseeschwalbe	*Anous stolidus*	Südmeere	D, N
Schopfalk	*Aethia cristatella*	sien	IS
Rotschnabelalk	*Cyclorrhynchus psittacula*	Asien	S
Braunbauch-Flughuhn	*Pterocles exustus*	Afrika	H
Gelbaugentaube	*Columba eversmanni*	Asien	SU
Stachelschwanzsegler	*Hirundapus caudacutus*	Asien	GB, IRL, M, N, SF
Schornsteinsegler	*Chaetura pelagica*	Amerika	GB
Pazifiksegler	*Apus pacificus*	Asien	GB
Goldspecht	*Colaptes auratus*	Amerika	DK
Gelbbauch-Saftlecker	*Sphyrapicus varius*	Amerika	GB, IRL, IS
Buchentyrann	*Empidonax virescens*	Amerika	IS
Sandlerche	*Ammomanes cincturus*	Afrika	M
Steinlerche	*Ammomanes deserti*	Afrika	E
Wüstenläuferlerche	*Alaemon alaudipes*	Afrika	M
Uferlerche	*Calandrella raytal*	Asien	E
Fahlstirnschwalbe	*Hirundo pyrrhonota*	Amerika	GB
Pazifischer Wasserpieper	*Anthus rubescens*	Amerika	D, GB
(Graubülbül	*Pycnonotus barbatus*	Afrika	E)
Rote Spottdrossel	*Toxostoma rufum*	Amerika	D, GB
Katzenvogel	*Dumetella carolinensis*	Amerika	D, GB
Blaunachtigall	*Luscinia cyane*	Asien	GB
Diademrotschwanz	*Phoenicurus moussieri*	Afrika	E, I, M
Saharasteinschmätzer	*Oenanthe leucopyga*	Afrika	D, GB, M
(Halsbanddrossel	*Zoothera naevia*	Amerika	GD)
Walddrossel	*Hylocichla mustelina*	Amerika	IS
Einfarbdrossel	*Turdus unicolor*	Asien	D
(Fahldrossel	*Turdus pallidus*	Asien	D)
Atlasgrasmücke	*Sylvia deserticola*	Afrika	E
Mugimakischnäpper	*Ficedula mugimaki*	Asien	I
(Narzissenschnäpper	*Ficedula narcissina*	Asien	F)
Kanadakleiber	*Sitta canadensis*	Amerika	IS
Schachwürger	*Lanius schach*	Asien	H
Mongolenstar	*Sturnus sturninus*	Asien	GB, N
Blutschnabelweber	*Quelea quelea*	Afrika	I
Philadelphiavireo	*Vireo philadelphicus*	Amerika	IRL
Abendkernbeißer	*Hesperiphona vespertina*	Amerika	GB, N
Kletterwaldsänger	*Mniotilta varia*	Amerika	GB, IRL
Goldflügel-Waldsänger	*Vermivora chrysoptera*	Amerika	GB
Brauenwaldsänger	*Vermivora peregrina*	Amerika	GB,IS
Goldwaldsänger	*Dendroica petechia*	Amerika	GB
Grünwaldsänger	*Dendroica virens*	Amerika	D
Fichtenwaldsänger	*Dendroica fusca*	Amerika	GB
Tigerwaldsänger	*Dendroica tigrina*	Amerika	GB
Magnolienwaldsänger	*Dendroica magnolia*	Amerika	GB
Palmenwaldsänger	*Dendroica palmarum*	Amerika	GB
Pieperwaldsänger	*Seiurus aurocapillus*	Amerika	GB
Gelbkehlchen	*Geothlypis trichas*	Amerika	GB
Kapuzenwaldsänger	*Wilsonia citrina*	Amerika	GB
Mönchswaldsänger	*Wilsonia pusilla*	Amerika	GB
Sommertangare	*Piranga rubra*	Amerika	GB
Scharlachtangare	*Piranga olivacea*	Amerika	GB
Rötolgrundammer	*Pipilo erythrophthalmus*	Amerika	GB
Rainammer	*Chondestes grammacus*	Amerika	GB
Grasammer	*Ammodramus sandwichensis*	Amerika	GB
Dachsammer	*Zonotrichia leucophrys*	Amerika	F, GB
Maskenammer	*Emberiza spodocephala*	Asien	D, NL
Silberkopfammer	*Emberiza stewarti*	Asien	B
Wiesenammer	*Emberiza cioides*	Asien	F, GB, I
Dickzissel	*Spiza americana*	Amerika	N
(Azurbischof	*Guiraca caerulea*	Amerika	GB, N, S)
Indigofink	*Passerina cyanea*	Amerika	DK, GB, IS, (D)
(Lazulifink	*Passerina amoena*	Amerika	D, GB, N)
(Papstfink	*Passerina ciris*	Amerika	GB, S)

Weiterführende Literatur

Jedes Jahr erscheint eine Vielzahl von Vogelbüchern und jedes Land hat seine eigene Literatur. Eine Liste der europäischen Vogelbücher würde allein einen dicken Band füllen. Einige Werke sind jedoch besonders wichtig, so daß hier eine kurze Liste von Büchern und Zeitschriften folgt, die sich mit Vogelbestimmung beschäftigen, besondere Vogelgruppen vertieft behandeln oder die Vogelwelt einer bestimmten Region im Überblick darstellen.

Bannerman, D.A., & W.M. Bannerman (1971): *Handbook of the Birds of Cyprus and Migrants of the Middle East.* Edinburgh.

Barthel, P.H., & A. Hill (1988): *Liste der Vögel der Westpaläarktis und der Bundesrepublik Deutschland. Limicola* Sonderheft.

Bauer, K., & H.-M. Berg (1989): *Artenliste der österreichischen Vogelfauna.* Österreichs Vögel und Säugetiere: 11–34. Klagenfurt.

Bergmann, H.-H. (1987): *Die Biologie des Vogels.* Wiesbaden.

Bergmann, H.-H., & H.-W. Helb (1982): *Stimmen der Vögel Europas.* München.

Berndt, R., & W. Meise (1959–1966): *Naturgeschichte der Vögel.* 3 Bände. Stuttgart.

Bernis, F. (1954): *Prontuario de la Avifauna Espanola (incluyendo Aves de Portugal, Baleares y Canarias).* Madrid.

Berthold, P., E. Bezzel & G. Thielcke (Hrsg., 1980): *Praktische Vogelkunde.* 2. Aufl. Greven.

Bezzel, E. (1985): *Kompendium der Vögel Mitteleuropas.* Nonpasseriformes. Wiesbaden.

Campbell, B., & E. Lack (1985): *A Dictionary of Birds.* Calton.

Cramp, S., & K.E.L. Simmons (Hrsg., 1977–88): *Handbook of the Birds of Europe, North Africa and the Middle East. The Birds of the Western Palearctic.* 5 Bände (2 weitere in Vorbereitung). Oxford.

Delin, H., & L. Svensson (1989): *Der Kosmos-Vogelatlas.* Stuttgart.

Etchécopar, R.D., & F. Hüe (1964): *Les Oiseaux du Nord de l'Afrique.* Paris.

Farrand, J. (Hrsg., 1983): *The Audubon Society Master Guide to Birding.* 3 Bände. New York.

Ferguson-Lees, J., & I. Willis (1987): *Vögel Mitteleuropas.* München.

Fjeldsa, J. (1977): *Guide to the Young of European Precocial Birds.* Tisvildeleje.

Flint, V.E., R.L. Boehme, Y.V. Kostin & A.A. Kuznetsov (1984): *A Field Guide to Birds of the USSR.* Princeton.

Gätke, H. (1900): *Die Vogelwarte Helgoland.* Braunschweig (Nachdruck Helgoland 1987).

Génsbol, B. (1986): *Greifvögel.* München.

Géroudet, P. (1947–57): *La Vie des Oiseaux.* 6 Bände. Neuchâtel & Paris.

Glutz von Blotzheim, U.N., & K.M. Bauer (1966–88): *Handbuch der Vögel Mitteleuropas.* 11 Bände (3 weitere in Vorbereitung). Wiesbaden.

Grant, P.J. (1986): *Gulls: A Guide to Identification.* 2. Aufl. Calton.

Harris, A., L. Tucker & K. Vinicombe (1989): *The Macmillan Field Guide to Bird Identification.* London & Basingstoke.

Harrison, C. (1982): *An Atlas of the Birds of the Western Palaearctic.* London.

Harrison, P. (1985): *Seabirds, an identification guide.* 2. Aufl. London.

Harrison, P. (1987): *Seabirds of the World. A Photographic Guide.* London.

Hayman, P., & P. Burton (1988): *Das goldene Kosmos-Vogelbuch.* Stuttgart.

Hayman, P., J. Marchant & T. Prater (1987): *Shorebirds. An identification guide to the waders of the world.* 2. Aufl. London.

Heinzel, H., R. Fitter & J. Parslow (1972): *Pareys Vogelbuch.* Hamburg & Berlin.

Hollom, P.A.D., R.F. Porter, S. Christensen & I. Willis (1988): *Birds of the Middle East and North Africa.* Calton.

Hüe, F., & R.D. Etchécopar (1970): *Les Oiseaux du Proche et du Moyen Orient.* Paris.

Il'icev, V.D., & V.E. Flint (Hrsg., 1985–1989): *Handbuch der Vögel der Sowjetunion.* 2 Bände (8 weitere in Vorbereitung). Wiesbaden.

Madge, S., & H. Burn (1987): *Wildfowl. An identification guide to the ducks, geese and swans of the world.* London.

Makatsch, W. (1974, 1976): *Die Eier der Vögel Europas.* 2 Bände. Leipzig & Radebeul.

Mebs, T. (1989): *Greifvögel Europas.* Stuttgart.

National Geographic Society (Hrsg., 1983): *Field Guide to the Birds of North America.* Washington.

Peterson, R.T., G. Mountfort & P.A.D. Hollom (1985): *Die Vögel Europas.* 14. Aufl. Hamburg & Berlin.

Porter, R.F., I. Willis, S. Christensen & B.P. Nielsen (1981): *Flight Identification of European Raptors.* 3. Aufl. Calton.

Rheinwald, G. (1982): *Brutvogelatlas der Bundesrepublik Deutschland - Kartierung 1980.* Lengede.

SOVON (1987): *Atlas van de Nederlandse Vogels.* Arnhem.

Stresemann, E. (1951): *Die Entwicklung der Ornithologie.* Aachen.

Svensson, L. (1984): *Identification Guide to European Passerines.* 3. Aufl. Stockholm.

Voous, K.H. (1962): *Die Vogelwelt Europas und ihre Verbreitung.* Hamburg & Berlin.

Winkler, R. (1984, 1987): *Avifauna der Schweiz, eine kommentierte Artenliste.* Ornithol. Beobachter. Beih. 4 und 5.

Ornithologische Zeitschriften

In fast allen Ländern Europas gibt es mehrere vogelkundliche Zeitschriften, die meist auf besondere Themen aus dem weiten Feld der Ornithologie spezialisiert sind. Wir beschränken uns hier auf die wichtigsten deutschsprachigen Zeitschriften und die führenden Magazine über Vogelbestimmung.

Bundesrepublik Deutschland: Das *Journal für Ornithologie* ist die älteste ornithologische Zeitschrift der Welt und behandelt überwiegend wissenschaftliche Fragestellungen (Physiologie, Systematik, Anatomie) und neueste Forschungsergebnisse. Es wird den Mitgliedern der Deutschen Ornithologen-Gesellschaft (c/o Wolfgang Stauber, Deutsche Bank AG, Postfach 106013, 7000 Stuttgart 10) zusammen mit der Zeitschrift *Die Vogelwarte* zugestellt, die sich überwiegend mit Problemen der Vogelzugforschung beschäftigt.

Limicola, die Zeitschrift für Feldornithologie (Thieplatz 6 A, 3410 Northeim 12), bietet mit vielen Fotos und Farbtafeln Arbeiten über die Bestimmung schwer zu unterscheidender Vogelarten, über Lebensweise, Verhalten und Zug sowie zusammenfassende Auswertungen über das Auftreten von Vögeln in Mitteleuropa und über seltene Vogelarten.

Die Vogelwelt (Duncker & Humblot GmbH, Postfach 410329, 1000 Berlin 41) ist eine Zeitschrift für Vogelkunde und Vogelschutz, deren Schwerpunkt Brutbestandsaufnahmen, Siedlungsdichte von Vögeln, ökologische und brutbiologische Fragen sowie avifaunistische Trends bilden. Sie wird vom Dachverband Deutscher Avifaunisten herausgegeben.

Naturschutz heute ist das Mitgliedermagazin des Deutschen Bundes für Vogelschutz (Am Hofgarten 4, 5300 Bonn 1) und informiert reich illustriert über Fragen des nationalen und internationalen Vogel- und Naturschutzes.

Daneben gibt es in den einzelnen Bundesländern *regionale Zeitschriften* und Jahresberichte, über die man sich bei seinem lokalen Arbeitskreis informieren sollte, themenorientierte Zeitschriften wie *Ökologie der Vögel, Seevögel* und *Vogel und Luftverkehr,* die *Ornithologischen Mitteilungen* oder die Jahresberichte der Deutschen Sektion des Internationalen Rates für Vogelschutz.

Österreich: Die Österreichische Gesellschaft für Vogelkunde (Burgring 7, A-1010 Wien) gibt zweimal jährlich die Zeitschrift *Egretta* heraus.

Schweiz: *Der Ornithologische Beobachter* wird von der Schweizerischen Gesellschaft für Vogelkunde und Vogelschutz (Krähenbergstr. 53, CH-2543 Lengnau) herausgegeben und behandelt alle Aspekte der Vogelkunde.

Arbeiten zur **Vogelbestimmung** erscheinen außer in *Limicola* laufend in den drei Zeitschriften *„British Birds"* (Fountains Park Lane, Blunham, Bedford MK44 3NJ, GB), *„Dutch Birding"* (Postbus 5611, NL-1007 AP Amsterdam, Niederlande) und *„Var Fagelvärld"* (SOF:s expedition, Box 14219, S-10440 Stockholm, Schweden).

Vogelstimmen-Aufnahmen

Aufnahmen von Vogelstimmen erfreuen sich immer größer werdender Beliebtheit. Sie sind nicht nur für die Bestimmung sehr hilfreich, sondern oft auch ein ästhetischer Hörgenuß. Inzwischen gibt es viele Serien auf Platte, Kassette und Compact Disk. Eine Auswahl wird hier vorgestellt. Wenn nicht anders vermerkt, handelt es sich um Schallplatten.

Chappuis, C.: *Oiseaux de France*. Rouen.
Chappuis, C.: *Migrateurs et hivernants.* Grand Couronne (2 Kassetten).
Fenzloff, C. et al.: *Stimmen einheimischer Vögel.* Stuttgart.
Hazevoet, K. (Hrsg.): *Nederlandse Vogels.* Zeist (6 Kassetten).
Kellog, P.P., et al.: *A Field Guide to the Bird Songs of Eastern and Central North America.* Boston.
Mild, K.: *Soviet Bird Songs.* Stockholm (2 Kassetten).
Palmér, S., & J. Boswall: *A Field Guide to the Bird Songs of Britain and Europe.* Stockholm (15 Platten oder 16 Kassetten).
Pott, E., & J.C. Roché: *Vogelstimmen an Strand und Küste.* Stuttgart (2 Kassetten).
Pott, E., & J.C. Roché: *Das Waldkonzert.* Stuttgart (2 Kassetten).
Roché, J.C.: *Die Vogelstimmen Europas.* Stuttgart (3 Kassetten).
Roché, J.C.: *Die schönsten Vogelstimmen der Welt.* Stuttgart (Kassette).
Roché, J.C., & T. Mebs: *Die Stimmen der Greifvögel und Eulen Europas.* Stuttgart (2 Kassetten).
Roché, J.C., & E. Pott: *Vogelstimmen in Wald, Park und Garten.* Stuttgart (2 Kassetten).
Roché, J.C., & E. Pott: *Vogelstimmen an Bach und Weiher.* Stuttgart (2 Kassetten).
Schubert, M.: *Stimmen der Vögel.* Berlin.
Svensson, L.: *Soviet Birds.* Stockholm (Kassette).
Thielcke, G.: *Biologie der Vogelstimmen.* Stuttgart.
Veprintsev, B.N., et al.: *The Voices of Birds in Wild Nature.* Moskau.

Wichtige Anschriften

Ala, Schweizerische Gesellschaft für Vogelkunde und Vogelschutz, Krähenbergstr. 53, CH-2543 Lengnau
Bundesdeutscher Seltenheitenausschuß, Thieplatz 6 A, D-3410 Northeim 12
Dachverband Deutscher Avifaunisten (DDA), Hortensienstr. 25, D-1000 Berlin 45
Deutscher Bund für Vogelschutz (DBV), Am Hofgarten 4, D-5300 Bonn 1
Deutsche Ornithologen-Gesellschaft (DO-G), Wolfgang Stauber, Postfach 106013, D-7000 Stuttgart 10
Institut für Vogelforschung „Vogelwarte Helgoland", An der Vogelwarte 21, D-2940 Wilhelmshaven
Internationaler Rat für Vogelschutz, Deutsche Sektion, Kirchenstraße 8, D-8543 Hilpoltstein
Österreichische Gesellschaft für Vogelkunde, Burgring 7, A-1010 Wien
Schweizerische Vogelwarte, CH-6204 Sempach
Vogelwarte Hiddensee, DDR-2346 Kloster
Vogelwarte Radolfzell Max-Planck-Institut für Verhaltensphysiologie, D-7760 Radolfzell 16

Register

Das Register enthält die deutschen und wissenschaftlichen Namen der behandelten Vogelarten. Die Seitenangabe bezieht sich auf den Text, Abbildungen befinden sich immer auf der gegenüberliegenden Seite. Einige früher gebräuchliche Namen wurden mit aufgenommen.